通用财经系列

财务管理学

俞雪华 王雪珍 滕 青 编著

出版社

前言

改革开放以来，我国企业不断发展壮大并逐渐走向成熟。企业资本实力提升、组织结构合理化、公司治理能力完善、竞争力增强、管理水平得到了很大的提高。企业经营管理的重心经历了从生产管理到市场营销管理进而再到财务管理的转变的过程。价值创造已经成为了企业长期追求的目标，财务管理已经成了大中型企业管理的中心。财务管理知识已经成为了企业管理人员、商业银行工作人员、证券、保险等其他金融机构从业人员、投资者以及其他方面人员必备的现代经济管理知识。

企业的经济活动表现为物资运动和资金运动两个方面，财务管理是对企业的资金运动方面进行的管理活动。本书全面介绍了企业资金运动及其规律、资金的筹集、资金的使用以及资金的分配和其他财务问题的原理和方法。通过本书的学习能够使读者了解企业资金运动的基本规律、资金时间价值、投资风险和收益、证券价值评估、资金成本和资金结构、资金筹集、投资、利润分配以及财务分析和评价等基本观念和方法。本书期望能够培养读者基本的财务管理素养，使读者掌握财务管理的一般技能以及财务分析、财务预测与决策、财务预算、财务控制等的基本方法，进而使读者学会运用财务管理的知识和技能为经营战略和经营决策服务。

本书以企业投资、筹资、股利分配等理财循环为主线，着重介绍促进企业价值增长的理论与方法、企业价值创造的基本理财理论与方法，立足于我国理财实践，同时吸收西方成熟市场经济条件下的财务管理理论与方法，为读者理解企业运行和价值创造路径提供了完整的理论和知识框架。

本书吸收了国内外同类教材的优点，结合作者数十年的教学实践和实际工作经验，形成了较为合理的结构框架，做到了深度和广度的科学结合，同时力求通俗易懂，便于教师教学和读者自学。本书的特点是：(1)以价值管理为中心，在内容上通过投资决策、筹资决策与股利分配决策，充分体现财务管理是一种价值创造与管理的核心思想；(2)强化财务理念的掌握以及实务，紧扣实践，着重培养以财务思想为指导的战略思维；(3)在内容上充分体现科学性和系统性;(4)体现财务管理内容上的先进性,吸收了财务管理学术研究的前沿成果。(5)加入案例的应用以提高读者分析和解决问题的能力。

本书可以作为大专院校财经类及相关专业学生的教材,也可以作为企业财务人员和非财务专业经理人员培训和自学的教材。通过本书的学习,读者可以了解现代企业财务管理的全貌,为进一步学习和掌握企业理财的方法、做好企业管理工作打下坚实的基础。

本书的编写提纲经过有关专家讨论由俞雪华完成,初稿编写的具体分工是:俞雪华执笔第一至第八章;王雪珍执笔第九至第十三章;滕青执笔第十四至第十七章;全书由俞雪华完成最后的补充、修改、总纂和定稿。

由于编者水平有限,书中难免有缺点和错误,恳请读者批评指正。

编　者

2022 年 8 月 9 日

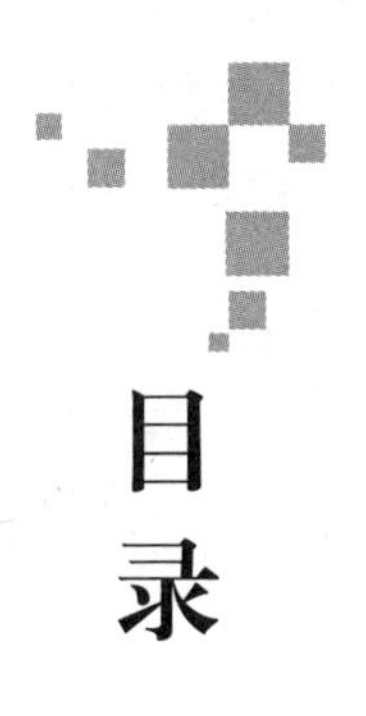

目录

第一章 财务管理概述

第一节 财务管理的基本概念

一、财务管理

财务管理(也称企业理财),简单来说就是管理企业的财务,英文是 Financial Management。所谓财务(Finance),是指有关资金(俗称钱)的收、支、运用、分配等方面的事务,也称理财。理财就是对资金(钱)的收、支、运用、分配等方面的事务进行安排、计划、协调、监督等的实务。

理财活动在我们的社会生活中随时都能碰到,它涉及整个社会生活的各个方面。例如,某人到一个大型的百货商场去购物,商场的商品琳琅满目,许多商品都十分地吸引他,但他只有有限的几百或几千元钱在身边,这时他要作出决定,购买他最需要的商品。实际上在这个过程中,他已经进行了理财活动。

(一) 家庭理财

从一个家庭来看,家长会考虑如何利用有限的收入安排好日常的吃、穿、用、行,使家庭成员做到老有所养、幼有所乐、幼有所教,发挥每个人的才能,使他们家庭在周围有一定的地位。要做到这些,必须合理地安排家庭收支、做好收支计划,在收支平衡的基础上尽量有些积蓄。所有这些,都是一个家庭财务管理活动应解决的问题。

以家庭为主体的理财活动称为家庭理财或家庭财务管理(Family Finance)。家庭财务管理是"家政学"的一个分支。本书不论述家庭财务管理的内容,但有些内容在家庭财务管理中可以借鉴。

(二) 财政

如果以国家作为理财的主体进行分析,我们可以看到:国家要发展经济和各种社会事业,就必须有必要的支出做保证,而这又要有一定的收入做后盾。所以,国家通过税收、国有资产收益、收取规费、发行公债等形式得到收入;这些收入要用于国防、科技教育、行政管理、基本建设等方面的支出。国家通过收支的安排要做到使国民安居乐业、经济增长、社会事业发展、在世界上有威望等。所有这些安排是国家(由政府代表)的理财活动。

以国家为主体的理财活动称国家(政府)财务或公共财务管理。国家(政府)财务有专门的术语叫"财政",相应的学科称为财政学(Public Finance)。本书也不论述财政学的内容。

（三）财务管理

通常人们讲的财务管理指的是企业的财务管理或企业理财，即以企业为主体的理财活动。本书论述了财务管理的基本概念、基本理论和基本方法。

企业是以营利为目标的经济实体，它比起家庭和国家来说有明显的特点。财务管理在企业管理中起着十分重要的作用。在经济活动中企业是主体，学习财务管理，有利于理解企业经济活动的过程和结果，为提高企业经济效益寻找出路；学习财务管理，能够帮助我们掌握企业管理的基本技能。所以，不仅企业的广大财务人员要学习财务管理，企业的经理们要学习财务管理，而且企业的职工、债券和股票的投资者也要学习财务管理，甚至一般的顾客（消费者）也需要学习财务管理。

二、资金运动和财务活动

财务是指企业在生产经营过程中与资金有关的各方面的活动，它是财务活动和财务关系的统一体。

（一）资金运动

1. 物资运动和资金运动

企业的生产经营离不开资金。企业的生产经营过程一方面是从各种材料→在产品→产成品→产品销售等的物资运动过程；另一方面，也是资金周转、资金运动的过程。

企业的资金运动从资金形态看是在不断地变化的。以工业企业为例，企业资金在生产经营过程中依次要经历货币资金→储备资金→在产品资金→产成品资金→货币资金等形态，见图 1-1 所示。

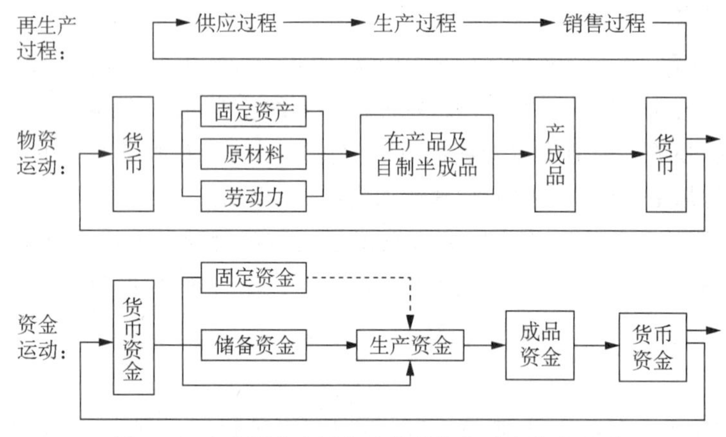

图 1-1　企业再生产过程中的物资运动和资金运动

2. 资金循环三阶段

企业的资金运动循环可以分为三个阶段：资金的筹集（筹资）、资金的使用和耗费（投资）和资金的收回和分配（分配），见图 1-2。

企业资金从货币资金→储备资金→在产品资金→产成品资金→货币资金的一个运动过程称为资金循环。企业的资金随着生产经营的不断进行在不断地、连续地循环着。这种企

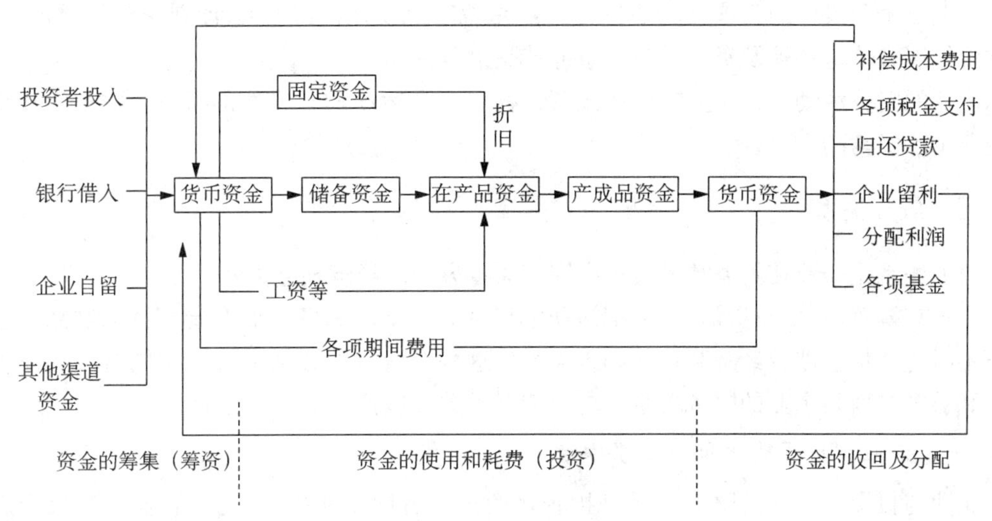

图 1-2 企业资金运动

业资金随生产经营过程周而复始的循环，称为资金周转。资金从货币资金→储备资金→在产品资金→产成品资金→货币资金的过程称为资金循环周转一次，简称资金周转一次。资金在生产经营过程中不断循环周转的运动称为资金运动。

（二）财务活动的内容

1. 筹资活动

在生产经营之前，企业通过各种渠道、各种方法取得必要的资金，这个过程称为资金筹集过程（简称筹资）。在资金筹集过程中，企业财务人员要考虑企业需要多少资金、所需资金从哪里得到（资金筹集的渠道）、如何取得这些资金（采用什么方式）、资金成本的高低、筹资的风险如何等问题。

2. 投资活动

企业的资金使用和耗费（简称投资）包括三个方面。

首先，企业要安排固定资产所需的资金。这方面的资金使用称为固定资产项目投资。

其次，资金从储备资金→在产品资金→产成品资金的过程所需要的资金耗费称为流动资产投资。

最后，企业除了利用资金在其内部从事生产经营外，还可以对外投资。企业的对外投资包括对外项目投资和证券投资。对外项目投资是企业直接投资于有关企业或项目，以获取剩余利润；证券投资是企业投资购买其他公司、企业的股票或债券或其他有价证券，以获得股利、利息等收益。

3. 分配活动

资金从产成品资金→货币资金的过程是企业销售产成品收回货款并进行分配的过程，这个过程称为资金收回和分配过程（简称分配）。在资金收回和分配过程中，企业要安排销售策略和货款回笼政策、计算和缴纳流转税和所得税、安排企业留利和红利分配以做到使投资者满意、企业发展。

以上三个阶段中的各项活动都与资金有关，需要通过预测、决策、计划、控制、分析、监督和评价等展开。这些涉及资金的各种事务就是财务活动。

企业的财务活动也是企业在生产经营过程中资金运动的各方面的事务。财务活动贯穿了企业生产经营的全过程。

三、财务关系

财务关系是企业在财务活动过程中同有关各方面的经济利益关系。

企业在筹资活动、投资活动、分配活动中与企业上下左右各方面有着广泛的联系。这些联系不可避免地会涉及经济利益等利害关系。这种企业在财务活动过程中同有关各方面的经济利益关系就是企业的财务关系。企业的财务关系包括以下几个方面。

（一）企业与投资者之间的财务关系

企业与投资者之间的财务关系是指企业的投资者向企业投入资金、企业向其投资者支付投资报酬所形成的经济关系。

企业的投资者要按照投资合同、协议、章程的约定履行出资义务，以便及时形成企业的资本金。企业利用资本金进行经营，实现利润后，应按出资比例或合同、章程的规定，向其投资者分配利润。企业同其所有者之间的财务关系，体现着所有权的性质，反映着经营权和所有权的关系。投资者投资建立企业，对企业有所有权，企业的经营者（财务管理的执行者）是受投资者的委托管理企业的管理者。企业管理者应按照投资者的要求从事生产经营并分利给投资者。如果管理者管理的效果好，能够满足投资者的要求，分配足够的利润，投资者就会不断地追加投资，企业就会得到发展所需的资金支持。如果管理者管理的效果不好，不能够满足投资者的要求，不能分配利润甚至亏损或不能够分配足够的利润，投资者就会停止对企业注入资金甚至收回投资或实施企业破产程序。企业的经营者和投资者之间的关系实际上是一种委托代理关系。

企业能否发展壮大，需要投资者的支持，所以企业应处理好与投资者之间的财务关系。

（二）企业与其债权人之间的财务关系

企业与其债权人之间的财务关系是指企业向债权人借入资金，并按借款合同的规定按时支付利息和归还本金所形成的经济关系。

企业除利用资本金进行经营活动外，还要借入一定数量的资金，以扩大企业经营规模，并降低企业的资金成本。企业利用债权人的资金后，要按约定的利息率，及时向债权人支付利息。债务到期时，企业要合理调度资金，按时向债权人归还本金。企业同其债权人的关系体现的是债务与债权的借贷关系。

我国目前绝大多数企业资金短缺，资本金的不足部分要由借入资金弥补，有的企业借入资金的比重高达70%以上，企业的生存和发展很大程度上要依靠债权人的支持。所以企业应处理好与各方面债权人之间的财务的关系，提高在金融市场上的信誉，以稳定地获取更多的经营发展需要的资金来源。

（三）企业与内部各单位和职工之间的财务关系

企业与内部各单位的财务关系是指企业内部各单位之间在生产经营各环节中相互提供

产品或劳务所形成的经济关系。企业在实行内部经济核算制的条件下，企业供、产、销各职能部门以及各生产单位之间，相互提供产品和劳务要进行计价结算。这种在企业内部形成的资金结算关系体现了企业内部各单位之间的经济利益关系。企业经济责任制的建立，需要明确各部门的经济利益，否则就不能充分调动各部门各方面的积极性。所以，企业应处理好与内部各单位之间的财务关系。

企业与职工之间的财务关系是指企业向职工支付劳动报酬过程中所形成的经济关系。企业要用自身的产品销售收入或其他可以支配的资金，向职工支付工资、津贴、奖金等，按照职工提供的劳动数量和质量支付劳动报酬。这种企业与职工之间的财务关系体现了职工和企业在劳动成果上的分配关系。

人是企业生产要素中最活跃也是最关键的因素，调动职工的生产积极性、发挥职工的创造力是企业发展和长盛不衰的关键。所以企业应处理好与职工之间的财务关系。

（四）企业与国家之间的财务关系

企业与国家之间的财务关系主要是税收关系。国家作为人民利益的代表和社会管理者，通过制定法律制度来规范企业的理财行为。国家税务机关通过税收参与企业的收益分配，取得财政收入。企业应遵守国家法律的规定，及时足额地向国家税务机关缴纳各种税款是应尽的义务，也是获得国家对企业经营支持的重要条件。

四、财务管理的性质和作用

（一）财务管理的定义

企业财务是企业在生产经营过程中有关资金的筹集、资金的使用和耗费、资金的收回和分配等方面的事务。这些事务实质上是企业的财务活动和财务关系的统一，即企业财务包括财务活动和财务关系各方面的事务。

财务管理就是安排好企业的财务活动同时处理好企业与各方面的财务关系的一项管理活动。具体来说，财务管理是根据有关法律、制度的规定，按照企业资金运动的客观规律，对企业的资金运动（财务活动）进行预测、决策、计划、控制、分析和监督，并处理好企业与各方面的财务关系。它是以价值形式对企业的生产经营活动进行综合性的管理，是企业经营管理的重要组成部分。

（二）财务管理的作用

企业生产经营活动的复杂性决定了企业管理必须包括多方面的内容，如生产管理、技术管理、劳动人事管理、设备管理、销售管理、财务管理等。企业管理中的各项工作是互相联系、紧密配合的，同时又有科学的分工，具有各自的特点。财务管理在企业管理中占有重要的地位。

1. 财务管理是从价值方面进行的企业管理

企业管理在实行分工、分权的过程中形成了一系列专业管理，有的侧重于实物的管理、有的侧重于价值的管理，有的侧重于劳动要素的管理，有的侧重于信息的管理。社会经济的发展要求财务管理主要是运用价值形式对企业的经营活动实施管理。

企业在生产经营过程中的各种要素都可以表现为价值的运动。例如，企业生产管理过程中材料的收发、固定资产的折旧、人工费用的开支、其他各种间接费用的支出等都与资金有关,生产管理的过程实际上又是生产资金管理的过程;再如企业在质量管理过程中对质量的控制、质量的检验、质量的论证等也都离不开资金的安排。财务管理是通过价值形式,把企业的一切物质条件、经营过程和经营结果都合理地加以规划和控制,达到企业效益不断提高、财富不断增加的目的。企业在生产经营过程中的各项活动无一不和资金有关。因此,财务管理既是企业管理的一个独立方面,又是通过价值管理对企业进行的一项综合性的管理工作。

2. 财务管理与企业各方面具有广泛联系

在企业中,一切涉及资金的收支活动都与财务管理有关。事实上,企业内部各部门与资金不发生联系的现象是很少见的。因此,财务管理的触角常常伸向企业经营的各个角落。每一个部门都会通过资金的使用与财务部门发生联系。每一个部门也都要在合理使用资金、节约资金支出等方面接受财务部门的指导,受到财务制度的约束,以此来保证企业经济效益的提高。

3. 财务管理能迅速反映企业生产经营状况

在企业管理中,决策是否得当,经营是否合理,技术是否先进,产销是否顺畅,都可迅速地在企业财务指标中得到反映。例如,如果企业生产的产品适销对路,质量优良可靠,则可带动生产发展,实现产销两旺,资金周转加快,盈利能力增强,这一切都可以通过各种财务指标迅速反映出来。这也说明,财务管理工作既有其独立性,又受整个企业管理工作的制约。财务部门应通过自己的工作,向企业领导及时通报有关财务指标的变化情况,以便把各部门的工作都纳入提高经济效益的轨道,努力实现财务管理的目标。

4. 财务管理影响资金周转的速度,进而影响企业的经济效益

企业资金在循环的各阶段中,执行着不同的职能。在购买和销售阶段,企业资金执行着流通职能,完成货币—物资—货币的转化;在生产阶段,资金执行着生产职能,完成由固定资金、储备资金向在产品资金的转化以及在产品资金再向成品资金的转化。在对营业收入分配中,资金执行着分配职能,将增大的货币资金进行初次分配。企业资金反复执行其职能的过程,就是企业资金的周转过程。由于资金每周转一次便会带来一次增值,所以,资金的周转速度必然影响企业的经济效益。

企业资金的周转速度与企业经济效益之间存在着必然的联系,一般来说,企业资金周转速度越快,经济效益越好;反之,企业的经济效益越差。

具体地说,企业资金的周转速度主要是从资金时间价值的节约和资金数量增值两个方面影响企业经济效益。从资金时间价值节约角度看,工业企业的生产经营资金绝大部分是借入形成的,要还本付息。如果企业资金的周转速度越快就可提前偿还本金,减少利息的支出。用相同的资金增加周转次数又意味着利息支出相对减少,获得了资金时间价值上的节约,经济效益就会得到提高;反之,则是资金时间价值上的浪费,经济效益就会下降。

从资金数量增值角度看,因为在正常情况下,资金每周转一次,都会给企业带来一部分增值,所以,资金周转的速度越快,带来的增值就越多,企业的经济效益就越好;反之,得不到增值,企业的经济效益就差。所以,企业要提高经济效益水平,必须不断地加速资金周转。

第二节　财务管理的内容

财务管理的内容规定了财务管理发挥其职能作用、财务管理人员行使其职责的范围。财务管理内容也就是财务管理对象的具体化。企业的各项职能管理都有各自的管理对象，构成了各自不同的管理内容，共同对企业再生产过程的各个环节、各个方面进行管理。因此，财务管理的内容还是财务管理区别于其他管理活动的一个主要方面。

财务管理是对企业的财务活动及其财务关系进行的管理。企业的财务活动包括资金筹集方面的财务活动、资金使用和耗费方面的财务活动，以及资金收回和分配方面的财务活动。所以，财务管理的内容主要包括：资金筹集管理（简称筹资管理）、资金使用和耗费管理（简称投资管理）、资金收回和分配管理（简称分配管理）以及在这些方面所涉及的企业与有关各方面的财务关系。

一、资金筹集的管理

资金就好比是企业的"血液"，企业如果不能获取所需要的资金，那么，企业整个经营活动就会因没有"血液"而停止运转。因此，筹集资金是企业财务活动的首要方面，是企业整个经营活动的前提和基础。企业筹集资金的渠道和方式多种多样，这就为企业筹资提供了多种选择的余地。

（一）吸收投资者直接投资

吸收投资者直接投资是企业投资者以独资、合资合作等形式向企业注入资本金的形式，主要是企业在注册时投入的资金。

（二）发行股票和债券

发行股票是股份公司以股票的形式筹资股本。发行债券是公司通过销售债券的形式筹资借入资金。这两种筹资方式，虽然前者筹集的是自有资金（股权资金），后者筹集的是借入资金（债务资金），但都是筹集大宗资金的常用方式，也是企业长期资金的主要来源。

（三）银行借款

银行借款是企业向银行或其他非银行金融机构借入各种形式的资金的一种形式，也是企业短期资金的重要来源。目前我国银行贷款已经成了企业资金的主要来源。据统计，在我国国营企业流动资金中，银行贷款已占75%以上。银行贷款在企业更新改造投资中的比重也不断上升。

（四）商业信用

商业信用是由于商品交易中的延期付款或分期付款而形成的企业之间直接的信用行为，它是企业短期筹资的有效方式。

（五）融资租赁

这种新型的以金融信贷和物资信贷相结合的信贷方式在我国已开始出现，这也是承租企业解决资金需要的一种方式。

（六）企业联营

企业联营指原有企业吸收其他企业投资或若干企业联合出资建立新的经济实体。这些联合都是与企业筹资直接有关的，也是企业筹资的一种方式。随着横向经济联系的发展，越来越多的企业将采用合资经营的方式来筹集资金。

（七）企业内部筹资

企业内部筹资是指企业因固定资产折旧和企业留利而形成的资金来源。

企业对筹集资金活动的管理，实际上就是为了解决这样一些问题：企业究竟在什么时机、通过什么方式、从哪个渠道、获取多少资金才是最有利的。由于从不同的资金融通渠道和采取不同的方式所获得的资金，其成本、使用期限以及资金提供者所加的其他条件都是不同的，财务管理人员就要分析这些因素，进行最佳的融资组合，尽可能以最优惠的条件来取得资金。由于筹集资金还必须在时间上与企业的生产需要相适应，而且各类资金在量上要有一个合理的比例，因而财务管理人员还必须考虑企业资金的需要量、资金结构以及融资时机等问题。

对筹集资金活动的管理虽然只是财务管理的一个方面的内容，但这一方面管理的成效如何，不但会影响到使用资金和分配资金及其管理的效果，而且还会持续地影响整个企业的经济效益的好坏。随着资金、证券市场的开放和完善，筹集资金管理在财务管理中的地位将越来越重要。

二、资金使用和耗费的管理

企业筹集资金是通过资金的使用来达到企业的生产经营目的。如何依据企业生产经营目的合理地使用资金，以取得最好的经济效益是财务管理的核心内容。

企业的资金使用和耗费包括固定资产项目投资、流动资产投资和对外投资三个方面。

为了使资金占用最合理，就要根据资金运动基本特性的要求，合理地将资金分配到企业的各个生产环节和部门。为了使资金占用最少，财务管理人员要了解企业的存货量是否经济合理，要考虑如何及时收回在销售产品、提供劳务中发生的应收账款，等等，尽量减少资金在再生产过程中的“滞留”时间，加速资金周转。为了使资金耗费最低，财务管理人员要加强成本管理，严格成本、费用的控制。制定内部价格，办理内部结算，编制生产费用预算，提出企业的目标成本指标并层层分解落实，建立严格的考核和奖惩制度，等等。此外，还要考虑购销价格和购销方式、结算方式等问题。

企业的资金除了在企业内部的生产经营过程中使用外，一部分在时间上和空间上与企业生产需要“脱节”的资金——企业暂时闲置资金，可以用来向企业外部进行其他活动，如存入银行、购买债券、出租设备等。因此，财务管理人员还要考虑如何使这部分闲置资金以最合理的渠道和方式投放到预期收益最好的地方去。这就需要考虑资金的投向、投资风险、投资回收期限等问题。

对资金使用和耗费活动的管理，其实绩如何将直接影响到企业的生产经营成果和经济效益，它可以从企业盈利水平中反映出来，因此，还会影响企业资金的分配。

三、资金分配的管理

资金的分配，从广义上讲就是企业经营收入的分割；狭义的资金分配是指企业税后利润的分配。企业资金的分配活动是建立在资金筹集和资金使用活动的基础之上的。企业通过运用筹集到的资金所获得的货币收入是资金分配活动的物质前提。

首先，企业的各项收入应缴纳流转税和补偿成本费用，形成利润；其次，企业应缴纳所得税，形成税后利润（净利润）；最后，企业按照规定支付红利，形成留利（留存收益）作为企业的积累用于发展生产。

总之，财务管理人员在企业收入分配活动中主要是考虑如何处理好国家、投资者、企业三者的利益关系。

财务管理中筹集资金、使用资金和分配资金互相依存、互为条件。其中，筹集资金的管理是使用资金和分配资金管理的前提和基础；使用资金的管理是财务管理的核心；分配资金的管理是在前两项管理的基础上进行的，它的成效又会反过来影响前两项的管理，特别是筹集资金运动的管理。财务管理这三个方面内容的有机联系，使财务管理形成一个统一的整体，在企业再生产过程中发挥作用。

四、财务管理的具体内容

根据以上对财务管理内容的分析，财务管理具体内容包括以下几个方面。

（1）资金筹集管理，包括资金需要量的预测、资金来源渠道和资金筹集方式的确定、资金成本的测算、资金结构的安排等。

（2）流动资产管理，包括现金流动的安排、材料资金、生产资金和产品资金的控制、商业信用的运用和商业信用政策的制定、定额的制定和管理等。

（3）成本管理，包括成本的预测、成本计划的制定、成本控制、成本的分析和考核等。

（4）固定资产投资和对外投资管理，包括固定资金需要量的预测、固定资产折旧的管理、固定资产更新的决策、投资项目的预测和评价、投资组合的管理等。

（5）销售收入的管理，包括销售收入的预测、销售资金的回笼、销售利润的预测和计算、扩大销售的财务政策的制定和运用等。

（6）利润分配的管理，包括所得税的缴纳、税后利润的分配、再生产资金的安排等。

（7）财务收支预算的管理，包括财务计划的制定、企业年度总体资金的安排、财务收支的平衡等。

（8）财务分析和评价，包括财务分析体系的建立、财务分析制度的制定、财务分析指标的确定、财务分析报告的编制等。

（9）其他财务管理问题，包括企业的设立、企业的联合与兼并、企业的破产和清算、涉外业务的财务管理等。

在财务管理过程中财务关系的处理包含于各个环节，所以，财务管理的内容还包括企业与各方面财务关系的协调。

第三节 财务管理的基本环节和方法

一、财务管理的基本环节

财务管理活动是通过一定的环节来实施的，主要包括：财务预测、财务决策、财务计划、财务控制、财务分析和财务监督和评价等。

要投资一个项目，首先应该对拟投资的项目作必要的预测，预测项目的资金需要量、项目的资金流转情况、产品的销路、项目的收入和成本、项目的净收益、项目的风险等。还应找出备选方案或类似方案，分析各种可能性；然后，根据实际情况，在许多备选方案中按优化原则选择最优方案，或者对唯一的方案做出决定；接着，就要准备实施已选择的方案。在方案实施前，先要做计划，确定实施的步骤和程序，对资金筹集、使用等事项做出具体的安排和部署；随后，要对方案的实施进行控制。在项目实施过程中可能会因为市场变化等多种因素而造成实际和计划不一致的结果。因而，财务管理活动要对计划的实施进行有效的控制，使实际尽量与计划相一致。当发现计划脱离实际时，还应调整计划，使之符合实际；再然后，应定期或不定期地对财务管理活动进行分析。在项目实施过程中或实施到某一阶段后，应分析项目的成果，并及时分析问题，提出解决问题的方法，以利于今后项目的更好实施；最后，还应对项目的实施进行监督和考核评价。

财务管理活动中财务预测、财务决策、财务计划、财务控制、财务分析和财务监督和评价等环节是相互作用、不断循环的，构成了一个完整的体系。在每一个财务管理环节中都有一定的方法。比如一系列预测的方法、决策的方法、计划的方法、控制的方法、分析的方法以及监督和评价的方法等。

二、财务预测

财务预测是财务人员根据历史资料，依据现实条件，运用特定的方法对企业未来的财务活动和财务成果所做出的科学预计和测算。

财务预测根据时间的长短可以分为：短期预测、中期预测和长期预测。对企业来说，短期预测是指一年以内的预测，中期预测是指一年到三年的预测，长期预测是指三年以上的预测。

财务预测根据预测的内容可以分为：资金预测、成本费用预测和销售及利润预测等。资金预测是指对资金需要量、资金流量、资金运用情况等的预测；成本费用预测是指对成本费用的发生情况、成本费用的水平、成本费用的增减趋势等的预测；销售及利润预测是指对产品销售量和销售收入、销售成本及销售税金、利润总额以及利润分配等的预测。

财务预测的作用表现在以下几个方面：财务预测是财务决策的基础，财务预测是编制财务计划的前提，财务预测是组织日常财务活动的必要条件。

预测的程序一般包括如下三个方面。

（1）明确预测的对象和目的；

（2）搜集和整理有关信息资料；

(3) 选用特定的预测方法进行预测。

(一) 定性预测法

定性预测法主要是利用直观材料,依靠个人经验的主观判断和综合分析能力,对事物未来的状况和未来趋势做出预测的一种方法。

这种方法一般是在企业缺乏完备、准确的历史资料的情况下而使用的。定性预测法的预测过程是:首先由熟悉企业财务情况和生产经营情况的专家,根据过去所积累的经验,进行分析判断,提出预测的初步意见;然后,再通过召开座谈会或发出各种表格等形式,对上述预测的初步意见进行咨询并修正补充。这样经过几次反复后,得出预测的最终结果。

(二) 定量预测法

定量预测法是根据变量之间存在的数量关系,如时间关系、因果关系等建立数学模型来进行预测的方法。定量预测法又可分为趋势预测法和因果预测法。

1. 趋势预测法

趋势预测法是按时间顺序排列历史资料,根据事物发展的连续性来进行预测的一种方法。因为是按时间顺序排列历史资料,所以又称时间序列预测法。这类方法又可细分为移动平均法、指数平滑法、直线回归趋势法、曲线回归趋势法等。

2. 因果预测法

它是根据历史资料,并通过逐个分析,找出要预测因素与其他因素之间明确的因果关系,然后建立数学模型来进行预测的一种方法。因果预测法中的因果关系可能是简单因果关系,也可能是复杂因果关系。例如,企业销售收入只和销售价格、销售数量呈简单因果关系,而销售利润则和销售数量、销售价格、销售税金、销售成本等呈复杂因果关系。只有合理地找出变量之间的因果关系,才能科学地进行预测。

定性预测法和定量预测法各有优缺点,在实际工作中可把二者结合起来应用,既进行定性分析,又进行定量分析。

三、财务决策

财务决策是指财务人员在财务目标的总体要求下,从若干个可以选择的财务活动方案中选择最优方案的过程。当然,在只有一个财务活动的预期方案时,决定是否采用这个方案也属于决策问题。在市场经济条件下,财务管理的核心是财务决策,财务预测是为财务决策服务的,财务计划是财务决策的具体化。

财务决策一般包括如下步骤。

(1) 根据财务预测的信息提出问题;

(2) 确定解决问题的备选方案;

(3) 分析、评价、对比各种方案;

(4) 拟定择优标准,选择最佳方案。

财务决策常用的方法有优选对比法、数学微分法、线性规划法、概率决策法、损益决策法等。

(一) 优选对比法

优选对比法是把各种不同方案排列在一起，按其经济效益的好坏进行优选对比，进而做出决策的方法。优选对比法是财务决策的基本方法。优选对比法按其对比方式的不同，又可分为总量对比法、差量对比法、指标对比法等。

(1) 总量对比法，是将不同方案的总收入、总成本或总利润进行对比，以确定最佳方案的一种方法。

(2) 差量对比法，是将不同方案的预期收入之间的差额与预期成本之间的差额进行比较，求出差量利润，进而作出决策的方法。

(3) 指标对比法，是把反映不同方案经济效益的指标进行对比，以确定最优方案的方法。例如，在进行长期投资决策时，可把不同投资方案的净现值、内部报酬率、现值指数等指标进行对比，从而选择最优方案。

(二) 数学微分法

数学微分法是根据边际分析原理，运用数学上的微分方法，对具有曲线联系的极值问题进行求解，进而确定最优方案的一种决策方法。在用数学微分法进行决策时，凡以成本为判别标准的，一般是求极小值；凡以收入或利润为判别标准时，一般是求极大值。在财务决策中，最优资本结构决策、现金最佳余额决策、存货的经济批量决策都要用到数学微分法。

(三) 线性规划法

线性规划法是根据运筹学原理，对具有线性联系的极值问题进行求解，进而确定最优方案的一种方法。在有若干个约束条件(如资金供应、人工工时数量、产品销售数量)的情况下，这种方法能帮助管理人员对合理组织人力、物力、财力等做出最优决策。

(四) 概率决策法

概率决策法是进行风险决策的一种主要方法。所谓风险决策，是指未来情况虽不十分明了，但各有关因素的未来状况及其概率是可以预知的决策。现代财务决策都会或多或少地具有风险性，因而在决策时，必须用概率法来计算各个方案的期望值和标准差，进而做出决策。这种方法往往把各个概率分枝用树形图表示出来，故有时也称为决策树法。

(五) 损益决策法

损益决策法是在不确定情况下进行决策的一种方法。所谓不确定性决策，是指在未来情况很不明了的情况下，只能预测有关因素可能出现的状况，但其概率是不可预知的决策。在这种情况下决策是十分困难的，财务管理中常用最大最小收益值法或最小最大后悔值法来进行决策，统称为损益决策法。最大最小收益值法又称小中取大法，是把各个方案的最小收益值都计算出来，然后取其最大者。最小最大后悔值法又叫大中取小法，是把各方案的最大损失值都计算出来，然后取其最小者。

四、财务计划

财务计划是在一定的计划期内以货币形式反映生产经营活动所需要的资金及其来源、财务收入和支出、财务成果及其分配的计划。财务计划是以财务决策确立的方案和财务预测提供的信息为基础来编制的，是财务预测和财务决策的具体化，是控制财务活动的依据。

财务计划一般包括如下内容：

(1) 根据财务决策的要求，分析主、客观条件，确定目标，全面安排计划指标；

(2) 对计划目标进行分解，落实责任，编制计划；

(3) 执行计划并找出偏差，同时开展计划控制；

(4) 调整和平衡计划；

(5) 对计划完成情况进行评价和考核。

财务计划的编制过程，实际上就是确定计划指标，并对其进行平衡的过程。

五、财务控制

财务控制是指在财务管理过程中，利用有关信息和特定手段，对企业的财务活动施加影响或调节，以便实现计划所规定的财务目标。

(一) 防护性控制

防护性控制又称排除干扰控制，是指在财务活动发生前，就制定一系列制度和规定，把可能产生的差异予以排除的一种控制方法。例如，为了保证现金的安全和完整，就要规定现金的使用范围，制定好内部牵制制度；为了节约各种费用开支，则可先规定开支标准等。排除干扰是最彻底的控制方法，但排除干扰要求对被控制对象有绝对的控制能力。在财务管理中，各种事先制定的标准、制度、规定等都可以看作排除干扰的方法。

(二) 前馈性控制

前馈性控制又称补偿干扰控制，是指通过对实际财务系统运行的监视，运用科学方法预测可能出现的偏差，采取一定措施，使差异得以消除的一种控制方法。例如，在控制企业短期偿债能力时，要密切注意流动资产与流动负债的对比关系，预测这一比例的发展趋势。当预测到这一比率将变得不合理时，就要使用一定方法对流动资产或流动负债进行调整，使它们的对比关系保持在合理水平上。补偿干扰也是一种比较好的控制方法，但要求掌握大量的信息，并要进行准确的预测，只有这样，补偿干扰才能达到目的。

(三) 反馈性控制

反馈性控制是在认真分析的基础上发现实际与计划之间的差异，确定差异产生的原因，采取切实有效的措施，调整实际财务活动或调整财务计划，使差异得以消除或避免今后出现类似差异的一种控制方法。在财务控制中，最常用的控制方法便是反馈控制法。

六、财务分析

财务分析是根据有关信息资料，运用特定方法，对企业财务活动过程及其结果进行分析和评价的一项工作。通过财务分析，可以掌握各项财务计划指标的完成情况，评价财务状况，研究和掌握企业财务活动的规律性，改善财务预测、决策、计划和控制，提高企业经济效益，改善企业管理水平。

财务分析的一般程序如下：

(1) 确立内容,明确目标;
(2) 收集资料,掌握情况;
(3) 运用方法,揭示问题;
(4) 提出措施,改进工作。

财务分析的方法主要有对比分析法、比率分析法和综合分析法等。

(一) 对比分析法

对比分析法是通过把有关指标进行对比来分析企业财务情况的一种方法。对比分析法要对同一指标的不同方面进行比较,从数量上确定差异,为进一步查找差异原因提供依据。例如,通过同计划数的对比,可以查明该项指标完成计划的程度;通过同历史时期有关数字的对比,可以发现有关财务指标的变动趋势;通过与同类企业之间的有关指标的对比,可以发现先进和落后之间的差距。对比分析法是一种比较好的分析方法,它具有适应面广、分析过程简单、揭示问题清楚等特点。但任何事物之间,只有遵循一定条件,才具有可比性,因此,在运用对比分析法时,必须注意各种指标之间是否可比。

(二) 比率分析法

比率分析法是把有关指标进行对比,用比率来反映它们之间的财务关系,以揭示企业财务状况的一种分析方法。根据分析的不同内容和要求,可以计算各种不同的比率进行对比,其中最主要的比率有以下三个。

1. 相关指标比率

相关指标比率是根据财务活动存在的相互依存和相互联系的关系,将两个性质不同但又相关的指标相比,求出比率,以便从财务活动的客观联系中进行研究,更深地认识企业的财务状况。例如,将资金指标同销售指标、利润指标进行对比,便可求出资金周转率、资金利润率,以便更深入地揭示企业财务状况和经营成果。

2. 构成比率

构成比率是计算某项指标的各个组成部分占总体的比重,分析其构成内容的变化,从而掌握该项财务活动的特点与变动趋势。例如,将负债资金同全部资金进行对比,求出负债比率,便可揭示财务风险的大小。

3. 动态比率

动态比率是将某项指标的不同时期的数值相比,求出比率,观察财务活动的动态变化程度,分析有关指标的发展方向和增减速度。

比率分析是财务分析的一种重要方法。通过各种比率的计算和对比,基本上能反映出一个企业的偿债能力、盈利能力、资金周转状况和盈余分配情况,该方法具有简明扼要、通俗易懂的特点,很受各种分析人员的欢迎。

(三) 综合分析法

综合分析法是把有关财务指标和影响企业财务状况的各种因素都有序地排列在一起,综合地分析企业财务状况和经营成果的一种方法。对任何单一指标、单一因素进行分析,都不能全面评价企业的财务状况和经营成果及其发展变动趋势,必须进行综合分析,才能对企业的财务状况作出全面、系统的评价。在进行综合分析时，可采用财务比率综合分析法、因素综合分析法和杜邦体系分析法等。

综合分析法是一种重要的分析方法，它对全面、系统、综合地评价企业财务状况具有十分重要的意义。但综合分析法一般都比较复杂，所需资料很多，工作量比较大。

七、财务监督和评价

财务监督和评价是以国家财经法规、制度的规定以及企业章程、内部财务制度和会计核算资料为依据，对企业财务活动的合理性、合法性和有效性进行检查和评价。

财务监督和评价分为内部监督和评价和外部监督和评价两种。企业内审部门以及有关单位所进行的监督评价属于内部监督评价；国家各级审计机构、财政、国有资产管理等部门对企业所进行的监督评价属于外部监督评价。

企业应建立必要的内部监督评价和考核制度，防止违法乱纪行为的发生，堵塞各种漏洞。同时，企业也应自觉接受国家审计、财政、国有资产管理等部门的监督，并给予积极配合。

第四节　财务管理工作的组织

财务管理工作的组织是指财务管理运行的组织形式、方法体系和组织原则，包括财务管理体制、财务管理机构、财务管理制度等。

财务管理组织是履行财务管理职能，完成财务管理任务的重要基础工作，财务管理人员就是在财务管理组织的基础上开展工作、组织财务活动的。

一、企业组织形式与财务经理

（一）企业组织形式

企业组织形式有很多，按照不同标准可以作不同的分类。按照国际惯例企业组织形式一般划分为三种。

1. 独资企业

独资企业也称个人独资企业，是指由一个自然人投资的企业，投资者即为业主。独资企业的业主享有全部的经营所得，同时对债务负完全责任。个人独资企业的优点是：企业开办、转让、关闭的手续简便；企业主自负盈亏，对企业的债务承担无限责任，因而企业主会竭力把企业经营好；企业税负较轻，只需要缴纳个人所得税；企业在经营管理上制约因素较少，经营方式灵活，决策效率高；没有信息披露的限制，企业的技术和财务信息容易保密。

个人独资企业也存在无法克服的缺点：首先是风险巨大。业主对企业承担无限责任，在硬化企业预算约束的同时，也带来了企业主承担风险过大的问题，从而限制了企业主向风险较大的部门或领域进行投资，这对新兴产业的形成和发展极为不利。其次是筹资困难。因为个人资金有限，在借款时往往会因信用不足而遭到拒绝，限制了企业的发展和大规模经营。

基于以上特点，个人独资企业的理财活动相对来说比较简单。

2. 合伙企业

合伙企业是指由两个以上的自然人订立合伙协议，共同出资、合伙经营、共享收益、共担风险，并对合伙企业债务承担无限连带责任的企业。为了避免经济纠纷，在合伙企业成立时，合伙人须订立合伙协议，明确每个合伙人的权利和义务。与个人独资企业相比，合伙企业资信条件较好，容易筹措资金和扩大规模，经营管理能力也较强。

按照合伙人的责任不同，合伙企业可分为普通合伙企业和有限合伙企业。普通合伙企业的合伙人均为普通合伙人，对合伙企业的债务承担无限连带责任。有限合伙企业由普通合伙人和有限合伙人组成，有限合伙人以其出资额为限对企业债务承担有限责任。但是，有限合伙企业要求至少有一人是普通合伙人，而且有限合伙人不直接参与企业经营管理活动。

合伙企业具有设立程序简单、设立费用低等优点，但也存在责任无限、权力分散、产权转让困难等缺点。

由于合伙企业的资金来源和信用能力比独资企业有所增加，盈余分配也更加复杂，因此合伙企业的财务管理比独资企业要复杂得多。

3. 公司制企业

公司制企业是指依照国家相关法律集资创建的，实行自主经营、自负盈亏，由法定出资人（股东）组成的，具有法人资格的独立经济组织。公司制企业的主要特点包括以下几个方面。

(1) 独立的法人实体。公司一经宣告成立，法律即赋予其独立的法人地位，具有法人资格，能够以公司的名义从事经营活动，享有权利，承担义务，从而使公司在市场上成为竞争主体。

(2) 具有无限的存续期。股东投入的资本长期归公司支配，股东无权从公司财产中抽回投资，只能通过转让其拥有的股份收回投资。这种资本的长期稳定性决定了公司只要不解散、不破产，就能够独立于股东而持续、无限期地存在下去，这种情况有利于企业实行战略管理。

(3) 股东承担有限责任。这是指公司一旦出现债务，这种债务仅是公司的债务，股东仅以其出资额为限对公司债务承担有限责任，这就为股东分散了投资风险，从而有利于吸引社会游资，扩大企业规模。

(4) 所有权和经营权分离。公司的所有权属于全体股东，经营权委托专业的经营者负责管理，管理的专门化有利于提高公司的经营能力。

(5) 筹资渠道多元化。股份公司可以通过资本市场发行股票或发行债券募集资金，有利于企业的资本扩张和规模扩大。

公司制企业分为有限责任公司和股份有限公司。两者的不同点有以下几个方面。

(1) 股东的数量不同。有限责任公司的股东人数有最高和最低的要求，而股份有限公司的股东人数只有最低要求，没有最高限制。

(2) 成立条件和募集资金的方式不同。有限责任公司的成立条件相对来说比较宽松，股份有限公司的成立条件比较严格；有限责任公司只能由发起人出资，不能向社会公开募集资金，股份有限公司可以向社会公开募集资金。

(3) 股权转让的条件限制不同。有限责任公司的股东转让自己的出资要经股东会讨论通过；股份有限公司的股票可以自由转让，具有充分的流动性。

在上述三种企业组织形式中，公司制是大企业普遍采用的组织形式。因此，财务管理学的分析与研究以公司制企业这种组织形式为基本研究对象。本书所讲的财务管理也主要是指公司的财务管理。

(二) 财务经理及其职责

在大中型企业中，理财活动通常与企业高层管理者有关，如董事长、总经理、财务经理及其他经理。图 1-3 反映企业的组织结构，并突出了财务活动。在图 1-3 中，总经理是企业的首席执行官，直接负责管理企业的生产经营。总经理下面设副总经理负责不同部门的经营与管理。负责向财务总监报告的是财务经理和会计经理。财务经理负责筹资、投资、分配和财务规划、财务关系等的管理，并且通过这些工作为公司创造价值。

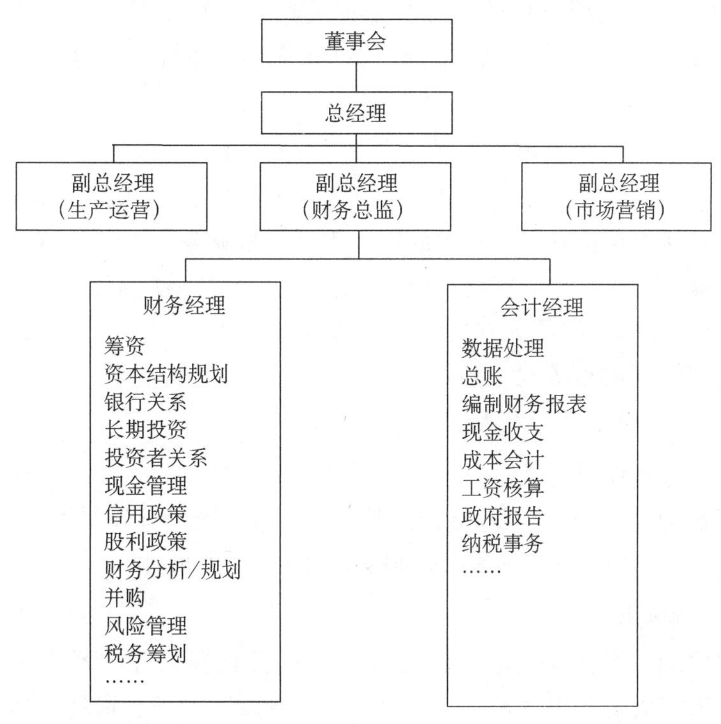

图 1-3 财务经理及其职责

企业的财务管理和会计核算是两项不同的工作。财务管理工作由财务经理通过资金运作为企业创造价值。会计核算工作由会计经理负责，主要是通过数据处理、财务报告等形式对外提供会计信息。

二、财务管理的基础工作

企业在开展财务管理活动之前，要做好财务管理所必要的基础工作，这些基础工作是财务管理的前提条件。没有一定的条件，财务管理工作就不可能顺利地开展。

（一）建立财务管理机构

每个企业在开展财务管理工作之前都必须建立财务管理机构，即在企业内部设立必要的、适应财务管理和生产经营需要的财务管理部门。企业财会机构可以是财务和会计合并设立财会科，也可以分设财务科和会计科。不论采用哪种形式，企业都必须设置相应的财务管理机构。

在企业总部设置财务管理机构的同时，企业还应在其二级财务管理部门和三级财务管理部门设立财务管理的分支机构，这些分支机构根据企业的内部财务管理制度和企业内部经济责任制划分的职责，在总部财务管理机构的领导和指导下开展财务管理工作。二级财务管理机构可以设财务管理组，三级财务管理机构可以设财务管理组或财务管理室，或由一个专职或兼职人员负责本部门的财务管理工作。

在分级设置财务管理机构的同时，企业的有关职能科室或部门也应根据需要设置财务管理机构。例如，企业的销售部门就应该根据需要设置财务管理机构，负责销售政策的制定、商业信用的调查、信用条件的制定和销售货款的收回等工作；采购部门的财务管理主要负责材料物资资金需要量的预测和安排、材料物资的保管、经济订货量的确定等方面的工作。

（二）培养财务人员，提高财务人员素质

财务人员素质的好坏直接影响着财务管理工作开展的好坏，从而影响财务管理目标是否能够实现。企业应招募具有专门知识的财务人员从事财务管理工作，对非专业人员或专业知识不够的财务人员应进行上岗前的培训，使之能较好地适应工作。培训内容除了专业知识外，还应包括企业的生产经营方面的知识，例如企业产品的生产工艺流程、各道工序的材料耗用情况、产品的市场情况等。

（三）建立企业内部财务管理制度

企业的内部财务管理制度是财务管理的具体规范和操作程序，每个企业都必须制定适合本企业实际情况的财务管理制度。这些制度包括：各项资金管理制度、成本管理制度、利润分配制度、财务开支审批制度、财务分析制度和财务监督制度等。

（四）加强财务信息管理

企业的财务管理工作包括预测、决策、计划、控制、分析、监督和评价等方面的活动，所有这些活动都离不开有关财务信息资料。只有具备符合实际的信息资料，才能进行各方面的财务管理工作。信息资料不足或资料不准确都会妨碍财务管理工作的顺利开展。所以，财务管理应加强信息管理，在各部门各单位都应建立信息管理制度，有专人负责本部门、本单位的信息收集和汇总上报工作。

在信息管理工作中不可忽视计量工作，要注意计量的及时性和准确性。

（五）制定内部财务管理责任制

企业的财务管理工作应与企业的经济责任制相结合。要配合企业经济责任制的落实和考核工作。为了做到这一点，财务管理部门应制定有关部门或单位、有关工作或工序的定额，包括劳动用工定额、材料消耗定额、成本费用定额等。在制定定额的同时，财务管理部门还应根据企业经济责任制的要求，制定企业各责任单位在产品调拨过程中的部门价格。

财务管理部门在制定定额和部门转移价格的同时，还应督促这些指标的落实，定期或不定期地对定额或部门转移价格的实施情况进行分析和考核，并及时改进不合理的定额和部门转移价格，使之真正发挥作用。

三、财务管理体制

财务管理体制是以企业为主体，规定在资金运动过程中企业与有关各方面的财务关系的制度，其实质是确定和划分企业与各方面的财务管理权限。

要做好财务管理工作，必须建立并不断完善适应财务管理环境的财务管理体制。好的财务管理体制有利于财务管理工作的开展，有利于企业处理好与有关各方面的财务关系；不适应财务管理环境的财务管理体制，将不利于财务管理活动的顺利进行。

企业的财务管理体制是指企业内部各个管理层次、各个管理环节之间以及企业与职工之间在财务管理的责、权、利方面的相互关系。

企业内部财务管理体制主要从以下几方面来确定企业内部各部门之间以及企业与职工之间的经济关系。

(1) 资金的管理。确定企业内部资金管理办法、资金运用和审批权限。如：将资金考核指标分解落实到各级各部门，层层考核，使各部门都承担一定的经济责任等。

(2) 财务收支的管理。确定各部门计算收入与支出的方法，以便考核企业生产经营的成果。

(3) 实行内部结算。确定企业内部各单位经济往来所采用的内部结算价格、结算程序等，以分清经济责任，加强经济核算。

(4) 劳动报酬的计算。确定企业职工劳动报酬的计算方法，奖金的评定标准以及发放的方式、时间等。

企业财务管理体制的具体形式可以采用一级、二级和三级管理体制等形式。

(1) 一级管理体制，是指企业的财务管理权限集中在总部。企业总部统一分配各项资金、处理财务收支、核算收入、成本和盈利，进行收益分配，各部门、各单位主要对财产物资的收、发、存及其使用进行实物管理，各部门之间的经济往来，由总部统一核算。这种体制简便易行，适合于小型企业和业务简单的中型企业。

(2) 二级管理体制，是指企业总部统一安排各项资金、处理财务收支、核算成本和核算盈亏，统一制定财务政策，统一对外经济往来。二级管理单位(车间或分厂等)负责管理涉及本部门管理范围的一部分生产储备资金和在产品资金，核算产品成本，对部门之间的经济往来进行计价结算并通过总部财务部门转账，对于资金、成本等项目要核定计划指标，定期考核。这种体制适合于中型企业。

(3) 三级管理体制，是指在二级管理体制的基础上，给班组一定的财务管理权限。例如，要求班组核算直接发生的生产消耗，计价结算同其他部门之间的经济往来，定期考核产量、质量以及材料消耗、全部直接生产费用等经济指标，并据以计算奖金，以明确基层生产单位的经济责任和经济权力及经济利益。这种体制相对比较复杂，适用于中型和大型企业。

企业财务管理体制的制定，其根本问题是划分财务管理的集权和分权。

四、财务管理机构的设置

财务管理机构是处理企业资金运动，实施财务管理的部门。

财务管理机构的职责是参与企业的经营决策，管理资金，组织财务活动，对经济活动进行财务监督，更好地履行财务管理的职能。

财务管理机构的组织形式主要有两种，即财务、会计合并的一体化组织形式和财务、会计分别设置机构的平行组织形式。

（一）财务、会计合并的一体化组织形式

这种形式是将财务管理和会计管理两个机构合并在一起工作。这是目前我国多数企业采用的形式。在这种形式下，企业一般设一个财会科室，由总会计师或主管经济管理的副职领导来领导，负责整个企业的财务和会计两个方面的管理工作。

这种形式的基本特点如下：财务、会计合并的一体化组织形式关系简明，便于财会业务集中管理，能提高工作效率。但是，企业面临的财务管理环境是复杂而多变的，财务管理的内容也越来越丰富，财务管理在企业管理中也显得越来越重要。在这种情况下，一体化的组织形式越来越不适应现代企业管理的需要。

（二）财务、会计分别设置机构的平行组织形式

这种形式是将一体化的财务、会计分开，分别设置财务部门和会计部门，两者各有分工、各司其职。会计主管负责内部会计控制、会计核算的组织、办理纳税、编制财务报告等方面的工作。财务部门主管负责资金的筹集、制定商业信用政策、进行投资分析、调查客户的信用、制定定额和经济责任制等。

财务、会计分别设置机构的平行组织形式有利于财务、会计发挥各自的作用，职责明确，既保证财务工作又保证会计工作，适应市场经济条件下企业管理的要求，一般适用于大中型企业。

五、财务管理制度

财务管理制度是财务管理应该遵循的规范和要求，是企业根据国家有关法规和企业章程等的规定，结合各个企业生产经营特点和管理要求制定的、企业应具体遵循的财务管理办法和措施。每个企业在企业组织形式、财务管理目标、生产组织、产品生产工序、人员素质等方面都有各自的特点，因此，企业在组织和实施管理的过程中也应结合自身的特点，制定适合本企业的财务管理制度。

企业财务管理制度主要包括：现金管理制度、银行存款管理制度、材料物资管理制度、产品及销售管理制度、往来款项及信用管理制度、固定资产管理制度、成本管理制度、利润（股利）分配制度、财务开支审批制度、财务分析制度、财务监督制度等。

思考题

1. 什么是财务管理？其内容包括哪些？
2. 简述企业财务关系及其表现。
3. 试述企业的资金运动及其内容。
4. 什么是财务预测？财务预测起什么作用？
5. 财务预测的方法有哪些？各种方法有什么特点？
6. 什么是财务决策？财务决策可分为哪几大类？
7. 什么是财务管理体制？我国的财务管理体制是怎样的？
8. 财务管理制度包括哪些内容？
9. 试述财务管理在企业管理中的地位和作用。
10. 试比较会计核算和财务管理的联系与区别。

财务管理目标和财务管理环境

第一节　财务管理目标

一、财务管理目标的特点

财务管理目标是指企业进行财务管理活动所需要达到的目的，是评价企业财务活动是否合理的标准。它是企业进行财务决策的最高准则，它规定了企业财务活动的运行方向和运行方式。

在企业财务管理活动过程中，应有一个基本准则，如果没有基本的准则，财务管理就没有方向，就不能达到财务管理的效果。确定合理的财务管理目标，在整个财务管理活动中具有极其重要的意义。

在确定财务管理目标之前，我们必须首先对财务管理目标的特点有所了解。

（一）相对稳定性

财务管理目标是一定政治、经济环境的产物，随着环境条件的变化，财务管理的目标也会发生变化。但政治、经济环境在一定时期具有相对稳定性。如西方国家的财务管理的目标经历了：筹资数量最大化→利润最大化→财富（价值）最大化的过程。

因为20世纪20年代以前，西方企业面对的是卖方市场，产品有限，产品销路好，企业只要增加产量，通过向市场提供更多的产品就能较轻松地获得较大的利润。所以，在这一阶段企业只要能筹集到尽量多的资金，就能实现规模的扩张，扩大产量，从而获得较好的效益。"筹资数量最大化"作为西方企业财务管理的目标延续了较长的一段时期。到了20世纪30年代，产品不断丰富，企业面对的是买方市场，企业的生存情况依赖于产品的销售情况，所以，降低成本，尽可能多地获得利润成了企业能否生存的焦点，财务管理的目标转向"利润最大化"。这个目标到80年代为"财富（价值）最大化"所代替。直到现在，西方企业仍在使用它作为财务管理的目标。

可见，虽然财务管理目标会随着财务管理环境的变化而发生变化，但在一定时期或特定的条件下是保持相对稳定的。如我国企业财务管理的目标也经历了产值最大化→利润最大化→财富（资金增值）最大化的过程。

（二）多元性

财务管理目标的多元性是指财务管理目标不是单一的，而是适应多因素变化的综合目标群。财务管理是一个系统，所以财务管理目标也是一个多元的有机构成体系。

在财务管理目标体系中，有一个目标是处于支配地位、起着主导作用的，称为主导目标。其他一些处于被支配地位、对主导目标的实现起配合作用的目标，称为辅助目标，如图 2-1所示。

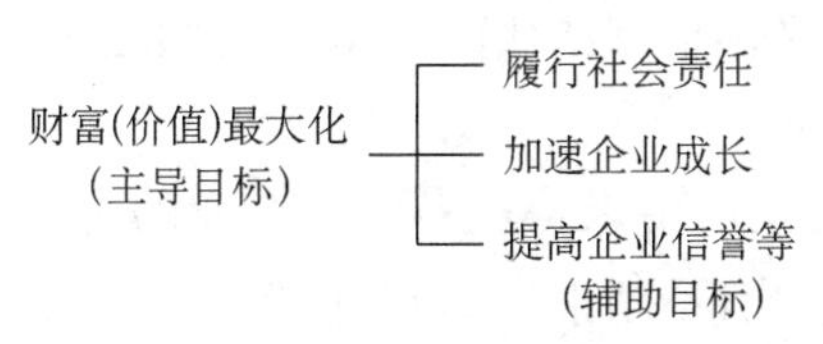

图 2-1　主导目标和辅助目标

(三) 层次性

财务管理目标的层次性是指财务管理目标按一定标准可以划分成若干层次。例如：财务管理可以分解为筹资管理、投资管理、分配管理等，而在每一个分支中又可以分为若干层次。财务管理的目标也可以分解为财务管理的总体目标(整体目标)和筹资管理、投资管理、分配管理等的分部目标，以及再分解的具体目标。财务管理的总体目标、分部目标和具体目标之间的互关系如图 2-2 所示。

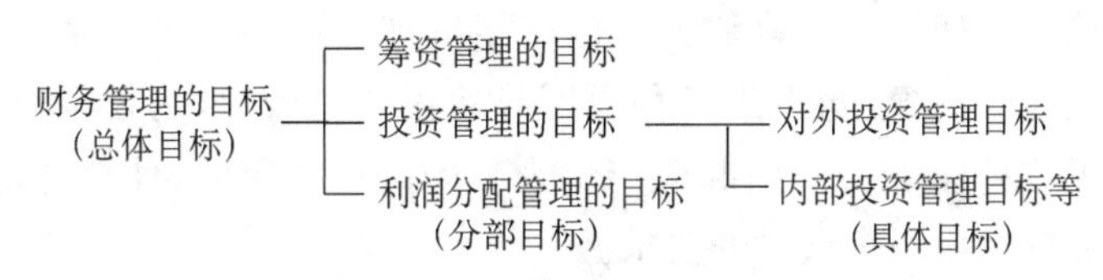

图 2-2　不同层次的财务管理目标

财务管理多元目标中的主导目标、层次性中的总体目标(整体目标)，都是指整个财务管理工作所要达到的最终目标，是同一个事物的不同提法，它们是一致的，对企业的财务活动起着决定性的影响作用，统称为财务管理的基本目标。

在研究财务管理目标时，一般首先是研究财务管理的基本目标。本章也是主要研究财务管理的基本目标。

二、财务管理基本目标的定位

财务管理是企业管理的重要组成部分，所以，财务管理的目标应和企业的总体目标相一致。

(一) 企业目标及其对财务管理的要求

1. 企业目标

企业是以营利为目的从事生产经营的经济组织，其出发点和归宿都是营利。企业一旦成立，就会面临竞争，并始终处于生存和倒闭、发展和萎缩的矛盾之中；企业想生存下去，必须具有活力，只有不断发展才能求得生存。因此，企业目标一般可以分为三个层次。

(1) 生存目标。企业只有生存，才可能获利。企业在市场中生存下去的基本条件是以收抵支。企业一方面支付货币，从市场上获得所需的实物资产；另一方面提供市场需要的商品和服务，从市场上换回货币。企业从市场上获得的货币至少要等于付出的货币，才能维持继续经营，这是企业长期持续的基本条件。

企业生存的另一个基本条件是到期偿债。企业为扩大业务规模或满足经营周转的临时需要，可以对外借债。但企业必须根据法律的要求到期偿还本金和利息。否则，就可能被债权人接管或被法院判定破产。

(2) 发展目标。企业是在发展中求得生存的。企业的生产经营如逆水行舟，不进则退。在科技不断进步的今天，企业只有不断推出更好、更新、更受顾客欢迎的产品，才能在市场中立足。一个企业要不断提高产品和服务的质量，不断扩大自己的市场份额，否则，就不能发展，有可能产生生存危机。

(3) 获利目标。企业只有能够获利，才有存在的价值。建立企业的目的是盈利，盈利不但体现了企业的出发点和归宿，而且可以反映其他目标的实现程度，并有助于其他目标的实现。

2. 企业目标对财务管理的要求

(1) 生存目标对财务管理的要求。企业生存的威胁主要来自两个方面：一个是长期亏损，它是企业终止的根本原因；二是不能偿还到期债务，它是企业终止的直接原因。亏损企业为维持运营被迫进行偿债性融资，借新债还旧债，如不能扭亏为盈，迟早会借不到钱而无法周转，从而不能偿还到期债务。盈利企业也可能出现“蓝字破产”的情况。如果通过借款的方式上项目、扩大经营规模，当由于各种原因导致投资失败时，为偿债企业则必须出售其资产，使生产经营无法持续下去而引起破产。为减少破产的风险，使企业能够长期、稳定地生存下去，是对财务管理第一个层次的要求。

(2) 发展目标对财务管理的要求。企业的发展集中表现为扩大收入，而扩大收入的根本途径是提高产品的质量、扩大销售的数量。这就要求不断更新设备、技术和工艺，并不断提高各种人员的素质，也就是要投入更多、更好的物质资源和人力资源，并改进技术和管理。在市场经济中，各种资源的取得都需要付出货币。企业的发展离不开资金。因此，筹集企业发展所需的资金是对财务管理的第二个层次的要求。

(3) 获利目标对财务管理的要求。从财务的角度看，盈利就是使资产获得超过其投资的回报。在市场经济中，每项资产都是投资，这些投资都有一定的来源，各种来源的资金都有一定的成本。因此，每项投资都应获得相应的报酬。财务人员要对企业正常经营产生的和从外部获得的资金加以有效管理。这是对财务管理的第三个层次的要求。

在传统计划经济的集权管理模式下，企业的所有权和经营权高度集中，企业的主要任务是完成上级下达的产值指标。因此，完成国家计划规定的产值指标是当时财务管理的目标。

随着我国现代企业制度的建立和完善，企业法人地位的树立、政府职能的转变、企业投资主体的多元化，企业的生产经营目的发生了很大的变化。建立现代企业制度的基本特征之一，就是要求企业按照市场需求组织生产经营，以提高劳动生产率和经济效益为企业的目的。从本质上说，企业生产经营的根本目的是提高经济效益，这是企业的立足点和出发点，也是投资者出资创办企业的目的，更是企业赖以生存和发展的基础。

在我国，把经济效益作为财务管理的目标是合适的，因为经济效益主要是通过财务指标如资金、成本、收入和利润等表现出来的。通过对财务指标的分析，可以考察一个企业经济效益的好坏。经济核算要求对生产中的消耗、占用和成果进行记录、计算、对比和控制，要求企业做到以收抵支、增加盈利、提高资金利用效果，这些要求大部分要通过财务管理来实现，而这些方面都直接决定和影响企业的经济效益。但用经济效益最大化来表述财务管理的目标也存在问题，如经济效益是一个模糊的概念，它必须通过一系列财务指标来反映；以抽象的概念作为财务管理的目标又显得笼统和不直接。

（二）财务管理基本目标的定位

财务管理目标是在特定的财务管理环境中，通过组织财务活动，处理财务关系所要达到的目的。从根本上说，财务目标取决于企业生存目的或企业目标，取决于特定的社会经济模式。根据现代企业财务管理理论和实践，目前，我国企业财务管理的目标有以下几种提法。

1. 利润最大化

利润是企业一定时期全部收入和全部费用的差额，体现了企业经济效益的高低。利润是资本报酬的来源，资本不仅要在生产经营中保全，而且必须增值，利润的多少表明了资本增值的多少；利润也是提高职工劳动报酬的来源，在市场经济条件下，按劳分配的“劳”只能是被市场承认或实现的劳动价值，利润是这种实现了的劳动价值的综合体现，利润越多，意味着实现的劳动价值越多，相应地，职工的劳动报酬也就越高；利润代表着剩余产品的多少，剩余产品越多，意味着社会财富越多，利润最大化意味着社会财富（价值）最大化；利润的多少还会决定资本的流动，资本一般总是流向利润较大的行业和企业，利润最大化有利于实现资源的合理配置；在市场经济中，企业获得的利润的多少，表明企业竞争能力的大小，决定了企业的生存和发展。所以，利润最大化必然地成为了财务管理的基本目标。

以利润最大化作为财务管理的目标的合理之处主要在于：促使企业讲求经济核算、加强内部管理、改进工艺技术、提高劳动生产率、努力降低成本，有利于资源的合理配置。

但以利润最大化作为财务管理的目标也有缺陷，主要表现在以下几个方面。

（1）利润概念模糊不清。利润最大化只是指利润绝对额的最大化，没有反映出所得利润额与投入资本额之间的投入产出关系，因而不能科学地说明企业经济效益的高低。另外，利润额可以通过会计的方法人为地“做”多或“做”少。不同的会计确认和计量方法、会计人员对会计准则的不同理解以及采用不同的会计核算方法都会使企业最终的财务成果（利润）产生偏差。当管理者弄虚作假、故意篡改会计数据时，利润指标将会给人们带来极大的误导。

（2）没有考虑利润发生的时间，没有考虑资金的时间价值。

（3）没有考虑企业经营的风险。一般地，报酬越高，风险越大，追求利润最大化也可能增加企业的风险，以致使企业不顾风险大小，片面追求利润额的增加。

（4）往往会使企业决策带有短期行为的倾向，如忽视产品开发、人才培养、生产安全、技术装备水平的提高、生活福利设施的完善、履行社会责任等。

利润最大化只是对经济效益的低层次的认识，以利润最大化作为财务管理的基本目标存在一定的片面性。

2. 资本利润率最大化或每股利润最大化

资本利润率是利润额与资本额的比率。每股利润是利润额与普通股股份数的比值。所有者作为企业的投资者，其投资目标是取得资本收益，具体表现为税后净利润与出资额和股份数的对比关系。以资本利润率最大化或每股利润最大化作为财务管理的目标的优点是把企业实现利润额与投入的资本和股本数进行对比，能够说明企业的盈利水平，可以在不同资本规模的企业或同一企业不同期间之间进行比较，揭示其盈利水平的差异。

但值得注意的是资本利润率最大化或每股利润最大化仍然没有考虑资金时间价值和风险因素，也不能避免企业的短期行为。实际上，这个目标定位和利润最大化并没有本质上的区别。

3. 财富（价值）最大化

财富（价值）最大化是指通过企业的合理经营，采用最优的财务政策，在考虑资金时间价值和风险报酬的情况下，不断增加企业财富，使企业总值达到最大。财富（价值）最大化是投资者投资的最终要求，也体现了各方面的利益。以财富（价值）最大化作为财务管理的目标可以满足各方面的需要。

在股份有限公司中，企业的总值可以用公司股票的市场价值[①]来代表，其简化的计算公式为

$$V=\frac{D}{K-G} \tag{2-1}$$

其中：V 为公司的总值；D 为年末的净利润；K 为股东要求的收益率；G 为股利增长率。

假设股利增长率不变，则公司总值与利润呈正比，与股东要求的收益率呈反比。一般情况下，企业的风险越大，则股东要求的收益率就越大；企业的风险越小，则股东要求的收益率就越小。从式(2-1)可以得出这样的结论：要使公式的值（企业价值）最大，就要使分子最大（利润最大化）；分母的投资者要求的收益率最小（企业的风险最小、长远的盈利能力强、今后的获利比较均匀）、股利增长率最大（利润最大化）。

所以，式(2-1)要求企业尽量增加利润，同时要尽量减少风险。要使利润（报酬）和风险达到较好的均衡。

以财富（价值）最大化作为企业的财务管理目标，既考虑了利润最大的因素，又考虑了企业风险的因素，有利于企业获得长远利益，其优点在于以下五个方面。

(1) 既考虑了时间因素，又考虑了风险因素。一个企业只有在企业所得利润越多、实现利润的时间越近、实现的利润越稳定时才能达到财富（价值）最大化的目标。

(2) 克服了企业片面追求利润的短期行为。从企业价值理论来看，利润多并不一定是企业价值大，企业价值不等于账面价值。

(3) 有利于社会财富的增加。如果每个企业都追求财富（价值）最大化，每个企业都最大限度地获得利润、追求长远利益，整个社会的财富才可能实现最大化，从而带来社会的进步和发展。在社会主义市场经济条件下，企业作为自主经营的主体，所获利润是企业在一定期间的全部收入减去全部费用的差额，是按照收入与费用配比原则加以计算的，它不仅可以直接反映企业创造剩余产品的多少，而且也从一定程度上反映出企业经济效益的高低和对社会贡献的大小。

---

① 参见第四章第三节有关股票估价的内容。

(4) 使企业和职工的利益保持一致。

(5) 充分体现了资本保值增值的要求。企业只有实现财富(价值)最大化,才能使企业资产最大化,做到保值、增值。

根据以上分析,我们认为现代企业财务管理的基本目标的定位应该是财富(价值)最大化。

(三) 财务管理分部目标(具体目标)的定位

财务管理的具体目标有许多层次,这里主要就财务管理的基本内容分述企业筹资的目标、企业投资的目标和利润分配的目标。

1. 企业筹资管理的目标

企业筹资管理的目标是在筹集足够的资金,在满足生产经营需要的前提下,努力降低资金成本和财务风险。

2. 企业投资管理的目标

企业投资管理的目标是认真研究投资项目的可行性,力求以较低的风险和较少的资金投放,获取尽量多的投资效益。

3. 利润分配管理的目标

利润分配管理的目标是合理确定利润的留分比例以及分配形式,正确处理好企业与各方面的财务关系,从而提高企业的总价值。

三、利益冲突与财务管理目标的协调

财务管理目标是财富(价值)最大化,在这一目标的约束下,财务活动所涉及的不同利益主体如何进行协调是财务管理必须解决的问题。

(一) 所有者与经营者目标的矛盾与协调

财富(价值)最大化直接反映了企业所有者的利益,他与企业经营者没有直接的利益关系。对所有者来讲,他所放弃的利益也就是经营者所得的利益。这种被放弃的利益也称为所有者支付给经营者的享受成本。但问题的关键不是享受成本的多少,而是在增加享受成本的同时,是否更多地提高了企业价值。

对经营者来讲,其目标是工资福利和自身利益(享受成本)的最大化。例如,以此为目标的经营者总是以能够给他们带来最多的工资和足够的"支出账户"作为他们的决策依据的。如果他们觉得股东不能满足他们的利益,他们将通过增大其"支出账户"来满足自己的需要。这时经营者并不强调利润、股票价格或其他目标的最大化。如果经营者过多地考虑其本身的利益,就可能因此而作出错误的投资或融资决策,从而影响企业利润和股东财富的最大化。

为了解决这一矛盾,应采取让经营者的报酬与绩效相联系的办法,并辅以下列监督措施:

1. 解聘

这是一种通过所有者约束经营者的办法来实施对经营者的监督。如果经营者未能使企业价值达到最大,就将其解聘。一般经营者为了获得其合理的利益会尽量做到使企业的财富(资金增值)最大化。

2. 接收

这是一种通过市场约束经营者的办法。如果经营者经营决策失误、经营不力，未采取一切有效措施使企业价值提高，该公司就可能被其他公司强行接收或吞并，相应经营者也会被解聘。为此，经营者为了避免这种接收，必须采取一切措施提高企业价值。

3. 激励

这是一种将经营者的报酬与业绩挂钩，以使经营者自觉采取能满足财富(资金增值)最大化的管理措施的方法。激励有两种基本方式。

(1)“股票选择权”方式。即允许经营者以固定的价格购买一定数量的公司股票，当股票的价格越高于固定价格时，经营者所得的报酬就越多，经营者为了获取更大的股票涨价益处，就必然主动采取能够提高股价、增加企业价值的行动。

(2)“业绩股”或“期股”方式。即公司运用每股利润、资产报酬率等指标来评价经营者的业绩，视其业绩大小给予经营者数量不等的股票或购买股票的选择权作为报酬。如果公司的经营业绩未能达到规定目标时，经营者也将部分丧失原先持有的“业绩股”。这种方式使经营者不仅为了多得“业绩股”而不断采取措施提高公司的经营业绩，而且为了使每股市价、企业价值最大化，也采取各种措施使股票市价、企业价值稳定上升。

(二) 所有者与债权人目标的矛盾与协调

所有者的财务管理目标与债权人期望实现的目标会发生矛盾。首先，所有者可能未经债权人同意，要求经营者投资于比债权人预计风险要高的项目，这会增大偿债的风险，债权人的投资价值也必然会降低。若高风险的项目一旦成功，额外的利润就会被所有者独享；但若失败，债权人却要与所有者共同负担由此而造成的损失。这对债权人来说风险与收益是不对称的。其次，所有者未征得现有债权人同意，而要求经营者举借新债，致使旧债的价值降低(因为相应的偿债风险增加)。

为协调所有者与债权人的上述矛盾，债权人通常可采用以下措施。

1. 限制借债规模

限制借债规模就是在借款合同中加入某些限制性或保护性条款，如规定借款的用途。借款的担保条款和借款的信用条件等。

2. 收回借款或不再借款

收回借款或不再借款就是当债权人发现借款企业有侵蚀其债权价值的意图时，采取收回债权和不给予企业发放新借款的方式，从而保护自身的权益。

(三) 财务管理目标与履行社会责任之间的矛盾和协调

企业在以财富(价值)最大化作为财务管理目标时，应考虑社会责任的履行问题。即企业在获取经济效益的同时，必须履行社会责任，如环境保护、增加就业、提高职工福利待遇、增加纳税等。

在一般情况下，财务管理目标的实现与社会责任的履行基本一致。

首先，企业为了实现财富(价值)最大化，必须生产出符合社会需要的产品，在产品质量等方面充分满足广大消费者的需求，同时也实现了企业产品的价值。

其次，企业为了实现财富(价值)最大化，必须不断引进和开发新技术，并拓展经营规模和经营领域，这样就会给社会增加新的就业机会。

再次，企业为了实现财富(价值)最大化，必须尽可能实现利润最大化，这就可以为国家提供更多的税收。

最后，企业为了实现财富(价值)最大化，必须不断扩大销售，这样迫使企业为社会提供更好的服务。

所以，企业在实现财富(价值)最大化的过程中，同时也履行了社会责任。

但财务管理目标的实现并不总是和社会责任的履行保持一致的，有时承担社会责任会造成即期利润和投资者财富的减少。企业为了保护消费者的合法权益、增加就业、防止环境污染，必须付出相应的代价。所以，财务管理目标和履行社会责任是有一定的矛盾的。目前，企业履行社会责任的范围和大小较难界定。国家应通过制定相应的法律和规定来约束企业，强制地使之承担必要的社会责任，如反垄断法、反暴利法、环境保护法、保护消费者权益法等都是有助于企业履行社会责任的法律。

社会责任的履行在很大程度上有助于财务管理目标的实现，从长远看尤其如此；同时，财务管理目标的实现也有助于社会责任的履行，两者是对立统一的。企业应正确处理这对矛盾，以实现财富(价值)最大化的最终目标。

第二节　财务管理的环境

一、财务管理环境在财务管理中的重要作用

(一) 财务管理环境的概念

财务管理环境，是指财务管理中涉及的各种影响企业财务活动的客观条件和因素。

环境是个相对的概念，它是相对于主体而言的客体，它与主体相互依存和作用，是存在于研究系统以外的，影响研究系统的各种因素的总和。财务管理作为一个系统，财务管理以外的一切因素的总和构成了企业的财务管理环境。

企业的财务活动受财务管理环境的影响。一个国家或一个地区的经济体制、经济结构、市场、财税、金融及法律制度环境及其变化会导致企业筹资成本和风险的变动、利润的增减以及现金流入流出或现金净流量的变动。所有这些变化都是财务管理必须考虑并作出相应对策的方面。

(二) 财务管理环境的构成

企业财务主体面对的财务管理环境是多种多样的，从不同的角度和标准可作出不同的分类。

1. 宏观财务管理环境和微观财务管理环境

按财务管理环境影响财务主体的范围大小来划分，可以把财务管理环境分为宏观财务管理环境和微观财务管理环境。

宏观财务管理环境是特定时期内的社会大环境，即对所有企业都有影响作用的各种客观条件和因素，主要包括政治法律因素、经济因素、社会教育因素和科技因素等。

微观财务管理环境是指在特定的时间和空间内，仅对某个、某类或某些特定企业具体产生影响作用的因素总和，其主要构成要素有市场状况、生产经营状况、企业管理体制、企业组织形式、内部管理水平、财务组织结构、领导及员工素质等。

宏观环境对企业财务管理的影响是广泛的、间接的，宏观因素要通过微观因素起作用，而微观环境特别是企业内部环境的影响则是具体的、直接的。但是在特定时期，各种不同的环境因素对企业的影响程度、范围、方式都不会完全相同，甚至同类或同种因素对不同企业的影响作用的方向也会不一致。

2. 企业外部财务管理环境和企业内部财务管理环境

按制约或影响财务管理活动的因素是来自企业外部还是内部划分，可以把财务管理环境分为企业外部财务管理环境和企业内部财务管理环境。

企业外部财务管理环境是指独立存在于企业外部的影响财务活动的客观条件和因素，如社会、政治、经济制度和政策等。

企业内部财务管理环境是指存在于企业内部的影响财务活动的条件和因素，如企业内部组织形式、产品的生产状况、企业的各项规章制度、企业内部人事制度等。

3. 相对静态的财务管理环境和动态财务管理环境

按财务管理环境的变化情况，可以把财务管理环境分为相对静态的财务管理环境和动态财务管理环境。

财务管理环境因素总的来说是不断变化的。有的因素是渐进的，变化比较缓慢，如：地理环境、经济制度、国家产业政策、税收政策、生产方向等。这些处于相对稳定状态、变化不大的因素，称为相对静态的财务环境。对这些因素一旦认清以后，如无特殊情况，在财务管理活动中可以作为已知条件或不变动因素来对待。

有些财务管理环境处于显著变动状态，起伏较大，如：产品销路、材料来源、市场物价、资金供求状况、利息率水平等。这些条件在市场经济中不仅常有变动，而且有时变化的速度快、幅度大，对企业财务状况有重要的影响。财务管理人员在财务管理活动中应经常研判那些处于变动中的环境因素，掌握这些因素的变化规律以及对财务管理的影响，及时观察和发现其变动的苗头，分析其变动的趋向（如利息率是上升还是下降），以便及时采取对策。

（三）财务管理环境的特征

为了主动、及时、正确地了解和掌握财务管理环境，我们要理解财务管理环境的特征。

1. 系统性

财务管理环境不是由一些杂乱无章的事物（要素）构成，而是由众多不同种类的系统构成。财务管理活动所处的或所面临的环境是各种各样的、不同层次的系统。企业本身就是一个系统，它是由不同的子系统如生产系统、销售系统、采购系统、财务系统、人事系统、工程技术系统等按特定方式构成；各个子系统又由不同的要素按照一定的方式组成。因此，企业内部各财务主体首先面对的就是本企业的各个系统。企业作为一个独立的财务主体，其财务管理活动所面对的乃是有序的自我组织和运行的各类系统，如政治法律系统、经济系统、科学技术系统、教育系统、社会保障系统等。

财务管理环境具有系统性这一特点要求进行财务管理活动时必须用系统的观点和方法分

析整体的财务管理环境。一方面,企业的财务管理活动必须依赖于财务管理环境,要适应财务管理环境的变化;另一方面,企业的财务管理活动又会反过来影响财务管理环境。因此,进行财务活动时既要分析环境对企业的有利和不利因素,又要分析企业活动对财务管理环境的影响。

2. 变动性

财务管理环境有的变化比较缓慢,不易及时察觉和把握;有的是突变的,很快就会影响企业的生存和发展。财务管理环境的变化,有时会给企业带来财务管理活动的方便,有时可能带来麻烦。所以,企业财务人员应当及时预测环境变化的趋势和特征,采取对策,调整财务管理活动。

3. 复杂性

企业的财务管理环境因素是多方面的、复杂的,既有经济、技术、文化等方面的因素,又有政治、社会方面的因素,这些因素综合地对财务管理发生影响,制约企业的财务管理行为。财务管理活动在复杂的环境因素中,有的直接受到影响,有的间接受到影响,财务人员必须全面分析各种因素的影响,特别是着重分析那些对财务管理活动影响重大的因素,做出科学的决策。

4. 交互性

构成财务管理环境的各种因素是相互依存、相互制约的,无论哪一个因素发生变化,都会直接或间接地引起其他因素的变化。例如,消费结构的变化会使市场需求变化,市场需求的变化会影响企业投资方向的变化,等等。这些相互作用、相互依存的关系,都会对财务管理活动产生连锁反应。

5. 不确定性

环境因素的变动是企业财务人员事先难以准确预料,并无法实地加以控制的。凡是企业财务人员不能控制的因素,都构成财务管理环境的不确定性。例如,市场上各种生产要素的价格变动,都将影响企业的成本和利润,使管理企业成本和利润方面的不确定性增大。因此,财务管理活动所作的决策往往带有一定的风险。财务人员既要根据所掌握的信息追求最大利益,又要考虑到现实条件的约束,合理防范过大的风险,追求现实期望可得的,虽不是最大,但却是较稳妥的利益。

(四) 研究财务管理环境的重要意义

深入研究财务管理环境,对优化企业内部财务管理环境、搞好财务管理活动、提高财务管理水平、开展财务战略管理、发展财务理论等都有极其重要的意义。

1. 有利于制定适当的财务战略

企业要在激烈的国内国际经济竞争中取得发展,离不开财务战略管理。财务战略管理是根据企业的财务管理目标,使企业的财务管理行为在长时期内服从财务管理目标而作的长远财务规划。企业的财务战略管理是否能有效运作则主要取决于对财务管理环境尤其是未来环境的研究程度。尽管各种财务管理环境因素不能独立存在,其相互作用的结果也不是简单地相加。但是,在充分认识现有环境的基础上,财务管理人员就不难把握未来环境的动态趋势。通过对企业内部条件及外部现实和未来环境的分析,财务人员就能审时度势,明确财务管理战略思想,制订合理的财务战略目标和战略规划。在财务战略管理过程中,研究财务管理环境有着极其重要的作用。

2. 有利于制定财务决策和财务计划

正确有效的财务决策,来源于对财务管理环境的周密而有计划的调查和估量。进行财务管理环境的研究,可以使财务决策有扎实的客观基础,保证财务决策的正确性;可以使企业敏锐地洞察环境的变化,保证财务决策的及时性;可以使财务人员具有远见,提高财务决策的稳定性。因此,对于财务管理来说,进行财务管理环境的研究,有利于完善财务决策,协调各方面的关系,实现财务管理目标。

制定切实可行的财务计划,也有赖于对财务管理环境的研究。财务计划是对未来财务活动的规划。传统的静态或固态计划只是预计一套确定金额的计划,在变幻莫测的财务管理环境中不能适应计划管理的要求。所以,人们不断追求能适应各种因素变化的新型计划方法,如弹性计划、概率计划、零基计划及滚动计划等。在编制财务计划之前要针对成本、风险、收益作大量相关环境因素变动的分析,而且在各种计划的执行过程中要对造成脱离预算的主客观因素进行分析,以便提出改进措施。最后,对企业的总体财务计划执行结果进行考核时,也必须考虑财务管理环境的客观因素影响,做到既要剔除客观因素的影响,又要防止把主观因素归咎于客观原因,以便做出公正的考评。

3. 有利于企业适应外部环境和优化内部环境

研究财务管理环境的根本目的在于,弄清企业管理所处环境的现实状况和发展趋势,把握开展财务活动的有利条件和不利条件,提高财务工作对环境的适应能力、应变能力和利用能力,以便较好地实现企业的财务管理目标。

企业要适应环境,就得认识环境,只有在全面、透彻研究财务管理环境的前提下,才能确切知道商品的供需状况和竞争对手,清楚如何才能以最小的代价获取所需的人、财、物、技术和信息,把握财务管理环境的变化运动规律,抓住环境因素的突变可能出现的获利机会或回避可能出现的风险,按照市场的需求不断调整企业的生产经营目标,使企业的再生产和资金的运动处于投入少产出多的良性循环中。财务管理环境对财务活动的影响作用,一方面表现为提供财务活动顺利发展的便利和机遇;另一方面表现为对财务活动提出制约和挑战。对财务管理环境的这种影响作用,财务管理人员要能适应它的变化,使本企业的财务活动与变化了的财务管理环境相协调,适应外部财务管理环境对财务管理的影响。

财务管理环境的变迁要求企业的相关方面随之变化,在特定时期内环境的相对稳定性又要求企业有与之相适应的组织运行系统。建立现代企业制度、改革不合理的企业治理结构、实行科学化管理就是优化内部财务管理环境的过程。优化了内部环境,财务主体就增强了适应外部环境的能力,可主动力争改变或引导外部环境,立足自我,为我所用。

二、宏观财务管理环境

宏观财务管理环境,是独立存在于企业外部的各种影响企业财务活动的客观条件和因素,是普遍作用于各个部门、地区的各类企业的环境因素。企业的宏观财务管理环境主要有以下几个方面。

(一) 经济周期

在市场经济条件下,经济发展通常带有一定的波动性,大体上经历复苏、繁荣、衰退、萧条几个阶段的循环,这种循环叫经济周期。

我国的经济发展与运行也呈现出特有的周期特征,存在一定的经济波动。过去曾多次出现因经济超高速增长、发展过快而不得不进行治理整顿或宏观调控的情况。鉴于经济周期影响的严重性,财务学者和实务界探讨了企业在经济周期中的经营理财策略。

在经济复苏阶段,社会购买力逐步提高,企业应及时确定合适的投资机会,开发新产品,采取增加存货和放宽信用条件的应收账款管理政策等理财策略,为企业今后的发展奠定基础。

在经济繁荣阶段,市场需求旺盛,企业应采取扩张的策略,如扩大生产规模,增加投资,增添机器设备、存货和劳动力,这就要求财务人员迅速筹集所需要的资金。在衰退阶段,企业应收缩规模,减少风险投资,投资无风险资产,以获得稳定的报酬。

在萧条阶段,企业应维持现有的规模,并设置新的投资标准,适当考虑一些低风险的投资机会。总之,面对周期性的经济波动,财务人员必须预测经济变化情况,适当调整财务政策。

(二) 经济发展水平

经济发展水平是一个相对的概念,在世界范围内说明各个国家所处的经济发展阶段及其目前的经济发展水平,是一件困难的事情。所以,按照通常的标准把不同的国家划分为发达国家、发展中国家和不发达国家三大群组,并以此来说明经济发展水平对财务管理的影响。

发达国家经历了较长时间的经济发展历程,资本的集中和垄断已达到了相当高的程度,经济发展水平在世界上处于领先地位,这些国家的财务管理水平比较高。这是因为:一方面高度发达的经济水平必然要求进行完善的、科学的财务管理,这就决定了随着经济发展水平的提高,必然要创造出越来越先进的理财方法;另一方面,经济生活中许多新的内容、更复杂的经济关系以及更完善的生产方式,往往首先在这些国家出现,这就决定了发达国家的财务管理内容要不断创新;另外,随着经济的发展,更先进的计算机、通信设备不断涌现,为财务管理采用更复杂的数学方法创造了条件。

发展中国家的经济发展水平不高,其经济状况一般呈现以下特点:经济基础较薄弱,但发展速度比较快,经济政策变更频繁,国际交往日益增多。这些特点决定了发展中国家的财务管理具有以下特征:第一,财务管理的总体发展水平在世界上处于中间地位,但发展比较快;第二,与财务管理有关的法规政策频繁变更,给企业理财造成了一些困难;第三,在财务管理实践中还存在财务目标不明确、财务管理方法过于简单等不尽如人意之处。

不发达国家的经济发展水平很低,这些国家的共同特征一般表现为以农业为主要经济部门,工业特别是加工工业不发达,企业规模小,组织结构简单,这就决定了这些国家的财务管理呈现水平低、发展慢等特征。

(三) 通货膨胀状况

通货膨胀不仅降低了消费者的购买力,也给企业理财带来了很大困难。通货膨胀对企业财务活动的影响通常表现在以下几个方面:引起资金占用的大量增加,从而增加企业的资金需求;引起企业的利润虚增;引起利率上升,加大企业的资金成本;引起有价证券价格下降;引起资金供应紧张,增加企业的筹资难度。

企业对通货膨胀本身无能为力,只有政府才能控制通货膨胀。鉴于上述因素,财务人员需要分析通货膨胀对资本成本的影响以及对投资报酬率的影响。为了实现预期的报酬率,企业应该调整收入和成本。同时，使用套期保值等办法尽量减少损失，如买进现货、卖出期货或进行相反的操作等。

（四）经济政策

国家的各项经济政策对财务管理活动有着直接或间接的重大影响。对财务管理影响较大的因素主要有：产业政策、财政税收政策、货币政策、外汇外贸政策、物价政策、计划、投资政策、社会保障政策等。这里主要论述财政税收政策、货币政策和产业政策。

1. 财政税收政策

财政税收政策就是国家为了实现一定时期的经济目标而选定的财政行为的基本策略。

（1）财政税收政策的类型。财政税收政策繁多，从不同的角度可以划分不同种类。

根据财政税收政策对总需求的不同影响，可把财政税收政策分为扩张性财政税收政策和紧缩性财政税收政策两种。

① 扩张性财政税收政策是指为了刺激投资和消费，国家通过减少收入、扩大支出来增加社会总需求，以便对整个经济起到推动作用，防止或延缓经济萎缩。采取的财政措施是：减少税收，减少上缴利润，扩大投资规模，增加财政补贴，实行赤字预算，发行公债，增加财政支出，从而刺激社会有效需求，促进经济的增长。

② 紧缩性财政税收政策是指为了抑制投资和消费，国家通过增加财政收入、减少财政支出来降低社会总需求，以便对整个经济起到紧缩的作用，避免或缓解经济过热的出现。采取的财政措施是：开发新的税种和调高税率，提高国有企业上缴利润的比例，降低固定资产折旧率，缩小投资规模，削减财政补贴，压缩政府开支，减少财政支出，以实行盈余预算，从而压缩社会有效需求，控制经济的增长。

根据财政税收政策对总供给的不同影响，可把财政税收政策分为刺激性财政税收政策和限制性财政税收政策。

① 刺激性财政税收政策是通过倾斜性投资和财政利益诱导，例如减免税等手段，重点扶持某些部门、行业的发展，以增加社会供给的财政税收政策。

② 限制性财政税收政策是指通过各种财政工具，压缩局部过剩的财政税收政策。

（2）财政税收政策的目标。财政税收政策目标是为了配合国家在一定历史时期的社会经济战略目标，或者国家在近期需要完成的社会经济发展的主要任务。它是国家经济政策中具有决定意义和核心作用的内容。财政税收政策的目标有：促进经济增长、保持经济稳定、实现充分就业、维持稳定物价等。

（3）常用的财政税收政策工具。财政税收政策工具是为了实现既定的财政税收政策目标而选择的具体途径或措施。财政税收政策主要有以下五种。

① 税收政策。税收的原始功能是筹集财政收入，但随着社会经济生活的日益复杂和生产力的发展，税收的收入功能则逐渐被包含在政策功能之中。税收的政策功能主要表现在两个方面。一是特定经济发展水平下税收总规模的大小调节着整个经济的积累方式，税收总规模大，则经济发展所需的资金主要由财政部门提供，个人或企业的资金积累减少；反之，个人或企业的资金积累增加。二是税制体系的结构、主体税种的选择、对各种经济活动和经济主体征税的纵向与横向差异，调节着经济发展的结构和方式。

② 公债政策。公债是国家举借的内、外债的总称。公债最初的功能是应付临时财政支出或弥补财政赤字。近代以来随着国家干预经济活动的增多，公债已成为调节经济的重要杠杆，成为财政税收政策的重要工具。不同的公债种类、发行方式、还本付息的办法及利率的高低、对社会总供给和总需求的影响是不同的，对企业的财务管理活动影响也是不同的。当国家发行公债时，就相应地收回资金，减少了市场货币的供应量；反之，当国家收回公债时，就相应地向社会放出了资金，增加了市场货币的供应量。国家通过调节市场货币供应量，调节经济的发展速度和质量。

③ 投资政策。政府投资指政府直接参与物质生产领域的资金投放。它是实现资源有效配置的重要工具，其形式包括投资总量及投资结构两部分。国家通过总量和结构的变化，对资源配置产生影响，进而调节国民经济结构，促进产业结构的合理化。

④ 财政补贴政策。财政补贴是指国家无偿地补助给居民、企业和其他受益者的支出，是财政支出的形式之一。财政补贴中的生产性补贴如生产资料价格补贴、投资补贴、利息补贴等，实际上等于对企业的减税，增加了企业的利润，有利于鼓励投资，进而增加整个社会的供给。财政补贴中的消费性补贴如消费品价格补贴、副食品补贴、水电费补贴、房租补贴等，实际上等于增加工资，增加了消费的收入，增加了消费需求。因此，无论从供给还是需求来看，财政补贴都有利于促进经济的繁荣。

⑤ 折旧政策。折旧的基本功能是补偿已磨损的固定资产价值并定期更新固定资产。折旧作为财政税收政策的一种工具，是通过提高或降低折旧率来加速或减慢固定资产补偿，从而调节企业的当前收入水平和投资能力。

2. 货币政策

货币政策是指国家通过中央银行为了实现其宏观经济目标而采取的控制与调节市场货币供应量的一种金融措施。

(1) 货币政策类型。根据货币供应量和货币需要量之间的对比关系，把货币政策分为扩张性货币政策、均衡性货币政策和紧缩性货币政策三种类型。

① 扩张性货币政策，是指货币供应量较大地超过货币需求量，此种政策能刺激社会需求的增长，使社会总需求较大地超过总供给。

② 均衡性货币政策是指货币供应量大体上等于货币需求量，两者形成对等关系。这种政策能促使或保持社会总需求和总供给的平衡。

③ 紧缩性货币政策是指货币供应量小于货币需求量。这种政策必须抑制总需求的增长，使社会总需求的增长落后于总供给的增长。

(2) 货币政策目标。货币政策目标是中央银行通过控制与调节货币供应量所要达到的目的。它是货币政策工具操作的指南。我国货币政策的目标主要是为保证在社会主义市场经济体制下货币需求与货币供给的基本平衡，保持市值稳定，以促进国民经济持续、快速、健康地发展。

(3) 常用的货币政策工具。货币政策工具是中央银行为实现货币政策目标而采取的措施或手段。我国中央银行已建立起了直接和间接相结合的货币政策工具体系，包括以下五种。

① 制定信贷规模。中央银行根据经济增长目标确定相应的货币供应量增长幅度，然后，

确定某一时期的信贷规模。在此基础上编制包括商业银行、政策性银行、非银行金融机构信贷计划的信贷规划。在必要时，运用贷款限额管理手段控制信贷规模，通过该方法达到货币政策的目标。

② 调节再贷款规模。中央银行是银行的银行，当商业银行及其他金融机构发生资金短缺时，可向中央银行申请贷款，这种贷款称为再贷款。中央银行通过再贷款规模的控制来调节金融机构资金来源的规模，从而制约金融机构资金运用能力。

③ 法定储备政策。通常商业银行吸收的存款要根据一定的比率存入中央银行，作为风险储备。这个比率称为存款准备金率或法定储备率。法定储备政策是中央银行根据经济的不同情况，通过提高或降低存款准备金率，来影响商业银行的放贷能力，从而控制市场货币供应量。

④ 公开市场政策。这是指中央银行以某一时期的货币供给量指标为依据，在金融市场上对社会公众、企业、机关以及中央银行以外的各种金融机构买卖各种有价证券，以增加或减少货币供应量。如中央银行可以通过买卖、吞吐短期国库券来调节市场的货币供应量。

⑤ 再贴现政策。中央银行通过提高或降低再贴现率，可以影响市场上的一般利率水平，从而影响企业、个人、单位对资金的需求，达到紧缩或放松银根的目的。所谓再贴现率，是指商业银行向中央银行再借款的利率。当中央银行调低再贴现率时，商业银行有利可图，就会向中央银行借入较多的贷款，从而会增加市场货币供应量；当中央银行调高再贴现率时，加大了商业银行的资金成本，商业银行为了获利而不愿多借款，从而会减少市场货币供应量。

(4) 货币政策对于财务管理活动的影响。由于中央银行并不直接与企业发生信用联系，因此，中央银行的货币政策通常是通过商业银行、其他金融机构和金融市场传导给企业的。具体来说，货币政策是通过信贷、利率、金融市场等来调节企业资金流动的。

银行信贷对财务管理的影响作用主要表现在信贷总量方面。信贷总量的影响是通过增加或减少贷款和投资总量来影响企业资金的流动量。贷款是企业资金的最主要来源之一，在我国表现得尤为突出。因此，银行信贷总量的增减变化对财务管理活动有着重大影响。当中央银行实行紧缩银根政策，就会削减信贷总规模，各商业银行就会相应减少对企业的贷款，进而影响企业的筹资和投资规模。相反，当中央银行实行放松银根的货币政策，各商业银行就会相应增加对企业的贷款，进而使企业资产得以扩大。

利率对财务管理活动的影响通常也表现为通过提高或降低利率水平来影响企业的筹资成本，进而影响企业的投资活动。从理论上讲，银行提高贷款利率，企业的贷款成本就上升，如果投资收益不变，企业的贷款欲望就会下降并相应减少这方面的筹资，使企业的投资规模缩小；相反，银行降低贷款利率，企业贷款的资金成本下降，就会相应增加贷款量。

3. 产业政策

产业政策就是国家有关产业结构、产业组织和产业技术调整的目标和政策体系，主要分为产业结构政策、产业组织政策和产业技术政策。

(1) 产业结构政策。产业结构政策是国家制定的在较长时间内发展、限制各个产业的指导性方针。它是通过推动资源在各产业之间的有效配置来实现产业结构的合理化，并使之不断向高度化发展。产业结构政策具体可分为基础产业结构政策（包括农业、能源、交通运输、通信、基础原材料等政策)；加工产业结构政策(包括加速支柱产业发展、扶持主导产业振兴、实现加工产业合理布局等政策)和第三产业结构政策(包括商业、旅游、金融、社会保障和社会服务业等政策)。

(2) 产业组织政策。产业组织政策是影响产业组织变化的政策，它主要通过促进要素的合理流动，实现各产业组织形式的最优化，以达到最佳规模经济效益。产业组织政策主要包括反垄断促进竞争，扶持中小企业发展，促进企业联合与兼并等政策等。

(3) 产业技术政策。产业技术政策是着重引导或影响产业技术进步的政策，产业技术政策包括各产业的技术进步、科技人员培养及产业技术选择等政策，即不断创新"朝阳产业"，淘汰"夕阳产业"。

(4) 产业政策对财务管理活动的影响。国家明确指出了商业银行的资金运用要体现国家产业政策的要求，对国家限制发展的产业和产品，要严格控制贷款的发放；对国家明令禁止生产的产品，不得发放贷款。企业在筹资时，产业政策作为促进产业结构、产业组织、产业技术有序发展的政策体系，给现有企业指明宏观经济环境的变化方向，告诉企业财务人员哪些产业为鼓励发展产业、哪些产业为限制发展产业，哪些产业为将被淘汰产业，从而为各类企业的发展提供一个明确的目标。财务人员就可根据产业政策这一线索再结合当时当地的实际情况做出正确的财务管理决策。当一个企业处于被淘汰产业时，就要尽快进行资本的转移，或是开发新产品，或是与其他企业合并，或是关闭清算。当一个企业处于鼓励发展的产业时，就要加速发展，达到最佳的经济规模，以迅速占领市场。

(五) 金融环境

金融环境是指企业融通资金的环节。目前，国家主要通过利率、证券价格等经济手段影响整个市场的资金供求和资金价格(利率)，进而影响企业筹资和投资的规模和时间，影响企业的生产经营和物质利益。企业筹集资金、投放资金、运用资金、分配资金等都必须借助或参考金融市场来进行。金融市场的形成、使货币商品化，给财务管理形成一定的压力，也促进了资金的合理流动，会促使企业注重资金使用的效益，承担资金筹措和运用的风险。同时也给企业资金筹集和资金运用提供机会和可能。

1. 金融市场与财务管理

金融市场对公司财务活动的影响主要体现在以下三个方面。

(1) 为公司筹资和投资提供场所。金融市场上存在多种多样方便灵活的筹资方式，公司需要资金时，可以到金融市场上选择合适的筹资方式筹集所需资金，以保证生产经营的顺利进行；当公司有多余的资金时，又可以到金融市场选择灵活多样的投资方式，为资金的使用寻找出路。

(2) 公司可通过金融市场实现长短期资金的互相转化。当公司持有的是长期债券和股票等长期资产时，可以在金融市场转手变现，成为短期资金，而远期票据也可以通过贴现变为现金；与此相反，短期资金也可以在金融市场上转变为股票和长期债券等长期资产。

(3) 金融市场为资产估价提供相关信息。金融市场的利率变动和各种金融资产的价格变动，都反映了资金的供求状况、宏观经济状况甚至发行股票及债券公司的经营状况和盈利水平。这些信息是公司进行财务管理的重要依据，财务人员应随时关注。

2. 金融市场利率与财务管理

利率是衡量资金增值量的基本单位,也就是资金的增值同投入资金的价值之比。从资金流通的借贷关系来看,利率是一个特定时期运用资金这一资源的交易价格。也就是说,资金作为一种特殊商品,在资金市场上的买卖,是以利率作为价格标准的,资金的融通实质上是资源通过利率这个价格体系在市场机制作用下实行再分配。

金融市场利率的变化是企业筹资决策的重要标准,也是企业投资报酬的参考。在进行筹资和投资决策时企业必须结合金融市场利率的变化做出相应的调整。

利率在资金的分配及个人和企业作出财务决策的过程中起重要作用。例如,一个企业拥有投资利润率很高的投资机会,它就可以发行较高利率的证券以吸引资金,投资者把过去投资的利率较低的证券卖掉,来购买这种利率较高的证券,这样,资金将从低利的投资项目不断向高利的投资项目转移。因此,在完善的市场经济体制的条件下,资金从高收益项目到低收益项目的依次分配,是由市场机制提高资金的价格——利率的差异来决定的。企业必须适应利率杠杆对经济活动的调节,正确运用利率措施实行对资金的有效利用。

资金的需求和供应是影响利率的最基本因素。除这两个因素外,经济周期、通货膨胀、货币政策和财政政策、国际经济政治关系、国家利率管制程度等,对利率的变动均有程度不同的影响。当然,这些因素有些也是通过影响资金的供应和需求从而影响利息率的,因此,在市场经济条件下,资金的供应和需求是影响利率的两个最重要因素。

怎样测算特定条件下未来的利率水平是财务管理人员经常遇到的问题。要预测未来利率水平的变动,必须分析利率的构成。一般而言,资金的利率由三部分构成:纯利率、通货膨胀补偿率和风险报酬率。其中,风险报酬率又分为违约风险报酬率、流动性风险报酬率和期限风险报酬率三种。利率的一般计算公式可以表达为

$$K = K_0 + IP + DP + LP + MP$$

其中:K 为利率(指名义利率);K_0 为纯利率;IP 为通货膨胀补偿率(或称通货膨胀贴水);DP 为违约风险报酬率;LP 为流动性风险报酬率;MP 为期限风险报酬率。

(1) 纯利率。纯利率是指没有风险和没有通货膨胀情况下的利率。影响纯利率的基本因素是前面我们谈到的资金供应量和需求量,因而,纯利率不是一成不变的,它因资金供求的变化而不断变化。准确地测定纯利率是非常困难的,在实际工作中,通常以无通货膨胀情况下的无风险证券的利率来代表纯利率,一般在2%—4%之间。

(2) 通货膨胀补偿率。持续的通货膨胀会不断降低货币的实际购买力,同时,对投资项目的投资报酬率也会产生影响。资金的供应者在通货膨胀情况下,必然要求提高利率水平以补偿其购买力损失。所以,无风险证券的利率等于纯利率加通货膨胀补偿率。

(3) 违约风险报酬率。违约风险是指借款人无法按时支付利息或偿还本金而给投资人带来的风险。债权人为了减少风险,对投资应收回可能的违约补偿。否则,投资人就不会投资,借款人就无法借到款项。

违约风险报酬率与违约风险成正比。国库券由政府发行,由政府归还本金和利息,一般可以认为是没有违约风险的,所以,其利率相对较低。企业债券的违约风险根据企业的信用程度而定,信用好的企业违约风险小,其债券利率就低;相反,信用差的企业违约风险大,其

债券利率就高。

(4) 流动性风险报酬率。流动性风险报酬是指某项资产能否迅速转化为现金的可能性。如果一项资产能迅速转化为现金，说明其变现能力强，流动性好，流动性风险小；反之，则说明其变现能力弱，流动性不好，流动性风险大。政府债券、大公司的股票与债券，由于信用好，变现能力强，所以流动性风险小，而一些不知名的中小企业发行的证券，流动性风险则较大。一般而言，在其他因素均相同的情况下，流动性风险小与流动性风险大的证券的利率差距约介于1%—2%之间，这就是所谓的流动性风险报酬率。

(5) 期限风险报酬率。一项负债，到期日越长，债权人面临的不确定因素就越多，承担的风险也越大。为弥补这种风险而增加的利率水平，就叫期限风险报酬率。例如，同时发行的国库券，五年期的利率就比三年期的利率高，银行贷款利率也一样。

综上所述我们看到，影响某一特定借款或投资的利率主要有以上五大因素，只要能合理预测上述因素，便能比较合理地测定利率水平。

(六) 法制环境

市场经济是法治经济，它是以法律规范或市场秩序来维系市场正常运转的。在市场经济的条件下，企业总是在一定的法律约束下进行经济活动的。一方面，法律提出了企业经济活动所必须遵守的规范或前提条件，从而对企业的行为进行约束；另一方面，法律也为企业守法从事各项经济活动提供了保护。与企业生产经营密切相关法律有：公司法、商法、税法、证券法、证券交易法、票据法、会计法、商业银行法、经济合同法、环境保护法等。其中，税法、公司法、商业银行法、对外贸易法、证券交易法、会计法等对财务管理有重大的影响。

法律环境对财务管理的影响和约束主要表现在以下三个方面。

(1) 在筹资活动中，国家通过法律规定筹资的规模和结构、规定筹资的前提条件和基本程序；

(2) 在投资活动中，国家通过法律规定投资的规模、投资的方向、投资的基本要求和基本程序等；

(3) 在分配活动中，国家通过法律规定分配的数量界限、分配的类型和结构、分配的方式和程序等。

(七) 国际经济环境

国际经济环境是指国际经济的变化对财务管理的间接影响和企业直接参与国际竞争时的财务管理环境。国际经济的变化会通过国际投资、汇率等间接影响企业的筹资和投资活动。一个外向型的企业必然受国际经济变化的影响和制约。

(八) 社会文化环境

社会文化环境包括教育、科学、文学、艺术、新闻出版、广播电视、卫生体育、世界观、理想、信念、道德、习俗，以及同社会制度相适应的权利义务观念、道德观念、组织纪律观念、价值观念、劳动态度等。企业的财务活动不可避免地受到社会文化的影响。但是，社会文化的各方面对财务管理的影响程度不尽相同，有的具有直接影响，有的只有间接影响，有的影响比较明显，有的影响微乎其微。

随着财务管理工作的内容越来越丰富，社会整体的教育水平将越来越重要。例如，在教育落后的情况下，为提高财务管理水平所作的努力往往收效甚微。又如，科学的发展对财务管理理论的完善也起着至关重要的作用，在一定程度上促进了财务管理理论的发展。另外，社会的资信程度等因素也在一定程度上影响着财务管理活动。当社会资信程度较高时，企业间的信用往来会加强，会促进彼此之间的合作，并减少企业的坏账损失。

同时，在不同的文化环境中经营的公司需要对员工进行文化差异方面的培训，并且在可能的情况下雇用文化方面的专家。忽视社会文化对公司财务活动的影响，将给企业的财务管理带来不利的结果。

三、微观财务管理环境

微观财务管理环境，又称企业内部财务管理环境，是指存在于企业内部的影响财务管理活动的条件和因素。企业的微观财务管理环境主要有以下几个方面。

（一）企业组织体制

企业组织体制包括企业的所有制形式、企业类型、企业的经济责任制和企业内部组织形式等。国有、集体、个体、私营等不同的所有制形式的财务管理的原则、方法、目标等有所不同，因而财务管理活动也不一样；公司、工厂、集团等企业类型的不同，财务管理的程序、财务管理的组织等也会不一样；承包、租赁、股份制等企业内部责任制和经营体制的不同，对财务管理的目标、资金的分配等方面会产生不同的影响；企业内部组织形式的不同，例如集团企业，会影响财务管理的计划制定、财务管理措施的实施等。

（二）市场环境

市场环境包括产品的销售环境和采购环境两个方面。

1. 销售环境

销售环境主要是反映企业商品在销售市场上的竞争程度。影响企业商品在市场上竞争程度的因素有两个。一是参加交易的生产者和消费者的数量。生产厂家越多，或者需要此种商品的消费客户越多，则竞争程度越大。二是参加交易的商品的差异程度。同类商品的品种、规格多，质量档次差异大，则竞争的程度相对要小一些。

销售环境对财务管理具有重要的影响主要表现在因价格和销售量波动而影响资金的收回、商业信用的运用、借贷的风险等方面。一般来说，竞争性强的企业风险大，利用债务资金要慎重；竞争性一般的企业，产品销售一般不成问题，价格波动也不大，利润稳定，风险较小，资金占用量相对较少，可较多地利用债务资金。

2. 采购环境

采购环境又称物资供应环境，是指企业在市场上采购物资的有关因素如采购数量和采购价格。

企业进行采购时面临的环境，按物资供应是否充裕，可分为稳定的采购环境和波动的采购环境。在稳定的采购环境下，商品资源相对比较充足，运输条件比较正常，能经常保证生产经营的需要，企业可以少储备物资，不占用过多的资金。在波动的采购环境下，商品资源相对比较紧缺，运输不很正常，有时不能如期供货。为此企业要设置物资的保险储备，占用较多资金。对价格看涨的物资，企业通常要提前进货，投放较多资金，而对价格看跌的物资，则可在保证生产需要的情况下推迟采购，节约资金。

（三）企业生产状况

企业生产状况主要是指由生产能力、厂房设备、生产组织、劳动生产率、人力资源、物质资源、技术资源所构成的生产条件和企业产品的寿命周期。

就生产条件而言，企业可分为劳动密集型、技术密集型和资源开发型的企业。劳动密集型企业所需工资费用较多，长期资金的占用则较少；技术密集型企业需要使用较多的先进设备，而所用人力较少，企业需要筹集较多的长期资金；至于资源开发型企业则需投入大量资金用于勘探、开采，资金回收期较长。因此，企业的生产状况会影响企业资金的流动、流向和分配。另外，在企业产品的寿命周期（投入期→成长期→成熟期→衰退期）的不同阶段，资金需要量的管理策略也有所不同。

（四）经营管理状况

经营管理状况是指企业的经营管理水平，包括物资采购、物资供应及物资销售能力等。企业经营管理状况对财务管理有重大影响。企业的经营管理状况好，水平高，会造成一个良好的财务管理环境；否则，会阻碍财务管理工作的顺利开展。

财务管理环境对企业的财务活动有重大影响，企业应适应财务管理环境的状况及其变化。要及时了解宏观财务管理环境的变化和要求，加强财务管理，通过提高财务管理的应变能力，努力改造宏观环境的反作用，使企业的财务活动朝着实现财务管理目标的方向顺利进行。财务管理环境是动态的、不断变化的，是一个多种因素相结合的系统，不可单一考虑某个环境去开展财务管理工作。

思考题

1. 什么是财务管理目标？
2. 利润最大化作为财务管理的目标有何缺陷？
3. 说明企业价值最大化作为财务管理目标的优点。
4. 企业财务经理应该如何协调财务管理目标？
5. 什么是财务管理的环境？
6. 财务管理的环境在企业理财中起什么作用？
7. 宏观理财环境包括哪些内容？
8. 微观理财环境包括哪些内容？
9. 简述金融市场环境对财务管理的影响。
10. 简述税收制度对财务管理的影响。

资金时间价值及其运用

第一节　资金时间价值的概念

一、资金时间价值的内涵

甲企业三年前向乙企业销售了商品20万元，货款未付。假如甲企业销售这批商品的利润率为10%，乙企业现在支付货款，那么，这笔业务甲企业还赚钱吗？甲企业销售商品的成本为18万元，利润为2万元，交所得税0.5万元(税率按25%)，所以，总支出为18.5万元，换句话说，企业应收回18.5万元才保本。但企业三年前并未收回货款而要三年后的现在才收回，而三年后收回的款项相当于三年前的价款来说不到18.5万元(按市场利率5%折算，相当于18.28万元)。因此，甲企业这笔业务实际上亏本了。

事实上，资金在运动过程中具有一种增值能力，随着时间的推移，投入周转使用的资金会发生增值，同样数额的一笔资金在不同的时间上具有不同的价值。这种一定量的资金在不同时点上价值量的差额，就是资金时间价值。

资金是一种特殊的商品，它具有价值，也具有使用价值，这种使用价值是特殊的使用价值，资金在周转使用过程中会使自己增值。例如，企业投入100万元资金参加生产经营活动，经过一个经营周期，收回的资金的数额一般总是大于先前投入的100万元的。如果资金不投入生产经营周转，就不能发生增值。也就是说，资金只有参加生产经营周转才能有资金时间价值。

资金的时间价值是一个客观存在的经济范畴，是财务管理工作中必须考虑的重要因素。经济的高度发展和借贷关系的普遍存在是资金时间价值产生的前提和基础。把资金时间价值观念引入财务管理，在资金筹集、运用和分配等各方面考虑这一因素，是提高财务管理水平，搞好筹资决策、投资决策和分配决策的有效保证。

资金时间价值的概念告诉我们，企业的闲余资金应尽量地利用，或扩大生产经营规模，或对外投资，使资金发挥作用。长期的大量资金闲余是极不经济的。

资金时间价值可以从数量上加以确定，计算的方法类似于利息的计算。在学习计算资金时间价值之前，我们先介绍几个基本概念。

二、终值和现值

(一) 终值

终值(future value, FV)，也称将来值或未来值，是指现在的一笔资金在将来某一时间的价值，是现值的对称。

例如，某人现在存入银行 1 000 元，一年后，某人可以提取 1 050 元。其中，一年后的 1 050 元就是现在的 1 000 元的终值，如图 3-1 所示。

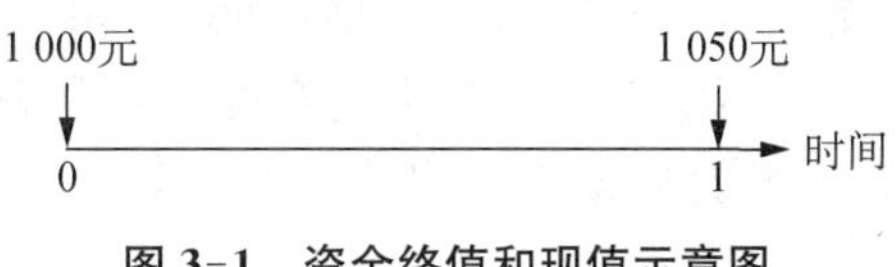

图 3-1　资金终值和现值示意图

（二）现值

现值（present value，PV），是指将来某一时间的一笔资金相当于现时的价值，是终值的对称。例如，图 3-1 中 1 000 元是 1 050 元的现值。

在财务管理活动中，企业经常需要计算资金的终值和现值，以将在不同时间上的资金进行比较分析。例如，企业现在投资 100 万元（投资的现值）上一个项目，预计在今后的六年内有收益，六年后这笔投资增值到 180 万元（投资的终值）。这笔投资是否有利，就要将投资的终值折算成现值和投资的现值作比较，若投资的终值折现后大于投资的现值，说明投资的收益大于投资额，则投资项目有利；相反，若投资的终值折现后小于投资的现值，说明投资的收益达不到投资额，则投资项目不利。

三、单利和复利制度

资金时间价值计算视同利息计算。而利息计算有单利计算制度和复利计算制度。

（一）单利计算

单利计算（simple interest），是指在计算资金时间价值时只对本金计算利息，而不将以前计算期的利息累加到本金中去，即利息不再生息。目前，我国银行许多产品都是按单利计算利息的。如某人在银行存入 3 年期的定期存款 1 000 元，利率为 5%，则他得到的每年的利息都是 1 000×5%＝50 元，加上本金，到期可以提取本利和 1 000＋50＋50＋50＝1 150 元。

（二）复利计算

复利计算（compounding），是指对本金与以前计算期的累计利息的总和计算利息，即利息再生利息，利上滚利，逐期滚利。例如，在银行存入三年期的定期存款 1 000 元，利率为 5%，则三年的利息分别为：第一年 1 000×5%＝50 元；第二年（1 000＋50）×5%＝52.5 元和第三年（1 000＋50＋52.5）×5%＝55.13 元。加上本金到期可以提取 1 000＋50＋52.5＋55.13＝1 157.63 元。

企业在进行财务计算时应采用复利计算。因为，企业的资金是不断地在周转的，而每一次周转都会使自己增值，进而再参加周转，再增值……企业的资金一直在像滚雪球一样地增值。所以，企业的财务预测、财务决策等都应使用复利计算。[①]

---

① 在以后的讲述中，如无特别说明，则我们用复利计算。

四、增值率和增值期数

(一) 增值率

增值率,俗称利率,即一笔资金在一定时期的增值能力,用 i 表示。一般地,年利率用百分数表示,月利率用千分数表示。约定俗成,如果没有说明年利率或月利率,给定 10%,认为是年利率 10%;给定 12‰,认为是月利率 12‰。

(二) 计息期数

计息期数,也是计息期次,用 n 表示。这里的 n 不一定是指年,可能指月或半年等,是指一个增值周期。

需要注意的是在计算资金时间价值时 i 和 n 要匹配。

五、资金时间序列图

当我们对某一财务活动做出决策时,以图形化的方式表示财务活动的现金流情况,这种工具称为资金时间序列图,它由一条水平线(时间线)和散列标记组成,散列标记指示时间段的间隔和资金的流入和流出,时间线的下方标示时间顺序,上方的箭头标示现金流(负数代表流出或投入,正数代表流入或收入)。

例如:企业以 960 元的价格购买了面值 1 000 元,票面利率 5%,6 年期,每年末付息一次,到期还本的债券。则该投资的现金流可以用资金时间序列图表示,见图 3-2。

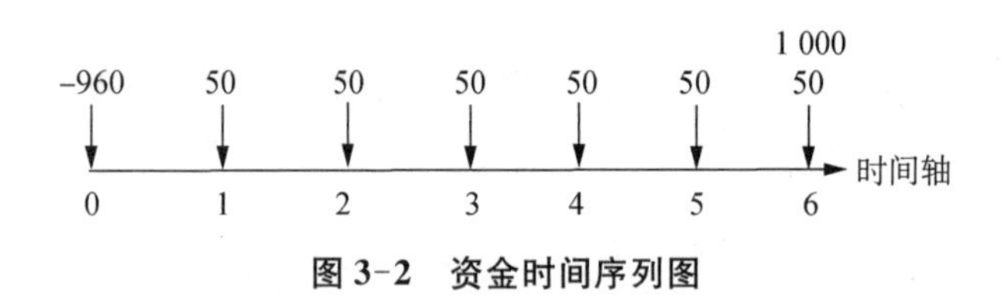

图 3-2 资金时间序列图

图 3-2 中时间轴的下方标示时间,分别是第 1 期初(现在)、第 1 期末、第 2 期末……和第 6 期末。时间轴的上方箭头和数字标示每期的现金流出和流入情况。该投资在期初(现在)投入资金(流出)960 元(用负号表示),在每期(每年)末收到利息 50 元,到期(第 6 年末)还得到本金的收回 1 000 元。

第二节 资金终值和现值

一、资金的终值

问题:如果某人现在给甲 1 000 元,或者 3 年后的今天给甲 1 155 元。假使利率为 5%的话,甲应如何选择?

要回答这个问题,甲要先计算现在这 1 000 元的终值,然后与 3 年后的 1 155 元作比较,若 1 000 元的终值大于 1 155 元,则应选现在的 1 000 元;若 1 000 元的终值小于 1 155 元,则应选 3 年后的 1 155 元。在计算终值时,单利计算和复利计算是不一样的。下面我们分别作讨论。

（一）单利计算

资金的终值实际上是资金在将来的本金加利息的和，即本利和。假设本金为PV，利率为i，终值为FV，计息期为n。

则，每期利息为$PV\times i$，n期利息为$PV\times i\times n$，所以，终值$FV=PV+PV\times i\times n=PV(1+i\times n)$

公式：

$$FV=PV(1+i\times n)$$

根据问题，3 年后的终值为$FV=1\ 000\times(1+5\%\times 3)=1\ 150$(元)

计算结果，3 年后的终值小于 1 155 元。所以，甲应选择 3 年后的 1 155 元。

（二）复利计算

复利计算时，本利和的计算如下。

期次	本金	利息	本利和
1	PV	$PV\times i$	$PV+PV\times i=PV(1+i)$
2	$PV(1+i)$	$PV(1+i)i$	$=PV(1+i)^2$
3	$PV(1+i)^2$	$PV(1+i)^2 i$	$=PV(1+i)^3$
⋮	⋮	⋮	⋮
N	…	…	$=PV(1+i)^n$

根据以上计算，我们可以推出复利计算资金终值的一般公式为：

$$FV=PV\times(1+i)^n$$

根据问题，1 000 元资金 3 年后的终值为：$FV=1\ 000\times(1+5\%)^3=1\ 157.6$(元)

计算结果，3 年后的终值大于 1 155 元。所以，应选现在的 1 000 元。

由以上计算可知，单利计算和复利计算是有差异的，当计息期数多，利率大时，这种差异十分明显。例如，现在甲在银行存入资金 2 000 元，利率为 10%，那么，20 年后这笔资金值多少？

$$FV=2\ 000\times(1+10\%)^{20}=13\ 455(\text{元})$$

单利计算时，这笔资金的价值为：

$$FV=2\ 000\times(1+10\%\times 20)=6\ 000(\text{元})$$

通过以上计算比较说明企业的财务管理活动应利用复利计算的概念。因为企业的生产经营资金不断地在周转着，而每周转一次都会使资金产生增值（可以把每增值一次的增殖率看作是利率i）。

【例 3-1】 现在甲在银行存入 2 000 元的一年期定期存款，利率为 5%，假设甲在每年到期日到银行提取款项并将本息全部转存。那么,15 年后这笔钱值多少?

答:这笔钱 15 年后的价值就是其终值,现在存入的钱为现值,得:

$$FV = PV \times (1+i)^n = 2\ 000 \times (1+5\%)^{15} = 4\ 157.86(\text{元})$$

这笔钱 15 年后的价值是 4 157.86 元。

【例 3-2】 甲企业现在赊销给乙企业商品 20 万元。约定 3 年后归还,若甲企业资金来源(比如是银行借款)的成本(利率)为 6%,则 3 年后乙企业归还多少为合理?

答:这个例子我们可以看作乙企业向甲企业借入了一笔利率为 6% 的借款;或看作甲企业借的钱由乙企业到期还本付息。乙企业应归还的金额实际上是现在 20 万元资金的终值。

$$FV = PV \times (1+i)^n = 20 \times (1+6\%)^3 = 23.82(\text{万元})$$

计算资金的终值还可以用查表的方式进行。$(1+i)^n$ 有时是很难计算的,为了简化计算,我们将 $(1+i)^n$ 称作一元复利终值系数,或称一元终值系数或终值系数。这个系数可以通过查表的方式得到。见附表一(一元复利终值系数表),表头从左到右是利率(i),左边从上到下是计息期数(n)。例如要查系数 $(1+9\%)^{18}$,先在上边找到 9%这一栏,向下找到第 18 期,两者的交叉点就是 9%、18 期的终值系数,其值为 4.717。

一元复利终值系数用 $FVIF_{\%,n}$ (future value interest factor)表示。

终值的计算也可以用以下公式:

$$FV = PV \times \text{一元终值系数}$$

或

$$FV = PV \times FVIF_{\%,n}$$

【例 3-3】 计算 3 478.56 元,利率为 11%,9 年的终值。

查表知,11%、9 期的一元终值系数为 2.558,所以,

$$\begin{aligned} FV &= 3\ 478.56 \times \text{一元终值系数} = 3\ 478.56 \times 2.558 \\ &= 8\ 898.16(\text{元}) \end{aligned}$$

或

$$\begin{aligned} FV &= 3\ 478.56 \times FVIF_{11\%,9} = 3\ 478.56 \times 2.558 \\ &= 8\ 898.16(\text{元}) \end{aligned}$$

即终值为 8 898.16 元。

Microsoft Office Excel 是一个非常强大的计算工具,我们在计算资金时间价值终值的时候,可以用其中的 FV 函数。

例如,计算 24 元,增值率 6%,360 期的终值,可以在表中任意一个单元格键入"=fv(6%,360,,-24)"即可得到结果,如图 3-3 所示。

二、本金翻番估算法

(一) 本金翻番估算法的原理

在实际工作中,经常会遇到产值或利润或有关其他数据的翻番的计算。例如,一笔

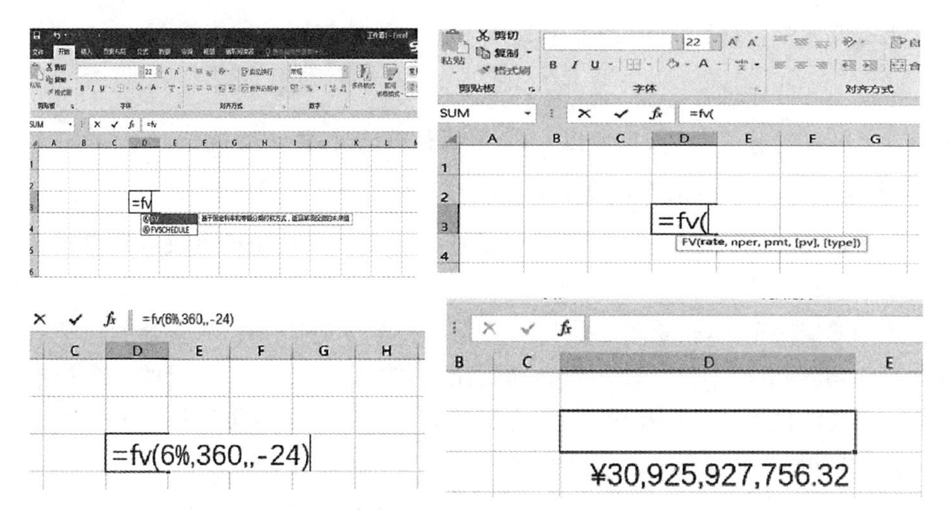

图 3-3　Excel 中终值的计算

30 万元的投资，5 年后增值为 60 万元，则这笔投资 5 年间每年平均的收益率为多少？再如，企业有 100 万元资金，投资于年收益率为 9%的项目，则多少年后这笔投资能得到 200 万元？

类似于这样的本金翻番问题，可以用本金翻番估算法简便地计算使本金翻番的利率或使本金翻番的年数。

假设一项资金从现在的金额起始，经过若干年后这笔资金将增加到起始金额的两倍，即资金在若干年后翻一番(见图 3-4 所示)，则可以用以下公式速算。

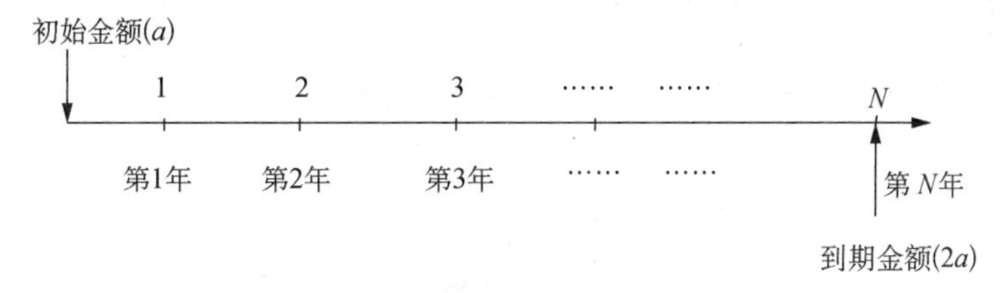

图 3-4　资金增值示意图

当给定的年利率(i)确定时，使本金翻番的年数(N)：

$$N=\frac{72}{i}$$ (其中，i 为利率的百分数，如利率为 10%，i 即为 10)

当资金翻番的年数(N)限定时，使本金翻番所需要的年利率(i)：

$$i=\frac{72}{N}$$ (其中，i 为利率的百分数，如计算出 i 为 10，即所需的年利率为 10%)

上述 30 万元的投资，5 年后增值为 60 万元，这笔投资的平均年收益率约为：$i=\frac{72}{5}=14.4$，即年利率为 14.4%。

上述100万元资金，投资于年收益率为9%的项目，这笔资金的年数 $N=\frac{72}{9}=8$(年)

即8年后100万元投资会翻一番，增值到200万元。

由于计算公式的分子都是72，所以，本金翻番估算法又称为72法则。

(二) 本金翻番估算法在筹资决策的应用

本金翻番估算法在财务管理中有着广泛的应用空间。无论是筹资决策还是投资决策都可以使用本金翻番估算法。

在企业的筹资决策中，很重要的是要测算资金来源的成本(如借入资金的利率[①])。对于筹资企业来说，其筹资成本就是使用资金所付出的代价。只有企业筹资的资金成本低于企业预期的或者能够接受的成本率时，筹资方案才是可行的。企业可以接受的成本率可以是市场利率，也可以是企业投资项目的投资收益率。

例如，某企业接受某投资者400万元的投资，投资者要求在6年内使其投资额增值到800万元。企业预计使用资金的投资收益率为15%。则该筹资项目是否可行?

由于投资者要求其资金从400万元增值到800万元，相当于使资金翻一番。可以用本金翻番估算法速算投资者要求的收益率 $i=\frac{72}{6}=12$，即企业筹资的成本为12%。由于企业资金的投资收益率为15%，大于12%，所以，该企业的这个筹资项目是可行的。

又如，某企业准备接受职工的内部集资100万元，职工普遍要求在8年内使他们的资金增值一倍，即企业在8年后要归还200万元。目前企业从银行借款的年利率为7.42%，则企业应该是向银行借款还是用内部集资?

企业内部集资的利率可以用本金翻番估算法速算，$i=\frac{72}{8}=9$，得9%的利率大于银行借款的利率。因此，企业应选择从银行借款而不是内部集资。

(三) 本金翻番估算法在投资决策中的应用

在企业的投资决策中，常常需要计算一笔投资在投资收益率已知的情况下多少年后能翻一番，也常常需要计算某项投资在一定年限内的投资收益率。

例如，某企业将一笔200万元的资金投资于年收益率为9%的项目(比如国库券、企业债券或其他项目)，多少年后这笔资金可以增值为400万元?

利用本金翻番估算法可以速算出使本金翻番的年数 $N=8$ 年。

又如，某企业在同协作单位谈判时对方提出只要出资500万元，5年后可以得到1 000万元。如果该企业目前的投资收益率为16%，那么企业是否应做出投资的决策。

企业投资5年后翻一番，利用本金翻番估算法可以速算出每年得到的利率，即投资收益率或报酬率为14.4% $\left(\frac{72}{5}\right)$。企业的决策者在几秒钟内就可以做出不投资的决策。因为投资收益率14.4%低于企业目前的收益率16%。

① 借款利率不等于资金成本，但借款利率和资金成本呈正比例关系。参见第五章有关内容。

（四）使用本金翻番估算法的条件

这种本金翻番的估算法，是财务管理人员在长期的实践中总结出来的。本金翻番估算法的计算非常简单，口算在几秒钟内就能得出结果，企业日常的财务管理过程中是经常可以使用的。但使用本金翻番估算法时应注意以下几个问题。

一是利用本金翻番估算法公式计算的条件。某一笔资金在一定期间内增加一倍，即资金翻一番。不是翻一番的情形不能使用本金翻番估算法速算。但在许多情况下可以灵活运用。例如，某企业提出在三年内产值要翻一番。这说明该企业的产值必须每年以 24% $\left(\frac{72}{3}\right)$ 的速度增长。再如我国在 20 世纪 80 年代初提出到 2000 年国民生产总值在 1980 年的基础上翻两番。则我们可以大体理解为约 10 年翻一番。那么，每年国民生产总值的递增率应为每年 7.2%$\left(\frac{72}{10}\right)$。

二是本金翻番估算法是假设资金的增长是按复利计算的。本金翻番估算法是假设资金的增长是按复利计算的，单利计算时本金翻番估算法就不适用。

三是本金翻番估算法计算的结果只是一个估计数，或者说是一个近似的正确数。虽然不能做到百分之百的精确，但可以说是基本正确的。在财务管理工作中，财务管理人员不可能随时带着计算器，即使身边有计算器，在有的场合也是不便使用的。类似于本金翻番的计算用 72 法则就显得十分简便而正确。

三、资金的现值

问题：某企业销售产品 18 万元，有两种收款方式，一种是销售的当时收款 14.5 万元，一种是 3 年后收回全部款项。若市场利率为 8%，那么应选哪一种收款方式?

要回答这个问题，先要计算三年后的 18 万元相当于现在的价值，即现值。然后，与现在收回的款项 14.5 万元作比较，若三年后的现值大于 14.5 万元，则应选三年后收款；若三年后的现值小于 14.5 万元，则应选现在收回货款。

现值计算是将未来的一笔资金折算成现在的价值，称为折现或贴现。计算现值的利率称为折现率或贴现率。

（一）单利计算

因为单利计算的终值的公式为：

$$FV = PV \times (1 + ni)$$

所以，可以容易地推出现值计算的基本公式：

$$PV = \frac{FV}{1 + ni}$$

利率 8%时，三年后得到的 18 万元相当于现在的：

$$PV=\frac{18}{1+3\times 8\%}=14.52(\text{万元})$$

由于三年后的现值大于现在收回的14.5万元，因此，企业应选择三年后收回全部款项这种收款方式。

(二) 复利计算

因为复利计算的终值的公式为：$FV=PV\times(1+i)^n$，所以，可以容易地推出复利计算现值的公式：

$$PV=\frac{FV}{(1+i)^n}$$

或

$$PV=FV\times(1+i)^{-n}$$

当利率8%时，三年后得到的18万元相当于现在的：

$$PV=\frac{18}{(1+8\%)^3}=14.29(\text{万元})$$

由于三年后的现值小于现在收回的14.5万元，因此，企业应选择现在收款14.5万元这种收款方式。

现值的计算在社会生活中十分有用。

【例3-4】 如果有人许诺甲在60岁退休后一次性地给甲10万元退休金，如果甲现在40岁，假设利率为5%，则这笔退休金相当于现值的多少钱？

答：$PV=\frac{10}{(1+5\%)^{20}}=3.77(\text{万元})$

10万元的退休金在利率为5%时，等于现在的3.77万元，也就是说，现在甲拿3.77万元和到60岁退休时拿10万元是等价的。

【例3-5】 小王夫妇的孩子今年2岁，他们有一个长期计划：到孩子结婚时送他一辆小汽车。如果他们的孩子在25岁结婚，到时小汽车的价格为200 000元，银行存款的利率为5%。则小王夫妇现在要存一笔多少金额的钱在银行以保证到时能买小汽车？

答：小王夫妇的孩子2岁，到他结婚还有23年，即他们可以存23年，要计算他们现在要准备的钱，实际上是计算到期小汽车价格的现值。

$$PV=\frac{200\ 000}{(1+5\%)^{20}}=75\ 377.9(\text{元})$$

从计算结果得知，小王夫妇现在应一次性地准备75 377.9元存入银行(或投资于和银行存款利率相同，风险相仿的其他项目)，并在每年到期时及时去银行连本带利地转存(复利的要求)，这样，到他们的孩子25岁结婚时就可以实现送给他小汽车的目标。

【例3-6】 某企业现在投资100万元上一个项目。预计该项目在6年内有收益，到期无残值收回。各年的净收益如图 3-5 所示。

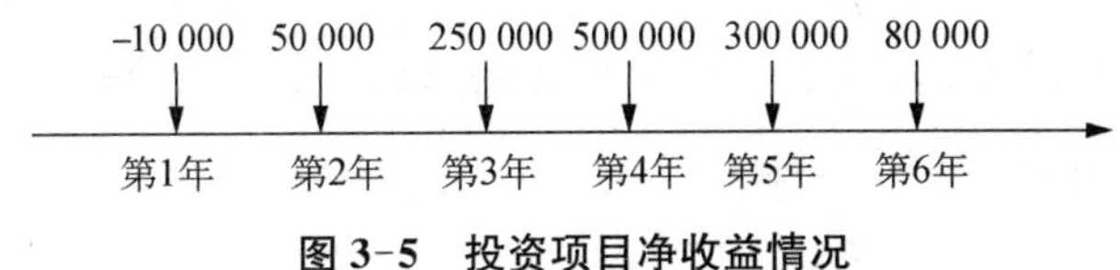

图 3-5　投资项目净收益情况

如果目前市场平均的投资收益率为 10%，试分析该投资项目是否可行。

答：分析投资项目是否可行，要将投资（现值）和未来收益的总和作比较，而未来收益的总和不能简单地相加，因为今后的收益不等值。因此，应计算未来收益的现值之和。若未来收益的现值之和大于投资（现值），说明投资项目可行；若未来收益的现值之和小于投资（现值），说明投资项目不可行。

第 1 年净收益的现值为：$PV=\dfrac{-10\ 000}{(1+10\%)^1}=-9\ 090$（元）

第 2 年净收益的现值为：$PV=\dfrac{50\ 000}{(1+10\%)^2}=41\ 300$（元）

第 3 年净收益的现值为：$PV=\dfrac{250\ 000}{(1+10\%)^3}=187\ 750$（元）

第 4 年净收益的现值为：$PV=\dfrac{500\ 000}{(1+10\%)^4}=341\ 500$（元）

第 5 年净收益的现值为：$PV=\dfrac{300\ 000}{(1+10\%)^5}=186\ 300$（元）

第 6 年净收益的现值为：$PV=\dfrac{80\ 000}{(1+10\%)^6}=45\ 120$（元）

6 年净收益现值之和为：$-9\ 090+41\ 300+187\ 750+341\ 500+186\ 300+45\ 120=792\ 880$（元）。

可见，该项目各年净收益现值之和约为 79.29 万元，小于 100 万元，所以，该投资项目不可行。

应该指出，若不考虑资金的时间价值，该项目未来收益之和为 $-10\ 000+50\ 000+250\ 000+500\ 000+300\ 000+80\ 000=1\ 170\ 000$ 元，大于 100 万元，似乎是可行的，但考虑资金时间价值后，结果正好相反。

在资金时间价值计算过程中，“利率”i 的概念是较广泛的。i 可以是银行存款或银行贷款利率，也可以是市场平均的利率，还可以是投资者要求的收益率或市场平均的投资收益率等。在财务管理过程中，财务人员应结合不同的情况选用不同的“利率”概念，以使企业的财务预测、财务决策、财务分析工作合理有效。

计算资金的现值还可以用查表的方式进行。$(1+i)^{-n}$ 有时是很难计算的。为了简化计算，我们将 $(1+i)^{-n}$ 称作一元复利现值系数，或称一元现值系数或现值系数，可以通过查表的方式得到。见附表二（一元的现值系数表），表头从左到右是利率，左边从上到下是计息期数。例如要查系数$(1+9\%)^{-18}$，先在上边找到 9%这一栏，向下找到 18 期，两者的交叉点就是 9%、18 期的现值系数，其值为 0.212。

一元复利现值系数用 $PVIF_{\%,n}$ (present value interest factor)表示。

现值的计算也可以用以下公式：

$$PV = FV \times 一元现值系数$$

或

$$PV = FV \times PVIF_{\%,n}$$

例如，计算 56 872.37 元，利率为 12%、8 年的现值。

查表知，12%、8 期的一元现值系数为 0.404，所以，

$$\begin{aligned} PV &= 56\ 872.37 \times 一元现值系数 = 56\ 872.37 \times 0.404 \\ &= 22\ 976.44(元) \end{aligned}$$

或

$$\begin{aligned} PV &= 56\ 872.37 \times PVIF_{12\%,8} = 56\ 872.37 \times 0.404 \\ &= 22\ 976.44(元) \end{aligned}$$

即现值为 22 976.44 元。

在 Excel 中计算现值的函数是 PV。

例如，计算折现率 8%，9 年后的 1 000 元的现值，可以在表中任意一个单元格键入“=pv(8%,9,,−1 000)”即可得到结果，如图 3-6 所示。

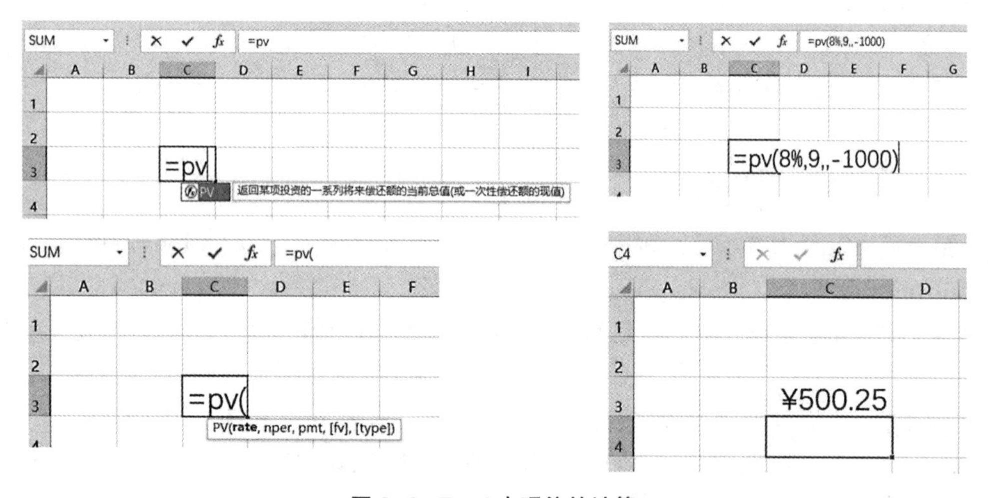

图 3-6 Excel 中现值的计算

四、一年计息多次的终值和现值

许多经济活动会有每半年计息一次或每月计息一次等情况。当每半年计息一次时即一年计息 2 次；当每月计息一次时即一年计息 12 次。

若每年计息 m 次，则 n 年的计息期数为 $m \times n$ 次，每次计息的利率为$\frac{i}{m}$。

(一) 一年计息多次的终值

一年计息多次的终值的计算公式为：

$$FV = PV \times \left(1 + \frac{i}{m}\right)^{mn}$$

其中：m 为一年计息次数，n 为年数，i 为年利率。

例如，计算 1 000 元，6 年期，年息 5%，每半年计息一次、每月计息一次、每天计息一次资金的终值。

$$FV = 1\,000 \times \left(1 + \frac{5\%}{2}\right)^{2\times 6} = 1\,344.89(\text{元})$$

$$FV = 1\,000 \times \left(1 + \frac{5\%}{12}\right)^{12\times 6} = 1\,349.02(\text{元})$$

$$FV = 1\,000 \times \left(1 + \frac{5\%}{365}\right)^{365\times 6} = 1\,349.83(\text{元})$$

(二) 连续复利

通过计算我们发现计息次数越多，即计息周期越短，资金的终值越大。但这个数值不会是无穷大。当计息期数 m 无穷大时，我们称为连续复利。连续复利的终值会是一个极值。连续复利的终值为：

$$FV = PV \times e^{ni}$$

(三) 一年计息多次的现值

一年计息多次的现值的计算公式为：

$$PV = FV \times \left(1 + \frac{i}{m}\right)^{-mn}$$

例如，计算 6 年后的 1 000 元，每半年计息一次资金的终值，折现率为 5%，求现值。

$$PV = 1\,000 \times \left(1 + \frac{5\%}{2}\right)^{-2\times 6} = 743.56(\text{元})$$

第三节　年金终值和现值

一、年金的概念

年金(annuity)是指一定时期内每期相等金额的收付款项的系列。年金不是一笔资金，而是一系列的现金流。

例如，某人参加银行的“零存整取”储蓄活动，每月存入 1 000 元钱，存期两年，共存 24 期，这种形式就是年金，如图 3-7 所示。

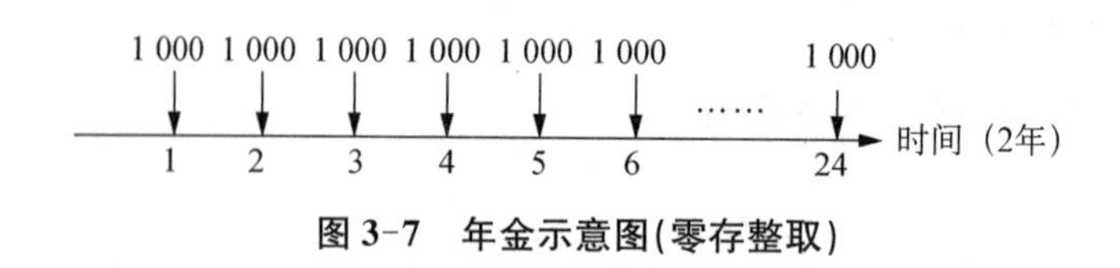

图 3-7 年金示意图(零存整取)

再如，某人购买 1 000 元面值的 3 年期、年利率为 12%、每年付息一次的债券，那么，每年年末他得到 120 元的利息。这三笔利息也是年金，如图 3-8 所示。

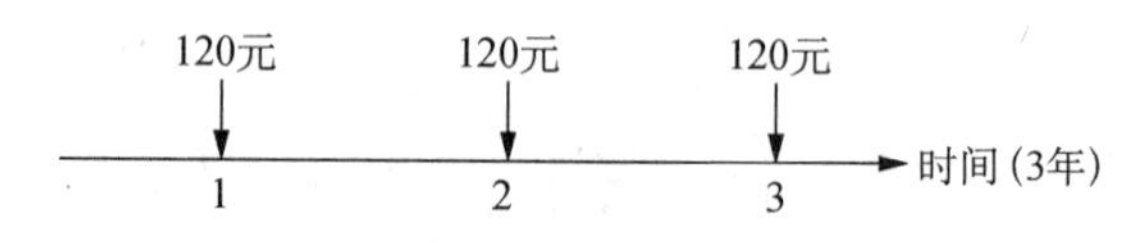

图 3-8 年金示意图(债券利息)

年金的“年”是指收到或支出款项的期次，不一定是一年。它可能是一年，可能是一个月，可能是半年，也可能是一个季度，还可能是一天甚至是几个小时等。年金要求每次资金的收付间隔时间相等，每次收付资金的金额数量相等。

年金在财务管理和日常生活中经常能够遇到。企业采用使用年限法的折旧额、企业每月为职工支付的养老保险金、各种租金、退休职工的退休金等都是以年金形式出现的。

年金的收款、付款方式有不同，因此也有不同的年金概念。

(一) 普通年金

普通年金是指在每期期末收款或付款的年金。普通年金也称后付年金。如收取债券利息，支付借款利息，获取投资净收益等都是在期末发生的。我们日常生活中遇到的绝大多数是普通年金。所以，一般所说的年金即是指普通年金，如图 3-9 所示。

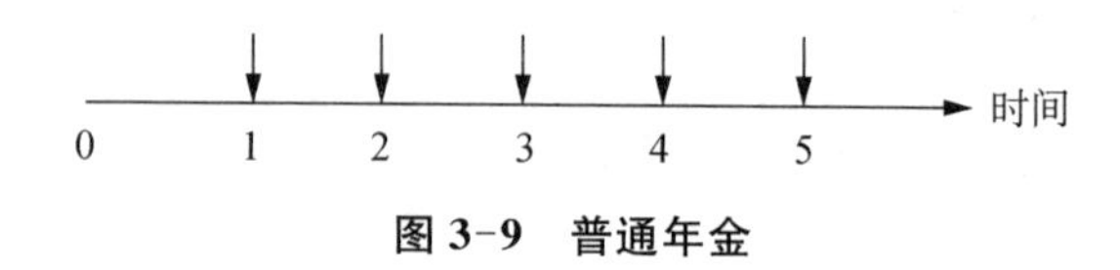

图 3-9 普通年金

(二) 即付年金

即付年金是指在每期期初收款或付款的年金。即付年金又称期首年金或预付年金。如企业投资项目的每年投资额、财产保险费等是在期初发生的，如图 3-10 所示。

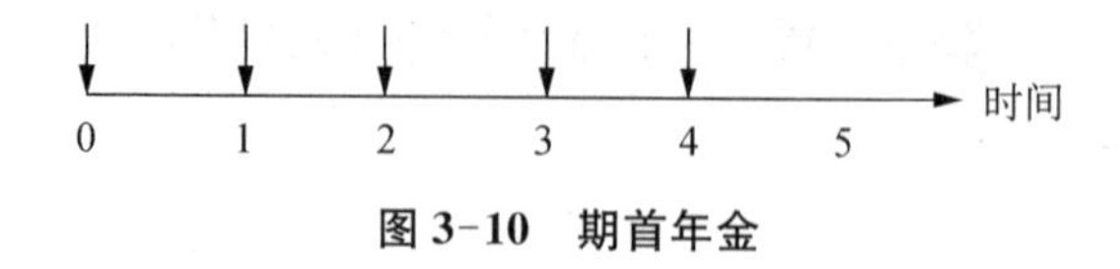

图 3-10 期首年金

(三) 递延年金

递延年金是指第一次收付款发生时间不一定在第一期初或第一期末，而是间隔若干年后才开始发生的系列等额收付款项。它是普通年金的特殊形式，凡不是从第一期开始的普通年金都是递延年金,如图 3-11 所示。

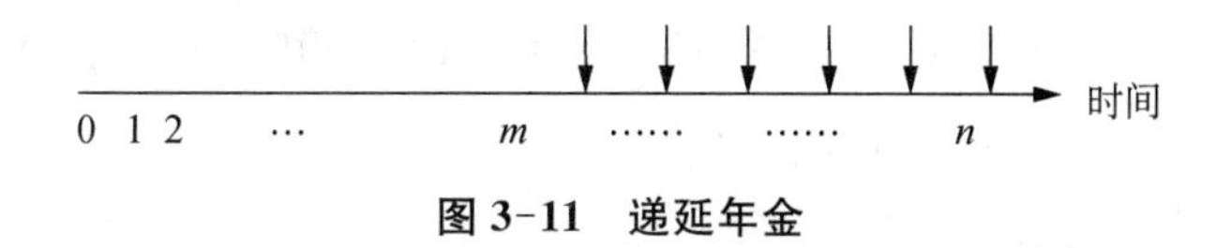

图 3-11　递延年金

(四) 永续年金

永续年金又叫永久年金,是指无限期地连续收款或付款的年金。如企业的优先股的股息,无论企业的收益如何,企业都要每年按票面规定的金额支付直到企业结束。由于会计上有企业持续经营的假设,所以可以认为这种优先股的股息为一种永久年金,如图 3-12 所示。

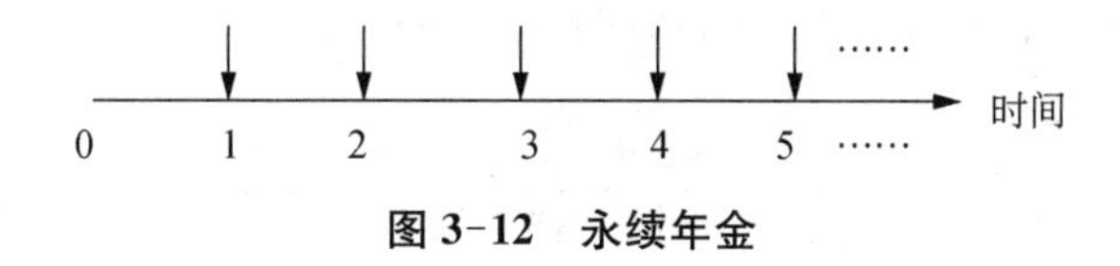

图 3-12　永续年金

二、年金的终值

(一) 基本计算

年金的终值是指年金中每笔资金终值之和,用 FVA 表示。

某人每年末在银行存入 1 000 元,连续存 4 年,若利率为 5%,则到期他可以提取多少钱?

到期某人能提取的资金相当于每一笔资金的终值之和。在计算时先计算每年存入银行的资金的终值,然后再计算每笔资金的终值之和,如图 3-13 所示。

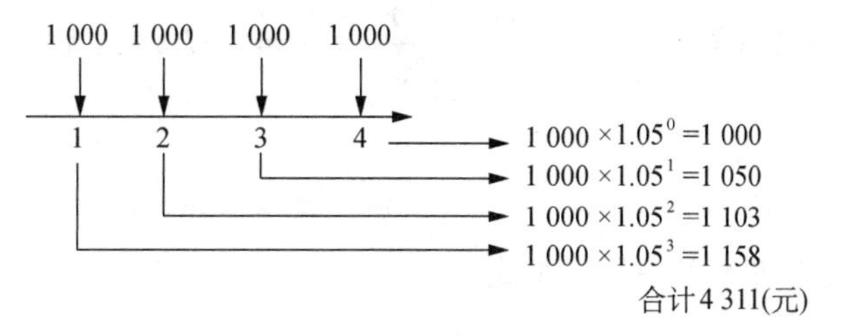

图 3-13　年金终值计算过程

四年后,他可以提取 4 311 元。

这笔资金的终值通过连续计算四笔资金的终值计算,但若有十几甚至几十期,计算就显得很复杂。年金的计算有专门的公式。一般地,假设每期存入资金为 A,则:

第 1 期存入资金的终值为:$A \times (1+i)^{n-1}$

第 2 期存入资金的终值为:$A \times (1+i)^{n-2}$

第 3 期存入资金的终值为:$A \times (1+i)^{n-3}$

⋮

⋮

第 n 期存入资金的终值为:$A \times (1+i)^{n-n} = A$

所以，

$$FVA = A\times(1+i)^{n-1}+A\times(1+i)^{n-2}+A\times(1+i)^{n-3}+\cdots+A\times(1+i)^{n-n}$$
$$=A[(1+i)^{n-1}+(1+i)^{n-2}+(1+i)^{n-3}+\cdots+1]$$
$$=A\sum_{t=1}^{n}(1+i)^{n-t}$$

化简后得：

$$FVA = A\frac{(1+i)^n-1}{i}$$

根据公式，当 $i=5\%$，$n=4$，$A=1\ 000$ 时，

$$FVA = 1\ 000\times\frac{(1+5\%)^4-1}{5\%}=4\ 311(\text{元})$$

计算结果和每笔分别计算后再加总相同。

【例3-7】 某人现在参加“零存整取”储蓄，每月存入100元，存期为2年。若利率为7.2%，则到期他可以提取多少钱？

答：计算到期提取的金额，实际上是计算每月存入的资金的终值之和。虽然某人不一定每月“定日”去存钱，但一般银行假设你每月月末去存钱。所以，“零存整取”相当于普通年金。

某人每期存入100元，$A=100$，存期2年，$n=2\times12=24$，利率为7.2%，月息为7.2%/12=6‰，即 $i=0.6\%$，所以：

$$FVA = 100\times\frac{(1+0.6\%)^{24}-1}{0.6\%}=2\ 573.12(\text{元})$$

到期他可以提取2 573.12元。

【例3-8】 某人1 000元投资于5年期、票面利率8%的债券，每半年计息一次，到期一次还本。则到期该投资者可以得到多少钱？

答：$PVA=1\ 000\times\frac{8\%}{2}\times\frac{\left(1+\frac{8\%}{2}\right)^{2\times5}-1}{\frac{8\%}{2}}+1\ 000=1\ 480.24(\text{元})$

到期他可以得到1 480.24元。

（二）偿债基金

【例3-9】 小王夫妇的孩子今年2岁，他们有一个长期计划：到孩子结婚时送他一辆小汽车。如果他们的孩子在25岁结婚，到时小汽车的价格为200 000元，银行存款的利率为5%。如果小王夫妇现在起每年末存一笔资金在银行，那么，每年应存入多少金额的钱才能保证到时能买小汽车？

答：小王夫妇的孩子2岁，到他结婚还有23年，即他们可以存23年，要计算他们每年要

准备的钱，实际上是假设到期小汽车价格为年金的终值，每年存入的钱为年金 A，现在要求 A 的值。

根据 $FVA=A\frac{(1+i)^n-1}{i}$，得：

$$A=\frac{FVA}{\frac{(1+i)^n-1}{i}}=\frac{FVA\times i}{(1+i)^n-1}$$

将已知条件代入公式，

$$A=\frac{200\ 000\times 5\%}{(1+5\%)^{23}-1}=4\ 827.36(\text{元})$$

小王夫妇每年存入银行 4 827.36 元就能保证到时提取 200 000 元以购买小汽车。

这种在平时定期等额地存入一笔资金，到期一次性地提取以用于大额的支付的情形，称作偿债基金。偿债基金的计算公式为：

$$A=\frac{FVA}{\frac{(1+i)^n-1}{i}},\quad \text{或:}A=\frac{FVA\times i}{(1+i)^n-1}$$

其中：A 为每期应存入的资金，FVA 为到期一次性要支付的金额，i 为基金增值的利率或投资收益率，n 为基金存入的期数。

【例 3-10】 某企业发行债券 500 万元，票面利率为 12%，期限 3 年，单利计息。债券的担保机构要求企业建立偿债基金，每月存入一笔资金，利率为 8.4%，复利计息，直到债券到期。那么，该企业每月应准备多少资金？

答：该债券到期要支付本息 $500\times(1+3\times 12\%)=680$ 万元，即 FVA 为 680 万元。每月存入一笔资金，$n=3\times 12=36$，i 为 $8.4\%/12=7‰$，根据公式：

$$A=\frac{FVA\times i}{(1+i)^n-1}=\frac{500\times 0.7\%}{(1+0.7\%)^{36}-1}=12.26(\text{万元})$$

即企业应每月准备 12.26 万元建立偿债基金，以备到期支付债券的本息。

建立偿债基金是为了企业不至于到期支付一笔很大的金额而影响企业当期的正常生产经营所需的流动资金的供应。大多数的做法是，企业定期支付偿债基金给担保人（如银行等），还本付息的工作企业不再负责，而由担保人负责。

计算年金的终值还可以用查表的方式进行。为了简化计算，我们将 $\frac{(1+i)^n-1}{i}$ 称作一元年金终值系数，可以通过查表的方式得到。见附表三（一元年金终值系数表），表头从左到右是利率，左边从上到下是计息期数。例如要查系数 $\frac{(1+9\%)^{18}-1}{9\%}$（9%、18 期的年金终值系数)，先在上边找到 9%这一栏，向下找到 18 期，两者的交叉点就是 9%、18 期的年金终值系数，其值为 41.301。

一元年金终值系数用 $FVIFA_{\%,n}$ (future value interest factor of annuity)表示。

年金终值的计算也可以用以下公式：

$$FVA = A \times \text{一元年金终值系数}$$

或
$$FVA = A \times FVIFA_{\%,n}$$

例如，计算每年存入 5 680.81 元、年利率为 11%、8 年的年金终值。

查表知，11%、8 期的一元年金终值系数为 11.859，所以，

$$\begin{aligned} FVA &= 5\ 680.81 \times \text{一元年金终值系数} = 5\ 680.81 \times 11.859 \\ &= 67\ 368.73(\text{元}) \end{aligned}$$

或
$$\begin{aligned} FVA &= 5\ 680.81 \times FVIFA_{11\%,8} = 5\ 680.81 \times 11.859 \\ &= 67\ 368.73(\text{元}) \end{aligned}$$

即每年存入 5 680.81 元，11%，8 年的年金终值为 67 368.73 元。

年金终值和偿债基金的计算也可以分别用 Excel 中的 FV 函数和 PMT 函数，如图 3-14 和图 3-15 所示。

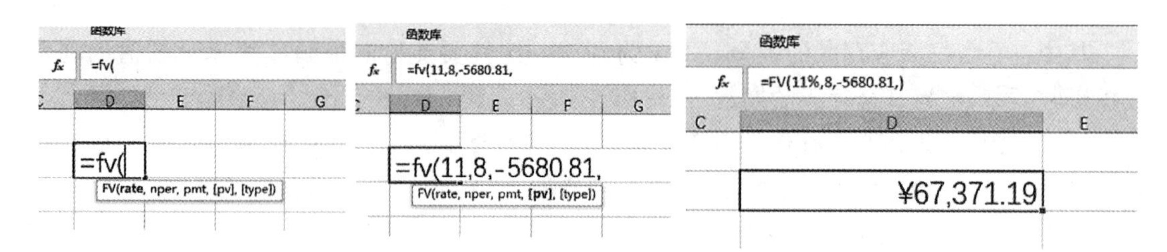

图 3-14 Excel 中年金终值的计算

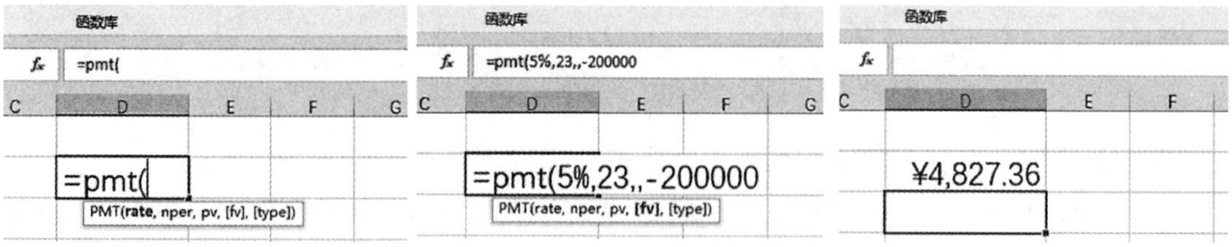

图 3-15 Excel 中偿债基金的计算

三、年金的现值

(一) 基本计算

年金的现值是指年金中每笔资金的现值之和，用 PVA 表示。

某人每年末能得到 1 000 元，连续 4 年，若利率为 10%，则这四笔钱相当于现在的多

少钱？

到期某人能提取的资金相当于每一笔资金的现值之和。在计算时先计算每年存入银行的资金的现值，然后再计算每笔资金的现值之和，如图 3-16 所示。

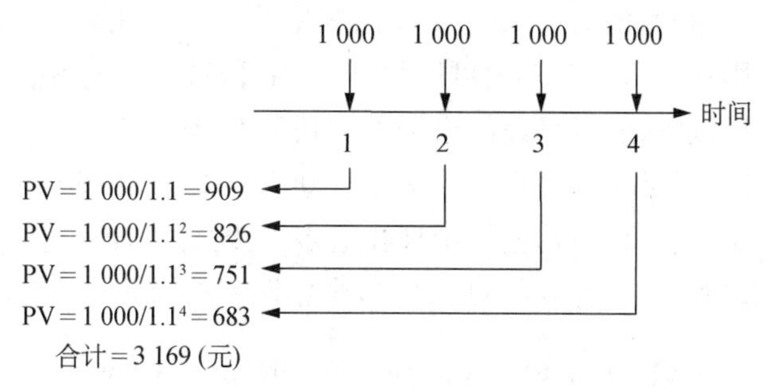

图 3-16　年金现值计算过程

这四笔钱相当于现在的 3 169 元。这笔资金相当于年金的现值。

年金现值的计算也有专门的公式。一般地，假设每期得到资金为 A，则：

第 1 期得到资金的现值为：$\frac{A}{(1+i)^1}$

第 2 期得到资金的现值为：$\frac{A}{(1+i)^2}$

第 3 期得到资金的现值为：$\frac{A}{(1+i)^3}$

⋮

⋮

第 n 期得到资金的现值为：$\frac{A}{(1+i)^n}$

所以，

$$\begin{aligned} PVA &= \frac{A}{(1+i)^1} + \frac{A}{(1+i)^2} + \frac{A}{(1+i)^3} \cdots + \frac{A}{(1+i)^n} \\ &= A\left[\frac{1}{(1+i)^1} + \frac{1}{(1+i)^2} + \frac{1}{(1+i)^3} + \cdots + \frac{1}{(1+i)^n}\right] \\ &= A\sum_{t=1}^{n}\frac{1}{(1+i)^t} \quad \text{或} \quad A\sum_{t=1}^{n}(1+i)^{-t} \end{aligned}$$

化简后得：

$$PVA = A\,\frac{1-(1+i)^{-n}}{i}$$

根据公式，当 $i=10\%$，$n=4$，$A=1\ 000$ 时，

$$PVA = 1\ 000 \times \frac{1-(1+10\%)^{-4}}{10\%} = 3\ 169(\text{元})$$

计算结果和每笔分别计算后再加总相同。

例如，某人购买了一张面值为1 000元，票面利率为12%，期限为5年，每半年末支付一次现金利息的债券。则在今后的5年内可以得到10笔利息和一笔本金。那么：今后得到的资金相当于现在的多少钱？（假设目前的市场平均利率为10%）

购买该债券后，某人每半年末可以得到利息1 000×12%/2=60元，到期可以得到本金1 000元，利息期数为10期。计算这些资金现在值多少钱，等于计算这10笔资金（年金）的现值和到期本金的现值之和。贴现的利率是10%，半年期利率为5%，如图3-17所示。

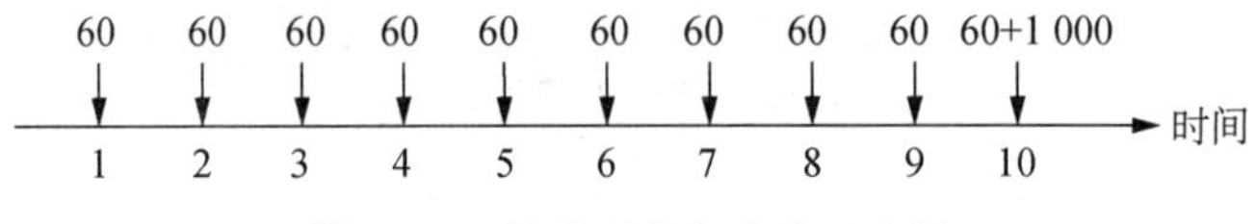

图3-17　债券利息和本金示意图

利息的现值为：$PVA = 60 \times \frac{1-(1+5\%)^{-10}}{5\%} = 463.3(\text{元})$

收回本金的现值为：$PV = 1\ 000 \times (1+5\%)^{-10} = 614(\text{元})$

所以，今后某人得到资金的现值之和为：

$$463.3 + 614 = 1\ 077.3(\text{元})$$

计算的结果1 077.3元可以认为是某人购买债券得到的收益的现值。某人购买债券花费1 000元，所以，这笔交易对某人是有利的。事实上，市场平均的利率为10%，而某人购买债券得到的利率为12%，因而，该债券比它实际的价值（票面金额）值钱。

（二）分期付款额

【例3-11】 某人向银行借款1 000元，期限为3年，利率为6%。银行要求他在每年末等额还本付息一次，则某人每年应还多少钱？

答：某人每年要等额地还本付息，到期正好还清。这等于现在某人借入的本金是他每年归还的资金的现值PVA，每年归还的资金相当于年金A，其中包括一部分本金和利息，如图3-18所示。

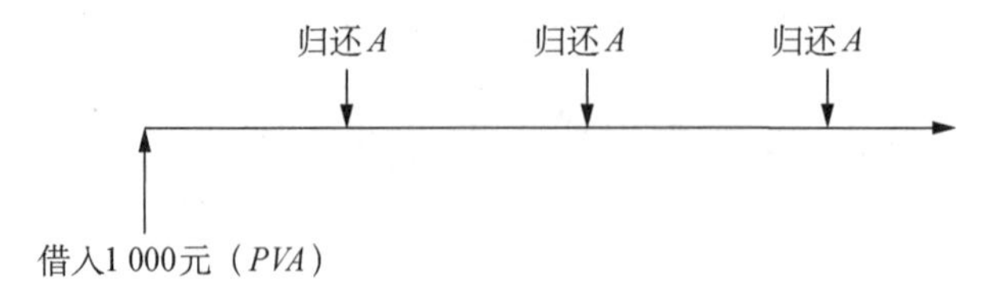

图3-18　还本付息示意图

根据公式，$PVA = A\frac{1-(1+i)^{-n}}{i}$，得：

$$A=\frac{PVA}{\frac{1-(1+i)^{-n}}{i}} \quad 或 \quad A=\frac{PVA\times i}{1-(1+i)^{-n}}$$

$$A=\frac{1\,000\times 6\%}{1-(1+6\%)^{-3}}=374.11(元)$$

每年应归还 374.11 元。是否能正好还本付息，下面作一个验算，如表 3-1 所示。

表 3-1　还本付息计算表　　单位:元

年限	支付金额	利息	本金	未还本金
	$(1)=\frac{1\,000\times6\%}{1-(1+6\%)^{-3}}$	(2)=(4)注×6%	(3)=(1)−(2)	(4)=(4)注−(3)
0注				1 000.00
1	374.11	60.00	314.11	685.89
2	374.11	41.15	332.96	352.93
3	374.11	21.18	352.93	—
合计	1 122.33	122.33	1 000.00	—

注:(1) 计算利率时应用上期末或本期初的本金;计算未还本金时应用期初的未还本金减去本期归还的本金。
(2) 第 0 年表示第一年初,即借款时。第一年表示第一年末。

表 3-1 说明某人每年归还的金额到期正好能够还本付息，其中一部分是本金，一部分是利息。

这种在今后分期等额还本付息的形式称为分期付款，分期付款每期支付的金额为分期付款额。除了归还借款的本息外，分期付款还有:企业融资租赁固定资产应付的租赁费、购买商品房或其他商品的分期等额付款、定期劳动保险费的支付等。

【例 3-12】　企业拟购买设备 1 台，价款 200 000 元，合同规定企业要先预付 30% 的货款，其余款项在今后的 12 个月末等额还本付息。若利率为 12%，则其余每月应支付多少货款?

答:企业第一个月初(购买时)先预付货款 200 000×30%=60 000 元，其余货款 140 000 元以分期付款的形式，分 12 期支付，每期利率为 12%/12=1%。所以，

$$A=\frac{PVA\times i}{1-(1+i)^{-n}}=\frac{140\,000\times 1\%}{1-(1+1\%)^{-12}}=12\,438.83(元)$$

企业在今后 12 个月内，每月末应准备 12 438.83 元支付货款。

计算年金的现值也可以用查表的方式进行。为了简化计算，我们将 $\frac{1-(1+i)^{-n}}{i}$ 称作一元年金现值系数，可以通过查表的方式得到。见附表四(一元年金现值系数表)，表头从左到右是利率，左边从上到下是计息期数。例如要查系数 $\frac{1-(1+9\%)^{-18}}{9\%}$(9%、18 期的年金现值系数)，先在上边找到 9%这一栏，向下找到 18 期，两者的交叉点就是 9%、18 期的年金现

值系数，其值为8.756。

一元年金现值系数用$PVIFA_{\%, n}$（present value interest factor of annuity）表示。

年金现值的计算也可以用以下公式：

$$PVA = A \times \text{一元年金现值系数}$$

或：

$$PVA = A \times PVIFA_{\%, n}$$

例如，计算每年获得38 429.79元、7%、15年的年金现值。

查表知，7%、15期的一元年金现值系数为9.108。所以，

$$\begin{aligned} PVA &= 38\,429.79 \times \text{一元年金现值系数} = 38\,429.79 \times 9.108 \\ &= 350\,018.53(\text{元}) \end{aligned}$$

或：

$$\begin{aligned} PVA &= 38\,429.79 \times PVIFA_{7\%, 15} = 38\,429.79 \times 9.108 \\ &= 350\,018.53(\text{元}) \end{aligned}$$

即每年获得38 429.79元、7%、15年的年金现值为350 018.53元。

年金现值和分期付款额的计算也可以分别用Excel中的*FV*函数和*PMT*函数，如图3-19和图3-20所示。

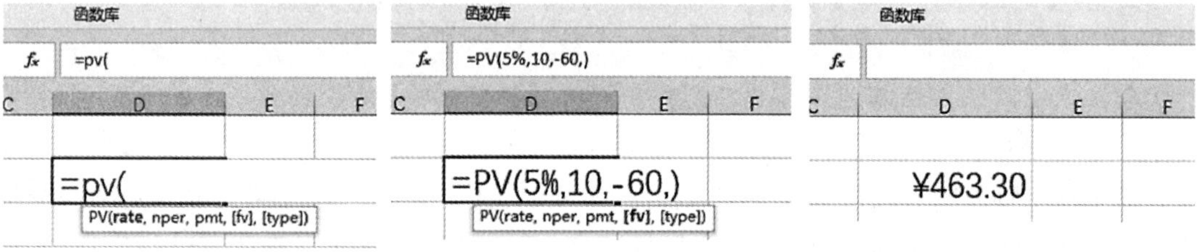

图3-19 Excel中年金现值的计算

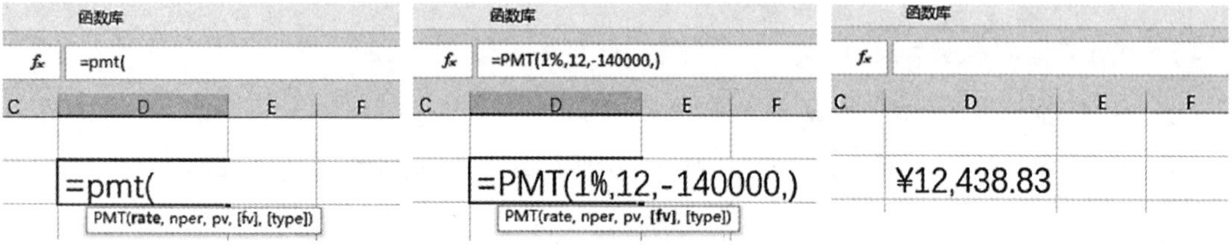

图3-20 Excel中年分期付款额的计算

四、递延年金和永续年金的现值

（一）递延年金的现值

递延年金的现值是自若干期后开始每期款项的现值之和，其计算公式为：

$$\begin{aligned} P &= A \times \left[\frac{1-(1+i)^{-(m+n)}}{i} - \frac{1-(1+i)^{-m}}{i} \right] \\ &= A \times (PVIFA_{i,(m+n)} - PVIFA_{i,m}) \end{aligned} \tag{3-1}$$

或
$$P=A\times\frac{1-(1+i)^{-n}}{i}\times(1+i)^{-m}$$
$$=A\times PVIFA_{i,n}\times PVIF_{i,m}\qquad(3\text{-}2)$$

式(3-1)是先计算出 $m+n$ 期的普通年金现值，然后减去前 m 期的普通年金现值，即得递延年金现值；式(3-2)是先将此递延年金视为 n 期普通年金，求出在第 $m+1$ 期的现值，然后再折现到第一期初，如图 3-21 所示。

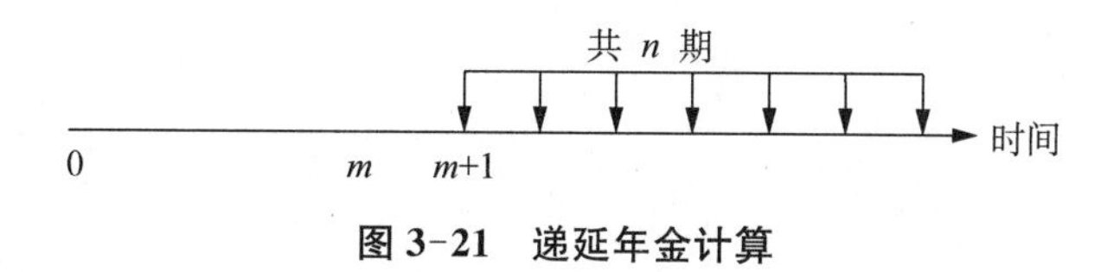

图 3-21　递延年金计算

【例 3-13】 某人准备在年初存入一笔资金，以便能在第 6 年年末起每年取出 1 500 元，自第 10 年年末取完。若利率为 5%，则他应在第一年初存入多少钱？

答：根据题意，该人在第一年初应存入的钱相当于一笔递延年金的现值，所以：

$$P=A\times(PVIFA_{i,(m+n)}-PVIFA_{i,m})$$
$$=1\,500\times(PVIFA_{5\%,10}-PVIFA_{5\%,5})$$
$$=1\,500\times(7.721\,7-4.329\,5)$$
$$=5\,088.3(\text{元})$$

或
$$P=1\,500\times PVIFA_{5\%,5}\times PVIF_{5\%,5}$$
$$=1\,500\times4.329\,5\times0.783\,5$$
$$=5\,088.3(\text{元})$$

（二）永续年金的现值

小李家有一棵银杏树，每年秋天能收获白果 100 千克，每千克白果售价约 20 元，有人出价 38 000 元购买，他家应如何作出是否卖出的决策？

银杏树是一种果龄很长的果树，百年以上的银杏树并不少见，并且虫害和病害较少。所以，可以认为银杏树收获的白果产量是稳定的并且是长期的(很难预计期限)。如果假设市场价格每年也保持稳定，那么，小李家银杏树的收益每年基本是保持稳定不变的。这种收益相当于年金。由于银杏树的果龄很长，很难确定其收益期。因此，这种年金还可以认为类似于永久年金。

为了回答小李家是否出售银杏树的问题，先要计算该树的价值。该树的价值实际上是该树今后收益的现值，即该树今后的所有收益值现在的多少钱。永续年金的现值可以通过以下公式计算：

$$PVA=\frac{A}{(1+i)^1}+\frac{A}{(1+i)^2}+\frac{A}{(1+i)^3}\cdots+\frac{A}{(1+i)^n}$$

其中：$n\rightarrow\infty$。

即：
$$PVA = A\frac{1-(1+i)^{-n}}{i}(n \to \infty)$$

因为 $(1+i)^{-n}=\frac{1}{(1+i)^n}$，且 i 总是大于零的，所以，当 $n \to \infty$ 时，$(1+i)^n \to \infty$，即 $\frac{1}{(1+i)^n} \to 0$。

因此，$\frac{1-(1+i)^{-n}}{i}=\frac{1}{i}$

即：$PVA=\frac{A}{i}$

其中：i 是指市场平均的利率或市场平均的投资收益率。小李在估计银杏树的价值时，$A=100\times 20=2\ 000$ 元；i 取决于小李家得到款项后作什么投资，假设小李家得款后存入银行，银行存款的年利率为 5%。则根据公式，小李家的银杏树的今后全部收益的现值之和为：

$$PVA=\frac{A}{i}=\frac{2\ 000}{5\%}=40\ 000(\text{元})$$

也就是说，小李家银杏树现在的价值为 40 000 元，以 40 000 元的价格交易是公平的。

根据以上计算和分析，小李家若以 38 000 元的价格出售银杏树，就达不到该树的公允价格，因此，小李家不该出售他们家的那棵银杏树。

永续年金的现值广泛应用于资产估价的各个方面，如商誉等无形资产的估价、固定资产的估价、长期投资的估价和优先股股票的估价等。公式 $PVA=\frac{A}{i}$ 中的 i 在不同的情况下用不同的数值代替。如估算商誉价值时，i 用持有商誉企业的行业平均收益率；估算固定资产的价值时，i 用该资产生产出的产品的销售利润率；估算长期投资的价值时，i 用市场平均的投资收益率；估算优先股股票的价格时，i 用购买股票的股东想要得到的收益率(股东要求的收益率)。

【例 3-14】 某大型百货公司长期以来创造了良好的声誉，该公司因此能获得超过一般收益的收益，这就是商誉。该公司拥有资产 5 000 000 元，预计未来每年净收益为 1 000 000 元。假如同行业平均年资产收益率为 8%，计算该公司商誉的价值。

答：该公司未来每年净收益 1 000 000 元，按同行业平均水平计算的该公司年净收益为：

$$5\ 000\ 000\times 8\%=400\ 000(\text{元})$$

所以，该公司的超额收益为 1 000 000－400 000＝600 000 元。这种超额收益可以认为是因为公司的商誉创造的。由于有了商誉，才有超过一般收益的收益。假设这种收益每年都相等，则公司的超额收益就可以比作是永久年金，$A=600\ 000$ 元。

在估算商誉的价值时，i 应该用同行业的平均资产收益率，这里是 8%。根据以上分析，该公司商誉的价值：

$$PVA=\frac{A}{i}=\frac{60\ 000}{8\%}=750\ 000(\text{元})$$

说明该公司商誉值 750 000 元。

【例 3-15】 某公司发行优先股股票，每股票面面值是 100 元，规定的票面股息率为 15%。假设目前市场平均投资收益率为 13%，则该股票的价格应是多少？

答：优先股股票和普通股股票一样，股东不能抽回本金，但可以转让。优先股股票和普通股股票不同的是其股息的分配较普通股优先，不论公司经营收益如何，股东都可以在规定的日期、按规定的股息率得到股息。所以，优先股的股息是每年固定不变的，同时，优先股没有到期日。我们可以把优先股股息看作永久年金。A 是每年固定得到的股息（$100\times15\%=15$ 元），i 是股东要求的投资收益率，由于股东对优先股的收益率的要求不同，所以一般地就以市场平均的投资收益率代替。本例中，优先股的价值为：

$$PVA=\frac{A}{i}=\frac{15}{13\%}=115.39(\text{元})$$

即 115.39 元为该优先股的股票价格。在公司发行销售和股东购买时应以这个价格作为参考。

第四节　资金时间价值的运用

一、投资收益率的计算

在财务管理过程中，经常要遇到计算投资的收益率的问题。

某企业拟与外商合资建厂，在谈判过程中，双方讨价还价，为各自的利益斗智斗勇。该企业参加谈判人员遇到以下需立即回答的问题：外方提出中方只要出资 500 万元，不参与管理和经营，5 年后可以增值至 1 000 万元，中方是否同意？中方财务主管立即回答：我们不能接受这个条件。原因是外方给中方的投资收益率为每年约 14.4%，而目前该企业的投资收益率超过 14.4%，与外方合资得到的收益还不如企业自己生产经营得到的收益多。

中方财务主管如何在谈判的场合很快地计算出投资收益率的呢？他用了“72 法则”。外方许诺出资额从 500 万元增加到 1 000 万元，相当于翻一番，根据“72 法则”在 5 年内使本金翻番需要的利率为 72/年数，等于 72/5=14.4%。正是中方财务主管很快计算出了投资收益率并同企业目前的收益率作比较，才能立即作出投资决策。

（一）公式法

投资收益率的计算有许多方法，可以用公式计算，也可以通过查表然后再计算。

例如，某人购买了 20 000 元利率为 12%的债券，购入价为 20 435.76 元，3 年后债券到期，得到本息 27 200 元。那么：此人投资于债券的收益率为多少？

某人购买债券的价格为 20 435.76 元，即为他投资的现值 PV；债券到期值为 27 200 元，

即为他投资的终值 FV。根据公式 $FV=PV\times(1+i)^n$，可以计算出投资收益率 i。

$$27\ 200=20\ 435.76\times(1+i)^3$$

得：

$$(1+i)^3=1.331$$

求解得：投资收益率 $i=10\%$。

求解高次幂方程有时是较困难的，因此，计算投资收益率可以通过查表的方法进行。

由于 $(1+i)^3=1.331$，即3年的一元终值系数为1.331，查“一元终值系数表”。查表的方法是：先找到左边的第3期，从左向右找1.331这个数，找到后往上找到顶，再看利率是多少。本例中3年期终值系数为1.331的利率为10%。查表结果和公式计算的结果相同。

（二）插值法

在大多数情况下，计算出的终值系数在终值系数表上不一定正好能够查到。这时可以用“插值法”计算投资收益率。

例如，某企业投资100万元上一个项目，7年后这笔投资已经增至218万元。则这笔投资的收益率如何？

根据公式：

$$FV=PV\times(1+i)^n$$
$$218=100\times(1+i)^7$$

$(1+i)^7=2.18$，即一元终值系数为2.18。

查一元终值系数表，先找到第7期，从左到右找不到2.18这个数字，但可以知道在2.076和2.211之间，而终值系数为2.076时利率为11%、终值系数为2.211时利率为12%。所以，可以认定要计算的利率在11%和12%之间。

根据条件我们可以找出以下数值关系：

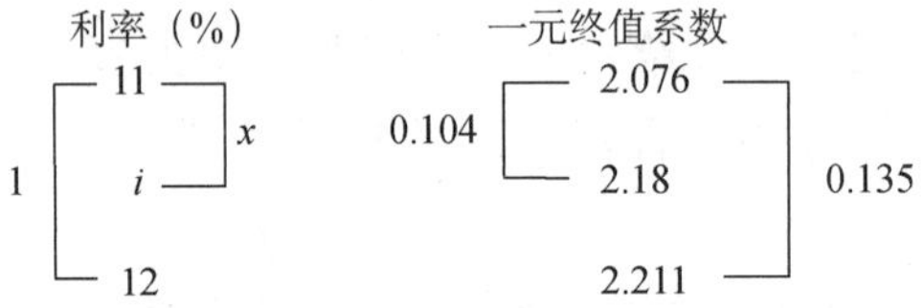

	利率（%）			一元终值系数	
1	11	x	0.104	2.076	0.135
	i			2.18	
	12			2.211	

根据以上数值关系，用算术比例法可以计算出 x：

$$\frac{1}{x}=\frac{0.135}{0.104}\quad x=0.77$$

因此，可以推知，投资收益率为 $11\%+0.77\%=11.77\%$。这种计算投资收益率的方法由于是在两个数值之间“插值”比例计算，因而得名“插值法”或称“内插法”。

【例3-16】 某企业准备投资一个项目，投资额为80万元，预计在今后的5年内有收益，每年的净收益为22万元，到期无残值收回。那么，该投资项目的收益率能否达到该企业规定的最低投资回报率12.5%的要求？

答：该投资项目的收益是一组年金，投资额可以看作这组年金的现值。只要计算出该投资项目的投资收益率，就可以说明问题，如图 3-22 所示。

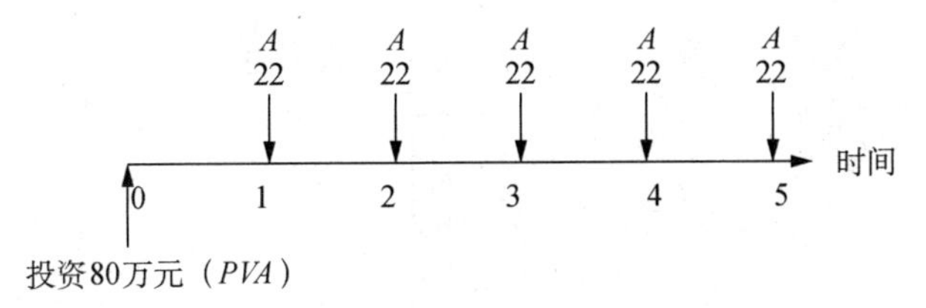

图 3-22 项目投资额和收益额情况

根据公式：

$$PVA = A \times 一元年金现值系数$$

得：

$$一元年金现值系数 = \frac{PVA}{A} = \frac{80}{22} = 3.636$$

查"一元年金现值系数表"，在左边找到 5 期，从左到右找到 11%的年金现值系数为 3.696、12%的年金现值系数为 3.605，3.636 在两者之间，所以，可以判定投资收益率 i 在 11%和 12%之间。用"插值法"计算：

利率（%）	一元终值系数
11	3.696
i	3.636
12	3.605

11 与 i 之差为 x，11 与 12 之差为 1；3.696 与 3.636 之差为 0.06，3.696 与 3.605 之差为 0.091。

$$\frac{1}{x} = \frac{0.091}{0.06} \quad x = 0.66$$

所以，$i = 11\% + 0.66\% = 11.66\%$

由于，企业要求的收益率为 12.5%，因此该投资项目不能达到企业的最低要求，该投资项目不可行。

（三）Excel 函数法

在 Excel 可以用 *IRR* 函数计算收益率。

例如，投资面值 1 000 元，票面利率为 6%，5 年期，每年末付息一次，到期还本的债券，买入价是 960 元。

可以先在表中列出资金流，然后在 Excel *IRR* 函数中选中并打回车键就能达到结果，收益率为 6.79%①，如图 3-23 所示。

---

① 读者可以用公式法、插值法验算计算结果。

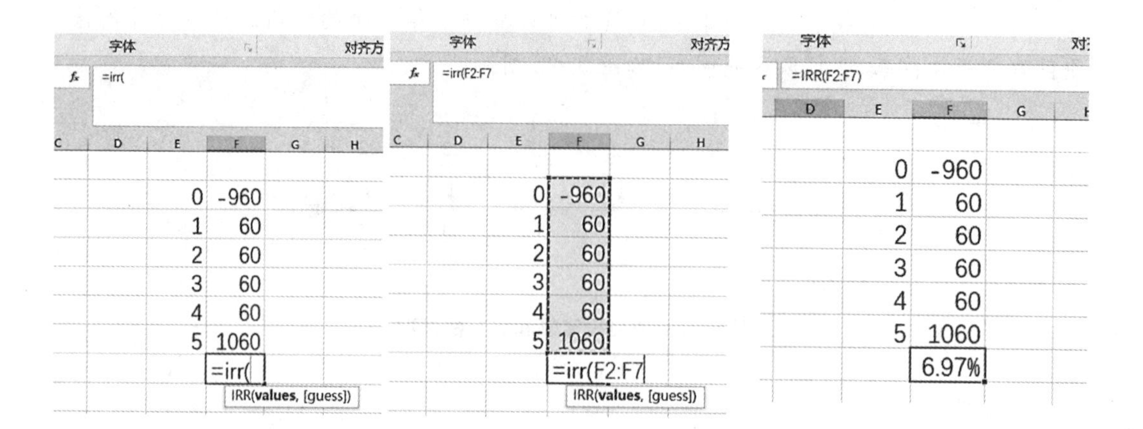

图 3-23 用 *IRR* 函数计算投资收益率

二、分期付款额和保险额的计算

小张最近准备结婚，他利用按揭贷款以分期付款的方法住进了一套 100 平方米的商品房，首付只花了 3.5 万元房款。

按揭是一种分期付款销售或购买商品房的方式。购买者得先支付房款一定比例的款项，其余房款由银行以贷款的方式借给购买者，购买者在今后一定期限内分期付款支付借款。具体做法是：由房产商、银行和购买者三方签订合同，购买者先支付房款一定比例的款项(一般是房款的 30%)，得到全部房产的产权；房产商得到 30%房款后即给予购买者购买房产的全部产权；购买者以全部产权作抵押向银行贷款未付的款项(一般是房款的 70%)；银行将款项付给房产商并定期收取贷款的本息；购买者根据事先的规定定期(一般有 5 年、10 年、15 年、30 年等档次，每月付款一次)等额支付本息。这样，房产商得到了全部的房款；银行有房产的 100%作抵押贷款 70%的款项，定期收回本金并收取利息；购买者在没有足够资金的情况下能入住新房，实现了提前消费，在通货膨胀的情况下还避免了等待购房而发生的货币贬值。合同的三方都减少了风险，得到了实惠。因此，按揭购房很受群众的欢迎。

事实上，按揭购房是一种分期付款的购买或销售形式。

【例 3-17】 小张购买一套 98.35 平方米的安居工程住房，房价为每平方米 1 160 元。小张采用按揭方式向银行贷款房款的 70%，付款期为 15 年，贷款利率为 6%。那么，小张在今后 15 年里每月应支付多少钱给银行？

答：小张的全部购房款为：98.35×1 160=114 086(元)

小张先得预付房款(30%)：114 086×30%=34 225.8(元)

小张向银行贷款(70%)：114 086×70%=79 860.2(元)

小张现在向银行申请的贷款在今后 15 年内的等额还本付息相当于一组年金，现在向银行申请的贷款等于是这组年金的现值。为计算方便，我们计算每年支付的金额(年金)，然后再除以 12 计算出每月支付的金额，如图 3-24 所示：

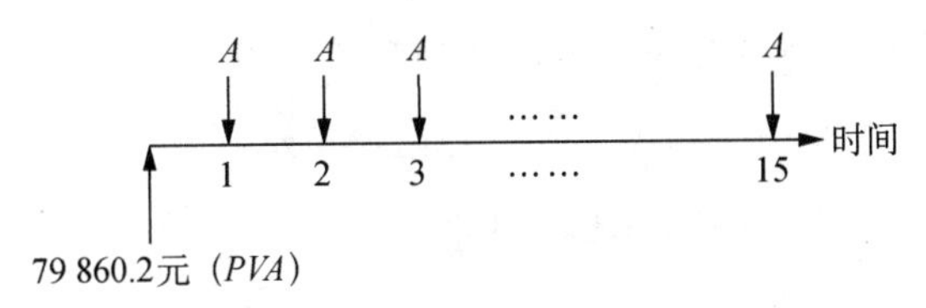

图 3-24　“按揭”方式还本付息示意图

根据公式：

$$PVA = A \times \text{一元年金现值系数}$$

得：

$$\text{分期付款金额 } A = PVA / \text{一元年金现值系数}$$

查“一元年金现值系数表”，6%，15 期的系数为 9.712，因此：

$$A = \frac{79\ 860.2}{9.712} = 8\ 222.84(\text{元})$$

小张每年应支付 8 222.84 元，每月约支付：

$$\frac{8\ 222.84}{12} = 685.24(\text{元})$$

【例 3-18】 刘师傅今年 35 岁，他想购买保险以备养老。假设刘师傅在 60 岁退休后的 20 年内每年能提取 5 000 元的养老金，那么，现在刘师傅应一次性地花多少钱购买保险(假如利率为 7%)？

答：刘师傅现在存入保险公司一笔钱，到 60 岁这笔钱将增值，假如增值至 X。从 60 岁起，保险公司开始连本带利将增值后的钱归还给刘师傅，归还的方式是分期付款，每年等额支付一次(5 000 元)。因此，刘师傅买保险相当于是现在存入一笔钱的终值 X(60 岁时的)等于退休后养老金的现值 X(60 岁时的)，如图 3-25 所示。

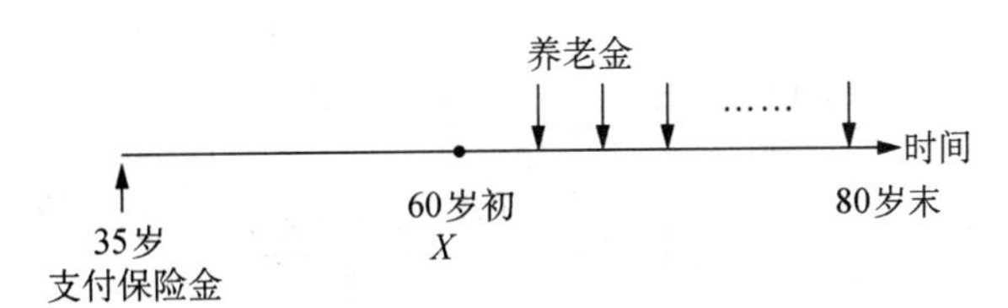

图 3-25　养老保险收支图(一)

刘师傅支付保险金的终值 X 为：

$$FV = PV \times (1 + 7\%)^{25} = PV \times 5.427$$

刘师傅退休后养老金的现值 X 为：

$$\begin{aligned} PVA &= A \times \frac{1-(1+i)^{-n}}{i} \\ &= 5\ 000 \times \frac{1-(1+7\%)^{-20}}{7\%} \\ &= 52\ 970(\text{元}) \end{aligned}$$

由于现在支付的保险金的终值等于养老金的现值，所以：

$$PV \times 5.427 = 52\ 970$$
$$PV = 52\ 970/5.427 = 9\ 760.46(\text{元})$$

经过计算分析，刘师傅在35岁时一次性地支付9 760.46元就能在60岁退休后每年提取养老金5 000元。

【例3-19】 如果上例中刘师傅在退休前(60岁前)每年末支付一次保险金，则他每年应付多少钱?

答：这里，计算的原理和上例是相同的，也是60岁前支付的资金的终值(本例为年金的终值)应等于60岁后提取的养老金的现值(年金的现值)，如图3-26所示。

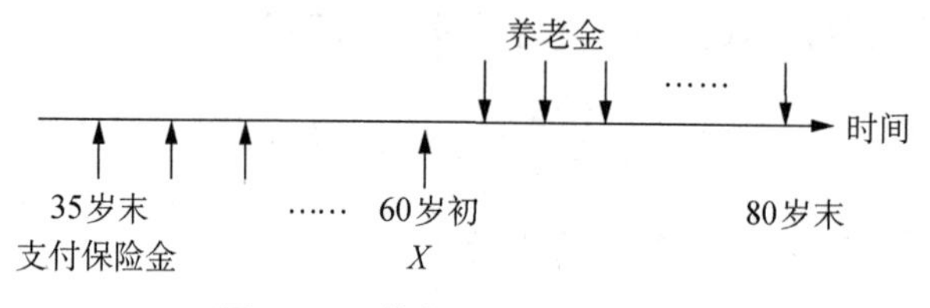

图3-26 养老保险收支图(二)

刘师傅在退休前支付的保险金的终值(年金的终值)X为：

$$\begin{aligned} FVA &= A \times \frac{(1+i)^n - 1}{i} \\ &= A \times \frac{(1+7\%)^{25} - 1}{7\%} \\ &= A \times 63.249 \end{aligned}$$

刘师傅在退休后提取的养老金的现值(年金的现值)X为：

$$\begin{aligned} PVA &= A \times \frac{1-(1+i)^{-n}}{i} \\ &= 5\ 000 \times \frac{1-(1+7\%)^{-20}}{7\%} \\ &= 52\ 970(\text{元}) \end{aligned}$$

由于刘师傅支付的保险金的终值等于养老金的现值，所以：

$$A \times 63.249 = 52\ 970$$
$$A = 52\ 970/63.249 = 837.48(\text{元})$$

经过计算分析，刘师傅从35岁开始每年末支付837.48元就能在60岁退休后每年提取养老金5 000元。

三、不等值年金终值和现值的计算

不等值年金是指在一段时期内每年得到或支付一笔资金，但这些资金不一定相等。例如：企业项目的建设期为5年，其投资额不一定在开工时一次投入，而是每年投资一部分，并且每年的投资一般是不相等的。再如，企业对外投资项目的收益，每年得到的分利要受项目经营情况好坏的影响，每年实际取得的分利一般是不同的。

企业在投资预测和决策中常常要遇到计算不等值年金的终值和现值的情形。

【例3-20】 某企业投资一个项目，分6年投资(年末支付)，每年的投资额分别为：300万元、200万元、100万元、400万元、400万元和400万元。如果利率为10%，则该项目投资的终值是多少？

答：一般地，这6期资金的终值要计算6次，然后相加。但这里后3期投资的金额相等，可以用年金计算。如图3-27所示。

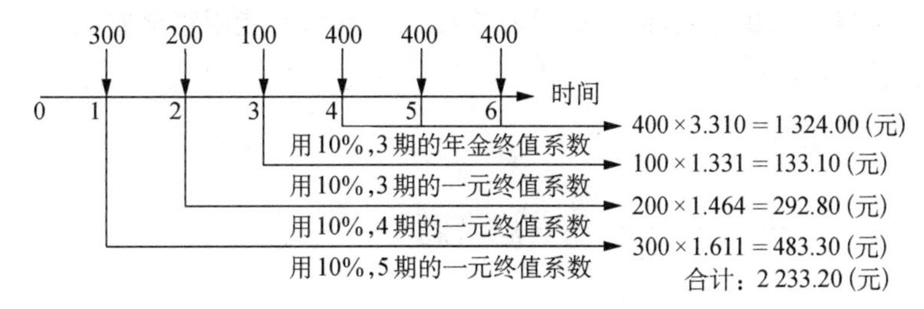

图3-27　不等值年金终值计算过程

从图3-27可以看出，该企业6期投资的终值之和为2 233.20元。计算过程中，后3笔资金金额相等，并且是连续的，用年金计算，减少了计算的工作量，加快了计算的速度。

【例3-21】 某企业投资某项目，预计在今后10年内每年能获得的收益(年末得到)如表3-2所示。

表3-2　投资项目每年末收益情况表　　单位：万元

年次	1	2	3	4	5	6	7	8	9	10
收益	100	－200	300	500	500	500	500	500	500	1 000

假设利率为10%，计算这一系列资金的现值。

答：一般地，这10期资金的现值要计算10次，然后相加。但其中6期收益的金额相等，可以用年金计算。如图3-28所示。

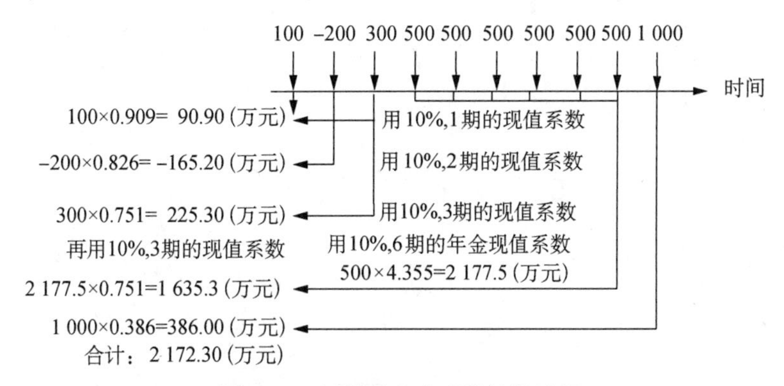

图3-28　不等值年金现值计算过程

从图 3-28 可以看出,该企业 10 期收益的现值之和为 2 172.30 万元。

计算过程中,其中 6 笔资金金额相等并且是连续收到的,用年金计算,减少了很多计算的工作量。

应该注意,当一系列资金中有一些金额相等时可以用年金的方式计算,但这些资金必须是连续发生的,否则不能用年金的方式计算,如表 3-3 所示。

表 3-3 资金序列表

单位:万元

年次	1	2	3	4	5	6	7	8	9	10
收益	10	42	10	30	10	21	22	10	28	10

其中有 5 笔收益为 10 万元,但它们是不连续的,所以,不能用年金方式计算终值或现值。计算时应一笔一笔地计算。

思考题

1. 什么是资金时间价值?
2. 资金时间价值如何计算?
3. 什么是普通年金,如何计算其终值或现值?
4. 什么是递延年金和永久年金,如何计算其终值或现值?
5. 什么是连续复利?
6. 本金翻番估算法如何运用?
7. 举例说明资金时间价值的运用。

投资收益和风险分析

在现代企业的经济活动中有各种投资机会。投资会有收益,但也不可避免地会遇到各种各样的风险,诸如产品市场波动的风险、原材料和人力资源价格波动的风险、国际贸易中的汇率波动的风险、筹资来源利率波动的风险等。现代企业财务决策不可能避免风险,而这些风险将影响企业投资资产的价值及收益水平。因此,对投资收益和风险的衡量和权衡自然成为了财务管理中的一项主要内容。

第一节　投 资 收 益

一、收益

收益是指投资者在一定的时期内投资于某项资产所得到的报酬(或损失)。

一项投资的收益主要来自两个方面:经营盈利和资本利得。

经营盈利是指生产经营的利润(或损失),对于证券投资来说是分得的红利或得到的利息。资本利得是指出售投资资产所获得的收入和投资成本之间的差额,即从投资资产本身价格上升中得到的收益或在价格下降中产生的损失。例如,股票的收益可以用下式计算:

股票投资收益=红利+出售利得

=每股红利×持有股数+(出售价格-投资成本)×出售股数

二、收益率

投资收益的测定除了用收益总额外,一般更多地使用收益率指标。收益率反映投资收益和投资额之间的比率,用以表示收益的大小。

$$收益率=\frac{投资收益}{投资额}\times 100\%$$

$$k=\frac{D_t+(P_t-P_{t-1})}{P_{t-1}}$$

其中:D_t 为收到的红利或其他经营盈利;P_t 为出售时的价格;P_{t-1} 为购入时的价格;(P_t-P_{t-1}) 为利得。

收益率有不同的概念和表示。

(一) 简单收益率

简单收益率是指不考虑资金时间价值的复利的概念计算的年收益率，或简单地计算一年的收益率。例如，某企业投资 450 000 元购买了 50 000 股 A 公司的股票，一年后 A 公司分配红利每股 0.72 元，则该投资的收益率(k)为：

$$k=\frac{50\ 000\times 0.72}{450\ 000}\times 100\%=8\%$$

对于债券来说，投资收益率等于利息加折价或减溢价和投资额的比率。

例如，某企业 2020 年 1 月 1 日以 980 元的价格购买了 B 公司面值 1 000 元、3 年期、票面利率 4%、每年付息一次的债券。若在 2021 年 1 月 1 日企业以 995 元的价格出售，则收益率为：

$$k=\frac{1\ 000\times 4\%+(995-980)}{980}\times 100\%=5.61\%\text{（持有期间收益率）}$$

若企业到期收回，则期望收益率为：

$$k=\frac{1\ 000\times 4\%+(1\ 000-980)/3}{980}\times 100\%=4.76\%\text{（到期收益率）}$$

计算若干年(较长时期)的平均收益率时，可以采用简单平均的方法。

$$\bar{k}=\frac{k_1+k_2+k_3+\cdots+k_n}{n}$$

(二) 内部收益率

对于长期投资来说，考虑资金时间价值的复利概念以后计算的收益率称为内部收益率，即使得投资后的现金流量的现值等于投资额的现值的贴现率。例如，上例中 3 年期债券的收益率 k 应该以下式计算：

$$980=\frac{40}{1+k}+\frac{40}{(1+k)^2}+\frac{40}{(1+k)^3}+\frac{100}{(1+k)^3}$$

计算得 $k=4.73\%$。

若某企业投资 450 000 元购买了 50 000 股 A 公司的股票，A 公司三年内没有分红，三年后企业出售 A 公司的股票，得款 498 600 元，则投资收益率 k 的计算应为：

$$450\ 000=\frac{498\ 600}{(1+k)^3}$$

计算得 $k=3.48\%$。

(三) 不同期间收益率的换算

收益率反映一定时期单位投资的收益水平。所以，企业可能计算不同时间长度的收益率，如月收益率、季度收益率、年收益率等。企业在进行投资决策和业绩评价时一般采用年收益率的概念，所以年收益率是最常用的指标，是衡量收益率的基本尺度，只有当进行细致分析和特殊分析时才使用季度收益率或月收益率概念。因此需要在各种期间的收益率之间进行换算。

采用简单收益率概念时，季度收益率（k_q）等于3倍的月收益率（k_m），年收益率（k）等于4倍的季度收益率（k_q）和12倍的月收益率（k_m）。用公式表示为：

$$k = 4k_q = 12k_m$$

采用内部收益率概念时，相应的换算为：

$$k = (1 + k_q)^4 - 1$$

$$k = (1 + k_m)^{12} - 1$$

例如，某投资项目运行一个月的收益率为1%，则换算收益率如下：

年收益率为：$k = (1 + 1\%)^{12} - 1 = 12.68\%$。

（四）名义收益率和实际收益率

名义收益率和实际收益率有三层含义。

1. 根据是否考虑通货膨胀因素

企业在核算项目收益时一般是根据现时价格决定的。这种按现时价格核算的收益率称为名义收益率。按剔除通货膨胀因素后计算的收益率称为实际收益率。

名义收益率和实际收益率的换算如下：

$$i = (1 + k) \times (1 + P)$$

式中，i 为名义收益率；k 为实际收益率；P 为通货膨胀率。

当已知名义收益率时，实际收益率的计算为：

$$k = \frac{1 + i}{1 + P} - 1$$

例如，投资者要求的名义收益率为13.36%，通货膨胀率为9%，则其投资的实际收益率为：

$$k = \frac{1 + 13.36\%}{1 + 9\%} - 1 = 4\%$$

当已知实际收益率时，名义收益率的计算为：

$$名义收益率 = 实际收益率 + 通货膨胀补偿率$$

$$i = k + P + kP$$

当通货膨胀率不大时，kP 的数值就很小，可以忽略不计。所以：

$$名义收益率 = 实际收益率 + 通货膨胀率$$

$$i = k + P$$

2. 根据购买债券是否溢价或折价

购买债券时债券约定的利率(票面利率)为名义收益率,若按照溢价或折价购买计算得到的收益率为实际收益率。

例如,企业以935.8元的价格购入面值1 000元,票面利率10%,8年期,每年末付息一次,到期还本的债券。

则名义收益率为10%,实际收益率为:

$$k=\frac{100}{1+k}+\frac{100}{(1+k)^2}+\frac{100}{(1+k)^3}+\frac{100}{(1+k)^4}+\frac{100}{(1+k)^5}++\frac{100}{(1+k)^6}+\frac{100}{(1+k)^7}+\frac{1\ 100}{(1+k)^8}$$

计算得$k=11.26\%$。

3. 根据一年计息次数

一年计息一次的收益率为名义收益率,一年计息多次的收益率为实际收益率。

例如,5年期房贷利率为5.22%。由于房贷分期付款是按月计算,因此月利率为4.35‰。则5.22%为名义利率,$(1+4.35‰)^{12}-1=5.35\%$为实际利率。

(五) 不确定情况下的收益率

由于经济环境的不确定和项目运行不稳定会造成收益率的不确定。当预测特定的投资项目的未来收益率时,一般用预期收益率的概念。预期收益率等于各种可能收益率以相应的概率作为权数计算的加权平均数。

$$\bar{k}=k_1P_1+k_2P_2+k_3P_3+\cdots+k_nP_n=\sum k_iP_i$$

其中:k_i为各种可能的收益率;P_i为各种可能的概率(可能性)。

【例4-1】 投资1 000万元上个项目,预计市场情况和相应的收益如表4-1所示。

表4-1 项目投资收益和概率

市场情况	概率 P_i	收益额(万元)	收益率 k_i
有利	50%	140	14%
一般	30%	120	12%
不利	20%	100	10%

则该项目的期望投资收益率为:

$$\bar{k}=\sum k_iP_i=50\%\times14\%+30\%\times12\%+10\%\times20\%=12.6\%$$

一个投资组合的预期收益是组成该投资组合的投资的预期收益的加权平均数。权重等于投资于每种投资项目的总资金的比例(权重之和必须为100%)。投资组合预期收益率的一般公式如下:

$$k=\sum W_i\times k_i$$

【例4-2】 某企业投资1 500万元于5个项目,见表4-2所示。

表 4-2　投资组合情况

投资项目	投资额(万元)	投资比例	收益率
证券 A	100	6.67%	8%
证券 B	200	13.33%	12%
证券 C	300	20%	9%
证券 D	400	26.67%	11%
证券 E	500	33.33%	7%
合　计	1 500	100%	9.20%

则投资组合的收益率为：

$$k = 8\% \times 6.67\% + 12\% \times 13.33\% + 9\% \times 20\% + 11\% \times 26.67\% + 7\% \times 33.33\%$$
$$= 9.2\%$$

第二节　风险及其衡量

一、风险的含义

风险是未来事件的不确定性。广义地说，风险是指在一定条件下、一定时期内可能产生结果的变动，或实际结果与预期结果的差异。

投资风险是指投资收益的不确定性，或实际投资收益与预期投资收益的差异和变动。投资风险并不等于投资损失。投资风险说明有损失的可能性，同时说明也有获得比预期收益更大的收益的可能性。例如，投资者预期的投资收益率为 10%，而实际的投资收益率为 11%或 9%(大于或小于预期的收益率)都意味着有投资风险。因此，风险也可以理解为实际收益在预期收益上下的波动性。

若收益是确定的(和预期一样)，则可以理解为没有风险。若投资者预期的收益率为 10%，而 10 年间收益都是 10%，是确定的，则可以认为是无风险的，如图 4-1 所示。

若收益是不确定的(在预期收益率上下波动)，则可以理解为有风险。若投资者预期的收益率为 10%，而 10 年间收益是在 10%上下波动的，则可以认为是有风险的，如图 4-2 所示。

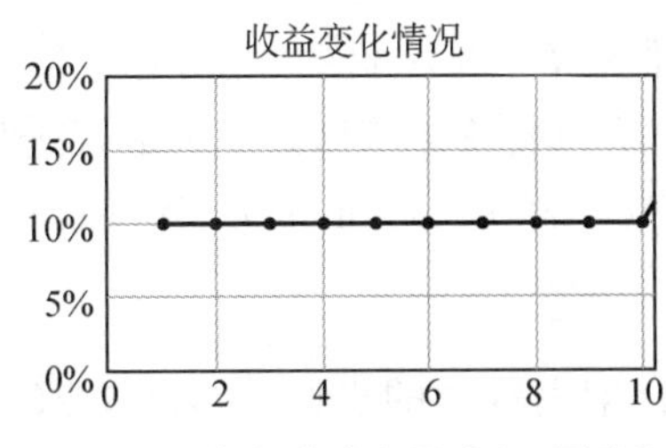

图 4-1　收益波动和风险(无风险)

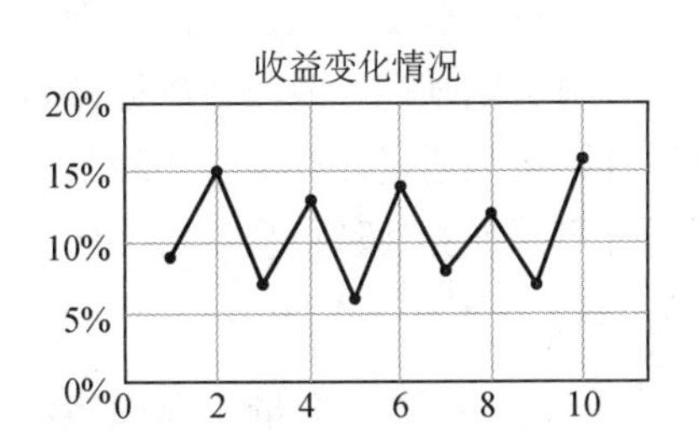

图 4-2　收益波动和风险(有风险)

投资的收益由许多因素决定，而这些因素都在不断地变化着，因此投资有风险。投资者承受各种各样的风险，比如利率风险、财务风险、购买力风险和政策风险等。

（1）利率风险是投资收益受市场利率变动的影响，利率改变使投资者获得的收益产生波动的风险。

（2）财务风险是指受对方支付能力的限制，投资者无法获得、推迟获得或少获得投资收益的风险。

（3）购买力风险是指由于商品价格或生活费用的变动而使投资者获得的收益的购买力发生变动的风险。

（4）政策风险是由于政府政策的变动而导致经济高涨或紧缩，从而影响投资收益的风险。

根据投资风险大小不同，可以对投资分等级进行评估。例如证券投资，一些证券没有财务风险，属于高级证券，如政府公债。一些证券财务风险大，是低级证券，如新兴产业公司的证券。

一般来说，证券的风险越小，则该证券投资的安全性就越好，政府债券几乎没有风险。只要公司不破产，公司债券的收益就有保证，即使公司破产，债权人也能优先分得剩余财产，所以公司债券的风险相对较小。但是，债券收益比较小，一般只高于储蓄存款利率一到三个百分点。由于债券的到期收益是确定的，因此，债券价格的变动幅度很小，溢价收益也就不多。

在证券投资分析中真正应重视的是股票的风险。普通股票价格变化多端，又不能退股，一旦公司破产，普通股票可能如同一张废纸，故普通股票的投资风险很大。根据风险的大小，普通股票分为投资性股票和投机性股票。投资性股票多是一些有名的大公司发行的股票，一般情况下股票的价格和收益比较稳定。投机性股票则是一些不出名的新公司发行的股票，这些公司的前景很难预料，或收益很大，或根本没有收益，因此，购买其股票者所冒风险很大。

正确认识投资风险对于合理评估投资价值，做出正确的投资决策从而提升企业价值具有重要的意义。

二、风险的衡量

投资风险实际上是投资收益的一种波动性。投资收益的波动程度的大小也就反映了投资风险的大小。因此，衡量投资风险就是衡量投资收益的波动程度。投资收益的波动程度越大，投资风险越大；投资收益的波动程度越小，投资风险就越小。

根据统计学的原理，衡量投资风险一般可以用标准差和标准差率等指标。对于预期投资项目，可以通过计算各期预期可能收益的标准差和标准差率衡量项目的风险；对于某一特定的企业或项目的风险，可以通过计算历年实际收益的标准差和标准差率衡量。对于某证券（股票）来说，可以通过计算该证券（股票）收益与市场全部证券（股票）收益之间的 β 系数衡量。

（一）标准差

标准差是反映各种随机变量值和期望值的综合偏离程度的指标。标准差越大说明各随机变量值偏离期望值的程度越大，风险也就越大；标准差越小说明各随机变量值偏离期望值的程度越小，风险也就越小。投资收益的标准差是投资收益的实际收益与期望收益之差的平方与概率(权重)的加权平均数的平方根。标准差用σ表示。标准差的计算公式为：

$$\sigma=\sqrt{\sum(k_i-\bar{k})^2\times P_i}$$

其中：σ为标准差；k_i为实际投资收益或各种投资收益的可能值；$\bar{k}$为投资收益的期望值；P_i为各种投资收益可能的概率。

【例 4-3】 某企业有两种投资，各种投资获得收益的可能性及其概率情况如表 4-3 所示。

表 4-3　投资方案收益情况表

投资项目	获得收益的可能性 X_i(万元)	概率度 P_i(%)
A 方案	90	50
	110	50
B 方案	525	50
	475	50

A 方案：

期望值　$\bar{k}=90\times0.5+110\times0.5=100$(万元)

标准差　$\sigma=\sqrt{\sum(k_i-\bar{k})^2\times P_i}$

$=\sqrt{(90-100)^2\times0.5+(110-100)^2\times0.5}$

$=10$(万元)

B 方案：

期望值　$\bar{k}=525\times0.5+475\times0.5=500$(万元)

标准差　$\sigma=\sqrt{\sum(k_i-\bar{k})^2\times P_i}$

$=\sqrt{(525-500)^2\times0.5+(475-500)^2\times0.5}$

$=25$(万元)

经计算，A 方案的标准差 10 万元，小于 B 方案的标准差 25 万元，说明 A 方案的风险比 B 方案的风险小。

标准差是一个绝对值指标，只能用来比较期望值相同的项目的风险程度，而不能用来比较期望值不同的各项目的风险程度。比较期望值不同的各项目的风险程度，应该用标准差率。

(二) 标准差率

标准差率是标准差和期望值的比率。它是一个相对数，能反映不同项目、不同期望值的项目的风险程度。标准差率越大，说明项目的风险程度就越大；标准差率越小，说明项目的风险程度就越小。标准差率用ν表示。标准差率的计算公式为：

$$\nu=\frac{\delta}{E}\times100\%$$

例 4-3 中，A、B 两个方案的标准差率分别为：

$$\nu_A = \frac{\delta}{\overline{E}} \times 100\% = \frac{10}{100} \times 100\% = 10\%$$

$$\nu_B = \frac{\delta}{\overline{E}} \times 100\% = \frac{25}{500} \times 100\% = 5\%$$

经计算，A 方案的标准差率 10%大于 B 方案的标准差率 5%，说明 A 方案的风险大于 B 方案的风险。

【例 4-4】 某企业投资 1 000 万元建设甲项目，有 A、B 两个方案可供选择，有关资料如表 4-4 所示。

表 4-4 甲项目投资收益情况

市场情况	A 方案		B 方案	
	收益率	概率	收益率	概率
很好	25%	5%	15%	10%
好	15%	15%	10%	20%
一般	5%	50%	5%	50%
不太好	0	20%	0	15%
不好	−10%	10%	−5%	5%

要求：(1) 计算项目不同方案的投资收益率，并做出选择。

(2) 计算项目不同方案的标准差，并初步判断其风险。

(3) 计算项目不同方案的标准差率。如果你是一个敢于冒风险的投资者，请做出决策。

答：(1) 计算投资收益率。

A 方案：

收益期望值

$$\overline{k_A} = 25\% \times 5\% + 15\% \times 15\% + 5\% \times 50\% + 0\% \times 20\% + (-10\%) \times 10\% = 5\%$$

B 方案：

收益期望值

$$\overline{k_B} = 10\% \times 5\% + 10\% \times 20\% + 5\% \times 50\% + 0\% \times 15\% + (-5\%) \times 5\% = 5.75\%$$

由于 B 方案的投资收益率大于 A 方案的投资收益率，所以，应选择 B 方案投资。

(2) 计算标准差。

A 方案：

$$标准差 \quad \sigma = \sqrt{\sum (k_i - \bar{k})^2 \times P_i}$$

$$= \sqrt{\begin{aligned}&(25\% - 5\%)^2 \times 5\% + (15\% - 5\%)^2 \times 15\% + (5\% - 5\%)^2 \times 50\% \\ &+ (0\% - 5\%)^2 \times 20\% + (-10\% - 5\%)^2 \times 10\%\end{aligned}}$$

$$= 7.91\%$$

B方案：

标准差　$\sigma=\sqrt{\sum(k_i-\bar{k})^2\times P_i}$

$=\sqrt{\begin{array}{l}(5\%-5.75\%)^2\times10\%+(10\%-5.75\%)^2\times20\%+(5\%-5.75\%)^2\\\times50\%+(0\%-5.75\%)^2\times15\%+(-5\%-5.75\%)^2\times5\%\end{array}}$

$=4.82\%$

从标准差看，A方案的标准差大于B方案的标准差，所以，A方案风险较大。

(3) 计算标准差率。

$$\nu=\frac{\delta}{\bar{k}}\times100\%$$

$$\nu_A=\frac{\delta}{\overline{k_A}}\times100\%=\frac{7.91\%}{5\%}=158\%$$

$$\nu_B=\frac{\delta}{\overline{k_B}}\times100\%=\frac{4.82\%}{5.75\%}=84\%$$

从计算可以看出，不论是从收益高，还是从风险小的角度来看，B方案都优于A方案。所以应该选择B方案。

企业在评价多个投资方案的风险时，应用标准差率而非标准差作为判断的标准。

（三）投资组合风险的衡量

衡量投资组合的风险仍然用投资组合的标准差和标准差率。如果投资组合只有两种投资，假设两种投资的期望收益率分别为 k_1 和 k_2，两种投资在总投资中的权重分别为 P_1 和 P_2。

则投资组合的期望收益率 k_p 为：

$$k_p=k_1P_1+k_2P_2$$

投资组合的标准差 σ_p 为：

$$\sigma_p=\sqrt{P_1^2\sigma_1^2+P_2^2\sigma_2^2+2P_1P_2\mathrm{cov}(k_1,\ k_2)}$$

其中：$\mathrm{cov}(k_1,\ k_2)$ 为投资组合的协方差。协方差用下式计算：

$$\mathrm{cov}(k_1,\ k_2)=\rho_{12}\sigma_1\sigma_2$$

其中：ρ_{12} 为投资组合中两种投资的相关系数。

所以，

$$\sigma_p=\sqrt{P_1^2\sigma_1^2+P_2^2\sigma_2^2+2P_1P_2\rho_{12}\sigma_1\sigma_2}$$

在进行组合投资时应尽量选择期望收益率 k_p 较大，同时投资组合风险 σ_p 较小的方案。

【例4-5】 有两种投资组合，相关资料如表4-5所示。

表 4-5 投资组合相关资料

投资组合	投资组合甲		投资组合乙	
	投资 A	投资 B	投资 C	投资 D
预期收益率 k_i	15%	21%	12%	22.8%
标准差 σ_i	18.6%	28%	8%	16%
投资权重 P_i	60%	40%	50%	50%
相关系数 ρ	1		0.9	

在进行投资决策时应先计算投资组合的期望收益和风险程度。

两种投资组合的期望收益分别为:

$$k_{p甲}=60\%\times15\%+40\%\times21\%=17.4\%$$
$$k_{p乙}=50\%\times12\%+50\%\times22.8\%=17.4\%$$

计算结果表明,两种投资组合的期望收益率相同。再计算两种投资组合的标准差,比较各自的风险。

两种投资组合的标准差分别为:

$$\sigma_{p甲}=\sqrt{0.6^2\times18.6\%^2+0.4^2\times28\%^2+2\times0.6\times0.4\times1\times18.6\%\times28\%}$$
$$=22.36\%$$
$$\sigma_{p乙}=\sqrt{0.5^2\times8\%^2+0.5^2\times16\%^2+2\times0.5\times0.5\times0.9\times8\%\times16\%}$$
$$=11.73\%$$

以上计算结果,投资组合甲的标准差 22.36%大于投资组合乙的标准差 11.73%,表明投资组合甲的风险大于投资组合乙的风险。由于两个投资组合的预期收益率相同,所以投资组合乙更优,应选择投资组合乙。

第三节 证券投资的风险与投资者预期收益率

一、证券市场线

在企业财务管理中,资产(或投资)的估价是决策的基础。而估价任何资产的基础是风险率与投资者预期收益率的关系原理。

一般投资者都不喜欢风险,而又想获得较大的报酬。但是,证券投资又和风险密切联系,预期的收益率越高,风险越大。预期投资收益和风险的关系可以用证券市场线说明,如图 4-3 所示。

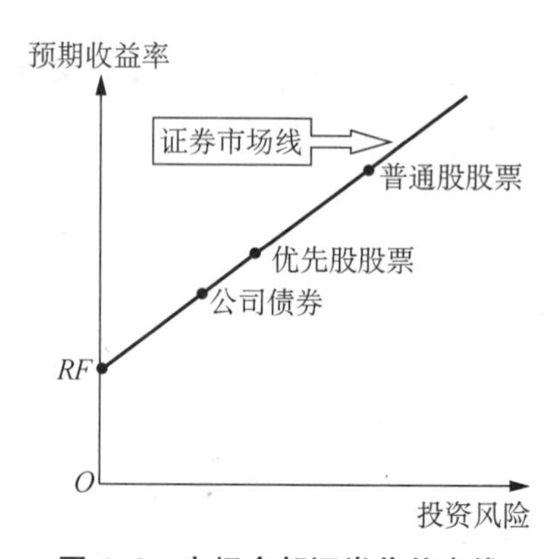

图 4-3 市场全部证券收益率线

图 4-3 揭示了投资的风险与投资者预期收益率的原

理。证券市场线上的任何一点都代表一种投资，其横坐标的值代表这种投资的风险大小，纵坐标的值代表这种投资预期的收益率的大小。证券市场线可以代表市场全部投资，因此，也叫市场全部证券收益率线。其中，点 RF 是风险为零时的投资。一般短期国库券投资被看作是无风险投资。这种投资的收益率，称为无风险收益率，如短期国库券的收益率。

市场全部证券收益率线表示投资者要求的收益率随风险的增大而上升。投资风险由小到大的排列是短期国库券、公司债券、优先股票和普通股票，故而投资者要求的收益率从低到高排列相应为短期国库券、公司债券、优先股票和普通股票。在市场全部证券收益率线上的投资项目可以有很多，这里只举了四种，但该直线上各种投资的风险和其预期收益率之间的关系总是对应的。

可见风险与收益率之间有一种正比例关系，投资风险越大，投资者要求的收益率就越高。这就是对有价证券估价起支配作用的投资风险与预期收益率原理。

二、投资风险与预期收益率的关系

从证券市场线可以看出，投资者要求的收益率由两部分组成：无风险收益率和风险补偿率，如图 4-4 所示。

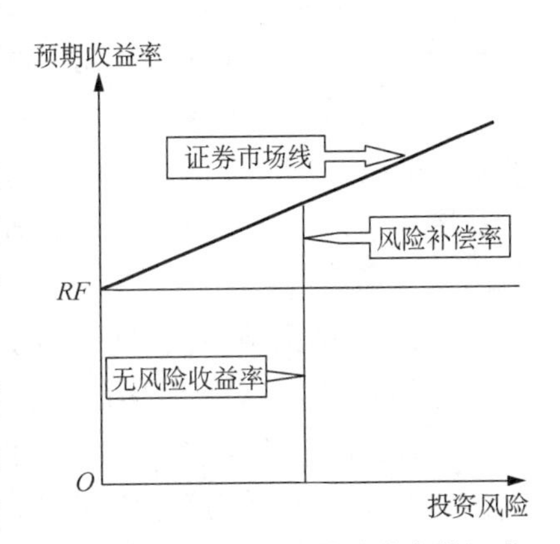

图 4-4 投资者要求的收益率的组成

无风险收益率是投资者不冒风险投资时要求的收益率。一般地，当投资者投资时最起码得到一个自然增值率而不论是否冒风险，这个收益率称作纯利率。现代财务理论认为，纯利率为 2%—3%，是投资者的实际收益。由于现实社会有通货膨胀，会使得投资者的收益的购买力发生波动，所以，投资者投资于无风险证券要求的收益率应该是纯利率与通货膨胀率之和。通货膨胀率作为购买力变化的补偿，即：

$$无风险收益率=纯利率+通货膨胀补偿率$$

当投资者冒风险投资时，就带来了收益的不确定性。为了消除这种不确定性，投资者必须得到一种风险补偿。所以，投资者风险投资要求的收益率为无风险收益率和风险补偿率之和。即：

$$投资者要求的收益率=无风险收益率+风险补偿率$$

投资者投资所冒的风险越大，它所要求的收益率就越高，这是由投资者要求的风险补偿率决定的。投资者冒的风险越大，相应地，要求的风险补偿率就越高。而投资者对于无风险收益率的要求是不变的。这在图 4-5 中可以看得很清楚。

三、投资者的态度和预期收益率

市场全部证券收益率线的斜率反映了投资者厌恶风险的程度。斜率越大，表示投资者越厌恶风险；斜率越小，表示投资者对风险越不在乎。如果投资者不厌恶风险，则市场全部

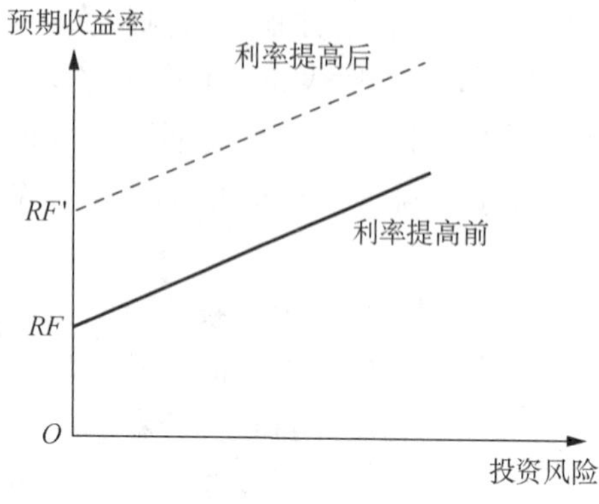

图 4-5 利率变化和投资者要求的收益率

证券收益率线将成为一条水平线。投资者对任何投资要求的收益率都是相等的。换句话说，投资者要求风险最大的投资于普通股票的收益率等于短期国库券的收益率。事实上，投资者在投资时是不可能不考虑风险的，因此，市场全部证券收益率线的斜率总是正值。即它总是向上倾斜的。

图 4-5 中市场全部证券收益率线反映了投资者在每一时点上对风险与预期收益率两者进行权衡的情况。在一个时期内，这条线可能随着利率和投资者心理状态的变化而变化。如果金融市场上的各种利率即将普遍提高(如在即将出现通货膨胀时)，市场全部证券收益率线会向上平移。因为投资者认为市场一般的投资的风险增大了，所以对任何投资的收益率的要求都要增大。

如果投资者对经济发展前景的展望从悲观到乐观转变，则市场全部证券收益率线的斜率变小，而不是全线向下位移。在这种情况下，投资者对无风险证券要求的收益率一如既往，但他们对一切有风险的证券要求的收益率却降低了。风险越大，投资者要求的收益率也就越低于以前(悲观心理)要求的收益率。如图 4-6 所示。

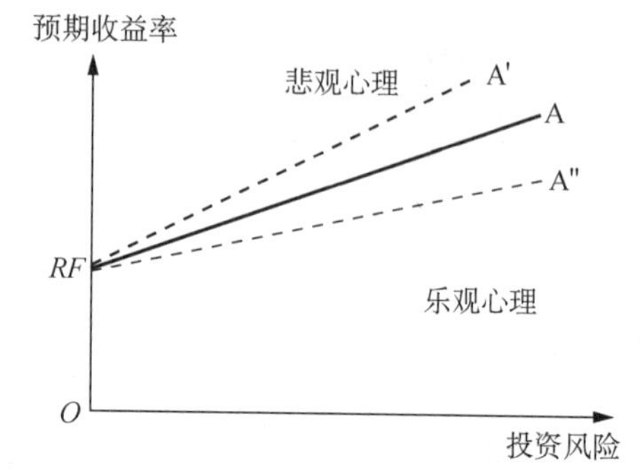

图 4-6 投资者未来预期和要求的收益率

由此可知，风险与预期收益率之间的关系是一种正比例关系，但在一个时期内这种关系并不稳定，要看各种因素的变化而定。所以，在进行证券估价时要考虑各种因素对证券价格的影响，以正确估算其价值，因为各种因素在不断地变化，证券的价格也是在不断的变化之中。

了解了证券投资的风险与预期投资收益率原理，我们可以从另一个角度看出，资产的估价是复杂的，其结果也是不可能绝对准确的，只能作投资的参考。但只要估价的程序正确，各种因素都考虑到，这种参考应该说是较有依据和较可靠的。

第四节 投资者对特定风险投资要求的收益率的确定

一、非系统性风险和系统性风险

在讨论某个投资风险时，除了考察投资本身的收益波动以外，还应该将其与全部投资比较，看个别投资收益的波动(风险)和市场全部投资收益的波动(风险)之间的关系，从而确定某种投资的相对风险。将某种投资和市场同类型的全部投资比较计算的相对风险一般用 β 系数表示。β 系数称作投资风险系数。以下以证券市场为例说明个别股票的风险系数及其计算。

证券市场的全部投资是指市场全部证券，如股票。我国上海和深圳的全部约 4 100 种股票或美国标准普尔指数 500 种股票等可以看作市场全部股票。市场全部股票是指所有上市的各种普通股票，在研究投资者对普通股票的预期收益率时，应以市场全部股票为基础。

股票投资的全部风险包括非系统性风险（可避免风险）和系统性风险（不可避免风险）两部分。

非系统性风险是指与个别（特定）股票有关，持有某种股票所特有的风险。持有不同的股票其收益波动的特性就不同。这种风险可以通过多种多样股票的高效组合经营加以避免，所以，又称为可避免风险。这种风险受特定股票的公司竞争对手的出现、产业结构调整、公司领导层改变、产品的市场变化、公司经营管理等因素的影响。

系统性风险是指与全部股票有关，持有市场全部股票的整体风险。投资者持有股票就必须承担相应的风险，这和投资债券和别的证券是不同的，但投资股票有投资股票的风险。因此，系统性风险是全部股票整体的收益波动的特性。由于一个投资者所持有的股票的种类不能多于市场上全部股票，上市的全部股票也就代表了股票多样化可能达到的最大限度。因此，系统性风险又称为不可避免风险。这种风险来自国内外经济或政治等形势发生变化而引起的市场波动，它影响所有各种股票，不管多种股票组合经营的效率多高。

由此可见，投资者持有一种股票的风险包括下列两个部分：

投资总风险＝非系统性风险＋系统性风险

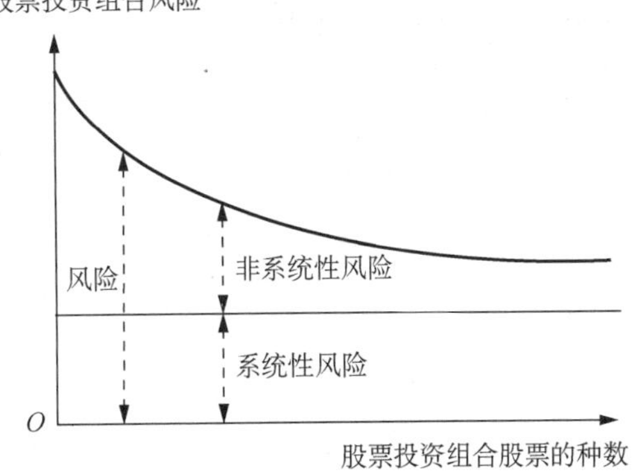

图 4-7　股票组合与风险

事实证明，随着投资者持有的全部股票中股票的种类的不断增加，股票的非系统性风险也会按照递减率减小，并逐渐接近于零，如图 4-7 所示。

经验证明：投资者持有的股票种类无需太多，只要持有 10 种至 15 种股票，就能避免一大部分的非系统性风险。只要股票投资组合安排得当，系统性风险可能接近于零。图 4-7 从理论上反映了这种情况。

二、股票风险系数（β 系数）及其测定

（一）β 系数的含义

当投资者投资足够多种的股票或投资得到高效组合时，投资组合中某股票的非系统性风险就可以相互抵消，因此，只需要关注其系统性风险。

某股票的系统性风险可以用 β 系数衡量。β 系数是某种股票（个别股票）超额收益率的变化程度与市场全部股票超额收益率的变化程度的比率。

$$\beta\text{ 系数}=\frac{\text{个别股票超额收益率的变化程度}(\Delta k_i)}{\text{市场全部股票超额收益率的变化程度}(\Delta k_p)}$$

β 系数反映个别股票相对于市场全部股票的波动程度，即股票的系统性风险。

当 β 系数大于 1 时，说明个别股票超额收益率的波动程度大于市场全部股票超额收益率的波动程度。由于收益率的波动程度反映风险，所以，这类股票为（相对于市场全部股票

的）高风险股票。如果 β 系数为 1.5，则表明个别股票收益的波动是市场全部股票收益波动的 1.5 倍，即市场全部股票收益提高或降低 1%，个别股票的收益将提高或下降 1.5%。购买这类股票称为冒险性投资。

当 β 系数小于 1 时，说明个别股票超额收益率的波动程度小于市场全部股票超额收益率的波动程度。这类股票为（相对于市场全部股票的）低风险股票。如果 β 系数为 0.5，则表明个别股票收益的波动是市场全部股票收益波动的 0.5 倍，即市场全部股票收益提高或降低 1%，个别股票的收益将提高或下降 0.5%。购买这类股票称为保守性投资。

当 β 系数等于 1 时，说明个别股票超额收益率的波动程度等于市场全部股票超额收益率的波动程度。这类股票为（相对于市场全部股票的）中等风险股票，或者说这类股票的风险与市场全部股票的风险相同。市场全部股票收益提高或降低 1%，个别股票的收益也将提高或下降 1%，如图 4-8 所示。

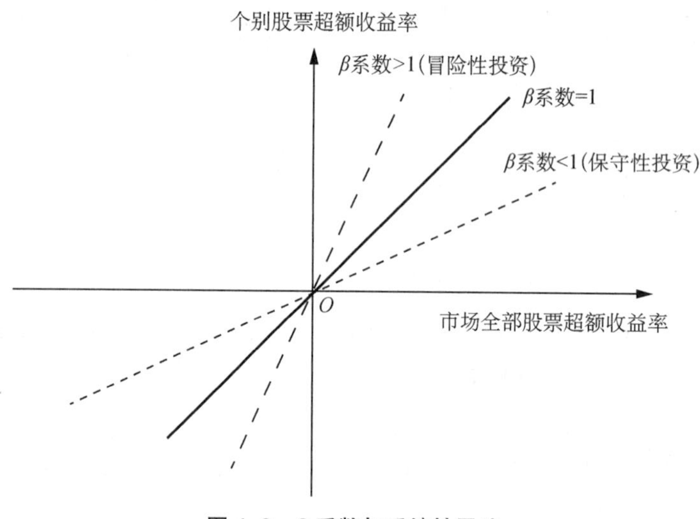

图 4-8 β 系数与系统性风险

表 4-6 列举了某一时期美国市场上若干股票的 β 系数。从表中可以看到 West Digital 公司的风险很大，California Water Company 公司的风险就很小，Ford 公司的风险和市场全部股票的风险相当。

表 4-6 若干股票的 β 系数

公司名称	β 系数	公司名称	β 系数
Battle Mountain Gold Company	0.40	Wal-Mart	1.07
Coca-Cola	0.95	California Water Company	0.45
Ford	0.98	West Digital	1.85
Exxon	0.65	Boeing Corporation	0.90
General Electric	1.21	Intel Corporation	1.35
IBM	0.66		

（二）β 系数的测定

β 系数可以通过某种股票和市场全部股票收益的历史资料计算。以下以 A 公司和市场全部股票的超额收益率历史数据为例说明 β 系数的计算，如表 4-7 所示。

表 4-7 列出了 A 公司和市场全部股票 24 年的收益数据。其中各年收益可以从每年公司的年报中得到，市场全部股票的收益则是全部股票收益的加权平均数。超额收益率是历年收益率和无风险收益率的差额。

从 24 年的数据中我们可以得出以下结论。

第一，A 公司的平均收益和平均超额收益分别为 7.14％和 2.26％，大于市场全部股票的 6.23％和 1.35％。A 公司的收益优于市场全部股票的收益。

表 4-7　A 公司和全部市场收益率

年次	无风险收益率(％)	A 股票		市场全部股票	
		收益率(％)	超额收益率(％)	收益率(％)	超额收益率(％)
1	4	−2.19	−6.19	−0.57	−4.57
2	4	9.49	5.49	5.15	1.15
3	5	8.33	3.33	6.24	1.24
4	5	−1.85	−6.85	2.32	−2.68
5	5	−1.06	−6.06	8.15	3.15
6	6	10.15	4.15	9.76	3.76
7	6	−0.64	−6.64	3.31	−2.69
8	6	15.48	9.48	8.09	2.09
9	6	4.27	−1.73	2.05	−3.95
10	5	8.08	3.08	6.23	1.23
11	5	16.54	11.54	7.43	2.43
12	5	6.92	1.92	8.61	3.61
13	4	6.63	2.63	6.73	2.73
14	4	6.56	2.56	6.80	2.80
15	4	12.21	8.21	7.63	3.63
16	4	7.30	3.30	6.13	2.13
17	5	3.72	−1.28	8.18	3.18
18	5	−0.50	−5.50	4.97	−0.03
19	5	9.79	4.79	9.01	4.01
20	4	11.19	7.19	3.50	−0.50
21	5	13.84	8.84	9.10	4.10
22	5	6.12	1.12	6.74	1.74

(续表)

年次	无风险收益率(%)	A股票		市场全部股票	
		收益率(%)	超额收益率(%)	收益率(%)	超额收益率(%)
23	5	16.36	11.36	8.26	3.26
24	5	4.50	−0.50	5.69	0.69
平均收益率	/	7.14	2.26	6.23	1.35
标准差	/	5.70	5.70	2.6	2.6

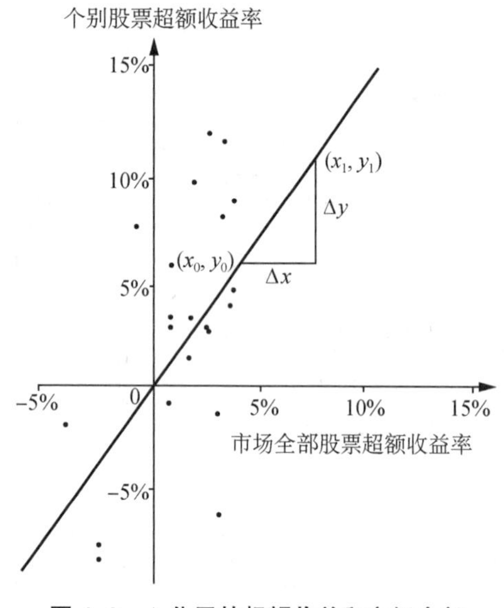

图 4-9 A公司的超额收益和市场全部股票的关系

第二,A公司收益的波动大于市场全部股票收益的波动。这一点可以从标准差看出。A公司收益的标准差为5.7%,而市场全部股票的标准差为2.6%。说明A公司的风险比市场全部股票的风险大。A公司的收益相对于市场全部股票来说并不稳定。从这一点看,A公司并不好。

第三,A公司的收益和市场全部股票的收益基本上呈同步的增减变化趋势。当市场全部股票的收益上升时,A公司的收益也上升;当市场全部股票的收益下降时,A公司的收益也下降。两者呈明显的相关关系。

将A公司的超额收益率和市场全部股票的超额收益率在坐标上表示出来我们可以看出两者的关系。设Y轴为A公司的超额收益率,X轴为市场全部股票的超额收益率。如图4-9所示。各年A公司的超额收益率和市场全部股票的超额收益率就构成了24个坐标点。找出最能反映两者关系的特征线(回归直线)。可以看到特征线的斜率反映了A公司的超额收益率的变化程度和市场全部股票的超额收益率的变化程度,即β系数的值。经过统计计算图4-9中特征线的斜率为1.35,即A公司收益的波动是市场全部股票收益波动的1.35倍。A公司股票的β系数为1.35。市场全部股票的收益上升或下降1%,A公司的收益将上升或下降1.35%。

虽然β系数的计算可以用上面的方法,但并不是十分准确的。当采用的样本数据(期数或年数)不同时,计算结果会有差异。美国的许多投资咨询公司一般运用每月股票价格的变化来计算股票的β系数。所以,不同的咨询公司计算的β系数并不完全相同,当然也不会有很大的差异。

(三)投资组合的β系数

当投资多种股票组成一个投资组合时,投资组合中每种股票的β系数并不相同,各种股票的风险不同。我们并不能用某种股票的β系数作为投资组合的β系数。

投资组合的β系数(用β_p表示)是各种股票β系数的加权平均数,计算公式为:

$$\beta_p = \sum w_i \beta_i$$

其中，权数 (w_i) 为各种股票在投资组合中的比重。

例如，有一个 20 种股票的投资组合。其中 β 系数为 1 的股票 8 种，β 系数为 1.5 的股票有 12 种。则该投资组合的 β 系数为：

$$\beta_p = \frac{8}{20} \times 1.0 + \frac{12}{20} \times 1.5 = 1.3$$

再例如，某投资组合的基本情况如表 4-8 所示。

表 4-8　投资组合基本情况

股票种类	β 系数	购买金额(万元)
A 股票	0.85	500
B 股票	0.95	1 000
C 股票	1.25	2 000
D 股票	1.65	2 500
合　计	β_p	6 000

则该投资组合的 β 系数为：

$$\beta_p = \frac{500}{6\ 000} \times 0.85 + \frac{1\ 000}{6\ 000} \times 0.95 + \frac{2\ 000}{6\ 000} \times 1.25 + \frac{2\ 500}{6\ 000} \times 1.65$$
$$= 1.33$$

三、投资者对普通股票要求的收益率的确定(资本资产定价模型)

如果金融市场的效率和全体投资者组合多种股票的效率都很高。那么，非系统性风险的重要性就微不足道了。投资者持有一种股票的唯一重要风险将是它的不可避免的风险(系统性风险)。在这一场合下，一种股票的 β 系数越大，那种股票的风险就越大，投资者对它的收益率要求也就越高。假设非系统性风险可以通过投资多种股票来消除，那么，投资者对股票 i 要求的收益率可以用资本资产定价模型来确定。资本资产定价模型的计算公式①如下：

$$k_i = RF + \beta_i \times (RM - RF)$$

其中：k_i 为投资者对股票 i 的预期收益率；RF 为无风险收益率；β_i 为股票 i 的 β 系数；RM 为市场全部股票的平均收益率。

投资者对股票 i 要求的收益率由两部分组成，一是无风险收益率，可以用短期国库券利率代替；二是风险补偿率，是对具有一定风险(风险为 β_i) 的投资的超额收益的要求。风险补

① 本公式就是著名的资本资产定价模型(Capital Assets Pricing Model, CAPM)的基本结论。

偿率是市场平均的超额收益率与 β 系数的乘积。从证券市场线可以清楚地看出投资者对股票 i 要求的收益率的组成，见图 4-10。

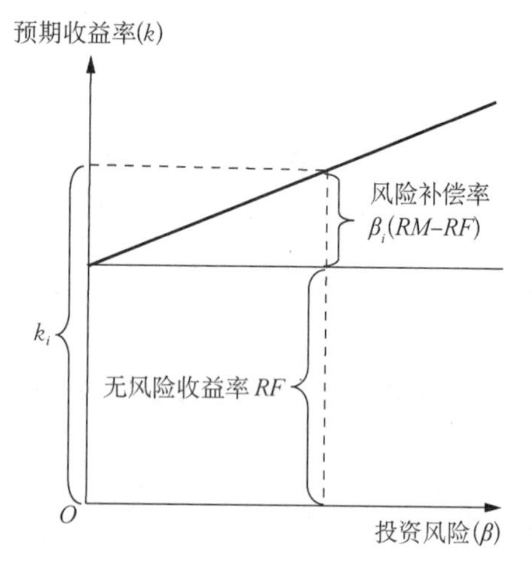

图 4-10 投资者对股票 i 要求的收益率的组成

事实上，β 系数为：

$$\beta_i=\frac{k_i-RF(\text{某种股票在特定}\beta\text{时的超额收益率})}{RM-RF(\text{市场全部股票在特定}\beta\text{时的超额收益率})}$$

例如，目前市场的无风险收益率为 10%，市场平均的股票收益率为 15%。若 A、B、C 三种股票的 β 系数分别为 0.8、1 和 1.5，则各种股票的投资者预期的收益率分别为：

$$k_A=10\%+0.8\times(15\%-10\%)=14\%$$
$$k_B=10\%+1\times(15\%-10\%)=15\%$$
$$k_C=10\%+1.5\times(15\%-10\%)=17.5\%$$

计算结果表明：A 股票 β 系数小于 1，风险小于市场全部股票的风险，所以，投资于 A 股票的投资者要求的收益率为 14%，小于市场全部股票的平均投资收益率 15%；B 股票 β 系数等于 1，风险等于市场全部股票的风险，所以，投资于 B 股票的投资者要求的收益率为 15%，等于市场全部股票的平均投资收益率 15%；C 股票 β 系数大于 1，风险大于市场全部股票的风险，所以，投资于 C 股票的投资者要求的收益率为 17.5%，大于市场全部股票的平均投资收益率 15%。

在计算普通股票的预期收益率时，要合理选用 β 系数、市场全部股票预期收益率和无风险收益率。

(1) β 系数的计算。投资者如果认为历史数据是未来趋势的一定程度的反映，则可以用有关某种股票超额收益率和市场全部股票超额收益率的历史数据来计算 β 系数。也可用某个投资咨询公司或证券公司已经计算并公布的 β 系数代替。如美国的皮尔斯公司、芬纳·史密斯公司等都根据各公司过去 3—5 年的周收益率或月收益率资料计算出了各该上市公司的 β 系数。

(2) 市场全部股票预期收益率和无风险收益率的估计。市场全部股票预期收益率和无风险收益率的估计必须尽可能可靠。过去情况对未来趋势的反映可能正确，也可能有差错。例如，过去时期的国民经济状况较为稳定，而在未来期间将出现严重的通货膨胀，那么，用过去几年的市场全部股票收益率的平均值和过去几年的无风险收益率的平均值，将会低估未来的情况。这时，用收益率的平均值去计算一项投资方案的收益率，就会铸成大错。相反，如果近几年的市场全部股票收益率很高，预期不会再持续下去，那么，应用历史数据，又会对未来的市场全部股票收益率估计过高。

四、资本资产定价模型的运用

资本资产定价模型揭示了投资者对风险投资要求的收益率原理。以上讨论是以股票投资为基础的。对于其他风险投资可以参照股票投资用资本资产定价模型确定投资者要求的收益率。

例如，要确定投资者对某一特定的企业投资要求的收益率，则可以搜集该企业历年的收益率资料和同行业整体(本行业全部企业)同期的收益率资料计算出该企业的 β 系数(β_i)。即该企业收益的波动程度相对于全行业企业收益平均数的波动程度。在此基础上选择合适的无风险收益率(RF)和同行业平均投资收益率(RM)，使用资本资产定价模型计算出投资该企业要求的收益率。确定投资者对某一特定风险的投资要求的收益率具有十分重要的意义。投资者可以根据该收益率评价投资的价值做出投资决策，或者用该收益率作为资本成本判断筹资做出筹资决策。

在财务管理中，注重收益与风险的平衡有利于企业做出正确的决策，从而不断提升企业的价值。

思考题

1. 什么是投资收益？投资收益如何衡量？
2. 什么是名义收益率？什么是实际收益率？
3. 什么是简单收益率？什么是内部收益率？
4. 试述风险的含义。如何理解“高风险高收益”？
5. 衡量风险的指标有哪些？如何运用？
6. 简述证券市场线的含义。
7. 投资者要求的收益率和投资风险是怎样的关系？
8. 什么是系统性风险？什么是非系统性风险？
9. 简述 β 系数的含义。
10. 试述资本资产定价模型的含义及运用。

企业价值评估

第一节　价值评估原理

在企业的投资活动中，要经常计算投资的收益率和估计有关证券或资产的价值。在筹资活动中要经常计算资金来源的资金成本。在学习筹资和投资管理之前，我们先要学习有关证券估价的理论和方法，对这些知识或观念理解和运用有助于对整个企业理财活动过程的把握。

一、价值评估的内容

企业价值评估一般包括对单项实体资产的价值评估、证券价值评估和企业整体价值评估三个方面。

单项实体资产的价值评估是对资产负债表上左方的各项目进行价值评估。证券价值评估是针对有价证券进行的价值评估。企业整体价值评估是以这个企业作为评估对象进行的价值评估。

本章主要针对的是证券价值评估。

（一）证券的特征

"证券是以证明或设定权利为目的所作成的凭证。"[①]证券包括有价证券和无价证券。有价证券是代表财产权的证券，包括债券、股票及其衍生的一些证书，如认股证书等，以及一些商业、金融票据。无价证券指证据证券和免责证券，如借条、提货单等。证券的估价是指对有价证券的估价。

《经济百科辞典》[②]对有价证券是这样解释的："有价证券是指有一定票面金额，代表一定资产所有权或债权，能够定期带来一定收入，且能转让所有权或债权的票据凭证。"

有价证券具有以下几个特征。

首先，证券持有者有请求财产的权利。债券持有者有请求收回本金和要求利息的权利，股票持有者有在公司解散时请求分配剩余财产和要求股息的权利。

其次，信用制度是证券的基础。证券本身是一种信用工具，是随着信用制度的产生发展而产生和发展的，没有信用，就没有证券。证券制度的存在和发展必须依赖完备的信用

---

① 《辞海》(第七版)影印本，上海辞书出版社2021年版，第2901页。

② 中国工人出版社1989年版，第454页。

制度。

最后，证券可以转让或自由让渡。在市场经济条件下，商品可以按照一定价格转让给任何人或机构，而价格由市场的供给与需求关系决定。价格是商品让渡的唯一标准。证券的自由转让和自由让渡的特征，就使证券成为商品，可以在证券市场上买卖。

证券商品是资本商品，购买证券就是证券投资。由于证券可以自由让渡，投资者就可以在证券市场上选购收益较高的证券，以获得较好的经济效益。因为投资者都想得到收益高的证券，因而也就出现了证券价格波动的问题，证券估价也就显得特别重要了。

本章的价值评估主要以介绍证券价值评估为主。

(二) 证券的种类

有价证券可以分为两类：一类是商业有价证券，如本票、支票、汇票等。商业有价证券具有货币的职能，可以作为流通支付的手段，是货币证券。另一类是公共有价证券，又称资本证券，如股票、债权等。持有公共有价证券者可以获得收益，可以在证券市场流通。有价证券的分类如图 5-1 所示。

商业有价证券因其具有货币职能，故不存在估价问题。公共有价证券因其收益不一定稳定，会随着市场利率和经济发展状况的变化而变化。另外，公共有价证券的风险也有大有小，不容易被人们准确地预计。所以，公共有价证券需要我们合理确定其价值，就有估价的必要。

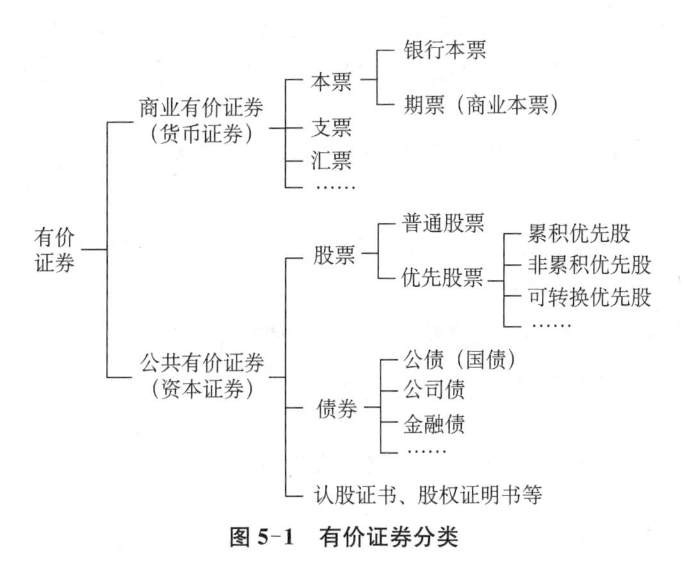

图 5-1　有价证券分类

二、价值评估的基本方法

针对各种不同资产的价值评估也有不同的方法，一般有市场价值法、成本法、残值法和收益法等。

(一) 市场价值法

市场价值法又称市价法，是以某项资产的市场公允价值为基础，经过比较分析，再根据使用价值变化和新旧程度等赋予一个系数决定其价值的一种方法。一般用于有市场参考价的固定资产、原材料、库存商品等的估价。计算公式为：

$$某资产价值 = 同类商品的市场价值 \times 合理的系数$$

通过市场价值法进行资产评估尚需满足两个最基本的前提条件：一是要有一个活跃的公开市场；二是要有平等交易。

（二）成本法

成本法是以某项资产已经投入的价值（成本）为基础，经过比较分析，赋予一个系数决定其价值的一种方法。一般用于没有市场参考价的在制品、半成品等的估价。计算公式为：

$$某资产价值 = 该商品的成本 \times 合理的系数$$

（三）残值法

残值法是由于某项资产已经失去了原来的使用价值而用新的使用价值分析决定其价值的一种方法。

例如，某项固定资产已经达到了使用年限，但其某几个零部件还可以使用，则该资产的价值等于几个零部件按市价法估价的合计数再加上"出售废品"的价值。

（四）收益法

收益法也称折现现金流量法（DCF 法），是指通过估算被评估资产的未来预期收益并折算成现值，借以确定被评估的资产价值的一种方法。收益法实际上就是对被评估资产未来预期收益进行折现或本金化过程。

收益法是一种着眼于未来的评估方法，它主要考虑资产的未来收益和货币的时间价值。

收益法的主要优点是：能够较真实、较准确地评估资产的价值；在投资决策时较容易被买卖双方所接受。

收益法的主要缺点是：预期收益额的预测难度较大，受较强的主观判断和未来收益不可预见因素的影响；在评估中适用范围较窄，一般适用于企业整体资产和可预测未来收益的单项资产，如债券和股票。

本章讲授的证券价值评估主要是采用收益法进行。

三、相关价值概念

（一）面值

面值是指证券发行时票面规定的价值。

对于股票来说，面值一般是指该股票的注册资本。我国规定一般普通股面值为 1 元。

对于证券来说，面值是指票面规定的据以票面利率计算利息的基础金额，也是到期还本的金额。面值对于证券价值评估来说并没有多大的参考作用。

（二）账面价值

账面价值又称会计价值，是指某项资产在会计账面记载的价值，等于原价减去累计折旧或资产减值准备后的价值。对于股权来说，账面价值等于其净资产，即一家公司的账面价值等于公司总资产和负债以及资产负债表中优先股的差额。

账面价值是基于历史价值的，一般来说，账面价值与资产或公司的市场价值关系不大，资产的市场价值只是资产(或类似资产)在公开市场上交易的市场价格。

（三）清算价值和持续经营价值

清算价值与持续经营价值。清算价值是指如果一项资产或一项资产(如企业)与其经营组织分开出售，可以变现的金额。

清算价值实际上是在假设企业在清算时单独出售每一项资产的价值。对于企业来说，清算价值等于各单项资产价值之和扣除每一项负债后的剩余。

持续经营价值是指企业开展持续经营业务，假设按正常经营目标运营预期估算的价值。

清算价值和持续经营价值这两个价值很少相等。

我们将在本章中讨论的证券估值模型通常是假设企业处理的是持续经营的问题——运营企业能够为投资者产生正现金流。在这种假设不合适的情况下(例如，即将破产)，企业的清算价值将在确定企业金融证券的价值方面发挥重要作用。

（四）内在价值和市场价值

内在价值是指按照资产的收益预测和投资者要求的收益率用折现现金流量的方法估算的价值，它是一种“应该价值”。内在价值实际上是某项资产的经济价值。

市场价值是指资产目前在活跃市场上的正常交易价格。

一般来说，市场价值是以内在价值(应该价值)即其经济价值决定的。市场价值会围绕内在价值上下波动。准确估算资产的内在价值有利于投资者把握市场价值的走向。

四、证券估价的基本原理

证券估价的基本原理是：证券的价值等于被估价的证券将来的全部收益的现值之和。计算公式是：

$$证券价值=\sum_{t=1}^{n}\frac{Y_t}{(1+i)^t}$$

其中：Y_t 表示证券的未来各期收益额。

实际上，这个计算式我们在学习资金时间价值时已经掌握。证券估价主要是分析证券未来收益的变化和市场利率的变化结合资金时间价值的原理进行计算。

第二节　固定收入证券的估价

一、固定收入证券的特征

企业投资的证券从未来的收益来看，可以分为固定收入的证券和非固定收入的证券。证券估价实际上是对证券投资未来的收益进行合理地贴现。不同的债券投资有不同的估价方法。

所谓固定收入证券是指那些直到发行者收回证券为止，按期都要支付给投资者一笔规定的金额(如利率、股息等)的证券。例如公司债券，它有一个设定的面值(到期收回的金额)和到期日，并规定每期(相同的间隔期)支付的利息(等于面值乘以一个规定的利率)；有的债券虽有面值，但没有规定收回日期，但定期支付固定的利息，如英国政府在 19 世纪早期发行的英国统一公债，历届政府都负责永续地按期支付固定金额的息票利息。这种债券叫永续性债券，优先股票虽有面值，但和普通股票一样没有到期日，然而每年支付股息，也是永续性债券。

固定收入证券的主要特点是其各种条件(包括各期收益)在发行当时已经固定下来，以后不能改变。

例如：某企业在 2019 年 2 月 1 日发行了面值为 1 000 元，票面利率为 10%，期限为 3 年，每半年付息一次的债券。如果某企业购买了该债券，那么该企业可以在 2019 年 8 月 1 日获得 50 元的利息；在 2020 年 2 月 1 日获得 50 元的利息；依此类推，总共可以获得 6 期利息，到 2022 年 2 月 1 日可以收回债券的本金 1 000 元。

固定收入证券因其在将来各期会有收益，在估价时应将未来的各种收益贴现为现值，这种未来各期收益现值之和即为固定收入证券的价值。用公式表示如下：

$$V=\sum_{t=1}^{n}\frac{Y_t}{(1+k)^t}$$

其中：V 表示固定收入证券的价值(现值)；Y_t 表示证券的未来各期收益额，包括股息、利息、到期收回金额或转让价格；k 表示合适的折现率，或投资者预期的收益率；n 表示持有证券的期数。

用上述公式计算出的价值，可以帮助投资者做投资决策，即将这个价值同证券市场相应的债券价格之间作比较，然后做出决定。

假如证券的证券市场价格为 MP，则一般地：

当 $MP>V$ 时，不能购买该证券；

当 $MP<V$ 时，可以购买该证券；

当 $MP=V$ 时，证券市价为公正的价格。

应该指出，在某种场合下，证券价格和其价值的背离是很大的，例如市场上投机气氛很浓时，往往会发生价格和价值严重背离的现象，这时投资者应看清形势，不能盲目跟风。

固定收入证券估价模型(公式)中的 k 为合适的折现率，即投资者预期的收益率，在制定这个收益率时，应考虑投资风险和预期收益率原理，即 k 中包括风险因素。

二、债券的估价

(一) 基本模型

债券按照规定的条件，必须在一定的时期内每期支付等额利息，到期时偿付面值。债券的价值则完全可以视为这个现金流量序列的现值。债券现值的计算公式如下：

$$PV=\sum_{t=1}^{n}\frac{C_t}{(1+k)^t}+\frac{FV}{(1+k)^n}$$

其中：PV 为债券的价值；C_t 为每期支付的利息；FV 为债券的到期值或面值；n 为债券到期期数；k 为合适的折现率，或债券的到期收益率，或在一定风险条件下投资者预期的收益率。

$\sum_{t=1}^{n}\frac{C_t}{(1+k)^t}$ 则为各期收到的利息（是年金）的现值，也可以这样计算：$C\times\frac{1-(1+k)^{-n}}{k}$ 或 $C\times$ 一元年金现值系数。

$\frac{FV}{(1+k)^n}$ 则为到期值收回的现值，也可以这样计算：$FV\times$ 一元现值系数。

【例 5-1】 市场上面值为 1 000 元，期限为 3 年，票面利率为 10%，每年支付一次利息的新发行债券的价值如何？

答：该债券今后可以获得三期利息和一个到期日，估计债券的价值就是计算这四笔资金的现值，如图 5-2 所示。

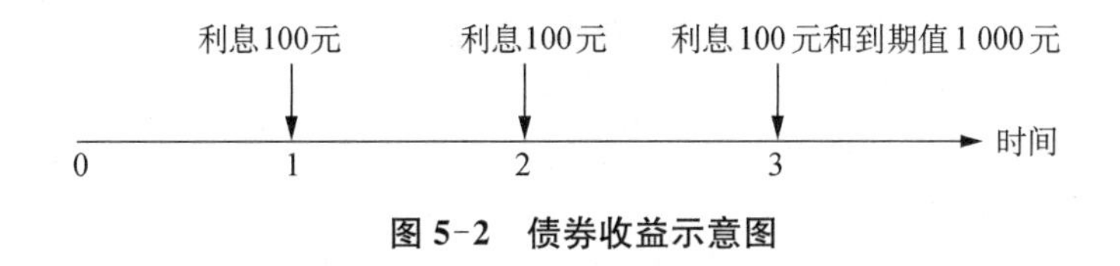

图 5-2　债券收益示意图

债券估价时还要确定合适的收益率，假如目前市场上类似的债券的利率都是 10%，我们也用 10%作为贴现率，则：

$$\begin{aligned}\text{债券价值}&=100\times\frac{1-(1+10\%)^{-3}}{10\%}+\frac{1\,000}{(1+10\%)^3}\\&=1\,000(\text{元})\end{aligned}$$

其现值即为其票面价值，这个价值可以作为该债券的发行价格。

假如某投资者认为市场上投资是悲观的，则对上述债券要求的收益率会提高，如果他对该债券要求的收益率为 12%，则他对该债券的估价为：

$$\begin{aligned}\text{债券价值}=&100\times(12\%,3\text{期的一元年金现值系数})\\&+1\,000\times(12\%,3\text{期的一元现值系数})\\=&100\times2.402+1\,000\times0.712\\=&952.2(\text{元})\end{aligned}$$

若该债券发行价为 1 000 元，则该投资者不会购买此债券；若其发行价小于 952.2 元，则该投资者可能会购买此债券。

假如某投资者认为市场上投资是乐观的，则对上述债券要求的收益率会降低，如果他对该债券要求的收益率为 8%，则他对该债券的估价为：

债券价值=100×8%，3期的一元年金现值系数
　　　　+1 000×8%，3期的一元现值系数
　　　=100×2.577+1 000×0.794
　　　=1 051.7(元)

若该债券发行价为1 000元，则该投资者可能会购买此债券；若其发行价大于1 051.7元，则该投资者可能不会购买此债券。

这里投资者要求的收益率如果是市场利率，即绝大多数投资者对同类债券要求的收益率，如果按市场利率贴现计算债券的价值，则这个价值可以作为债券的发行价格。

【例5-2】 估计面值为1 000元，票面利率为7%，期限为5年，每年支付一次利息的债券，计算该债券在第2年年末的价值。(假如市场利率为10%)

该债券的收益情况如图5-3所示：

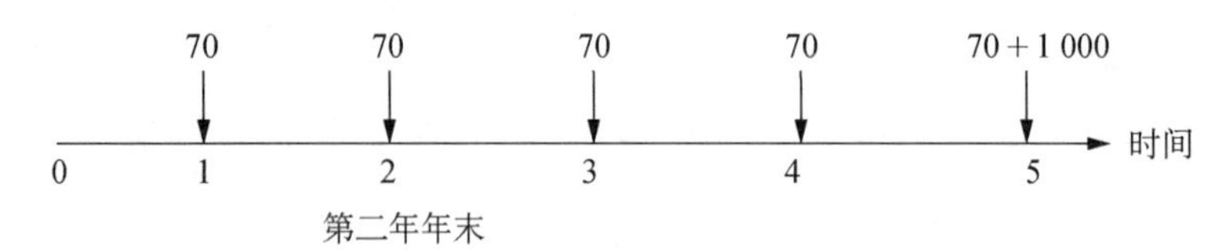

图5-3　债券收益情况

现在要计算第2年年末的价值，即前两年的利息已经得不到的情况下，该债券的价值。所以，未来收益如图5-4所示：

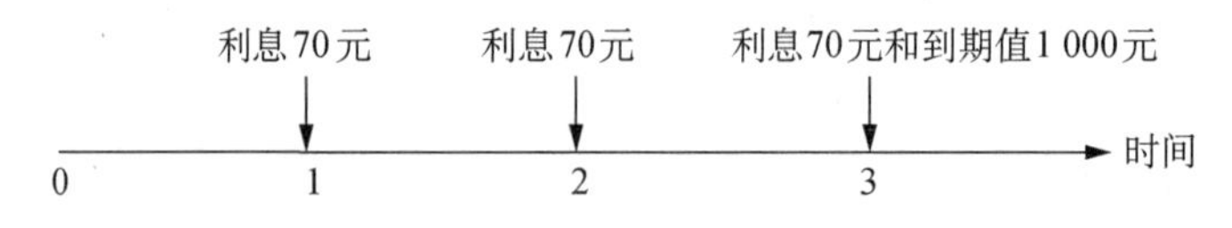

图5-4　2年后的债券收益情况

因此，债券价值为：

债券价值=70×(10%，3期的一元年金现值系数)
　　　　+1 000×(10%，3期的一元现值系数)
　　　=70×2.487+1 000×0.751
　　　=925.09(元)

即该债券的市场价格(市价)为925.09元。这个价格就是在预计市场利率为10%的情况下，该债券持有两年后的转让价格。

(二) 每半年付息一次债券的价值

有的债券规定每半年付息一次，则债券估价公式要作相应的调整，折现率(r)和利息(C)要除以2，而期数(n)要乘以2，债券估价模型调整为：

$$PV=\sum_{t=1}^{2n}\frac{\frac{C_t}{2}}{\left(1+\frac{k}{2}\right)^t}+\frac{FV}{(1+k)^{2n}}$$

例如，面值 1 000 元，票面利率 8%，8 年期，每半年付息一次，到期还本的债券。若市场利率为 9%，则其价值为：

$$PV=1\ 000\times\frac{8\%}{2}\times\frac{\left(1+\frac{9\%}{2}\right)^{-2\times8}-1}{\frac{9\%}{2}}+\frac{1\ 000}{\left(1+\frac{9\%}{2}\right)^{2\times8}}=943.83(\text{元})$$

（三）到期一次还本付息债券的价值

有的企业发行的债券是到期一次还本付息的，而且单利计息。这样，投资者平时不能得到收益，在债券到期日投资者一次性地得到本息。这种债券估价的模型为：

$$PV=\frac{nC+FV}{(1+k)^n}$$

其中：PV 为债券的价值；C 为每年的利息；FV 为债券的到期值，即面值，或转让的价格；n 为计息期数；k 为合适的折现率。

【例 5-3】 某企业拟发行债券 500 万元，每张债券面值 100 元，共发行 50 000 张。该债券票面利率为 13%，期限为 5 年，到期一次还本付息。如果市场利率为 9%，则该债券公平的价格应为多少？该企业发行债券能筹集到多少资金？

答：每张债券的 FV 为 100 元，i 为 9%，n 为 5，C 为 $100\times13\%=13$ 元，因此：

$$\text{债券价值}=\frac{nC+FV}{(1+i)^n}=\frac{5\times13+100}{(1+9\%)^5}=107.24(\text{元})$$

通过计算可知，该债券的公平价格应为约 107.24 元。按公平价格，该企业能筹集资金 107.24×50 000=5 362 000 元。

如果市场利率为 11%，票面利率不变，则：

$$\text{债券价值}=\frac{nC+FV}{(1+i)^n}=\frac{5\times13+100}{(1+11\%)^5}=97.92(\text{元})$$

即公平的价格应为约 97.92 元，该企业可以筹集的资金 97.92×50 000=4 896 000 元。

如果企业按面值发行，则可能不能较好地销售其债券，筹集 500 万元资金的计划可能会落空。如果投资者以面值(每张 100 元)购买该债券，说明他得到的投资收益率达不到市场的 11%的收益率，根据前一计算投资者得到的收益率约为 9%。因为投资者在计算其投资收益率时不应该按单利计算，而是应该按照复利计算。

【例 5-4】 某人在发行两年后准备购买上例中的债券，价格为每张债券 112 元，如果他认为目前市场平均的投资收益率(投资于同类债券的)为 10%。那么，他应做买还是不买的决策？

答：做这样的决策有两种方法。

一种方法是以投资者要求的收益率估算债券的价格，然后同市场价格作比较，如果市场价格低于估算的价格，则购买；如果市场价格高于估算的价格，则不购买。

另一种方法是以目前的市场价格估算出投资收益率，将估算出的投资收益率和投资者要求的收益率作比较，如果估算出的投资收益率高于投资者要求的收益率，则购买；如果估算出的投资收益率低于投资者要求的收益率，则不购买。

(1) 以投资者要求的收益率估算债券的价值。本例中每张债券的未来收益不变，仍为165元，但折现的期数改变了，从5年变为3年，折现率为10%。根据债券估价公式：

$$\text{债券价值}=\frac{nC+FV}{(1+i)^n}=\frac{5\times13+100}{(1+10\%)^3}=123.97(\text{元})$$

目前该债券的市场价格为112元，低于估算的价值，所以，该投资者应购买该债券。

(2) 以市场价格估算投资收益率。在估算投资收益率时，可以用“插值法”进行。

根据债券估价公式：

$$112=\frac{5\times13+100}{(1+i)^3}=165\times(3\text{期},i\text{的一元现值系数})$$

计算得：i 的一元现值系数＝0.679

查“一元现值系数表”，$i=13\%$时，3期，i 的一元现值系数为0.693，$i=14\%$时，3期，i 的一元现值系数为0.675，因此，可以判定投资收益率在13%和14%之间。

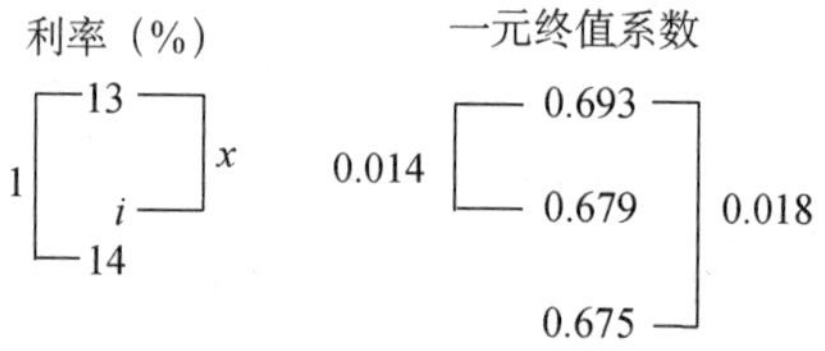

利率 (%)　　一元终值系数

13　0.693

i　0.679

14　0.675

1　x　0.014　0.018

$$\frac{1}{x}=\frac{0.018}{0.014}\quad x=0.78$$

因此，可以推知，投资收益率为13%＋0.78%＝13.78%。

由于投资者要求的收益率为10%，小于估算的(能够得到的)投资收益率，所以，应购买该债券。

三、债券市价变动规律分析

根据债券价值估算的模型，我们可以观察到下列一些基本规律，在企业进行投资决策时，读者可以参考。

第一，当投资者要求的收益率(市场利率)超过了规定的债券票面利率时，债券的市价将小于其面值，这时债券将折价发行。

第二，当投资者要求的收益率(市场利率)低于规定的债券票面利率时，债券的市价将大于其面值，这时债券将溢价发行。

第三，当投资者要求的收益率(市场利率)等于规定的债券票面利率时，债券的市价将等于其面值，这时债券将按面值发行。

第四，如果市场利率上升而使投资者要求的收益率也提高起来，债券的市价将下跌，若市场利率下降，则债券的市价会上涨。

第五，在收益率一定的条件下，债券的回收期越长，其市价的变动幅度就越大。

这些规律告诉我们，市场利率的变动对债券的价格变化影响很大。例如，当中国人民银行调高居民储蓄利率时，投资者对投资收益率的预期也将提高，债券的价格就会下跌；当中国人民银行调低居民储蓄利率时，投资者对投资收益率的预期将下降，债券的价格就会上涨。所以，财务管理人员在了解信息的初期就应立即做出反应，调整企业的投资结构，在资金运用方面做到有经济效益，有“提前量”。

四、永续性债券和优先股的估价

（一）永续性债券的估价

永续性债券的特征是：能永远地定期固定地收取一个固定的金额（利息），但其面值没有到期日。根据这个特征，我们可以得出这样的估价模型：

$$P=\frac{C}{(1+k)}+\frac{C}{(1+k)^2}+\frac{C}{(1+k)^3}+\cdots=\frac{C}{k}$$

其中：P 为永续性债券的价值；C 为每期得到的固定的收益（利息）；k 为合适的折现率。

例如，某投资者购买一种永远地每年支付 50 元、没有到期日的债券，他预期的收益率为 10%。不论该债券的面值为多少，其公平的市价应为多少？

$$P=\frac{C}{k}=50/10\%=500(\text{元})$$

该债券的公平市价为 500 元。

若投资者预期的收益率提高到 16%，则该债券的公平市价应为：

$$P=\frac{C}{k}=50/16\%=312.5(\text{元})$$

（二）优先股的估价

优先股能每年收到固定的股利，也属于一种固定收入证券。优先股票的股利是规定的，永远不变的，不论公司经营状况的好坏每年均应定期支付。尽管许多公司发行出去的优先股票实际上随时都有可能被收回，而且最终将被收回，但优先股票本身并未规定收回期限。因此，在估价优先股票时，可以把它当作永续性证券看待，其价值可以用以下公式计算。

$$P=\frac{D}{k}$$

其中：D 为每年收到的股利。

【例 5-5】 某公司发行的优先股票面值为 100 元，规定每股股利 12 元，每年年末支付。如果市场利率为 10%，则该股票的价值为：

$$P=\frac{D}{k}=12/10\%=120(\text{元})$$

即该股票的公平价格应为120元。

如果某投资者预期的收益率为15%，则该股票的价值为：

$$P=\frac{D}{k}=12/15\%=80(元)$$

即该投资者认为股价应为每股80元，超过这个价格他可能不会购买该优先股股票。

【例5-6】 某公司发行的面值为100元，票面利率为14%的优先股股票，目前市价为92元。如果你认为投资这种股票应得到的收益率为15%，则你会不会购买该股票？

答：根据优先股估价的公式 $P=\frac{D}{k}$，投资收益率为

$$k=\frac{D}{P}=14/92=15.22\%$$

通过计算得知，投资于该股票，投资者能获得15.22%的收益率，高于他预期的收益率15%，所以，他可能会购买该股票。

由此可见，投资者预期收益率的变化会影响优先股股票的价格，投资者预期的收益率下降，优先股股票的价格就上升；投资者预期的收益率上升，则优先股股票的价格就下跌。

五、债券估价中合适的折现率的确定

从以上几个证券估价例子中可以看出：固定收入证券的估价过程，就是债券支付的利息或优先股票的股利按适当的折现率进行贴现的过程。这个折现率即为合适的收益率。它由两个部分组成，即：

$$k=r+\theta$$

其中：k 为折现率（合适的收益率）；r 为无风险收益率；θ 为风险补偿率。

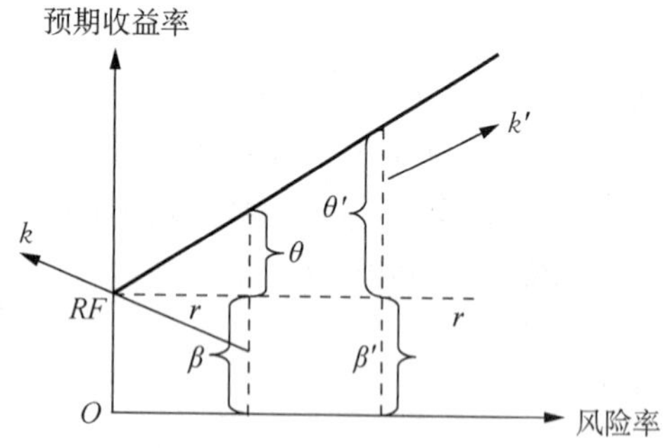

图5-5 投资者预期的收益率与风险的关系

如果固定收入证券为短期国库券，一般投资者认为它没有违约风险，θ 将接近于零。公司债券的违约风险显然大于国库券的违约风险。因此，投资者必然要对前者索取风险补偿费，θ 将随风险的加大而增加。如图5-5所示。

从图5-5可以看出：风险为 β 时，$k=r+\theta$，当风险由 β 上升到 β' 时，$k'=r+\theta'$，由于 $\theta'>\theta$，所以，$k'>k$。即当风险越大时，投资者预期的收益率就越高，合适的折现率就越大。

假设市场上一般的投资者都关心风险的话，就可以利用市场全部证券收益率线估计出大致合适的折现率（收益率）来。我们若知道了风险率 β，就能从纵轴上找出相应的合适的收益率。

第三节　普通股的估价

普通股股票不同于债券和优先股股票，其收益是公司未来发放的股利。而股利的发放是随公司的经营状况和股东会的决议而变化的。所以，一般来说，普通股股票的收益（股利）是不固定的。由于这个原因，普通股股票的估价比债券的估价就相对复杂得多。

一、普通股估价的基本模型

小李想投资于股票，在入市前他研究了报纸上的股票市价，发现同样面值为一元的股票有的市价几元而有的市价达几十元，他决定购买市价小的股票，以获得较大的收益。其实小李的决策是不经济的。股票的价格与其面值无关，而与股票的价值有关。股票的价值有几种表达法，如每股面值、每股净资产（每股账面价值）、每股市场价值等。

股票的价格与其内在价值有关。一般地，股票的内在价值高，股票的价格就高；股票的内在价值低，股票的价格就低。

普通股票的内在价值取决于其未来的收益（在估价时表现为发放的股利）和合适的折现率（投资者预期的收益率[①]），其估价模型如下：

$$V=\sum_{t=1}^{n}\frac{D_t}{(1+k)^t}$$

或

$$V=\frac{D_1}{(1+k)}+\frac{D_2}{(1+k)^2}+\frac{D_3}{(1+k)^3}+\cdots+\frac{D_n}{(1+k)^n}+\frac{P_n}{(1+k)^n}$$

其中：V 为普通股票的市场价值；D_t 为预期各年能得到的现金流入，包括股利和中途出售的转让价格；n 为预期得到股利的年数。一般情况下假设公司“持续经营”不会破产，所以，n 可以认为是无穷大，这时就不存在最后一项$\frac{P_n}{(1+k)^n}$；k 为合适的折现率，一般指股票投资者要求的收益率。

从估价模型可以看出，股票的市场价值主要取决于两个因素。

一是公司分配的股利。股票的市场价值同公司的股利呈正比，公司的生产经营越好、收益越多、分配的股利越多，股票的市场价值就越高；相反，公司的生产经营越差、收益越少、分配的股利越少，股票的市场价值就越低。

二是合适的折现率。股票的市场价值与投资者要求的收益率呈反比：投资者要求的收益率越大，股票的市场价值就越低；投资者要求的收益率越低，股票的市场价值就越大。投资者要求的收益率由公司的经营风险决定。如果公司的生产经营好、收益稳定、盈利潜力大，则风险就小，根据投资风险与投资者要求的收益率原理，这时投资者要求的收益率就低，从而股票的市场价值就高，反映在股市上的价格就高；如果公司的生产经营状况差、收益不

---

① 普通股投资者要求的收益率已经在第四章“资本资产定价模型”部分论述，本章不再介绍。

稳定、今后的盈利潜力小，则风险就大，这时投资者要求的收益率就高，从而股票的市场价值就低，反映在股市上的价格就低。

利用股票估价模型，可以计算出股票的价值。

例如，每股票预计每年分红 2 元，持有 2 年后转卖价为 30 元，市场利率为 10%。则该股票的市场价值为：

$$V=\frac{2}{(1+10\%)}+\frac{2+30}{(1+10\%)^2}=28.26(\text{元})$$

该股票的市场价值为每股 28.26 元，市场价格将以此为参考决定。如果市场上的每个投资者都如上估价，则显然该股票的价格就为每股 28.26 元。事实上市场上的投资者估价的依据（对股利和要求的收益率的估计）不尽相同，所以每个投资者的估价结果也就不一样，反映在股票市场上的购买价格就不同。因此，估价会经常变动，但股票价格变动的趋势始终是围绕股票的市场价值的。

二、普通股未来股利(收益)的估计

普通股票的估价是否合理与股票未来股利的估计是否合理密切相关。问题在于不同股票未来各年的股利收入并不稳定，有时有股利分配，有时无股利分配；有时股利增长，有时股利下降。市场上普票股利不外乎三种情况。

（一）零增长股利

零增长股利是投资者每年收入的股利金额基本相等，长期来看呈现水平直线的趋势，如有变化也认为是很小的变化。

假设每年收到的股利为 D_0，则零增长股利模式如图 5-6 所示。

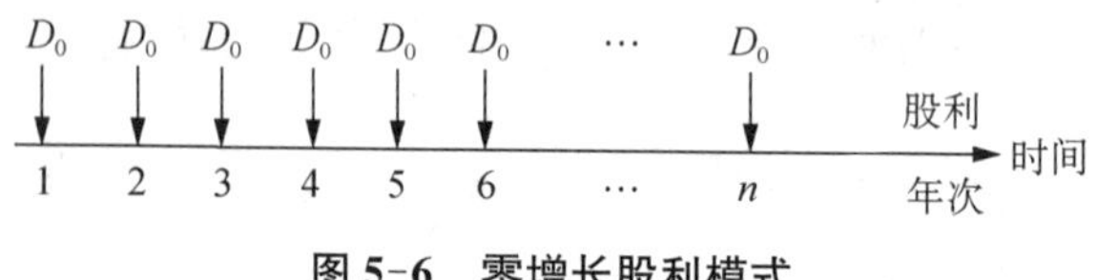

图 5-6 零增长股利模式

（二）固定增长率增长股利

固定增长率增长股利是指投资者每年收入的股利金额是逐年增长的，增长趋势呈现向上的线性规律。

假设公司发放的股利的年增长率为 g，上年公司发放的股利为 D_0，则固定增长率增长股利模式如图 5-7 所示。

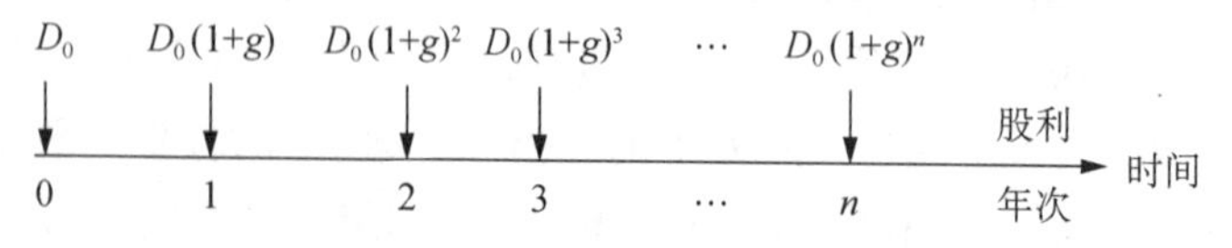

图 5-7 固定增长率增长股利模式

（三）多阶段增长率增长股利

多阶段增长率增长股利是投资者每年收入的股利金额是逐年增长的，但增长率在不同的时期并不相同。由于公司的生产经营在不同时期是不相同的，在某一段时期经营收益可能较高，发放的股利也就会多；在另一些时期经营收益可能并不如人意，发放的股利就少。所以，公司股利的增长一段时期以一个增长率增长，另一段时期则以另一个增长率增长。

假设公司发放的股利的年增长率是前 4 年为 g_1，从第 5 年开始股利以 g_2 的增长率增长。上年公司发放的股利为 D_0，则股利增长，增长率变化模式如图 5-8 所示。

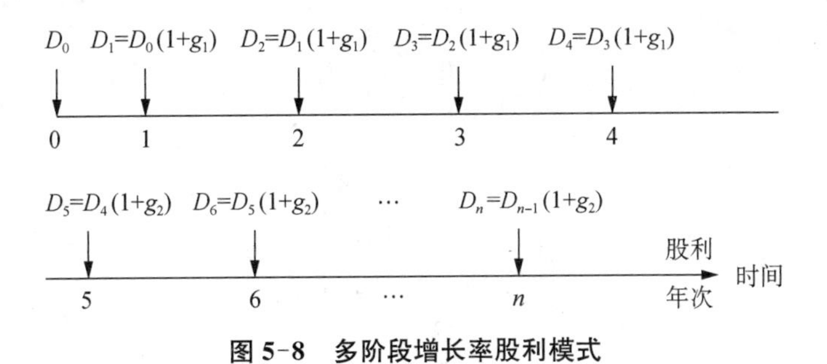

图 5-8 多阶段增长率股利模式

三、普通股估价模型

根据股利收入的模型，普通股票估价的模型相应地有三种。

（一）零增长股利的估价模型

在股利不变情况下，普通股票估价的模型和优先股票估价的模型类似，其计算公式为：

$$V=\frac{D}{(1+k)}+\frac{D}{(1+k)^2}+\frac{D}{(1+k)^3}+\cdots=\frac{D}{k}$$

例如，某公司普通股票去年支付股利每股 0.34 元，预计今后该公司发放的股利将基本保持不变。市场利率为 12%。

则该公司股票的价值为：

$$V=\frac{0.34}{12\%}=2.83(\text{元})$$

所以，该公司股票的市场公允价格应为 2.83 元。如果投资者以低于 2.83 元的价格购买该股票，则其得到的投资收益率会高于 12%；如果投资者以高于 2.83 元的价格购买该股票，则其得到的投资收益率将达不到 12%。

（二）固定增长率增长股利估价模型

根据股利增长，增长率不变的股利收入模型，股票的价值用下式计算：

$$V=\frac{D_0(1+g)}{(1+k)}+\frac{D_0(1+g)^2}{(1+k)^2}+\frac{D_0(1+g)^3}{(1+k)^3}+\cdots+\frac{D_0(1+g)^n}{(1+k)^n}$$

其中：D_0 为上年发放的股利；g 为每年股利的增长率；k 为合适的折现率(投资者要求的收益率)。

假设投资者要求的收益率大于每年的股利增长率，即 $k>g$，用 $(1+k)/(1+g)$ 同时乘以上式的左右各项，再从乘积中减去上式的各项，即得：

$$\frac{V(1+k)}{(1+g)}-V=D_0-\frac{D_0(1+g)^n}{(1+k)^n}$$

由于 $k>g$，n 为无穷大(因为普通股是没有到期日的)，则 $\frac{D_0(1+g)^n}{(1+k)^n}$ 为零，因此，

$$V\left(\frac{1+k}{1+g}-1\right)=D_0$$

即

$$V=\frac{D_0(1+g)}{k-g}$$

又因

$$D_0(1+g)=D_1$$

所以，

$$V=\frac{D_1}{k-g}$$

即普通股票的价值为预计下一次发放的股利除以 $(k-g)$。

例如，某投资者从有关资料获知 A 公司普通股票去年发放股利 0.98 元，并预期该公司的股利今后将按照 5%的增长率增长，他预期的收益率预期达到 15%。

则 A 公司股票的价值为：

$$V=\frac{0.98\times(1+5\%)}{15\%-5\%}=10.29(\text{元})$$

即该投资者在作是否购买的决策时，应以 10.29 元为参考。低于这个价格就购买，高于这个价格就不买。

假如投资者预期的收益率为 10%，则股票价格应为：

$$V=\frac{0.98\times(1+5\%)}{10\%-5\%}=20.58(\text{元})$$

假如投资者预期的股利增长率为 8%，则股票价格应为：

$$V=\frac{0.98\times(1+8\%)}{15\%-8\%}=15.12(\text{元})$$

假如投资者预期的收益率为 18%，则股票价格应为：

$$V=\frac{0.98\times(1+5\%)}{18\%-5\%}=7.92(\text{元})$$

假如投资者预期的股利增长率为 4%，则股票价格应为：

$$V=\frac{0.98\times(1+4\%)}{15\%-4\%}=9.27(\text{元})$$

由此可见，在股利增长、增长率不变模式中，投资者根据市场的变化预期收益率降低或估计股利增长率上升时，股票的市价将会上涨；相反，投资者预期收益率上升或估计股利增长率下降时，股票市价将会下跌。

这里我们可以解释为什么股市价格永远动荡不定的问题。首先，因为每个投资者预期的投资收益率不同，尽管股利是永恒增长的。即使是同一个投资者，不同时期预期的收益率也会变化，所以，不同的投资者对股价的估计各不相同。其次，每个投资者在估计股票的未来股利增长率时也不尽相同，投资者预期的股利增长率的不同会影响股票的估价。最后，投资者对股价的估计直接影响着他们的投资决策，最终会在股价上反映出来。所以，股票交易价格将永远是动荡不定的。

（三）多阶段增长率增长股利估价模型

根据多阶段增长率增长股利收入模型，股票的价值用下式计算：

$$V=\sum_{t=1}^{m}\frac{D_0(1+g_1)^t}{(1+k)^t}+\frac{V_m}{(1+k)^m}$$

其中：V 为股票市价；D_0 为全年每股股利；g_1 为到第 m 年止的那个时期中股利的增长率；k 为投资者预期的收益率；m 为股利增长率为 g_1 的年数，今后股利增长率将以 g_2 的增长率增长；V_m 为股利增长率以 g_2 增长后的那一段时期的股票价值（是第 m 年初的价值）。

根据第二种估价模型，V_m 的计算公式如下：

$$V_m=\frac{D_{m+1}}{k-g_2}$$

【例 5-7】 某公司普通股票上年支付股利 1 元，预计头 5 年该公司股利将以每年 12% 的增长率增长，从第 6 年开始每股股利将以每年 6% 的增长率增长。投资者对该股票的预期的收益率为 10%。计算该股票的价值。

答：头 5 年股利按 12% 增长时，每年股利为：

$$D_1=1\times(1+12\%)=1.12(\text{元})$$
$$D_2=1\times(1+12\%)^2=1.25(\text{元})$$
$$D_3=1\times(1+12\%)^3=1.41(\text{元})$$
$$D_4=1\times(1+12\%)^4=1.57(\text{元})$$
$$D_5=1\times(1+12\%)^5=1.76(\text{元})$$

将各年股利以 10% 折现率折现，

第 1 年：$\frac{1.12}{1+10\%}=1.02(\text{元})$

第 2 年：$\frac{1.25}{(1+10\%)^2}=1.03$(元)

第 3 年：$\frac{1.41}{(1+10\%)^3}=1.06$(元)

第 4 年：$\frac{1.57}{(1+10\%)^4}=1.07$(元)

第 5 年：$\frac{1.76}{(1+10\%)^5}=1.09$(元)

前 5 年总和：$\sum=5.27$(元)

从第 5 年开始股利按 6%增长率增长时，第 5 年年末(第 6 年年初)的股票市价为：

$$V_5=\frac{D_6}{k-g_2}=\frac{D_5(1+g_2)}{k-g_2}$$
$$=\frac{1.76\times(1+6\%)}{10\%-6\%}=46.64(\text{元})$$

将 V_5 以 10%的折现率折现：

$$\frac{46.64}{(1+10\%)^5}=28.96(\text{元})$$

根据以上计算，股票的价值为该股票头 5 年股利的折现值之和加上第 5 年末的股票价值的现值：

$$V=5.27+28.96=34.23(\text{元})$$

以上计算过程用公式表示为：

$$V=\sum_{t=1}^{5}\frac{1\times(1+12\%)^t}{(1+10\%)^t}+\frac{1\times(1+12\%)^5\times(1+6\%)}{10\%-6\%}\times\frac{1}{(1+10)^5}=34.23(\text{元})$$

运用这种估价模型时，估计股利增长率较困难，要确定不同阶段的股利增长率很难。但根据公司的发展趋势大体上可以了解其股利的增长趋势。如某生产空调的公司目前的生产经营状况很好，预计在今后的 8 年内空调的市场将保持较旺盛的势头。但随后空调将逐渐普及，销量将急剧下降，这时，公司的经营就走下坡路，随之股利的增长也就会下降。这样就能估计出两个阶段的两个不同的股利增长率。

这种估价模型也适用于持有几年股票而后出售的情况的估价。

【例 5-8】 某投资者有一笔闲余 2 年的资金，他准备购买 B 股票，2 年后抛出。预计 B 股票头 2 年每股股利分别为 2 元和 2.3 元，2 年后股利将以每年 10%的增长率增长，投资者对 B 股票的预期收益率为 15%。则该股票的价值为多少？

答：该股票价值为

$$V=\frac{2}{(1+15\%)}+\frac{2.3}{(1+15\%)^2}+\frac{\frac{2.3\times(1+10\%)}{15\%-10\%}}{(1+15\%)^2}=41.73(\text{元})$$

应该指出，股利的增长阶段并不像上例中的情况一样只有两个增长率，即两个 g。例如股利的增长可能是头4年以20%的增长率增长，以后4年以15%的增长率增长，再后4年以10%的增长率增长，然后则以6%的增长率增长。股利增长的趋势可能是较缓和的。在对普通股估价时，选用的股利增长率的环节越多，估价出的股票价值就越有代表性。

这里说估计的股价有“代表性”而不说“准确”，是因为股票并没有一个真正的价格，股票的价格是每个投资者认为的价格，正所谓“公说公有理，婆说婆有理”。股票市场的价格只是“一瞬间”的价格，它稍纵即逝。

第四节　企业整体价值评估

一、企业整体价值评估的必要性

在市场经济条件下，企业处于激烈的竞争之中，企业的破产和联合与兼并等不可避免。

企业在市场经济的大潮中，为了实现取长补短、扩大经营范围和增加服务项目等的目的(最终目的是盈利)，不可避免地要涉及联合、兼并重组等财务事项。在这个过程中，企业整体价值评估起到了关键的作用。财务管理的任务是对涉及联合与兼并的企业的整体价值做出合理的评估，以便知己知彼，在谈判和决策中处于有利的地位。

企业整体价值指一个企业总体资产综合作用的价值，即企业在市场上整体出售的价值。企业整体价值不等于各项单项资产价值的简单相加，也不等于企业的净资产。

例如：某企业有关财务资料如表5-1所示。

表5-1　某企业资产负债表　　单位：万元

资产项目	金额	负债和权益项目	金额
流动资产：	100	流动负债：	150
现金及短期投资	5	短期借款	70
债权资产	55	应付账款	50
存货	40	应交税金	10
固定资产：	450	其他流动负债	20
房屋	200	长期负债：	250
机器设备	200	长期借款	250
其他	50	所有者权益：	200
无形资产：	50	实收资本	150
专利权	50	留存收益	50
资产总计	600	负债和权益总计	

从表 5-1 的数据看，该企业的价值有以下两种估计。

一是总资产价值：600 万元。表明若出售该企业可以得到 600 万元，因此，企业的价值就是 600 万元。

二是净资产价值(账面价值)：200 万元。表明企业的所有资产扣除应还的负债后还有剩余 200 万元。所以，有人认为用资产价值作为企业价值不正确，用净资产作为企业价值较为合理。

实际上，以上两种观点都不正确。我们暂且认为表中的数字都是根据市场价格由注册会计师进行了查账验证和资产评估。

第一种观点显然不正确，因为资产出售后企业必须归还负债，所以，企业的价值应该是 200 万元。

第二种观点也有极大的片面性。若有两个企业的资产和负债数额和表 5-1 所列的相同，A 企业预计今后每年能得到净收益 30 万元；B 企业预计今后每年可以得到净收益 50 万元。我们应该购买哪个企业呢？显然，应该购买 B 企业。第二种观点只有在这样的假设时才成立：我们购买该企业后出售全部资产，然后用得到的资金归还全部的负债，正好可以使收支相抵，即买卖是公平的。

值得注意的是，我们购买一个企业不是像拆船公司那样今后去卖旧货。一般来说，购买一个企业是为了经过企业的生产经营获得回报(净收益)，购买的是企业今后的获利能力。

二、折现现金流量法

企业整体价值的评估实际上是对企业今后能够获得的净收益[①]进行估价，求得其现值。这个现值就是企业的价值。

根据证券估价原理，我们不难判断上述 A 企业的价值小于 B 企业的价值，所以，选择 B 企业实际上是因为其整体价值大的缘故。

企业整体价值的估价类似于普通股的估价，也有三个估价模型：

$$P=\frac{Y}{k} \tag{5-1}$$

或

$$P=\frac{Y}{k-g} \tag{5-2}$$

或

$$P=\sum_{t=1}^{m}\frac{Y_0(1+g_1)^t}{(1+k)^t}+\frac{P_m}{(1+k)^m} \tag{5-3}$$

其中：Y 为预计企业今后每年可以获得的净收益；k 为投资者要求的收益率或市场平均的投资收益率等；g 为预计今后企业净收益的增长率。

从上式可以清楚地看到，企业的价值与账面的资产、负债及所有者权益没有多大的关系。影响企业价值的因素是企业今后的获利能力和稳定性，以及投资者将承担的风险。

① 这里的净收益估计和上一节讲授的股票红利略有区别。

首先,企业的获利能力越强,今后每年的净收益就越多,企业估价模型的分子就越大,整个分式就越大,企业价值就越大;预计企业净收益的增长率越大,企业估价模型的分母就越小,整个分式也就越大,企业价值就越大。反之,企业的获利能力越弱,今后每年的净收益就越少,企业估价模型的分子就越小,整个分式就越小,企业价值就越小;预计企业净收益的增长率越小,企业估价模型的分母就越大,整个分式也就越小,企业价值就越小。所以,为了不断增加企业的财富,企业就要千方百计地增加利润(因为利润越多,净收益就越多),并使利润向越来越好的方向发展。

其次,企业今后的获利越稳定、获得预期净收益的波动性越小,投资者就会认为其投资的风险越小,对投资于企业要求的收益率也就越小,企业估价模型的分母就越小,整个分式也就越大,企业价值就越大。反之,企业今后的获利越不稳定、获得预期净收益的波动性越大,投资者就会认为其投资的风险越大,对投资于企业要求的收益率也就越大,企业估价模型的分母就越大,整个分式也就越小,企业价值就越小。所以,企业在生产经营过程中应尽量考虑长远的利益,不追求片面的、一时的眼前利益,应注意企业形象,力求使企业在竞争中始终处于有利地位。要避免过大的风险和盲目投资和经营,减少整体风险,使投资者建立起对企业的信心。

最后,值得说明的是企业的账面资产、负债以及所有者权益并非对企业价值的评估一点用都没有。在对企业的整体价值进行评估时,要参考有关财务资料。例如,企业的资产结构严重不合理,会影响企业今后的获利能力;企业的负债结构不合理也会影响企业的财务风险。这些都间接影响企业的整体价值。

三、市盈率法

市盈率是投资者所必须掌握的一个重要财务指标,是股票价格除以每股盈利的比率。

$$\text{市盈率}(P/E)=\frac{\text{每股市价}(P)}{\text{上一期每股收益}(EPS)}$$

市盈率反映了在每股盈利不变的情况下,当派息率为100%时及所得股息没有进行再投资的条件下,经过多少年我们的投资可以通过股息全部收回。一般情况下,一只股票市盈率越低,市价相对于股票的盈利能力越低,表明投资回收期越短,投资风险就越小,股票的投资价值就越大;反之则结论相反。

根据市盈率概念估算公司股票价值的方法叫市盈率法。

$$\text{股票价值}(V)=\text{参照公司市盈率}(P/E)\times\text{被评估公司每股收益}(EPS)$$

例如,某制造业A公司去年每股收益为0.83元/股,市场上目前稳定的制造业的市盈率为21倍,则A公司股票的价值为:

$$V=21\times 0.83=17.43\ (\text{元/股})$$

使用市盈率法时应该注意的是:第一,参照市盈率必须考虑多种因素,使其有“可比性”;第二,被评估公司每股收益有时应该进行适当的调整。

四、市净率法

市净率简称P/B,指的是每股市价与每股净资产的比率。

$$市净率(P/B)=\frac{每股市价(P)}{账面净资产(B)}$$

市净率可用于股票投资分析,一般来说,市净率较低的股票,投资价值较高;相反,则投资价值较低。但在判断投资价值时还要考虑当时的市场环境、公司经营情况和盈利能力等因素。

根据市净率概念估算公司股票价值的方法叫市净率法。

$$股票价值(V)=参照公司市净率(P/B)\times 被评估公司每股净资产(B)$$

例如,某运输业B公司账面净资产为4.6元/股,市场上目前运输业的平均市净率为2.3倍,则B公司股票的价值为:

$$V=2.3\times 4.6=10.58\ (元/股)$$

使用市净率法时应该注意的是:第一,参照市净率必须考虑多种因素,使其有“可比性”;第二,被评估公司每股净资产应通过评估机构评估并做适当的调整。

思考题

1. 什么是价值评估?价值评估包括哪些内容?
2. 价值评估一般有哪些方法?
3. 什么是清算价值和可持续经营价值?有何不同?
4. 什么是内在价值和市场价值?有何不同?
5. 什么是价值评估的收益法,其基本原理如何?
6. 固定收入证券有何特点?
7. 说明普通股估价的三种股利模型及对应的估价模型。
8. 说明股票价格变动规律。
9. 什么是企业的整体价值?说明企业整体价值评估的必要性和可能性。
10. 如何对企业的整体价值进行评估?

资金成本及其运用

第一节　资金成本的含义及其意义

一、资金成本的概念

企业在筹资和投资的过程中，除了要考虑资金的时间价值外，还要考虑资金成本。一般来说，在确定的经济项目和业务活动中，只有当项目的收益率高于资金成本率时，所筹集和使用的资金才能取得较好的投资效益。例如，企业向银行借入资金50万元，投资于A项目，假如借款的利率为10%，而A项目的投资收益率为8%，则企业的这个投资项目就是亏损的，因为投资的资金使用的成本(这里是指利息)高于投资的收益。所以，资金成本是关系到企业筹资决策和投资决策的重要问题。企业在投资时应做到投资的收益率高于投资资金的成本率；企业在筹资时应选择资金成本最低的资金来源。只有这样才能体现效益原则。

所谓资金成本就是企业筹集和使用资金所付出的代价。在经济生活中企业从各种渠道用各种方式筹集的资金不可能无偿使用，必然要付出一定的代价。如企业的借入资金的代价主要有借款的利息和汇兑损益(借入外资时)、借款的手续费、代办费、发行债券的发行费、债券利息等。这些代价就是借入资金的成本。

企业使用自有资金也要付出代价。这个代价是企业使用自有资金而产生的机会成本。这个机会成本就是使用自有资金而失去的将这部分资金用于其他投资方向所能取得的投资收益。例如，某人拥有100万元资金，他将全部资金投资于纺织厂，每年的投资收益率为9%。如果同期市场上投资于机械厂的收益率为12%，投资于化工厂的收益率为15%，那么，他投资于纺织厂后就失去了投资于机械厂、投资于化工厂的机会，也就失去了得到12%、15%收益率的机会，他得不到的那些收益就是机会成本。他投资于纺织厂后所付出的代价就是得不到投资于其他方面的收益的机会成本。企业使用自有资金所付出的代价实际上是市场投资平均的收益率。因为投资者都想获得比较高的收益率，但若所有的投资者都投资于高收益率的投资项目，则会有激烈的竞争，竞争的结果是市场上各种投资的收益率趋向于一个平均的收益率。所以，对于一般的投资者来说，他在进行自有资金投资时，最起码要达到市场上平均的收益率，也就是说投资者自有资金投资的机会成本是市场平均的投资收益率。因此，企业使用自有资金也要付出代价，即自有资金也有成本。

有人认为企业资金的成本是实际支付的借款利息和由于各种筹资行为而付出的各种财务费用，而自有资金由于不需支付代价，因而就没有成本。这种理解是不正确的。因为它忽视了自有资金可以用作其他投资,从而获得可选择的收益。这种收益就是使用自有资金的机会成本,即其资金成本。由此可见,资金成本有可能是实际发生的实支成本,也有可能是并未实际支付的机会成本。

二、理解和利用资金成本概念的意义

资金成本是一个重要的经济范畴,是现实经济生活中的一种客观存在。不论人们是否意识到它的存在,资金成本都会对经济生活产生重要的影响。如果人们知道了资金成本的存在,掌握了资金成本的规律,就会主动地考虑它,运用它,从而在财务管理过程中,时时处处注意资金成本,提高资金使用效率。相反,如果人们并未意识到资金成本的存在,就不会主动利用它,就会使资金运用的效率变差。

资金成本是由于资金所有权与资金使用权分离和资金具有可选择的投向性而形成的一种财务概念。资金作为一种"特殊的商品"也有其使用价值,即能保证企业的生产经营活动正常进行,能与其他生产要素结合而使自己增值。企业筹集和使用资金后,暂时地取得了这些资金的使用权,就要为资金所有者或资金运用于其他投向暂时失去其使用价值而付出代价,因而要承担资金成本。

资金成本与资金时间价值既有联系,又有区别。资金成本的基础是资金时间价值,但两者在数量上是不一致的。资金成本既包括资金的时间价值,又包括投资风险价值,此外还受资金供求关系等的影响。至于资金时间价值,除用于确定资金成本外,还广泛用于其他方面。

资金成本是财务管理中必须研究的重要概念,它可以在多方面加以运用,而主要用于筹资决策和投资决策。

(一)资金成本在企业筹资决策中的作用

资金成本是选择资金来源,拟定筹资方案的主要依据。企业的资金来源和筹资方式是多种多样的。企业通过不同筹资来源和筹资方式取得的资金,其成本是不同的。企业全部资金中不同资金来源的结构直接影响着企业全部资金的综合成本,而企业的综合资金成本的高低又关系到经济效益的高低。为了以最少的资金耗费最方便地取得企业所需的资金,就必须分析各种资金来源的成本的高低,并合理地加以配置。所以,资金成本作为一项重要的经济因素,直接关系到筹资的经济效益,是首先需要考虑的。

1. 资金成本是影响企业筹资总额的重要因素

随着企业筹资数额的增加,资金成本将会不断变化。当企业筹资数额较大、资金的边际成本超过企业承受能力时,企业便不能再增加筹资数额。因此,资金成本是限制企业筹资数额的一个重要因素。

2. 资金成本是企业选择资金来源的主要依据

企业的资金可以从许多方面筹集。就长期借款来说,可以向商业银行借款,也可向保险公司或其他金融机构借款,还可向政府申请借款。各种借款渠道资金的成本各不相同。企业究竟选择哪种来源,首先要考虑的因素就是资金成本的高低。

3. 资金成本是企业选择筹资方式的参考标准

企业可以用的筹资方式是多种多样的,如发行股票、发行债券、银行借款、商业信用等。

在选择筹资方式时,需要考虑的因素很多,但必须考虑资金成本最低这一经济标准。

4. 资金成本是确定最优资金结构的主要参考

不同的资金结构会给企业带来不同的风险和资金成本。在确定资金结构时,考虑的因素主要是资金成本和财务风险。

当然,资金成本并不是企业筹资决策中所要考虑的唯一因素。企业筹资还要考虑到财务风险、资金期限、还款期限、限制条件等。但资金成本作为一项重要的因素,直接关系到企业经营的经济效益,是筹资决策时需要考虑的一个首要问题。

(二) 资金成本在企业投资决策中的作用

资金成本是评价投资项目可行性的主要经济标准。在评价任何一个投资项目的经济效益时,均需以资金成本作为折现率,计算该投资项目未来资金流量的现值,然后与总投资支出的现值相比较。任何投资项目只有其预期的投资收益率超过资金成本率时,该方案在经济上才是可行的。如果一个投资方案的预期投资收益率达不到投资的资金成本,说明该方案无利可图,企业就不应投资该项目。

1. 资金成本作为项目决策的折现率

在利用净现值①指标进行投资决策时,常以资金成本作为折现率。当净现值为正数时,投资项目可行;反之,当净现值为负数时,投资项目就不可行。因此,采用净现值指标评价投资项目数,离不开资金成本这一参考标准。

2. 资金成本作为投资项目的基准收益率

在进行投资决策时,一般以资金成本作为基准收益率。即只有当投资项目的收益率高于相应的资金成本率时,投资项目才可行;反之,当投资项目的收益率低于相应的资金成本率时,投资项目就不可行。因此,国际上通常将资金成本作为投资项目的"最低收益率"或是否采用投资项目的取舍率,是比较和选择投资方案的主要标准。

(三) 资金成本是评价企业经营成果的依据

资金成本作为一种投资报酬是企业最低限度的投资收益率。凡是企业的实际投资收益率低于这个水平的,则应认为是经营不利,这也向企业的经营者发出了信号,企业必须改善经营管理,提高经济效益。

理解和掌握资金成本概念对于财务管理人员乃至其他有关人员来说都是十分重要的。例如,企业的供销人员在制定销售策略时应注意赊销和现销的关系,过度的赊销会大大地降低企业的经营效益,因为赊销所占用企业的资金是有成本的。

三、资金成本的表示和衡量

(一) 资金成本总额和资金成本率

资金成本可以用资金成本总额和资金成本率表示。资金成本总额是一项全部资金来源的总成本。如企业借入资金 100 万元,每年支付利息 10 万元,则这笔借款的成本总额为 10 万元。

① 净现值是指投资项目未来报酬的总现值减去投资额现值后的差额。

资金成本率是企业使用或筹集资金的代价和使用资金净额之间的比率，这个比率以年为计算期。如企业借入资金 100 万元，每年支付利息 10 万元，则这笔借款的成本率为 10%。

$$资金成本率=\frac{筹资的税后代价(利息、红利等)}{筹资净额(筹资总额-筹资费)}\times 100\%$$

其中：筹资费指筹资相关的手续费、发行费、补偿余额等。

通常情况下资金成本不用资金成本总额表示。资金成本总额并不能真正表示资金成本的大小，而资金成本率则能表示资金成本的相对大小。例如，当筹资 1 000 万元时，10 万元资金成本是较小的；而当筹资 50 万元时，10 万元资金成本就是很大的。所以资金成本应用相对数即资金成本率表示。

（二）税前资金成本和税后资金成本

对于借入资金来说，企业使用资金得到的收益应最起码能够补偿其利息，这个利息就是借入资金的外显成本；同时由于财务会计制度规定利息费用可以从应税收益中予以扣除，所以，企业使用借入资金实际付出的代价应扣除因此而得到的省税部分(也称“税盾”)，剩余的部分资金成本才是借入资金真正的成本，这个扣除所得税因素以后的借入资金成本称为税后资金成本。因此，借入资金成本指的是税后资金成本。税后资金成本和税前资金成本的关系为：

$$税后资金成本率=税前资金成本率\times(1-所得税率)$$

例如，企业借款的利率为 10%，企业的所得税率为 33%，则这笔借款的成本为：

$$借款成本=10\%\times(1-33\%)=6.7\%$$

自有资金由于其分利要用税后利润，所以没有税盾。因此，就没有税前成本和税后成本之分。自有资金成本指的都是税后成本。

所以，企业借款利率严格来说不是借款的成本，借款的成本应在利率的基础上再扣除税盾。即应以税后资金成本来表示借款成本。企业发行债券等筹集到的资金的成本也是指的税后成本。由此，利用资金成本时应理解为税后资金成本。

（三）个别资金成本和综合资金成本

企业全部资金是由不同的资金来源构成的，不同的资金来源结构有不同的资金成本，这种不同资金来源的成本就是个别资金成本。

企业全部资金综合在一起后的成本称为综合资金成本。

综合资金成本是通过各种资金来源资金成本加权平均后计算出来的，所以又称为加权平均资金成本。若各种资金来源占总资金来源的比重为 W_i，相应的各种资金来源的成本为 K_i，则综合资金成本率为：

$$综合资金成本率=\sum W_i K_i$$

综合资金成本率表示企业全部资金的成本，在考虑企业总体的筹资和投资时应使用这个概念。

第二节　各种资金来源资金成本的估算

一、借入资金成本的计算

计算资金成本率的一般公式为：

$$资金成本率=\frac{利息费用\times(1-所得税率)}{筹集资金的净额}\times 100\%$$

企业借入资金的方式主要有银行借款、发行债券等。借入资金所付出的“代价”主要是利息。另外，在筹资过程中企业要支付一些筹集费用，如借款手续费、债券的发行费等，这些费用应作为筹资总额的扣除。即筹资净额＝筹资总额－筹资费用。

（一）长期借款成本

企业长期借款资金成本的计算公式应为：

$$长期借款资金成本率=\frac{利息\times(1-所得税率)}{筹资总额-筹资费}\times 100\%$$

【例 6-1】 某企业向银行借款 200 万元，借款利率为 11%，支付手续费 2 万元。企业的所得税率为 25%。计算该项借款的成本。

答：$借款的成本=\frac{200\times 11\%\times(1-25\%)}{200-2}\times 100\%=8.33\%$

借入资金成本率还可用另一公式计算。在以上公式的分子和分母都除以“筹资总额”，则得：

$$长期借款资金成本率=\frac{利率\times(1-所得税率)}{1-筹资费率}\times 100\%$$

筹资费率为：$\frac{2}{200}=1\%$，所以：

$$借款的成本=\frac{11\%\times(1-25\%)}{1-1\%}\times 100\%=8.33\%$$

（二）债券资金成本

企业发行债券的资金成本的计算和长期借款资金成本的计算基本相同，公式为：

$$长期债券资金成本率=\frac{债券年利息\times(1-所得税率)}{债券面值-发行费}\times 100\%$$

【例 6-2】 某企业发行债券一批，总额为 50 000 万元，票面利率为 6%，支付发行费 900 万元。企业所得税率为 25%。计算该债券的筹资成本。

答：$长期债券资金成本率=\frac{债券年利息\times(1-所得税率)}{债券面值-发行费}\times 100\%$

或

$$\text{长期债券资金成本率}=\frac{\text{票面利率}\times(1-\text{所得税率})}{1-\text{发行费率}}\times 100\%$$

所以，

$$\text{债券资金成本率}=\frac{50\ 000\times 6\%\times(1-25\%)}{50\ 000-900}\times 100\%=4.58\%$$

或

$$\text{债券资金成本率}=\frac{6\%\times(1-25\%)}{1-\dfrac{900}{50\ 000}}\times 100\%=4.58\%$$

若债券是折价或溢价发行的，则计算资金成本时要使用“实际利率”的概念。这时债券的票面利率只是名义利率，债券的实际利率才是税前资金成本。因此，我们先要计算出债券的实际利率，然后再换算成税后资金成本。

【例 6-3】 某企业发行一批债券，总额为 50 000 万元。发行方案为：发行面值 1 000 元的债券 50 万份，票面利率为 6%，5 年期，每年付息一次，到期还本，发行价为 990 元，共支付券商等中介机构费用 900 万元。企业所得税率为 25%。计算该债券的筹资成本。

答：该债券总发行费 900 万元，每份分担 900/50＝19.8 元，相当于发行价为 990－19.8＝970.2 元。所以，可以先计算出该债券的实际利率 i 为：

$$970.2=100\times 6\%\times\frac{1-(1+i)^{-5}}{i}+\frac{1\ 000}{(1+i)^{5}}$$

$$i=6.72\%$$

因此，该债券的资金成本 k 为：

$$k=6.72\%\times(1-25\%)=5.04\%$$

二、自有资金成本的估算

企业的自有资金有发行优先股票筹集到的资金、发行普通股票筹集到的资金、投资者投入的资金和企业的留用利润等。企业使用自有资金所付出的代价不像借入资金那样相对固定，而是较难预测的。前面我们已经分析过，企业的自有资金成本实际上是投资者要求的收益率。但各种自有资金的成本有所不同，具体如下。

（一）优先股成本

企业发行优先股股票的代价是每年支付的股利和发行时的发行费。由于股票股利的支付要用税后利润，所以，企业发行优先股筹资并不能得到税盾。优先股股票成本率的计算公式为：

$$\text{优先股成本率}=\frac{\text{优先股票面总额}\times\text{年股息率}}{\text{优先股票面总额}-\text{发行费}}\times 100\%$$

或

$$优先股成本率=\frac{年股息率}{1-发行费率}\times 100\%$$

【例6-4】 某公司发行优先股票500万元，票面利率为15%，发行费为7万元。计算优先股成本。

$$答：优先股成本率=\frac{优先股票面总额\times 年股息率}{优先股票面总额-发行费}\times 100\%=\frac{500\times 15\%}{500-7}\times 100\%$$

$$=15.21\%$$

或

$$优先股成本率=\frac{年股息率}{1-发行费率}\times 100\%=\frac{15\%}{1-\frac{7}{500}\times 100\%}\times 100\%$$

$$=15.21\%$$

根据证券估价模型，优先股的成本率为：$k=\frac{D}{P}$

考虑发行费因素得：

$$k=\frac{D}{P\times(1-f)}\times 100\%$$

其中：k 为优先股成本率；D 为优先股每年股利；P 为优先股的发行价（总额）；f 为优先股的发行费率。

企业破产时，优先股股东的求偿权在债券持有人之后，优先股股东的风险大于债券持有人的风险，这就使得优先股的股利率一般要大于债券的利息率。另外，优先股股利要从净利润中支付，使优先股没有省税的利益。所以，优先股成本通常要高于债券成本。

（二）普通股成本

企业发行普通股票筹资时，其代价是每年支付的股利和发生的筹资费用。由于普通股的股利每年是不固定的，通常是波动的。因此，估算普通股成本有一定的难度。一般可以用以下几种方法估算普通股成本。

1. 股价模型法

根据证券估价模型：

$$P=\frac{D_1}{k-g}$$

其中：k 为投资者要求的收益率，即股票筹资的成本率；D_1 为预计下一年的股利；g 为预计股利增值率；P 为股票的发行价。

则普通股票成本率可以用下式计算：

$$普通股成本率=\frac{预计下一年股利}{股票发行总额-发行费}+预计股利的年增长率$$

或

$$普通股成本率=\frac{预计下一年股利率}{1-发行费率}+预计股利的年增长率$$

或

$$普通股成本率=\frac{预计下一年股利}{股票发行总额\times(1-发行费率)}+预计股利的年增长率$$

【例 6-5】 某公司发行普通股票 1 000 万股，每股面值为 1 元。预计下一年公司发放股利 0.16 元，预计该公司股票的股利将以 5%的增长率增长，股票发行费为 20 万元。计算该公司普通股票的成本。

答：
$$\begin{aligned}普通股成本率&=\frac{预计下一年股利}{股票发行总额-发行费}+预计股利的年增长率\\&=\frac{1\,000\times0.16}{1\,000-20}\times100\%+5\%\\&=21.33\%\end{aligned}$$

或

$$\begin{aligned}普通股成本率&=\frac{预计下一年股利率}{1-发行费率}+预计股利的年增长率\\&=\frac{16\%}{1-\frac{20}{1\,000}}\times100\%+5\%\\&=21.33\%\end{aligned}$$

普通股资金成本实际上是股东对公司要求的收益率。由于股东估计今后股利较困难，所以，以上普通股资金成本的计算公式实际上可以认为实际估算普通股成本的一种方法。

2. 历年收益率平均法

所谓历年收益率平均法，就是根据公司股票收益率的过去几年的历史数据求得该股票的平均收益率，并把它作为普通股资金成本（投资者要求的收益率）的估计值，计算的公式如下：

$$资金成本率=\frac{以前历年收益率之和}{计算期数}$$

3. 债券收益率加成法

这种方法是在公司长期债券利率的基础上加上 2%—4%的风险补偿率，作为公司普通股资金成本的估计值。

$$普通股资金成本=债券收益率+风险补偿率$$

如果某公司的债券收益率为 12%，则该公司普通股资金成本为：

$$普通股资金成本=12\%+3\%=15\%$$

其中，风险补偿率究竟应该加多少，应视风险而定。

债券收益率加成法的依据是：对于具有高风险、低收益的公司，其债券筹资的成本相对也高，对应的普通股股东比债权人承担更大的风险，他们要求的股本收益率更高，因此公司的普通股资金成本就更高。

但必须注意，上例中的风险补偿率3%是主观推测值。因此，资金成本的估计值也是主观推测值。可见，这种方法不是很精确，它只能是一个大概的范围。但即使这样，这种方法常为财务人员采用。

4. 资本资产定价模型法

这种方法就是利用资本资产定价模型来估计普通股资金成本，计算公式为：

$$\text{普通股资金成本}=\text{无风险收益率}+\text{股票风险率}\times\text{市场全部股票超额收益率}$$

无风险收益率通常可以采用国库券的利率作为标准。

股票风险率是指某股票超额的收益率的变化相对于市场全部股票平均超额收益率的变化的比率，即：

$$\text{股票风险率}=\frac{\text{某种股票超额收益率的变化程度}}{\text{市场全部股票超额收益率的变化程度}}$$

股票风险率代表某公司的市场风险系数，即投资于该种股票的风险率。通常称作贝塔系数（β系数）。若股票风险率，即贝塔系数为1，表明该股票的风险率和市场全部股票的风险率相同；若股票风险率，即贝塔系数大于1，表明该股票的风险率较市场全部股票的风险率大；若股票风险率，即贝塔系数小于1，表明该股票的风险率较市场全部股票的风险率小。股票风险率可以利用公式计算，但较复杂。在较完善的证券市场上，由专门的投资咨询公司定期公布贝塔系数。

市场全部股票超额收益率是指证券市场上全部的股票平均的超过无风险收益率的那部分收益率。即股票风险率为1的那些股票的超额收益率。

对普通股投资者来说，通过上式的计算可以求得投资于公司的应得收益率，对企业来说，这就是该公司股票的资金成本。

因此，若知道了无风险收益率、市场全部股票平均超额收益率和该公司股票的风险率就可以求出该公司股票的资金成本。

例如，某公司股票的市场风险系数为0.8，根据有关部门提供的资料可知市场全部股票超额收益率为6%，目前国库券的利率为10%。

根据公式，该公司普通股资金成本为：

$$\text{普通股资金成本}=10\%+0.8\times6\%=14.8\%$$

公司普通股资金的成本等于无风险收益率加上风险补偿率。该股票的风险补偿率等于市场全部股票平均风险补偿率与该股票的风险率的乘积。可见，公司股票的风险率越大，投资者要求的应得收益率越高，普通股资金成本也越高。

如果上例中股票风险率为1.3，表示该种股票的风险高于市场全部股票的平均风险，此时，普通股资金成本为：

$$普通股资金成本=10\%+1.3\times 6\%=17.8\%$$

从公式上看，用资本资产定价模型法估计普通股资金成本的方法似乎比较简单。但是在实际应用上，存在以下两个问题。

首先，资本资产定价模型法有许多假设，当这些假设不适用时，资本资产定价模型法就无效。相应的普通股资金成本估算也就不正确。

其次，即使资本资产定价模型是有效的，但是正确估计无风险收益率和贝塔系数也是非常困难的。

（三）留用利润成本率

企业的税后利润会有一部分以盈余公积或未分配利润等形式留在企业作为生产经营的资金使用，这部分资金称作留用利润，或称留存收益。企业使用留用利润虽然并不支付直接的"代价"，但是，由于资金用途有可选择性，企业使用留用利润会产生机会成本。企业的税后留用利润，如果作为股利分配给股东，股东可能将其投资于其他盈利事业而得到一定的收益；如果留用利润用作企业的扩大再生产资金，则股东就失去了应收股利的机会，等于股东对企业追加了投资，实际上使公司增加了自有资金的数额，股东对这部分追加投资的增加至少要求给予股东在相同的可比投资风险情况下用于其他投资所能获得的收益。所以，企业对这部分资金也应计算资金成本。留用利润的资金成本即表现为普通股股东股权资金的成本。

留用利润成本率的计算方法与普通股基本相同，只是不考虑筹资费用。计算公式如下：

$$留用利润成本率=\frac{预计下一年分利}{留利总额}+预计股利年增长率$$

或

$$留用利润成本率=预计下一年分利率+预计股利年增长率$$

或

$$留用利润成本率=债券利息率+风险补偿率$$

【例 6-6】 某企业使用留用利润 100 万元，预计该企业明年利润分配率为 13%，今后还将以 4%的增长率增长。计算留用利润成本率。

答：
$$\begin{aligned}留用利润成本率&=\frac{预计下一年分利}{留利总额}+预计股利年增长率\\&=\frac{100\times 13\%}{100}\times 100\%+4\%=17\%\end{aligned}$$

或

$$\begin{aligned}留用利润成本率&=预计下一年分利率+预计股利年增长率\\&=13\%+4\%=17\%\end{aligned}$$

非股份有限公司自有资金成本的计算和股份有限公司自有资金成本的计算基本相同。特别是历年平均收益率法、债券利息率加成法等可以用于不同类型的企业的自有资金成本的计算。

第三节 综合资金成本和资金边际成本

一、综合资金成本

某企业准备用2 000万元投资一个项目,其中有1 500万元资金是通过银行借款得到的,借款的利率为10%。这个企业对该投资项目要求的最低投资收益率为10%,因为只有收回10%,才能支付利息。这种观念是不正确的。企业对该投资项目要求的收益率只能满足支付利息的要求,不能得到投资者(企业)自有资金部分应得的收益。由于自有资金的成本是投资者要求的收益率,表现为市场平均的投资收益率,所以,一般来说,自有资金成本总是高于借入资金成本的。不然的话,市场上的借入资金就没有人去借了,只有借款的利率低于市场平均的投资收益率时,才有人去借款。该企业要求收回10%的收益率,显然只考虑了借入资金而没有考虑自有资金的要求。

事实上,该企业投资应考虑使投资收益率大于资金成本率,这里的资金成本率应该用综合资金成本率来代替。

企业的资金来源于各种渠道,是用各种方式筹集到的,各种渠道的资金来源有不同的资金成本,用各种方式筹集到的资金的成本也不一样。企业全部资金的成本应是各种资金来源渠道的资金成本的综合,即综合资金成本。综合资金成本代表企业的全部资金的总体成本,企业在做投资决策或筹资决策时都应以它作为参考的依据。

综合资金成本率的计算是通过计算各种资金来源成本的平均数进行的。但在计算时并不是简单地将各种资金来源成本加以加总,而是用加权平均的方法进行计算。即在加总计算时要考虑各种资金的"权重"(各种资金占全部资金的比重)。权重大的资金来源的成本对综合资金成本的影响大,权重小的资金来源的成本对综合资金成本的影响就小。综合资金成本率的计算公式如下:

$$综合资金成本率=\sum W_iK_i$$

其中:W_i 为各种资金来源的权重,即各种资金来源的资金占全部资金的比重;K_i 为各种资金来源的成本率。

这样,综合资金成本率的计算公式可以表示为:

$$综合资金成本率=各种资金来源的比重\times 各种资金来源成本率之和$$

或

$$综合资金成本率(WACC)=W_dK_d(1-T)+W_pK_p+W_sK_s$$

其中:$WACC$ 为综合资金成本(weighted average cost of capital);W_d 为借入资金的比重;K_d 为借入资金的利率;T 为所得税率;W_p 为优先股资金的比重;K_p 为优先股的资金成

本;W_s 为普通股资金的比重;K_s 为普通股资金成本。

【例6-7】 某企业资金总额为300万元,其中自有资金为150万元,资金成本率为16%;银行借款100万元,借款利息为11%;发行债券50万元,债券票面利率为13%。企业的所得税率为25%。计算该企业的综合资金成本率。

答:该企业资金来源有三种渠道,各种资金来源的权重和成本率分别为:

(1) 自有资金:权重为 $\frac{150}{300}=50\%$　　成本率为16%

(2) 银行借款:权重为 $\frac{100}{300}=33.33\%$　　成本率为 $11\%\times(1-25\%)=8.25\%$

(3) 发行债券:权重为 $\frac{50}{300}=16.67\%$　　成本率为 $13\%\times(1-25\%)=9.75\%$

以上计算如表6-1所示:

表6-1 综合资金成本计算表

资金来源种类	权重(W_i)	成本率(K_i)	乘积(W_iK_i)
自有资金	50%	16%	8%
银行借款	33.33%	8.25%	2.75%
发行债券	16.67%	9.75%	1.63%
合计	100%	—	12.38%

由上表计算可知,该企业的综合资金成本率为12.38%。

【例6-8】 某公司筹集资金2 000万元,发行普通股股票1 000万元,发行费66万元,预计下一年支付股利率14%;发行优先股股票200万元,发行费率为5%,票面股利率13%;向银行借款500万元,利率为10%,借款手续费3万元;发行债券300万元,票面利率12%,发行费率为3%。企业的所得税率为25%。计算该公司的综合资金成本率。

答:(1) 普通股票:成本率为 $\frac{1\,000\times14\%}{1\,000-66}=14.99\%$　　权重为 $\frac{1\,000}{2\,000}=50\%$

(2) 优先股票:成本率为 $\frac{13\%}{1-5\%}=13.68\%$　　权重为 $\frac{200}{2\,000}=10\%$

(3) 银行借款:成本率为 $\frac{500\times10\%\times(1-25\%)}{500-3}=7.55\%$　　权重为 $\frac{500}{2\,000}=25\%$

(4) 债券:成本率为 $\frac{12\%\times(1-25\%)}{1-3\%}=9.28\%$　　权重为 $\frac{300}{2\,000}=15\%$

所以,

$$\begin{aligned}\text{综合资金成本率}&=50\%\times14.99\%+10\%\times13.68\%+25\%\times7.55\%+15\%\times9.28\%\\&=12.14\%\end{aligned}$$

该公司的综合资金成本率为12.14%。

二、资金边际成本

（一）资金边际成本的概念

加权平均资金成本表示企业过去已筹集的或目前使用的在现行市场价格基础下计算出来的各种资金来源资金成本的加权平均值。

企业为了生产经营的发展，需要筹集更多的（新增的）资金。新增资金与现有资金一样，也存在成本。由于资金筹集的数量、方式和渠道不同，筹集到的资金与其原有资金的成本也不一样。企业在原有基础上增加资金会改变其综合资金成本。

资金的边际成本（marginal cost of capital，MCC）是指每增加一个单位新资金而增加的成本。

在某一段时间内，随着资金需求量越来越多，资金边际成本在某一数量点上会相应增高。企业在进行投资时，不能仅仅考虑目前使用资金的资金成本，还要考虑为投资项目新筹集的资金的成本。因此，计算新增资金的资金边际成本就显得尤为重要，它是企业投资与筹资综合决策的一项重要的内容。

（二）资金边际成本的确定

企业计算新增资金的资金边际成本通常按照以下步骤来进行。

1. 确定目标资金结构

资金结构是指企业的资金来源中自有资金与借入资金的比例。目标资金结构就是在现有市场条件下的最佳资金结构[①]，也就是企业希望追求的各种资金要素占资金总额比重的最佳比例关系。在计算资金边际成本时，首先要确定目标资金结构。资金边际成本要在目标资金结构的基础上计算确定。例如：财务管理人员经过认真分析，认为目前的资金结构即为最优资金结构，因此，将目前的资金结构确定为目标资金结构。即在今后的筹资过程中将继续不断地保持目前的各种来源资金之间的比例关系。

例如，东方公司的目标资金结构确定为银行借款 50%、优先股 10%、普通股 40%。公司目前资金总额为 800 万元。

2. 确定现有资金综合资金成本

东方公司目前有关资金来源数据资料如下：

银行借款利率为 10%；优先股成本为 12%；所得税税率为 25%；股票发行价格为 1 元/每股；上次股利 0.12 元/每股；预计股利增长率为 7%并能保持稳定。

根据资料计算目前目标资金结构综合资金成本：

（1）银行借款成本为：10%×(1−25%)=7.5%

（2）普通股成本为：

$$\begin{aligned} D_1 &= D_0 \times (1+g) = 0.08 \times (1+5\%) \\ &= 0.12(\text{元/每股}) \end{aligned}$$

---

① 资金结构的概念及其确定将在第八章详述。

$$普通股成本率=\frac{预计下一年股利}{股票发行总额-发行费}+预计股利的年增长率$$

$$=\frac{0.12}{1}+5\%=17\%$$

(3) 综合资金成本=50%×7.5%+10%×12%+40%×17%=11.75%

根据以上计算，东方公司现有资金的综合资金成本为17.35%，表明只要东方公司的资金结构与目标资金结构保持一致，并且各种资金来源的成本在筹资数额范围内保持不变，则其综合资金成本也将不变，在本例中将保持为11.75%。该公司每筹集100元的新增资金，其资金结构中都包括50元的银行借款、10元的优先股和40元的普通股，并且其新增资金的边际成本始终为11.75%。

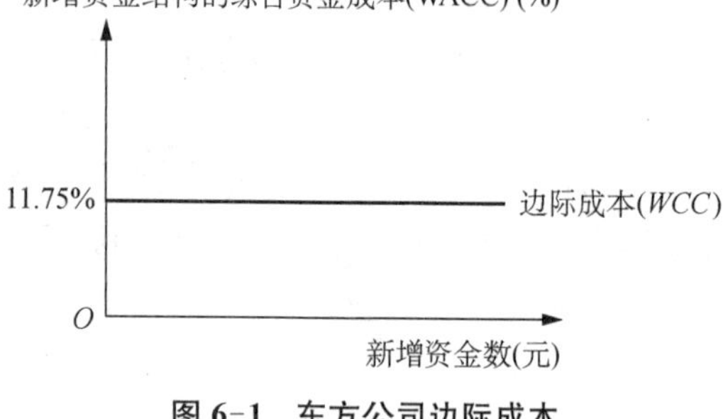

图6-1 东方公司边际成本

当新增的资金的成本按照目前的市场条件保持不变时，在目前的资金结构下，资金边际成本将保持11.75%，如图6-1所示。

3. 确定资金边际成本间断点和资金边际成本

企业在筹资过程中所面临的市场不是一成不变的，任何一个企业都不能以不变的成本筹集到无限的某一种资金。当企业筹集某种资金超过某一数额时，其资金成本就会增加。

资金边际成本的间断点是指以特定筹资方式筹资，筹集到一定数额时成本发生变化的点。

假定东方公司原来的资金结构为理想的资金结构，所筹集的新资金的目标资金结构，维持原有各资金来源之间的比例关系。也就是说，如果公司要自筹100万元的资金，它应该借款50万元，并获得10万元的优先股和40万元的普通股资金。

(1) 保留盈余间断点。新增普通股资金有两个来源：

① 今年的保留盈余，也就是公司今年税后利润中，分给股东红利后余下的那部分当年的利润。但要注意，这里仅指的是今年的保留盈余，而不是过去的保留盈余，因为过去的保留盈余已经投资到厂房、设备和库存等项目中去。

② 新发行的普通股资金收入。

如果公司所筹集新资金中的普通股资金全部来源于今年的保留盈余，那么，东方公司所筹集的新增资金成本17%；如果公司资金需求量大，以致本年的保留盈余已不能满足公司对普通股资金的需求，用完了它的保留盈余后就将发行新股筹资。若新股票的发行费用为10%，则其普通股资金的成本，将从17%上升到：

$$\frac{0.12}{1\times(1-10\%)}+5\%=18.33\%$$

当东方公司的银行借款成本和优先股成本保持不变时，采用新增的保留盈余和发行新股票这两种普通股资金来源后，东方公司的综合资金成本分别如表6-2和表6-3所示。

表 6-2　东方公司新增资金采用新保留盈余的边际成本

资金来源种类	权重 (W_i)	成本率(K_i)	乘积(W_iK_i)
银行借款	50%	7.5%	3.75%
优先股	10%	12%	1.2%
普通股	40%	17%	6.8%
合　计	100%	—	11.75%

表 6-3　东方公司新增资金采用发行新股的边际成本

资金来源种类	权重 (W_i)	成本率(K_i)	乘积(W_iK_i)
银行借款	50%	7.5%	3.75%
优先股	10%	12%	1.2%
普通股	40%	18.33%	7.33%
合　计	100%	—	12.28%

从表 6-2 和表 6-3 可见，当新增资金全部来源于今年的保留盈余时，每一元资金的综合资金成本率为 11.75%，即边际资金成本率为 11.75%。当用完公司今年的保留盈余，必须发行新股筹集资金时，公司的综合资金成本率就跳到了 12.28%。

从资金成本间断点的概念看，当公司筹集某种资金达到一定数量，使公司的综合资金成本发生变化的那一点就是资金边际成本间断点。

现在我们关心这样一个问题：在用完今年的保留盈余开始发行新股票之前，东方公司能筹集到多少资金？也就是说，资金边际成本的间断点在哪里？

假设东方公司今年的保留盈余为 40 万元，同时假定当公司全部用完今年的保留盈余并准备开始发行新股票之前，所能筹集到新增资金数额（筹资的资金成本保持不变的那部分资金）为 B。显然，B 点即为资金边际成本间断点。

由于新增资金筹到后，公司的资金结构维持原来资金结构比例，即普通股资金在总资金中的比例为 40%。

则：

$$今年保留盈余=\frac{普通股资金所占比例}{间断点}$$

即：

$$400=40\% \times B$$

$$B=100(万元)$$

经计算得知，间断点为 100 万元。由于该间断点是用完保留盈余后所产生的间断点，称为保留盈余间断点，计算公式如下：

$$保留盈余间断点=\frac{今年间断点}{普通股资金所占比例}$$

由此可见，在不改变原有的资金结构比例的前提下，东方公司在全部用完今年保留盈余，并使资金边际成本不变时，所能筹集到的最大资金总额为 100 万元。这 100 万元中，普通股资金为 40 万元、优先股资金为 10 万元、银行借款为 50 万元。这时，公司的综合资金成本不变，如表 6-4 所示。

表 6-4　东方公司新增 100 万元资金的边际成本

资金来源种类	权重 (W_i)	成本率(K_i)	乘积(W_iK_i)
银行借款	50%	7.5%	3.75%
优先股	10%	12%	1.2%
普通股	40%	17%	6.8%
合　计	100%	—	11.75%

当东方公司筹集新增资金超过 100 万元时，资金结构中新增普通股资金就要超过 40 万元。这时公司今年的保留盈余就不够补充，需要发行新股票，资金的边际成本就要增加，如表 6-5 所示。

表 6-5　东方公司新增资金超过 100 万元的边际成本

资金来源种类	权重 (W_i)	成本率(K_i)	乘积(W_iK_i)
银行借款	50%	7.5%	3.75%
优先股	10%	12%	1.2%
普通股	40%	18.33%	7.33%
合　计	100%	—	12.28%

图 6-2 显示了东方公司的资金边际成本间断点。

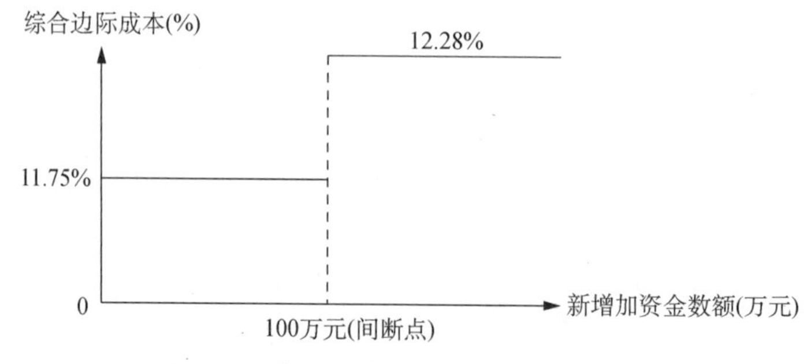

图 6-2　东方公司的资金边际成本间断点

从图 6-2 中可以看出，当东方公司筹资金额超过 100 万元时，它的综合资金成本从 11.75%提升到 12.28%，在资金成本曲线上产生了间断点。

(2) 10%利率银行借款间断点。随着东方公司新筹资金额的继续增加，公司的资金边际成本还会产生其他间断点。

例如，假设东方公司以 10%的利率只能筹集到 100 万元的银行借款，如果继续向银行借款，利率就要增加到 12%。因此，当 10%利率的债务用完时，资金边际成本曲线将会出现第二个间断点。10%利率的银行借款间断点的计算公式为：

$$10\%\text{银行借款间断点}=\frac{10\%\text{银行借款额}}{\text{银行借款所占比例}}=\frac{100}{50\%}=200(\text{万元})$$

在东方公司筹集的资金总额达到200万元时，边际资金成本曲线上将出现第二个间断点，这是由于10%利率的银行借款用完后，银行借款利率提高到12%所引起的综合资金成本的跳跃。表6-6给出了东方公司的筹资额达到200万元时的资金边际成本。

表6-6　东方公司新增资金超过200万元的边际成本

资金来源种类	权重(W_i)	成本率(K_i)	乘积(W_iK_i)
银行借款	50%	9%	4.5%
优先股	10%	12%	1.2%
普通股	40%	18.33%	7.33%
合　计	100%	—	13.03%

表6-6表明，当东方公司新筹集资金达到200万元时，若再增加100元，则该100元将由50元的银行借款、10元的优先股和40元的新发行普通股票所组成，它们的资金成本分别为9%(税后)、12%和18.33%，综合资金成本为13.03%。

从以上分析中知道，当东方公司筹资金额超过200万元，它的资金边际成本曲线出现了两个间断点。第一个间断点是由于今年保留盈余用完所引起的，第二个间断点是由于利率为10%的银行借款用完所引起的。两个间断点使东方公司具有三个不同的综合资金成本值。新筹集资金在100万元之前的综合资金成本为11.75%；新筹集资金在100万元至200万元之间时，综合资金成本为12.28%；新筹集资金超过200万元时，其综合资金成本达到了13.03%。东方公司资金边际成本曲线如图6-3所示。

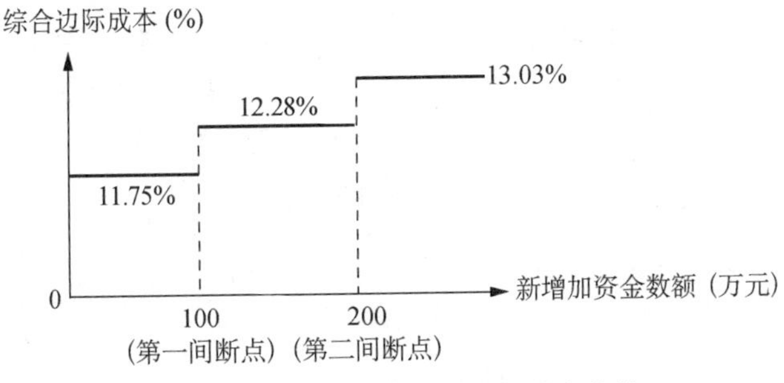

图6-3　东方公司的资金边际成本曲线

可见，随着筹资额的继续增加，银行借款利率、优先股成本和普通股成本也增加时，将会出现更多的间断点。一般说来，如果有一种资金来源成本增加，就会产生一个间断点。由于各种资金来源的成本会发生变动，因此会有许多间断点产生。间断点计算的一般公式为：

$$\text{间断点}=\frac{\text{某种资金来源成本较低时的资金总额}}{\text{该种资金来源在资金结构中的比重}}$$

例如，东方公司如继续借款，即借款超过300万元时，银行将提高利率到13%，则12%银行借款的间断点为：

$$12\%银行借款的间断点=\frac{300}{50\%}=600(万元)$$

通过以上分析，我们可以得出以下三个基本的结论：

第一，资金边际成本是在新增资金来源的资金成本在原有基础上发生变化的情况下形成的。在不同的筹资市场上产生不同的资金边际成本。资金边际成本的大小随变化后的资金来源成本而发生变化，可能在原有基础上增加，也可能在原有基础上减小。

第二，在分析资金边际成本时，重要的是确定间断点的位置。任何一种资金来源成本的增加均会产生间断点，在间断点的前后资金边际成本不同。掌握了这一点对企业的筹资决策十分有用。

第三，资金边际成本间断点的计算分析是建立在资金结构不变的条件下。如果资金结构不同，则会产生不同的资金边际成本曲线。即资金结构不同，资金边际成本也就不同。企业的最佳资金结构将产生最低的资金边际成本曲线。

第四节　资金成本与企业财务决策

一、运用资金成本进行筹资决策

各种资金来源的成本是不同的。企业在筹集资金的过程中，为了体现经济原则就必须选择较低的资金成本的资金来源。在只有一种资金来源的情况下，应尽量降低筹资费用和其他费用；在有多种筹资来源的情况下，应选择资金成本较低的那一个资金来源。所以，资金成本是企业筹资决策中必须考虑的重要因素。

【例 6-9】 某企业拟筹集资金 100 万元。可以从两家银行得到贷款。A 银行利率为 11%，手续费为 1 万元；B 银行利率为 10.5%，不需手续费，但有附加条件，银行要求企业在借期内经常性地在该银行的账户上保持 10 万元的存款。如果其他条件相同的话，企业应选择哪个银行的借款？

答：两个银行的借款成本不一样，企业应选择成本率较小的那个。

$$A\ 银行借款的成本率=\frac{100\times 11\%\times(1-25\%)}{100-1}\times 100\%=8.33\%$$

B 银行的借款要求企业经常性地保持 10 万元的存款，意味着企业在借款期内只能使用 90 万元的存款，那 10 万元的资金企业实际上是不能使用的，所以，企业筹集到的资金实际上只能算是 90 万元。因此：

$$B\ 银行借款的成本率=\frac{100\times 10.50\%\times(1-25\%)}{100-10}\times 100\%=8.75\%$$

可见，A 银行借款的成本低于 B 银行借款的成本，所以，应选择 A 银行的借款。

从本例可以看出，虽然 B 银行借款的利率较 A 银行借款的利率低，但 B 银行借款的成本率高于 A 银行借款的成本率。企业不能选择 B 银行的借款。企业在选择资金来源时不能只看表面的利率,而应计算资金成本率,通过比较资金成本率后做决策。

【例 6-10】 某企业拟筹资 2 000 万元。有三个方案可供选择,有关资料如表 6-7 所示。

表 6-7　不同筹资方案资金来源表　　　　单位:万元,%

方案	银行借款		发行债券		发行股票	
	金额	利率	金额	利率	金额	成本率
方案 A	500	10	500	13	1 000	18
方案 B	400	9	600	14	1 000	19
方案 C	300	8	700	15	1 000	19

问:应选择哪种筹资方案(企业所得税率为 25%)?

答:企业有三种筹资的方案,每种方案的资金来源结构有所不同。这里应应用综合资金成本率的概念,选择综合资金成本率最低的那一个方案。因为,在投资收益率一定的情况下,资金成本率越低,净收益就越高。

A 方案综合资金成本率为:

$$\frac{500}{2\ 000}\times 10\%\times(1-25\%)+\frac{500}{2\ 000}\times 13\%\times(1-25\%)+\frac{1\ 000}{2\ 000}\times 18\%=13.31\%$$

B 方案综合资金成本率为:

$$\frac{400}{2\ 000}\times 9\%\times(1-25\%)+\frac{600}{2\ 000}\times 14\%\times(1-25\%)+\frac{1\ 000}{2\ 000}\times 19\%=14\%$$

C 方案综合资金成本率为:

$$\frac{300}{2\ 000}\times 8\%\times(1-25\%)+\frac{700}{2\ 000}\times 15\%\times(1-25\%)+\frac{1\ 000}{2\ 000}\times 19\%=14.34\%$$

通过计算得知,A 方案综合资金成本率<B 方案综合资金成本率<C 方案综合资金成本率,所以,企业应选择 A 方案筹资。

【例 6-11】 某企业年初资金结构如表 6-8 所示。

表 6-8　某企业年初资金结构表

资金来源	资金成本率及其增长率	金额(万元)
长期债券	年利率 8%	500
银行借款	年利率 7%	400
普通股	年末股利率 10%,以后年增长 3%	1 000
优先股	年股息率 9%	100
合　计	—	2 000

(假设企业所得税率为 25%)

该企业现需筹集资金 500 万元,有甲、乙两个方案可供选择:

甲方案:发行长期债券300万元,年利率10%,筹资费率为1%;银行借款200万元,年利率为8%。

乙方案:发行优先股400万元,年股息率11%,筹资费率为4%;银行借款100万元,年利率8%,筹资费2万元。

试选择最佳筹资方案。

答:企业追加资金的决策也是以资金成本最低为决策标准的。该企业筹资后资金总额为2 500万元,在计算综合资金成本率时,先计算原有资金的成本率(综合资金成本率),然后和新筹集的资金一同计算全部资金的综合资金成本率。

第一步,计算原有资金的成本率:

$$\begin{aligned}资金成本率 &= 500/2\,000 \times 8\% \times (1-25\%) + 400/2\,000 \times 7\% \times (1-25\%) \\ &\quad + 1\,000/2\,000 \times (10\% + 3\%) + 100/2\,000 \times 9\% = 9.8\%\end{aligned}$$

第二步,计算甲方案的综合资金成本率:

$$\begin{aligned}综合资金成本率 &= 2\,000/2\,500 \times 9.9\% + 300/2\,500 \times 10\% \times (1-25\%) \div (1-1\%) \\ &\quad + 200/2\,500 \times 8\% \times (1-25\%) = 9.22\%\end{aligned}$$

第三步,计算乙方案的综合资金成本率:

$$\begin{aligned}综合资金成本率 &= 2\,000/2\,500 \times 9.8\% + 400/2\,500 \times 11\% \div (1-4\%) + 100/2\,500 \\ &\quad \times 100 \times 8\% \times (1-25\%) \div (100-2) = 9.7\%\end{aligned}$$

第四步,分析比较。

从计算结果看出,甲方案筹资的综合资金成本率9.22%低于乙方案筹资的综合资金成本率9.7%,所以,应选择甲方案。

二、运用资金成本进行投资决策

运用资金成本可以进行投资决策。在投资决策中,企业的投资收益率应大于其投资的资金成本率,这里的资金成本率也应该用综合资金成本率的概念。若企业的投资收益率高于综合资金成本率,则投资项目可行;若企业的投资收益率低于综合资金成本率,则投资项目不可行。

另外,在计算投资收益的现值时,合适的折现率也应该用综合资金成本率来代替。

【例6-12】 某企业拟用债券筹资250万元投资建设某项目。债券年利率为11%,筹资费率为4%。投资项目投产后,预计年平均净收益为20万元。企业所得税率为25%。分析该项目是否可行?

答:该项目筹资是专用的,在分析投资项目是否可行时,应比较投资收益率和资金成本率。若投资收益率大于资金成本率,则项目可行;若投资收益率小于资金成本率,则投资项目不可行。

$$资金成本率 = 11\% \times (1-25\%) \div (1-4\%) = 8.59\%$$

$$投资收益率 = 年投资净收益/投资额 \times 100\% = 20/250 \times 100\% = 8\%$$

计算结果是投资收益率小于资金成本率，所以，该投资项目不可行。

【例 6-13】 某企业拟用债券和普通股票两种方式筹集 1 000 万元扩建某车间。债券和股票的资金成本率分别为 9%和 16%；两种筹资方式筹集的资金分别占筹资总额的 60%和 40%；扩建车间投入使用后的年平均净收益为 200 万元。分析该项经营决策是否有利可图?

答：企业投资采用混合的资金来源，所以，在分析时应将投资收益率和综合资金成本率进行比较。若投资收益率高于综合资金成本率，则项目可行；若投资收益率低于综合资金成本率，则项目不可行。

$$综合资金成本率=60\%\times9\%+40\%\times16\%=11.8\%$$

$$投资收益率=200/1\ 000\times100\%=20\%$$

由于投资收益率大于综合资金成本率，所以该经营决策是有利可图的。

【例 6-14】 某企业投资某项目，合同规定投资额 20 万元。投资期限为 10 年，从第三年起，每年年末能得到净利润情况如表 6-9 所示。

表 6-9　某项目各期净利润情况表　　单位：元

年　次	1	2	3	4	5	6	7	8	9	10
净利润	0	0	5 000	9 000	13 000	50 000	60 000	48 000	45 000	40 000

该企业资金总额有 800 万元，其中 300 万元为自有资金，成本率为 18%，500 万元为发行债券得到的资金，票面利率为 12%。企业的所得税率为 25%。则企业的这项投资是否合算?

答：在分析这个投资项目时，应考虑投资收益的现值和投资额比较。若未来投资收益的现值之和大于投资额，则项目可行；若未来投资收益的现值之和小于投资额，则投资项目不可行。

在计算未来投资收益的现值时，折现率应用该企业的资金成本率代替，这个资金成本率应是综合资金成本率。

第一步，计算综合资金成本率：

$$\begin{aligned}综合资金成本率&=500/800\times12\%\times(1-25\%)+300/800\times18\%\\&=12.38\%\end{aligned}$$

第二步，计算未来投资收益的现值之和：

计算时，折现率用综合资金成本率 12%。

$$\begin{aligned}未来投资收益现值=&\frac{5\ 000}{(1+12.38\%)^3}+\frac{9\ 000}{(1+12.38\%)^4}+\frac{13\ 000}{(1+12.38\%)^5}+\frac{50\ 000}{(1+12.38\%)^6}\\&+\frac{60\ 000}{(1+12.38\%)^7}+\frac{48\ 000}{(1+12\%)^8}+\frac{45\ 000}{(1+12\%)^9}+\frac{40\ 000}{(1+12\%)^{10}}\\=&144\ 988.55(元)\end{aligned}$$

第三步，分析：

企业投资 200 000 元，而投资收益用综合资金成本率折现后才为 144 988.55 元，小于企业的投资，所以，该投资项目不可行。

资金成本广泛运用于企业筹资和投资活动的方方面面，我们应自觉地掌握和运用它。

思考题

1. 什么是资金成本？其内容包括哪些？
2. 资金成本有何性质和作用？
3. 如何计算不同资金来源的资金成本？
4. 什么是综合资金成本？如何计算综合资金成本率？
5. 什么是资金边际成本及筹资突破点？如何计算资金边际成本？
6. 如何应用资金成本指标进行筹资决策？
7. 如何应用资金成本指标进行投资决策？

经营杠杆和财务杠杆

第一节　相关概念

一、企业经营中的杠杆

自然科学的杠杆作用是指借助于支点，一较小的力量便可以产生较大的效果。

杠杆原理是指在某种条件的作用下，一个因素的较小变化会引起另一个因素的较大变化，即一个因素会对另一个因素有“放大作用”。

在宏观经济活动中，政府通常会利用财政杠杆、税收杠杆、价格杠杆、利率杠杆等工具调节经济的运行。比如，税收杠杆是指针对某一类的经济活动较小幅度地提高税率就会抑制这类经济活动的较大的总量；利率杠杆是指中央银行较小的幅度调高或调低基准利率就会引起市场较大额度资金总量的减少或增加到经济活动中去。

企业经营中也有杠杆作用，我们发现：企业销售额或资金结构的较小变动会引起息税前利润或每股利润的较大变动。产生杠杆作用的“支点”是生产的固定成本或企业筹资时付给投资者的固定报酬。以固定成本作为“支点”的为经营杠杆作用，产销量的较小变化会引起息税前利润的较大变化；以筹资的固定报酬作为“支点”的为财务杠杆作用，息税前利润的较小变化会引起每股税后利润的较大变化。两者可以分别发挥作用，也可以共同产生作用，形成综合杠杆作用。

二、相关概念

在研究杠杆作用时，要先了解几个基本概念。

（一）固定成本和变动成本

成本习性又称成本性态，是指成本总额的变动与业务量总数之间的依存关系。这里的业务量可以是生产或销售的产品数量，也可以是反映生产工作量的直接人工小时或机器工作小时等。

成本的变动和业务量有着密切的关系，有一定的规律性，这种规律性是客观存在的。研究成本总额与业务量之间的这种联系，从成本性态上来认识和分析成本并将成本分为固定成本和变动成本。

1. 固定成本

固定成本是指成本总额在一定时期和一定业务量范围内，不受业务量增减变动影响而保持不变的成本。例如，某企业全年的财产保险费为10 000元，则在一年内，不管产量多少，财产保险费固定不变。因此，这笔财产保险费就属于固定成本。

固定成本包括：按综合折旧率计算的厂房和机器设备折旧、财产税、房屋租金、财产保险费、广告费、管理人员工资等。

固定成本是就总业务量的总成本而言的。从单位业务量中所含的固定成本而言，由于固定成本在一定时期和一定业务量范围内其总额保持不变。所以，随着业务量在一定范围内的增加或减少，其单位固定成本就会相应地减少或增加，即单位业务量的固定成本与业务量成反比。因此，随着业务量的变化，单位业务量的固定成本也是变化的。

固定成本通常可以进一步分为酌量性固定成本和约束性固定成本。

酌量性固定成本，是指通过企业管理当局的决策行动可以改变其数额的固定成本，亦称自定性固定成本。这些成本项目的开支往往是在会计年度开始前，根据经营及财力等情况由企业管理当局确定。这类成本的预算数只在某个预算期内有效，企业管理当局可以根据具体情况的变化，确定不同预算期的预算数额，如广告费、新产品研究开发费、人员培训费等。这些成本项目的开支对企业的业务经营肯定是有好处的，可以扩大产品销路，增强企业的竞争能力。但这些项目的支出数额多少并没有约束性，并非绝对不可以改变。要降低酌量性固定成本，只有从精打细算、厉行节约，减少它们的绝对额着手。

约束性固定成本，是指通过管理当局的决策行动并不能改变其数额，而是为维持企业所提供产品和服务的经营能力所必须开支的成本，亦称经营能力成本（如厂房和机器设备的折旧、财产税、财产保险费、房屋租金、管理人员的工资等）。这类成本项目是企业业务经营所必须负担的最低成本，是维持企业基本生产能力的必要支出，具有很大程度的约束性，绝对不可以任意减少；要降低约束性固定成本，只有从经济合理地利用企业的生产能力，提高产品产量，以降低单位产量固定成本着手。

固定成本具有相关范围的特征。对固定成本的所谓“固定性”，我们不能作绝对化的理解。从较长的时间看，固定成本的两个组成部分——酌量性固定成本和约束性固定成本会随着情况的变化和企业经营方针的改变而有所增减；从较短的时间（例如一年）看，说固定成本不受业务量变动的影响也是有条件的。这种条件称为“相关范围”。业务量的变动如果超过这个相关范围，固定成本就会发生变动。因为要完成的产量如果超过现有的生产能力，就势必要扩建厂房、增添设备和扩充必要的人员、机构，从而使原属于固定成本中的折旧、大修理费和管理人员工资等相应地增加。甚至在广告宣传费等方面也可能要为此而发生一定的追加支出才能使所增加的产品顺利地销售出去。固定成本的发生额为一定的相关范围所制约，如图7-1所示。

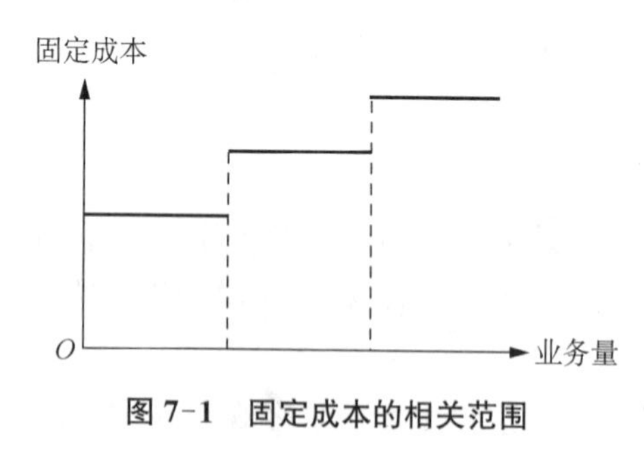

图7-1 固定成本的相关范围

2. 变动成本

变动成本是指成本总额随着业务量的变动而呈正比例变动的成本。例如构成产品实体的原材料成本，其总额等于产量乘以单位产量原材料成本。因为单位产量原材料成本是固定的，所以，原材料成本总额和产量成正比关系。因此，属变动成本。

变动成本包括：直接材料、直接人工、包装材料以及按销售量比例计算的佣金等。

变动成本是就总业务量的成本总额而言的。若从单位业务量的变动成本来看，它又是固定的，即它并不受业务量增减变动的影响。

变动成本也有相关范围特征。变动成本的“变动性”也不是绝对的，即变动成本总额和业务量之间的关系不一定是完全的线性联系。与固定成本相类似，变动成本的变动性也是在一定范围内才具有的，这里的一定范围就是相关范围。

在相关范围内变动成本总额与业务量变化保持着相当稳定的正比例增减变动关系，即呈完全的线性关系；而在相关范围之外就可能表现为非线性关系。例如当某种产品的生产是小批量时，单位产品所耗用的直接材料和直接人工都比较多；当产量增加到一定程度时，就可能使单位产品所耗用的直接材料和直接人工都逐渐降低。这样，在该种产品产量增长的初始阶段，变动成本总额的增加不一定与产量呈正比例增加，而是表现为变动成本总额的增长幅度小于产品产量的增长速度，从而使变动成本总额线呈向下弯曲的趋势（其切线的斜率随产量的增加而变小），表明变动成本总额与产量总数呈非线性关系；在产品产量增加到相关范围时，单位产品中各项材料和人工的耗费比较平稳，致使变动成本总额与产量总数之间呈完全的线性关系；当产量超过相关范围后，单位产品变动成本增加，表现为成本总额的增长幅度大于产品产量的增长速度，从而使变动成本总额线呈向上弯曲的趋势（其切线的斜率随产量的增加而增大），表明此时变动成本总额与产量总数之间又形成非线性关系。上述制约变动成本总额与业务量总数之间呈线性关系的相关范围，可通过图 7-2 反映。

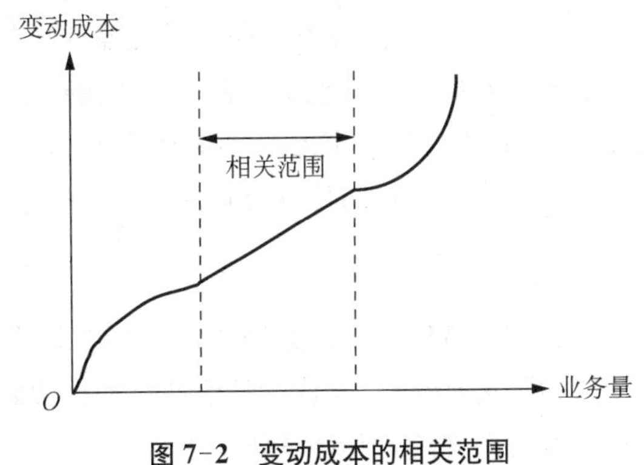

图 7-2　变动成本的相关范围

按成本习性分类，成本与业务量的关系如表 7-1 所示。

表 7-1　不同成本习性的成本与业务量的关系

成本类型	成本总额	单位业务量成本
固定成本	不变	与业务量变动成反比
变动成本	与业务量变动成正比	不变

3. 总成本

很明显，固定成本总额与变动成本总额构成产品总成本。用公式表示为：

$$
\begin{aligned}
\text{总成本} &= \text{固定成本总额} + \text{变动成本总额} \\
&= \text{固定成本总额} + \text{单位变动成本} \times \text{业务量}
\end{aligned}
$$

如前所述，不论固定成本还是变动成本，在相关范围内成本总额与业务量的关系呈线性联系。如果用函数式来表示，则成本函数将表现为直线方程式。对于固定成本与变动成本之和的总成本来说，它与业务量的关系必然是线性的，其函数也表现为直线方程式。

设成本总额为Y，固定成本总额为A，业务量为X，单位业务量变动成本为B。则总成本的函数式为：

$$Y = A + BX$$

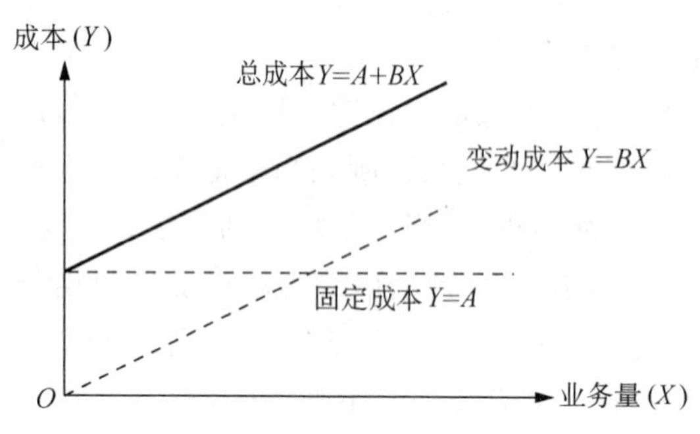

图 7-3　固定成本、变动成本和总成本关系示意图

在总成本函数中，固定成本为纵轴的截距，单位变动成本为斜率，业务量为自变量。图 7-3 反映了固定成本、变动成本和总成本之间的关系。

（二）边际贡献

边际贡献，也称贡献毛益或边际利润，是指产品销售收入超过变动成本的余额。边际贡献通常有两种表现形式：一是单位边际贡献；二是边际贡献总额。

单位边际贡献，又称单位贡献毛益或单位边际利润，是指产品的销售单价与产品单位变动成本的差额。它反映某一种产品的盈利能力。单位边际贡献大，说明产品的盈利能力强；相反，盈利能力就差或无盈利能力，甚至亏损。

单位边际贡献的计算公式为：

$$CM = p - b$$

其中：CM 为单位边际贡献；p 为产品单位售价；b 为单位产品变动成本。

边际贡献总额，又称贡献毛益总额或边际利润总额，是指各种产品的销售收入总额与变动成本总额之差。其计算公式为：

$$TCM = pQ - bQ = (p - b)Q = CM \times Q$$

其中：TCM 为边际贡献总额；Q 为产销售量。

通常边际贡献是指边际贡献总额。

（三）息税前利润

息税前利润(earnings before interest and tax, EBIT)是指扣除利息和所得税前的经营盈余。财务管理中往往使用息税前利润反映企业或某项目总体的获利水平。

我们知道，利润是产品销售收入补偿成本费用之后的余额，而成本又包括固定成本和变动成本两部分。故有：

利润＝销售总收入－总成本
　　＝销售收入总额－(变动成本总额＋固定成本总额)
　　＝边际贡献－固定成本总额

即：$$EBIT = pQ - (A + bQ) = (p - b)Q - A = TCM - A$$

可见，边际贡献并非企业的利润，而当补偿了固定成本之后的边际贡献余额才成为企业的利润。边际贡献与企业利润有如下关系：

当边际贡献>固定成本总额时，利润>0，企业盈利；

当边际贡献=固定成本总额时，利润=0，企业保本；

当边际贡献<固定成本总额时，利润<0，企业亏损。

（四）普通股每股收益

普通股每股收益(earnings per share，EPS)是指在一个时期内企业为普通股股东创造的税后利润。计算公式为：

$$EPS=\frac{(EBIT-I)\times(1-T)-D}{N}$$

其中：I 为利息费用；T 为所得税率；D 为支付的优先股股利；N 为发行在外的普通股数量，一般采用一个时期的平均值。

普通股每股收益往往被看作股东的获利水平，便于对每股价值的计算，因此被广泛使用。每股收益越多，说明盈利能力越强。

第二节　经 营 杠 杆

一、经营杠杆的含义

经营杠杆(operating leverage)是指由于企业固定经营成本的存在而使得产销量的较小变化引起企业息税前利润更大变化的作用，即产销量放大息税前利润的作用。

企业的经营成本通常包括固定成本和变动成本两部分。产销量的增加虽然一般不会改变固定成本总额，但会降低单位固定成本，从而提高单位销售量的利润，使息税前利润的增长率大于销售量的增长率；反之，产销量的减少会提高单位固定成本，降低单位销售量的利润，使息税前利润的降低率也大于销售量的降低率；如果不存在固定成本，所有成本都是变动的，那么，边际贡献就是息税前利润。这时息税前利润的变动率就同产销量的变动率完全一致。

如果其他因素不变，固定成本较高，销售收入的增加将会带来息税前利润的较大增加，起到对息税前利润的放大作用，企业可以获得一定的经营杠杆利益；同样销售收入的少量下降也会导致息税前利润的骤减，企业承担的经营风险就越大。因此，企业总成本中固定成本的比例越高，企业的经营杠杆越大。也就是说，经营杠杆较大的企业，当销售收入发生较小变化时，会引起息税前利润的较大的变化。自动化程度较高的资金密集型的企业常常拥有较大比例的固定成本，其经营杠杆也相应较大。

例如，某企业可采用两种不同的生产方案。A 方案的自动化程度较低，需要较少的固定费用，但相应的单位变动成本较大；B 方案采用自动化程度较高的设备，固定成本较高，但单位变化成本较小。有关资料如表 7-2 所示。

表 7-2 某企业生产方案资料 单位:元

项 目	方案 A	方案 B
固定成本	50 000	250 000
单位变动成本	10	5
单位售价	20	20

根据资料,计算两个方案的销售和利润变化情况如表 7-3 所示。

表 7-3 生产方案利润随销售量变动情况表 单位:元

销售量	销售收入	方案 A		方案 B	
		经营成本	经营利润	经营成本	经营利润
0	0	50 000	−50 000	250 000	−250 000
5 000	100 000	100 000	0	275 000	−175 000
10 000	200 000	150 000	50 000	300 000	−100 000
15 000	300 000	200 000	100 000	325 000	−25 000
20 000	400 000	250 000	150 000	350 000	50 000
25 000	500 000	300 000	200 000	375 000	125 000
30 000	600 000	350 000	250 000	400 000	200 000
40 000	800 000	450 000	350 000	450 000	350 000
50 000	1 000 000	550 000	450 000	500 000	500 000
60 000	1 200 000	650 000	550 000	550 000	650 000
70 000	1 400 000	750 000	650 000	600 000	800 000

从表 7-3 可以看出,当销售收入发生变化时,B 方案的经营利润的变动幅度要大于 A 方案的经营利润变动幅度。当销售额向好的方向发展时,B 方案的经营利润增加较快;相反,当销售额降低时,赔本的可能性也大。所以,固定成本高的 B 方案的经营杠杆较大,相应的经营风险也较大。

再例如,企业固定成本为 100 万元,产品销售单价为 10 元,单位产品成本为 3 元。若产销量分别为 10 万件、20 万件、30 万件和 40 万件,则盈利情况计算如表 7-4 所示。

表 7-4 不同产销量的盈利情况 单位:万元

项 目	产销量(万件)			
	10	20	30	40
销售收入	100	200	300	400
变动成本	30	60	90	120
边际贡献	70	140	210	280
固定成本	100	100	100	100
息税前利润	−30	40	110	180

若目前的产销量为 30 万件。

当产销量从 30 万件增加到 40 万件时：

产销量增加：(40－30)/30＝33.33％

息税前利润增加：(180－110)/110＝63.64％

这时，息税前利润的增加是产销量增加的 1.91 倍(63.64％/33.33％)。

当产销量从 30 万件降低到 20 万件时：

产销量降低：(20－30)/30＝－33.33％

息税前利润降低：(40－110)/110＝－63.64％

这时，息税前利润的降低是产销量降低的 1.91 倍(－63.64％/－33.33％)。

从这个例子我们清楚地看到，这种经营状况下，企业有 1.91 倍的经营杠杆。也就是说产销量的增减会以 1.91 的倍数放大息税前利润；或者说息税前利润的增减是产销量增减的 1.91 倍。

每个企业的经营安排不同，其经营杠杆也不同。一旦某企业的经营杠杆建立后，该经营杠杆的作用程度会影响企业的资金结构决策。

二、经营杠杆的衡量

根据以上分析可知，只要企业存在固定成本，就存在经营杠杆的作用，但不同的企业经营杠杆作用的程度不同。因此，需要对经营杠杆进行衡量。对经营杠杆进行衡量的指标一般采用经营杠杆系数或称经营杠杆作用度。

所谓经营杠杆系数(degree of operating leverage, DOL)，是指销售量变动引起息税前利润(EBIT)变动的程度。即经营杠杆系数等于息税前利润变动率相对于产销量变动率的倍数。

$$DOL=\frac{\text{息税前利润变动率}}{\text{产销量变动率}}$$

或

$$DOL=\frac{\frac{\Delta EBIT}{EBIT}}{\frac{\Delta Q}{Q}}$$

其中：DOL 为经营杠杆系数；$\Delta EBIT$ 为息税前利润变动额；$EBIT$ 为息税前利润；ΔQ 为产销量变动额；Q 为产销量。

为了便于计算，经营杠杆系数公式可作如下变换：

设固定成本为 A，产品的单位变动成本 b，产品的销售单价为 p，产品的产销量为 Q。于是：

$$EBIT=pQ-bQ-A=(p-b)\times Q-A$$

$$\Delta EBIT=(p-b)\times \Delta Q$$

因此，

$$DOL=\frac{\frac{\Delta EBIT}{EBIT}}{\frac{\Delta Q}{Q}}=\frac{\frac{(p-b)\times\Delta Q}{(p-b)\times Q-A}}{\frac{\Delta Q}{Q}}=\frac{(p-b)\times Q}{(p-b)\times Q-A}$$

或

$$DOL=\frac{TCM}{TCM-A}=\frac{TCM}{EBIT}\text{（}TCM\text{ 为边际贡献总额）}$$

$$\text{经营杠杆系数}=\frac{\text{基期边际贡献}}{\text{基期息税前利润}}$$

例如，前例中当销售量为30 000单位时，A方案的经营杠杆系数为：

$$DOL_{A\text{方案}}=\frac{TCM}{EBIT}=\frac{(20-10)\times 30\ 000}{250\ 000}=1.2$$

B方案的经营杠杆系数为：

$$DOL_{B\text{方案}}=\frac{TCM}{EBIT}=\frac{(20-5)\times 30\ 000}{200\ 000}=2.25$$

A方案在销售30 000单位时的经营杠杆系数为1.2，意味着随着销售变化1%会引起息税前利润变化1.2%。若销售额增长50%，则息税前利润有60%的增长。

一般来说，企业的业务量越靠近盈亏平衡点，经营杠杆系数就越高，在达到盈亏平衡点时，经营杠杆将为无穷大，过了这一点，当业务量越来越大时，经营杠杆随之下降。

三、经营杠杆与经营风险

经营风险(business risks)，是指与企业经营相关的风险，即企业未来经营利润或息税前利润的不确定性。企业的经营利润或息税前利润常常受到外界政治、经济、市场等因素的影响，同样也受到内部各种因素的影响，从而给企业带来经营风险。经营风险不仅仅各行业不同，而且同行业的不同企业也有差别，并随时间而变化。经营风险影响着企业的筹资能力，是决定企业资金经营决策的一个非常重要的因素。

DOL 反映产销量的较小波动会使得息税前利润有一个很大的波动，实际上就是反映经营风险的指标。*DOL* 越大，息税前利润的波动就越大，经营风险就越大，反之亦然。

影响企业经营风险的因素主要有以下几点。

第一，产品需求变动。在其他因素保持不变时，对一个企业的产品需求越稳定，该企业经营风险就越低。

第二，产品销售价格的变动。一个企业的产品如果在市场上的销售价格比较稳定，那么这个企业的经营风险相对较小。

第三，投入资源价格的变动。如果一个企业的投入资源价格很不稳定，那么，该企业就承受较大的经营风险。

第四,产品销售价格的调整能力。当企业的投入成本提高时,有些产品能相应地在市场上提高销售价格,以弥补因投入价格的提高所带来的损失,当其他因素保持不变,企业的这种调整能力越强,则营业风险越低,该因素在通货膨胀时期尤为重要。

虽然经营杠杆本身并不是利润不稳定的根源,但是当产销量增加时,息税前利润将以经营杠杆系数的倍数的幅度增加;当产销量减少时,息税前利润将以经营杠杆系数的倍数的幅度减少。可见,经营杠杆扩大了生产和市场等不确定因素对利润变动的影响。而且经营杠杆系数越大,利润变动就越激烈,企业的经营风险就越大。所以,企业的经营杠杆系数与其经营风险有重大的关系。

一般来说,在其他因素不变的情况下,固定成本越高,经营杠杆系数越大,经营风险也就越大。

上例中,A 方案的经营杠杆系数比 B 方案的经营杠杆系数小,说明 A 方案的经营风险比 B 方案的经营风险小。从表中也可以清楚地看出,A 方案亏损的范围比 B 方案小,但其收益随销售量的变动幅度也小。即虽然 B 方案的经营风险大,但在一定的产销范围内其盈利的可能性也大。

四、经营杠杆的运用

经营杠杆的大小可以通过经营方案的设计而设定。当企业投入相对大的固定成本时(资本密集型)*DOL* 就较大,息税前利润的波动越大,相应的经营风险也就越大;当企业“轻资产”运营时,固定成本就小,*DOL* 也小,息税前利润的波动越小,经营风险就越小。

一般地,当企业刚起步时,产销量不稳定,应该投入较小的固定投入(比如租厂房),设计一个较小的经营杠杆,这时经营风险较小。在产销量大幅波动时不至于无法支撑。

当企业产销量趋于稳定并预计有稳定增长时,企业可以扩大经营规模(比如造固定的厂房和建流水线等),设计一个较大的经营杠杆,这时产销量的增长可以给企业带来经营杠杆利益!

第三节 财务杠杆

一、财务杠杆的含义

财务杠杆(financial leverage),是指息税前利润的较小变化引起每股税后利润(普通股每股收益)更大的变化的作用。

财务杠杆实际上是资金结构中借款和固定收入证券(债券、优先股)的运用对普通股每股收益的影响程度。

企业的资金由债务、优先股和普通股组成,由于借债筹资需要支付利息,利息支付是固定的。同样优先股股利的发放基本上也是固定的。不论企业的经营状况(反映在 *EBIT* 上)如何,企业必须支付这些费用。因此,固定的债务利息和优先股股利支付增加普通股股东享有企业净利润的风险性。

企业的经营杠杆通过固定成本的变化影响企业的息税前利润，而财务杠杆则通过息税前利润的变化影响到企业的税后利润，即影响到普通股股东的净利润。由于不论企业的经营利润的多少，债务的利息和优先股的股利通常都是固定不变的，所以，当企业的息税前利润增大时，每一元盈余所负担的固定的财务费用就会相对减少，这能给普通股股东带来更多的盈余；反之，当企业的息税前利润减少时，每一元盈余所负担的固定的财务费用就会相对增加，这可能大幅度减少普通股股东的盈余。

【例 7－1】 某企业生产经营需要资金总额为 1 000 万元。预计营业利润率 $\left(\frac{EBIT}{\text{资金总额}}\right)$ 为 10%，借款的利率为 8%。该企业有四种资金结构方案分别为：

方案 A：100%自有资金

方案 B：70%自有资金，30%借款

方案 C：50%自有资金，50%借款

方案 D：20%自有资金，80%借款

有关计算如表 7-5 所示。

表 7-5 借款增加对税后利润的影响 单位：万元

项目	方案 A （无借款）	方案 B （借款 300 万元）	方案 C （借款 500 万元）	方案 D （借款 800 万元）
息税前利润（*EBIT*）	100	100	100	100
利息费用	0	24	40	64
利润总额	100	76	60	36
所得税（25%）	25	19	15	9
税后利润	75	57	45	27
自有资金税后利润率	7.5%	8.14%	9%	13.5%

从表 7-5 可以看出，在企业的经营收益不变的情况下，当借入资金的比重发生变化时，该企业的自有资金报酬率（自有资金税后利润率）也发生变化。借入资金越多，自有资金报酬率就越高。

【例 7-2】 如果上例中方案 C 由于市场变化而引起息税前利润发生变化，企业的自有资金报酬率也会发生变化。有关资料如表 7-6 所示。

表 7-6 借款增加对税后利润的影响 单位：万元

项目	市场情况一 （10%*EBIT*）	市场情况二 （12%*EBIT*）	市场情况三 （15%*EBIT*）	市场情况四 （20%*EBIT*）
息税前利润（*EBIT*）	100	120	150	200
利息费用	40	40	40	40
利润总额	60	80	110	160

（续表）

项目	市场情况一（10%EBIT）	市场情况二（12%EBIT）	市场情况三（15%EBIT）	市场情况四（20%EBIT）
所得税(25%)	15	20	27.5	40
税后利润	45	60	82.5	120
自有资金税后利润率	9%	12%	16.5%	24%

从表7-6可以看出，在企业的资金结构不变的情况下，当经营收益发生变化时，该企业的自有资金报酬率（自有资金税后利润率）也发生变化。经营收益越多，自有资金报酬率就越高。

若目前的息税前利润率为12%。

当息税前利润率从12%上升到15%时：

息税前利润率上升了：(15%－12%)/12%＝25%

每股税后利润上升了：(16.5%－12%)/12%＝37.5%

这时，每股税后利润的上升是息税前利润上升的1.5倍(37.5%/25%)。

当息税前利润率从12%下降到10%时：

息税前利润率下降了：(10%－12%)/12%＝－16.67%

每股税后利润下降了：(9%－12%)/12%＝－25%

这时，每股税后利润的下降是息税前利润下降的1.5倍(25%/16.67%)。

从这个例子我们清楚地看到，这种筹资结构，企业有1.5倍的财务杠杆。也就是说息税前利润的增减会以1.5的倍数放大每股税后利润；或者说每股税后利润的增减是息税前利润增减的1.5倍。

综合例7-1和例7-2，我们可以看到，当企业的资金结构发生变化时，自有资金报酬率会发生相应的变化，当息税前利润发生变化时，自有资金报酬率也会发生变化，而且自有资金报酬率的增幅大于息税前利润的增幅。这就是财务杠杆的含义。

二、财务杠杆的衡量

根据以上分析可知，只要企业的筹资方式中存在固定财务支出的债务和优先股，就存在财务杠杆的作用。但不同的企业或同一个企业在不同资金结构下财务杠杆作用的程度是不同的。因此，需要对财务杠杆进行衡量。对财务杠杆进行衡量的指标一般采用财务杠杆系数或称财务杠杆作用度。

所谓财务杠杆系数(degree of financial leverage, DFL)，是指息税前利润(*EBIT*)变化所引起的普通股每股收益(*EPS*)的变化程度。即财务杠杆系数等于普通股每股利润的变动率相对于息税前利润变动率的倍数。

$$财务杠杆系数=\frac{普通股每股利润变动率}{息税前利润变动率}$$

$$DFL=\frac{\frac{\Delta EPS}{EPS}}{\frac{\Delta EBIT}{EBIT}}$$

其中：DFL 为财务杠杆系数；ΔEPS 为普通股每股税后利润的变动额；EPS 为普通股每股税后利润；$\Delta EBIT$ 为息税前利润变动额；$EBIT$ 为息税前利润。

为了便于计算，经营杠杆系数公式可作如下变换：

设债务利息为 I，企业的所得税率为 T。于是：

$$EPS=\frac{(EBIT-I)\times(1-T)}{N}$$

$$\Delta EPS=\frac{\Delta EBIT\times(1-T)}{N}$$

因此，

$$DFL=\frac{\frac{\Delta EPS}{EPS}}{\frac{\Delta EBIT}{EBIT}}=\frac{\frac{\frac{\Delta EBIT\times(1-T)}{N}}{\frac{(EBIT-I)\times(1-T)}{N}}}{\frac{\Delta EBIT}{EBIT}}=\frac{EBIT}{EBIT-I}$$

$$财务杠杆系数=\frac{息税前利润}{息税前利润-利息}$$

同理可以推得，当企业存在优先股时，财务杠杆系数的计算公式为：

$$DFL=\frac{\frac{\Delta EPS}{EPS}}{\frac{\Delta EBIT}{EBIT}}=\frac{\frac{\Delta EBIT\times(1-T)}{(EBIT-I)\times(1-T)-D}}{\frac{\Delta EBIT}{EBIT}}=\frac{EBIT}{EBIT-I-\frac{D}{1-T}}$$

其中：D 为优先股的股利。

$$财务杠杆系数=\frac{息税前利润}{息税前利润-利息-\frac{优先股股利}{1-所得税税率}}$$

【例 7-3】 前例中各种资金结构下的财务杠杆系数计算如表 7-7 所示。

表 7-7 财务杠杆系数计算表

项 目	方案 A（无借款）	方案 B（借款 300 万元）	方案 C（借款 500 万元）	方案 D（借款 800 万元）
息税前利润（$EBIT$）	100	100	100	100
利息费用（I）	0	24	40	64

（续表）

项　目	方案 A（无借款）	方案 B（借款 300 万元）	方案 C（借款 500 万元）	方案 D（借款 800 万元）
利润总额（$EBIT-I$）	100	76	60	36
财务杠杆系数	1.0	1.32	1.67	2.78

从表 7-7 的计算可以看出，企业总资金中借款的比重越大，财务杠杆系数就越大。说明随着借款的增加，每增加一元息税前利润而相应增加的自有资金税后利润越来越多。比如，方案 C 的财务杠杆系数 1.67，意味着随着息税前利润变化 1%会引起自有资金报酬率变化 1.67%。即自有资金税后利润的增长是息税前利润增长的 1.67 倍。

当企业的息税前利润较多，增长幅度较大也较稳定时，适当地利用负债，发挥财务杠杆作用，可以增加投资者的报酬率，增加企业的价值。

当资金结构、利率、息税前利润等因素发生变化时，财务杠杆系数也会变动，从而表示不同程度的财务杠杆利益和财务风险。财务杠杆系数越大，一旦企业经营成功，带给普通股股东的利益越大；反之，普通股股东将承担较大财务风险。若企业的资金全部来自普通股，不使用债务或优先股，财务杠杆系数为 1，即息税前利润 100%的增长也给普通股每股利润带来 100%的增长，企业不具有财务风险。但这时企业并没有得到财务杠杆的好处。

三、财务杠杆和财务风险

财务风险（finance risk），也称融资风险或筹资风险，是指企业筹资活动中给企业和普通股股东所增加的风险，尤其是指通过使用债务和优先股（财务杠杆），从而增加普通股股东的风险。假如一个企业只发行普通股票，100 个投资者每人买百分之一股票，则投资者等额分担经营风险；但是，如果企业采用债券和股本各二分之一，50 个投资者购买债券，另 50 个投资者购买普通股票。由于债券的利息不过论企业的经营如何都必须按时支付，所以 50 个购买债券的投资者并不承担风险。而 50 个购买普通股票的投资者基本承担了全部的经营风险，风险几乎增加了一倍。也就是说，由于债务的使用将企业的经营风险集中到普通股股东的身上了。

DFL 反映息税前利润的较小波动会使得每股税后利润有一个很大的波动，实际上就是反映财务风险的指标。*DFL* 越大，每股税后利润的波动就越大，财务风险就越大，反之亦然。

影响财务风险的因素主要有以下几个方面。

第一，利率水平的变动。如果市场利率水平较低，有利于降低企业的财务费用；利率水平高，使企业的负担加重，利润就会下降。因此，如果市场利率波动较大，企业的财务风险就会增加。

第二，资金供求的变化。如果市场上资金供应比较充裕，企业可以随时筹到资金；反之，若市场资金比较紧张，企业不仅面临市场利率升高的风险，而且还会遇到筹不到资金的可能。

第三，获利能力的变化。如果企业经营状况比较稳定，获得的息税前利润完全能支付债务的利息，企业的财务风险相对较小；如果企业销售状况不稳定，加之有较大的经营杠杆，有可能造成息税前利润不能支付债务利息的局面，则企业的财务风险较大。

虽然财务杠杆本身并不是税后利润不稳定的根源，但是当息税前利润增加时，每股税后利润将以财务杠杆系数的倍数的幅度增加；当息税前利润减少时，每股税后利润将以财务杠杆系数的倍数的幅度减少。可见，财务杠杆扩大了生产和市场等不确定因素对每股税后利润变动的影响。而且财务杠杆系数越大，每股税后利润变动就越激烈，企业的财务风险就越大。

一般来说，在其他因素不变的情况下，企业借入的资金越多，财务杠杆系数越大，财务风险也就越大。

四、财务杠杆的运用

财务杠杆的大小可以通过筹资方案的设计而设定。当企业借入资金比重较大时，DFL就较大，每股税后利润的波动越大，相应的财务风险也就越大；当企业较少借款时，DFL也小，每股税后利润的波动越小，财务风险就越小。

一般地，企业有稳定的息税前利润水平时应该主动地增加债务（负债经营）以获得财务杠杆利益。

但若企业过度负债，则财务风险就大，反而对企业不利。

所以企业应该合理负债，稳健经营。

第四节 复合杠杆

一、复合杠杆的含义

复合杠杆（combined leverage）又称联合杠杆或总杠杆（total leverage），是由经营杠杆和财务杠杆组合形成的总杠杆。

从前面分析可知，由于存在固定的生产成本，产生经营杠杆作用，使得企业以较小的销售额变化引起较大的息税前利润的变化；由于存在固定的财务成本，产生财务杠杆作用，使得息税前利润的变化引起普通股每股利润变化的进一步放大。如果企业同时存在经营杠杆和财务杠杆，这两种杠杆的组合使得企业销售额的微小变化引起普通股每股利润的大幅度变化。这就是复合杠杆作用。

【例 7-4】 某企业有关经营资料如表 7-8 所示。

表 7-8 某企业经营收支和利润情况表

项 目	1 月份	2 月份	2 月比 1 月增减(%)
销售量(单位)	50 000	60 000	20%
销售单价(元)	20	20	—
销售收入(元)	1 000 000	1 200 000	20%
单位变动成本(元)	5	5	—

（续表）

项　目	1月份	2月份	2月比1月增减(%)
变动成本总额(元)	250 000	300 000	20%
固定成本总额(元)	250 000	250 000	—
息税前利润(*EBIT*)(元)	500 000	650 000	30%
利息费用(元)	300 000	300 000	—
利润总额(元)	200 000	350 000	75%
所得税(33%)	50 000	87 500	75%
税后净利润(元)	150 000	262 500	75%

从表7-8可以看出，该企业销售收入增长了20%，而税后净利润却增长了75%。这是由于经营杠杆和财务杠杆共同作用的结果。当然，若该企业在其他条件不变的情况下，销售收入减少20%，其税后净利润也会降低75%。该企业税后利润的增减是销售收入增减的3.75倍。

二、复合杠杆作用的衡量

根据以上分析可知，只要企业存在固定成本，就存在经营杠杆作用；只要企业的筹资方式中存在固定财务支出的债务和优先股，就存在财务杠杆的作用。两者共同作用就产生了复合杠杆。但不同的企业或同一个企业在不同资金结构和销售规模下复合杠杆作用的程度是不同的。因此，需要对复合杠杆进行衡量。对复合杠杆进行衡量的指标一般采用复合杠杆系数或称复合杠杆作用度、组合杠杆系数或称组合杠杆作用度、综合杠杆系数或称综合杠杆作用度。

所谓复合杠杆系数(degree of total leverage, DTL; degree of combined leverage, DCL)，是指产销量(Q)变动引起的普通股每股利润(EPS)的变化程度。即复合杠杆系数等于普通股每股利润的变动率相对于产销量变动率的倍数。

$$复合杠杆系数=\frac{普通股每股收益变动率}{产销量变动率}$$

$$DTL=\frac{\frac{\Delta EPS}{EPS}}{\frac{\Delta Q}{Q}}$$

其中：DTL 为财务杠杆系数；ΔEPS 为普通股每股税后利润的变动额；EPS 为普通股每股税后利润；ΔQ 产销量变动；Q 为产销量。

为了简化计算，复合杠杆系数公式可作如下变换：

设债务利息为 I，固定成本为 A，边际贡献为 TCM，D 为优先股股利，企业的所得税率为 T。于是：

$$DTL=\frac{\frac{\Delta EPS}{EPS}}{\frac{\Delta Q}{Q}}=\frac{\frac{\Delta EPS}{EPS}}{\frac{\Delta EBIT}{EBIT}}\times\frac{\frac{\Delta EBIT}{EBIT}}{\frac{\Delta Q}{Q}}$$

所以，

$$DTL=DOL\times DFL$$

又由于：

$$DOL=\frac{TCM}{TCM-A}=\frac{TCM}{EBIT}$$

$$DFL=\frac{EBIT}{EBIT-I}$$

所以：

$$DTL=\frac{TCM}{EBIT}\times\frac{EBIT}{EBIT-I}=\frac{TCM}{TCM-A-I}$$

$$\text{复合杠杆系数}=\frac{\text{边际贡献}}{\text{边际贡献}-\text{固定成本}-\text{利息}}$$

同理可以推得，当企业存在优先股时，财务杠杆系数的计算公式为：

$$DTL=\frac{TCM}{TCM-A-I-\frac{D}{1-T}}$$

$$\text{财务杠杆系数}=\frac{\text{边际贡献}}{\text{边际贡献}-\text{固定成本}-\text{利息}-\frac{\text{优先股股利}}{1-\text{所得税税率}}}$$

【例 7-5】 根据例 7-4 资料，计算得：

$$DOL=\frac{TCM}{EBIT}=\frac{750\ 000}{500\ 000}=1.5$$

$$DFL=\frac{EBIT}{EBIT-I}=\frac{500\ 000}{500\ 000-300\ 000}=2.5$$

$$DTL=\frac{TCM}{TCM-A-I}=\frac{750\ 000}{750\ 000-250\ 000-300\ 000}=3.75$$

或

$$DTL=DOL\times DFL=1.5\times 2.5=3.75$$

计算结果说明：当企业的产销量增加或减少 1 个单位时，该企业的税后净利润将增加或减少 3.75 倍。例 7-4 中产销量增长 20%，相应的税后净利润增长到 75%，售后净利润是产销量的 3.75 倍。

三、复合杠杆和企业风险

从以上分析看到，在复合杠杆的作用下，当企业的产销量形势较好时，投资者的报酬（税后净利润）会大幅度上升；当企业的产销量形势不好时，投资者的报酬（税后净利润）会大幅度地下降。这种放大作用是由于经营杠杆和财务杠杆共同作用的结果。企业的复合杠杆系数越大，税后利润的变动幅度就越大。

由于复合杠杆作用而使企业的税后利润（投资者的报酬率）大幅度变动所造成的风险称为复合风险。在其他因素不变的情况下，复合杠杆系数越大，企业总风险就越大；复合杠杆系数越小，企业总风险就越小。

杠杆原理之所以有用，原因有以下两点。

第一，它可以用来估算销售的变化对普通股每股利润的影响。

第二，可以使经营者了解经营杠杆和财务杠杆的相关关系。

四、复合杠杆的运用

在实际中，企业对经营杠杆和财务杠杆的运用，可以有各种不同的组合，企业必须考虑未来一段时期内外界环境如何影响企业销售的变化，从而决定采用有效的杠杆组合。有时即使两组经营杠杆系数和财务杠杆系数并不一样，但却能产生相同的组合杠杆系数的结果，决策者可以选择杠杆不同的组合形式，有助于做出正确的决策。

事实上，如果企业追求股东收益最大化（*EPS* 最大），则我们可以看到 *EPS* 的影响来自产销量对息税前利润的放大，进而息税前利润再放大 *EPS*，是两级放大。前者能够在企业的生产经营中体现，后者可以在资本经营中体现。

生产经营又称产品经营，是利用各种方式通过产品获利（围绕产品获利）。生产经营的盈利模式是扩大销量、增加收入和努力降低成本和减少费用。

资本经营又称财务经营，是通过调节资金结构或产权的买卖为企业创造价值。

企业一方面要做好生产经营，另一方面还要做好资本经营。这样才能获得最大的资本收益。

思考题

1. 如何理解杠杆和杠杆原理？
2. 什么是固定成本和变动成本，它们和业务量有何关系？
3. 简述普通股每股税后利润的含义，如何计算？
4. 什么是经营杠杆？经营杠杆如何计算？
5. 如何理解经营风险？简述经营杠杆和经营风险之间的关系。
6. 什么是财务杠杆？财务杠杆如何计算？
7. 如何理解财务风险？简述财务杠杆和财务风险之间的关系。
8. 什么是复合杠杆？复合杠杆如何计算？
9. 如何理解生产经营和资本经营？
10. 生产经营和资本经营有何关系？企业如何有效开展生产经营和资本经营？

资金结构决策

第一节　资金结构的含义

资金结构是指企业各种资金之间的价值构成及比例关系。认识资金结构可以从资产负债表(balance sheet，B/S)左方的资金结构和资产负债表右方的资金结构开始。

一、B/S 左方的资金结构

资产负债表左方反映的是各项资产的余额。在财务管理中资产的货币表现就是资金。资产负债表左方的资金可以分为固定资金和流动资金两大块;同时流动资金内部还可分为货币资金、债权资金和存货资金等。

资产负债表左方的资金结构反映企业的经营方式和盈利模式。

(一) 固定资金和流动资金的结构关系

从固定资金和流动资金的结构关系来看,不同的资金结构可以反映不同的经营方式和产业性质。

如果固定资金比重大,说明这类企业是资本密集型企业,房屋和设备等的配置多,大多数属于高端制造业或大型重工业及基础设施企业,比如高速公路企业等。

如果流动资金比重大,说明这类企业是劳动密集型企业或高新技术企业,比如批发企业等。

(二) 流动资金内部资金的结构关系

流动资金内部货币资金、债权资金和存货资金之间的比例关系,反映了企业的经营模式和经营状态。

如果货币资金的比重比较大,说明企业销售较好,资金流比较充裕,但企业的投资方向不足,企业的盈利性相对较差。

如果债权资金比重比较大,说明企业的销售比较差,企业的产品市场竞争比较激烈。

当然流动资金之间的比例关系不同的行业是不一样的。另外,同一个企业在不同的季节可能有周期性,要根据不同的情况具体分析。

二、B/S 右方的资金结构

财务管理学中的资金结构是指资产负债表右方各项资金的比例关系。

广义的资金结构是指企业全部资金的构成及比例关系。企业一定时期的资金可分为债务资金和股权资金，也可分为短期资金和长期资金。

狭义的资金结构又称为资本结构(capital structure)，是指企业各种长期资金的构成及比例关系，尤其是指长期债务与(长期)股权之间的构成及比例关系。

本章讨论的是狭义的资金结构。

三、最佳资金结构的含义

最佳资金结构是指能使企业综合资金成本最小，同时将财务风险控制在适当范围内，达到企业价值最大并能最大限度地调动利益相关者积极性的资金结构。

虽然对最佳资金结构的标准仍然存在着争议，但是股权融资与债权融资应当形成相互制衡的关系，过分偏重任何一种融资都会影响到公司经营的稳定和市场价值的提升。

对于是否存在最佳资金结构问题，学术界有不同观点。一派观点否认最佳资金结构的存在，早期资金结构理论中的净经营收益假设理论、MM 定理，都否定了最佳资金结构的存在。另一派观点则肯定最佳资金结构存在，早期资金结构理论中的净收益假设理论与传统理论、修正的 MM 定理、权衡理论、代理成本理论等都肯定了最佳资金结构的存在。

四、资金结构决策的重要性

现实中，企业资金结构都是既存在债权资金，也存在股权资金的。资金结构为 0 和 100%的企业在现实中几乎不存在。这说明企业选择既包括债权融资又包括股权融资的混合融资，要优于仅选择债权融资或者是股权融资的单一融资。有多个投资者各自拥有短期和长期权益的资金结构要优于只有一类权益的资金结构，最佳资金结构应该是股权与债权、短期与长期债权并用。因为企业的资金结构影响到经营者与投资者未来潜在的谈判，这一预期会影响到现在的投资决策。一般地，企业会选择超过一类投资者，对不同的投资者在不同时间和自然状态间分配他们的权益。既然企业要同时选择债权融资与股权融资，则必然会存在一个股权融资与债权融资的选择比例问题，也就存在资金结构决策问题。

现实中不同行业的企业的资金结构存在很大差异，这说明，不同行业的企业由于受企业特性的影响，资金结构也是不同的。不同行业之间资金结构的差异，说明最佳资金结构是存在的。如果不存在最佳资金结构的话，不同行业的资金结构应该是随机分布的，但是事实却表明不同行业的资金结构存在显著的差异，这说明不同行业的企业在资金结构的选择上是存在差异的，不同的行业存在着各自的资金结构决策。

债权融资对企业价值的影响具有两面性。一方面，债权融资有促进企业价值增加的一面，同时债权融资也有使企业价值减少的一面；另一方面，通过税盾作用，债权融资的引入会减少企业所交纳的所得税，降低股权代理成本，提高企业经营管理者对企业的控制权，向外界投资者传递企业的有关信息。随着债权融资的增加，企业的风险不断加大，导致企业的财务困境成本与破产成本增加，企业的债权代理成本提高。由于债权融资对企业价值影响的两面性，表明过少的或者是过多的债权融资，都对企业价值产生不利的影响，只有适量的债权融资，才会对企业价值产生有利的影响。因此也有资金结构决策问题。

资金结构政策涉及风险与利润之间的权衡,确定最优资金结构可以保证风险和利润之间的平衡,促使企业价值最大化,同时使资金的成本最小。

有许多因素决定企业的资金结构决策,诸如企业的经营风险、税收和财务灵活性,以及其他一些因素,它们都对企业的目标资金结构有着重大的影响。

第二节　资金结构理论

一、研究资金结构理论的前提(基本假设)

企业的各项资金来源都有资金成本并且可以合理地予以计量。不同的资金来源其成本也不同,一般地说,自有资金(股权资本)的成本总是高于借入资金(负债)成本。企业的综合资金成本(加权平均资金成本)的高低和资金结构有着直接的关系,即企业资金结构的变化会引起综合资金成本的变动。

如何确定企业的最佳资金结构,一直为广大财务理论工作者和财务实践工作者所关注。美国经济学家大卫·杜兰德(David Durand)在1952年美国经济研究局召开的企业理财研究学术会议上提交的《企业债务和股东权益成本:趋势和计量问题》论文中,将企业的资金结构划分为三种类型:净收益假设、净经营收益假设和传统假设。

大卫·杜兰德的资金结构理论以资金成本为基础,以企业的市场总价值最大为评价、决策的标准,分析了不同情况下的最佳资金结构。

这个理论建立在如下基本假设的基础上。

(1) 企业仅使用长期债务和普通股股本两类资金。企业的短期负债在生产经营规模相对稳定时,由于经常借和还,可以视同长期债务来做研究。

(2) 企业的总资产(总的资金需要量)是固定的。企业的资金结构可以通过出售债券赎回普通股或相反的操作进行调整。

(3) 企业的经营收益($EBIT$)保持稳定,无增长。

(4) 企业的净收益全部作为红利支付给股东,不留利。

为了便于说明问题,我们假设:

企业股权资本的市价为S;企业负债的市价为D;企业市场总价值为$V=S+D$;企业股权资本成本为K_s;企业负债的利息率为K_d;综合资金成本为$K_a=\sum W_iK_i$[①];企业的所得税率为T;企业的息税前利润为$EBIT$(假设企业在未来每年的$EBIT$是稳定不变的)。

如果企业的全部税后利润用来分配给投资者,则企业的股权资本的市价S为:

$$S=\text{税后利润}/K_s=\frac{(EBIT-K_dD)(1-T)}{K_s}$$

转换得:

$$K_s=\frac{(EBIT-K_dD)(1-T)}{S}$$

① W_i为各种资金来源占总资金的比重,K_i为各种资金来源的成本。

则：

$$K_a=\sum W_iK_i=W_dK_d(1-T)+W_sK_s=\frac{D}{V}K_d(1-T)+\frac{S}{V}K_s$$
$$=\frac{D}{V}K_d(1-T)+\frac{S}{V}\frac{(EBIT-K_dD)(1-T)}{S}$$
$$=\frac{EBIT(1-T)}{V}$$

转换得：

$$V=\frac{EBIT(1-T)}{K_a}$$

从以上公式可知，企业的市场总价值和其综合资金成本呈反比。在企业的经营收益相对不变的前提下，其综合资金成本越低，则其市场总价值越大；反之，其综合资金成本越高，则其市场总价值越小。企业要得到最大的市场总价值（这是企业理财目标的要求），应尽量降低综合资金成本。

二、净收益假设

净收益假设（net income approach，简称 NI 假设）认为投资者将以一个固定不变的比率 K_s 投资或评价企业的净收入；企业能以一个相对固定的利率 K_d 得到其所需要的负债。

由于一般 K_d 小于 K_s，当负债比重上升时，K_a 将下降，并逐渐接近预付债成本。根据 $V=\frac{EBIT(1-T)}{K_a}$，V（企业总价值）将上升。

根据这种假设，为了获得最大的企业总价值，企业应尽量多地举债，最佳资金结构为几乎 100%的负债，如图 8-1 所示。

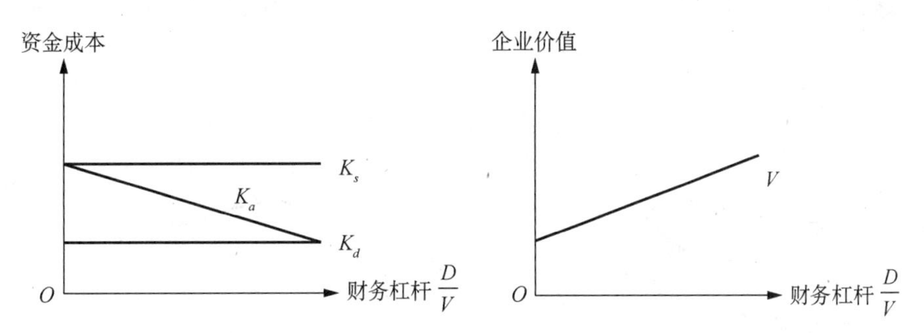

图 8-1　净收益假设下资金成本和企业价值

三、净经营收益假设

净经营收益假设（net operating income approach，简称 NOI 假设）认为投资者将以一个固定不变的比率 K_a 评价企业的息税前利润；企业能以一个相对固定的利率 K_d 得到其所需要的负债。

由于不变的 K_a 使企业的总价值也成为一个固定值,负债的增加,意味着投资者认为使用更多的负债会增加股本现金流量的风险,即会使 K_s 增加。K_s 的增加抵消了因使用低成本的负债节省下来的收益,使得企业的综合资金成本保持不变。

根据这种假设,企业的任何资金结构都会产生相同的综合资金成本进而都得到相同的企业价值。这时资金结构决策就显得无关紧要了,即不存在最佳资金结构,如图 8-2 所示。

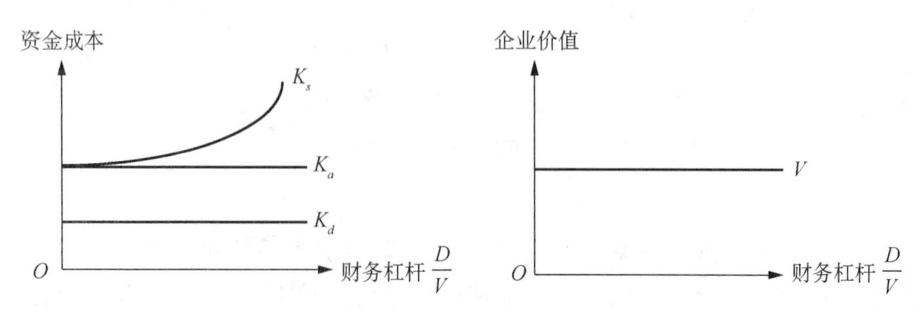

图 8-2 净经营收益假设下资金成本和企业价值

四、传统假设

传统假设(traditional approach)认为,市场机制和风险报酬机制为人们所完全掌握和合理利用。

当企业负债率在一定限度以内时,各方面的投资者认为风险不大,股权资本和负债的风险都不会明显增加,所以,K_s 和 K_d 在某点之内相对固定,这时 K_a 呈下降趋势,企业总价值上升;当企业负债率超过一定限度时,股东认为投资购买股票会承担很大的风险,债权人也认为借出资金要承担极大的风险。所以,股权资本和负债的风险会明显增加,K_s 和 K_d 急剧上升,这时 K_a 呈上升趋势,企业总价值下降。

根据这种假设,企业有一个最佳资金结构,即为综合资金成本最小,同时使得企业价值最大的那一点,见图 8-3 的 M 点。

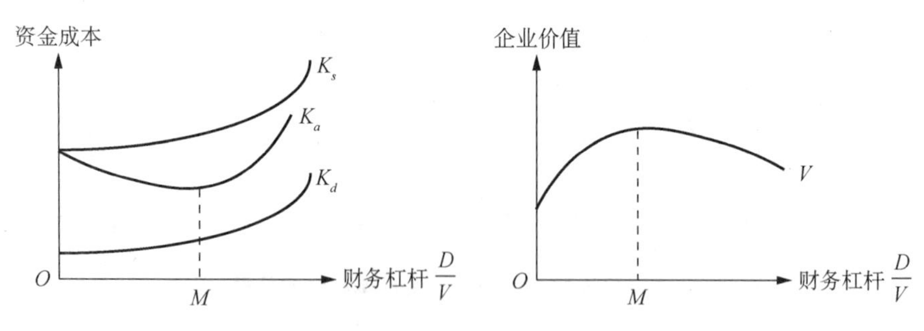

图 8-3 传统假设下资金成本和企业价值

五、MM 理论

MM 理论也叫 MM 定理、MM 模型。是美国经济学家穆迪莱昂尼(F. Modigliani)和米勒(M. Miller)(MM 为两人的简称)于 1958 年提出的。他们在《美国经济评论》上发表了《资本成本、公司财务和投资理论》的长篇论文，创造了新的资本结构理论，开始了现代资本结构理论研究。同年9月在同一刊物上发表了题为《资本成本、公司财务和投资理论：答读者问》的论文，1963年6月在同一刊物上又发表了《税收和资本成本：校正》。他们的这三篇文章，被财务理论界认为是现代财务理论的开创性文章。MM理论是资本结构现代理论的核心内容。此后，许多经济学家对他们提出的资本结构理论的定理进行了深入的研究，30多年来资本结构优化的理论取得了丰硕的成果。因而他们分别在1985年和1990年获得诺贝尔经济学奖。虽然MM定理中完善的市场假设与现实市场条件不相符，但它像物理学一样，资本结构一整套理论的建立需要一个理想的参照系。在这理想的参照系——完善的市场条件下，经济学理论界许多学者朝着这一开拓性的方向探讨研究，取得了非常喜人的成果。在这里，我们对MM理论的主要成果作简要介绍。

在一系列极其严格的假设条件下，MM理论证明了：由于债务利息享受了税务减免，随着债务资本使用的增加，企业的价值会不断上升。当企业完全使用债务时，企业的价值达到极大化。

MM理论的主要假设如下：

(1) 股票和债券在一个完全的资本市场上交易，即在证券市场上不存在交易费用，投资者(个人或组织)可以与公司一样取得相同利率的借款；

(2) 不存在个人所得税；

(3) 所有现金流量都是固定年金，公司的增长率为零；

(4) 投资者和经理具有获得将来投资机会的同样信息；

(5) 企业和个人的全部债务都没有风险，所以，负债利率可以视同为无风险利率；

(6) 现在和将来的投资者对每一个企业未来的息税前利润的估计完全相同，息税前利润不受借款的影响。

由于这些假设中有几项显然很不现实，所以MM理论有很大局限性，MM以及后来的研究者通过放松假设条件扩展了这一基本理论，其他研究者试图用经验数据检验各种理论方法，以便精确地测定资本结构如何影响股票价格和资金成本，但两种研究结论都不能用来精确地确定企业的最优资金结构。下面是对MM理论及以后的研究者做的工作进行的小结，如图8-4所示。

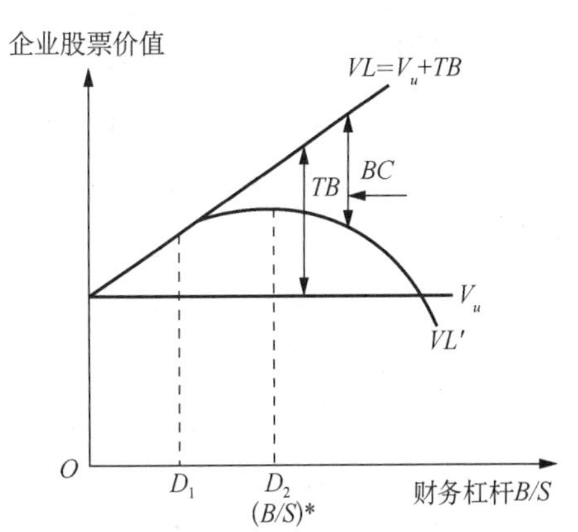

图8-4　财务杠杆(资金结构)对企业股票价值的影响

在图8-4中，VL代表MM理论原始假设条件下的股票价值；V_u代表无财务杠杆时股票价值；VL'代表股票的实际价格；TB代表债务避税利益带来的增加值；BC代表有关风险增加导致股票价值下跌值；$(B/S)^*$代表最优资本结构。

图8-4说明了以下几点。

第一，债务提供了避税利益，因此MM理论认为，企业使用债务越多，股票的价格越高，企业的价值也越高,如果企业使用全部债务,则股票价格达到最大化。因此,VL 值等于无财务杠杆时股票的价值。等于 V_u 加上由于债务避税收益带来的增值 TB。

第二,MM 理论的假设在现实社会中不存在。

(1) 杠杆度上升,债务的利息也增加;

(2) 杠杆过大时,息税前收益(EBIT)也会下降;

(3) 期望税率的降低会减少债务的避税利益;

(4) 杠杆度上升、破产的可能性增加,带来破产成本的增加。

第三,由于上述几个因素的综合,当财务杠杆达到某一点(D_1)时,股票的实际价格开始偏离纯 MM 假设条件下的股票价值。当财务杠杆达到了 D_2 点,企业风险增加而产生的成本超过了税收减免利益,股票的实际价值从这一点开始下降。可以推断,在财务杠杆 D_2 处即为最优资本结构。

第四,以上的分析只是近似的而不是准确定义的函数。

总之,资本结构理论为我们进行资本结构决策提供了有用的分析模式,但实际上要做到精确的定量分析还远远不够。

六、代理成本理论

代理成本理论是经过研究代理成本与资本结构的关系而形成的。该理论指出公司债务的违约成本是财务杠杆系数的增函数;随着公司债务资本的增加,债权人的监督成本相应提升,债权人会要求更高的利率。这种代理成本最终要由股东承担,公司资本结构中债务比率过高会导致股东价值的降低。根据代理成本理论,债务资本适度的资本结构会增加股东的价值。

债务筹资会降低股权代理成本(由于两权分离而产生的代理成本),但会增加债务代理成本(企业接受债权人监督而产生的成本)。均衡的企业资金结构是由股权代理成本和债务代理成本之间的平衡关系来决定的。

$$V_{有债} = V_{无债} + PV(利息抵税) - PV(财务困境成本) - PV(债务代理成本) + PV(债务代理收益)$$

第三节　资金结构决策方法

本章前二节认为最佳资金结构是指使企业的综合资金成本最小、同时将财务风险保持在适当的范围内、达到企业价值最大时的资金结构。但那是在理想状态下讨论的。根据不同的条件和情形,在实务中有不同的资金结构决策方法。

最佳资金结构决策就是要寻找适合企业的最佳财务杠杆比率,有助于企业以最低资金成本、最小风险程度,取得最大的投资利润,或普通股每股收益达到最大;同时既要能保证现有普通股股东对企业的控制,又能使普通股股票价格达到最大化。

一、比较资金成本法

比较资金成本法是在做出筹资决策之前,企业先拟定若干个筹资方案,分别计算各个筹资方案的综合资金成本，并比较综合资金成本的大小，选择综合资金成本最小的那个备选方案。

比较资金成本法的决策标准是筹资方案或筹资项目的综合资金成本最小。

【例 8-1】 某企业目前的资金结构如表 8-1 所示。

表 8-1 某企业资金结构表

筹资方式	金额(万元)	资金成本
股本	1 000	15%
8%利率的长期债券	200	5.36%

(所得税率为 25%)

企业需要追加投资而准备增加资金 800 万元，有以下筹资方案。

A 方案：借款 300 万元，利率为 8%；发行股票 500 万元，资金成本仍为 15%。

B 方案：借款 600 万元，由于企业债务增加，债权人认为投资风险增大，所以，要求利率为 12%。发行股票 200 万元，资金成本不变。

C 方案：800 万元借款，由于企业债务继续增加，债权人认为有较大的风险，所以要求利率为 15%。同时，投资者也认为企业的财务风险增加，所以，要求的收益率也增加。股本资金成本上升为 18%。

根据资料选择最佳筹资方案。

答：首先计算各筹资方案的综合资金成本。计算过程如表 8-2 所示。

表 8-2 各筹资方案综合资金成本计算表

方案	股本比重	股本成本	债券比重	债券成本	借款比重	借款成本	综合资金成本
A 方案	75%	15%	10%	6%	15%	6%	12.75%
B 方案	60%	15%	10%	6%	30%	9%	12.3%
C 方案	50%	18%	10%	6%	40%	11.25%	14.1%

比较各筹资方案得知，B 方案综合资金成本最低，所以，应选择 B 方案。

比较资金成本法通俗易懂，计算简单，是确定资金结构的简便方法。但这种方法不可能列举出全部的可能性，所以，很难找出真正的最佳资金结构。

二、每股收益无差别点法(EBIT-EPS 分析法)

确定企业最佳资金结构的另一种常用方法就是每股收益无差别点法(EBIT-EPS 分析)，是在一定的经营杠杆条件下，通过改变企业财务杠杆，分析出企业的普通股每股收益(EPS)跟随息税前利润($EBIT$)变动的程度，从而决定企业的最佳资金结构的一种方法。也就是找出普通股每股收益无差异点，从而确定企业的目标资金结构。

每股收益无差别点法的决策标准是企业的普通股每股收益最大，即 EPS 最大。

例如，某公司目前有资金 1 200 万元，为了扩大规模，拟追加资金到 2 000 万元，A 方案为再发 800 万元股票(80 万股)，B 方案为增发 10%的长期债券 800 万元。增资前后的资料如

表 8-3 所示。

表 8-3 某企业增资方案表 单位:万元

筹资方式	原资金结构	增加筹资后资金结构	
		增发股票(A 方案)	增发债券(B 方案)
普通股(每股 10 元)	1 000	1 800	1 000
10%长期债券	200	200	1 000

试计算息税前利润分别是 8%、10%和 12%时的每股收益并找出 EPS 无差别点和筹资方案(所得税率为 25%)。

根据资料计算每股收益,如表 8-4 所示。

表 8-4 不同增资方案每股收益计算表 单位:万元

项 目	*EBIT*(8%)		*EBIT*(10%)		*EBIT*(12%)	
	增发股票	增发债券	增发股票	增发债券	增发股票	增发债券
预计息税前利润(*EBIT*)	160	160	200	200	240	240
利息费用	20	100	20	100	20	100
利润总额	140	60	180	100	220	140
所得税(25%)	35	15	45	25	55	35
净利润	105	45	135	75	165	93.8
每股收益(*EPS*)	0.58	0.45	0.75	0.75	0.92	1.05

从表 8-4 可以看到,当息税前利润为 160 万元时,增发股票的每股收益较增发债券的每股收益多;当息税前利润增加到 200 万元时,增发股票的每股收益和增发债券的每股收益相同;当息税前利润继续增加到 240 万元时,增发股票的每股收益反而较增发债券的每股收益少了。从每股收益出发,当息税前利润为 160 万元时增发股票较好;当息税前利润为 240 万元时,增发债券较好;当息税前利润为 200 万元时为 *EPS* 无差别点,增发股票和增发债券无区别。

一般地,在分析筹资方案时,要找到使每股收益相等的 *EBIT*(无差异点)。当息税前利润小于无差异点时,应采用增发股票方式筹资(更多地使用自有资金或股权资金);当息税前利润大于无差异点时,应采用增发债券方式筹资(更多地使用借入资金或债权资金);当息税前利润等于无差异点时,采用增发股票和增发债券方式筹资均可。

无差异点(使得 *EPS* 相等时的 *EBIT*)可以通过以下公式计算:

$$EPS_1 = EPS_2$$

即:

$$\frac{(EBIT - I_1)(1-T) - D_1}{N_1} = \frac{(EBIT - I_2)(1-T) - D_2}{N_2}$$

将本例资料代入，得：

$$\frac{(EBIT-20)(1-25\%)-0}{180}=\frac{(EBIT-100)(1-25\%)-0}{100}$$

$$EBIT=200(\text{万元})$$

即当该企业的息税前利润低于200万元时，应采用增发股票筹资；当该企业的息税前利润高于200万元时，应采用增发债券筹资。这个结果和表中计算的相同。

若企业预计能够实现 $EBIT$ 为180万元，则因采用更多的自有资金的方案，即A方案。

每股收益无差别点法只考虑了资金结构对每股收益的影响，并假定每股收益最大时每股股票的价值也最大。但这种方法没有考虑改变资金结构引起的风险。随着负债的增加，股东的风险加大，股票价值(企业价值)也会有下降的趋势。所以，单纯地用这种方法有时会做出错误的决策。但在资金市场不完善时，投资者主要根据每股收益的多寡做出投资决策，每股收益的增加也有利于股票价格的上升。

三、企业价值法

大卫·杜兰德的资金结构理论就是以企业价值最大，作为资金结构决策的标准的。

这种方法首先需要预测市场上不同筹资结构的债务成本和股权资金成本，然后计算各种资金结构的综合资金成本和企业总价值，最后选择最佳资金结构。

【例8-2】 A公司生产经营需要总资金100万元，目前的资本结构为全部是股本，无债务。公司决定改变资金结构，尝试以借入资金替代部分股权资金。资产负债表和利润表如表8-5和表8-6所示。

表8-5 A公司资产负债表 单位：万元

流动资产	50	债务	0
固定资产	50	股本	100
总资产	100	权益总额	100

表8-6 A公司利润表 单位：万元

销售收入		2 000
固定成本	400	
变动成本	1 200	1 600
息税前利润		400
利息费用		0
税前利润		400
所得税(40%①)		160
净利润		240

① 为了便于计算和说明问题，所得税率采用了40%，可能和实务不一致。

A公司预测，可以通过发行债券增加债务，但债务越大，债务风险越大，利率也就越高。这也增加了股票的风险。不同债务水平的预测数据如表8-7所示(假设无风险收益率为6%，市场平均股票收益率为10%)(由于偿债能力的因素，公司借款不能超过1 400万元)。

表8-7 各种债务水平下的成本测算

债务(万元)	利率(%)	β系数	股权成本(%)
0	—	1.5	12
200	8	1.55	12.2
400	8.3	1.65	12.6
600	9	1.8	13.2
800	10	2	14
1 000	12	2.3	15.2
1 200	15	2.7	16.8
1 400	18	3.25	19

根据资料计算出的A公司的股权价值、企业总价值和综合资金成本等如表8-8所示。

表8-8 各种债务水平下的成本测算

债务水平(万元)	债务成本(%)	股权成本(%)	股权价值	企业总价值(百万元)	债务比例(D/V)	*WACC*
0	—	12	20	20	0	12
200	8	12.2	18.885	20.885	9.6	11.5
400	8.3	12.6	17.467	21.467	18.6	11.2
600	9	13.2	15.727	21.727	27.6	11
800	10	14	13.714	21.714	36.8	11.1
1 000	12	15.2	11.053	21.053	47.5	11.4
1 200	15	16.8	7.857	19.857	60.4	12.1
1 400	18	19	3.16	17.16	81.6	12.3

从表8-8中我们可以看到，当债务水平为600万元时，企业价值最大，同时综合资金成本最小。这时的资金结构即为最佳资金结构。A公司最佳资金结构时的债务比例为27.6%。

图8-5直观地反映了A公司资金结构、资金成本和企业价值之间的关系。

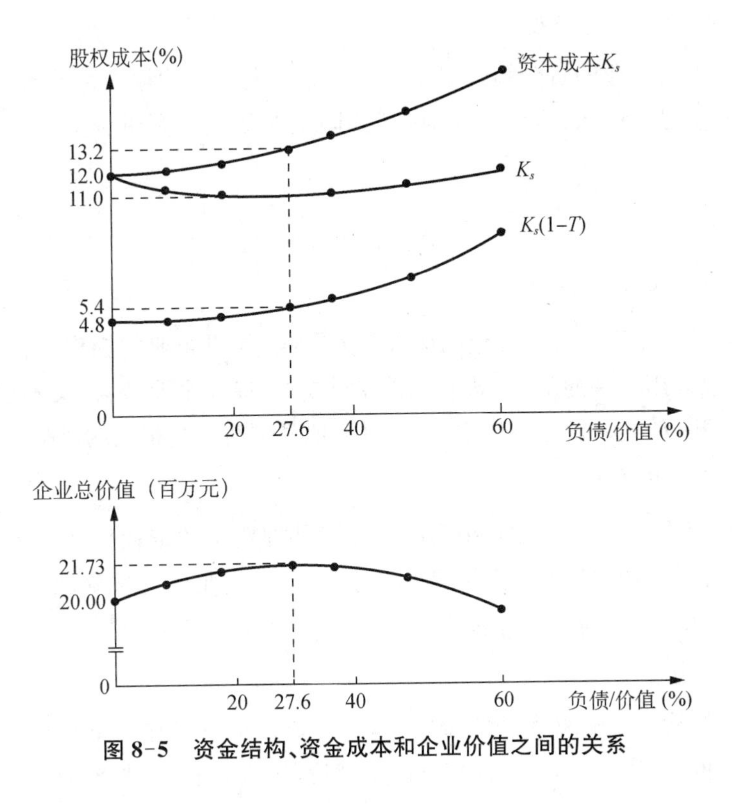

图 8-5　资金结构、资金成本和企业价值之间的关系

第四节　影响资金结构决策的因素

从理论上讲，每个企业均应有其最佳的资金结构，但实际工作中要解决这一问题却十分困难。因此，企业在确定其目标资金结构时，除了根据理论的估算外，还必须综合考虑一些其他影响因素。

一、外部因素

（一）金融市场行情

股票市场和债务市场均在不断发生变化，这对于企业的最优资金结构有重大的影响。金融市场决定了筹资的数量和质量。当市场不利于发行长期债券时，那些等级较低又需要资金的公司被迫转向股票市场或短期债务市场，就不再考虑它们的目标资金结构，当市场行情好转，企业又重新追逐他们的目标资金结构。

（二）所得税税率

债务的利息可以免税，而股票的股利是在税后利润中支付的，因此，企业所得税税率越高，举债经营的好处就越大。如果在其他情况较好的情况下，所得税率越高，企业就越喜欢举债，可以大大提高企业的效益。

（三）债权人对企业的态度

债权人的态度对企业的资金结构也有很大影响。大部分债权人都不希望企业的负债比例过大。通常，企业进行重大筹资决策时，都要同主要债权人商讨资金结构，并尊重债权人的意见。

二、内部因素

（一）产品销售的增长情况

企业产品的销售是否稳定对资金结构有重大影响，如果企业的销售很稳定，则盈利就有保障，这样就可以运用较多的负债，既可降低筹资成本，提高企业效益，又不至于届时出现偿债困难的危机。相反，如果销售不稳定，企业过多地举债将承受很大的风险。

（二）企业的成长情况

当其他因素相同时，潜在的增长率高的企业对外部资金的依赖程度也高。另外，普通股票的发行费用要比债券的发行费用多，所以增长率高的企业比增长率低的企业往往使用较多的债务，以取得更高的税后净收益。

（三）资产结构

企业的资产结构也影响着它的资金结构，那些资产适宜于作贷款抵押的企业倾向于使用较多的债务。例如，房地产公司的财务杠杆一般都很高，而从事技术研究的企业则使用较少的债务。

（四）经营杠杆

如果其他因素相同，经营杠杆小的企业更有能力使用财务杠杆，这是由于经营杠杆与财务杠杆的相互作用，决定了销售下降对于经营收入和净现金流的整体影响。

（五）投资者和管理人员的态度

企业的投资者和管理人员对企业的控制权以及对风险的态度很大程度上决定企业的筹资方式。如果投资者不愿使企业的控制权旁落，则可能不愿增发新股票，而尽量采用债务筹资。如果管理人员讨厌风险，就可能较少利用财务杠杆，降低企业财务风险。

大企业由于股票分散在社会公众中，增发一定数量股票不会影响经理对公司的控制权，而且大企业的经理大多是职业经理，为了求稳可能不愿为长期负债承担风险。与此相反，小企业的所有者为了防止控制权的流失、尽量避免多发股票，宁可承担高比率债务以保持企业的自主权。

（六）财务灵活性

当经济景气时，企业既能从股票市场又能从债券市场筹集到所需资金；而当经济不景气时，资金的供应者更愿意将资金投入债券中去，因为他们的收益可以得到更多的保证。

此外，企业财务经理与金融市场的关系好，能较容易地调动头寸，企业也就可以多使用债务。

思考题

1. 什么是资金结构？财务管理中的资金结构有何含义？
2. 什么是最佳资金结构？资金结构决策有何重要性？
3. 介绍资金结构理论中的传统假设。
4. 资金结构决策的方法有哪些？说明各种方法的特点。
5. 简述影响资金结构的因素并说明资金结构调整的原因和方法。
6. 研究资金结构理论的前提有哪些？
7. 研究资金结构理论有何现实意义？
8. 试评述 MM 理论。

第九章 筹资管理概论

第一节　企业筹资的动机和要求

筹资是企业理财活动的重要内容之一。资金是企业的血液。企业的生产经营必须要有足够的资金，没有资金就无法开展正常的生产经营活动。

一、企业筹资的条件

资金是企业持续从事经营活动的基本条件。筹集资金是企业理财的起点，企业的创建，首先必须筹集资本金，进行企业的设立登记，才能开展正常经营活动；企业要扩大生产经营规模，开发新产品，进行技术改造，必须筹集资金，用于追加投资；若企业经营不善，造成资金积压、周转不灵或发生亏损，也需要筹集资金，以补充资金的不足。筹集资金是决定资金规模和生产经营发展速度的重要环节。

企业筹资是指企业在国家的宏观控制下，通过不同的渠道，用各种方式向企业外部和从企业内部筹措生产经营活动所需的资金。一个企业能否聚集和融通资金，并使资金的使用具有稳定性，是该企业能否求得生存和发展的关键。于是筹资管理也就成为现代企业财务管理的一项主要内容。

社会主义市场经济体制的建立，要求企业真正成为独立的经济实体，成为自主经营、自负盈亏的商品生产者和经营者。资金筹集是企业资金运动的起点，只有自主筹集资金，企业才能把握资金运用的自主权，真正实现自主经营、自负盈亏和自我发展，成为名副其实的、具有充分活力和竞争力的市场主体。

在市场经济条件下，筹资活动主要是通过资金市场进行的，企业能否吸引投资，主要取决于企业的自身条件。因此，企业筹资必须为投资人创造一个良好的投资环境，应做到以下几点。

(1) 企业生产的产品符合市场需要，并有良好的质量和售后服务，企业的发展前景良好。

(2) 遵守国家的有关法律、法规，有较好的财务状况和信誉。

(3) 要求管理人员素质较好，并具有现代企业管理的意识和观念。

二、企业筹资的原则

为了提高筹资的综合效益，企业的筹资活动必须遵循一些原则。

(一) 合理性原则

筹集资金的目的是保证生产经营所需要的资金。资金不足，自然会影响生产经营发展；

而资金过剩,则可能导致资金使用效益的降低。所以,企业在筹集资金之前,就要合理确定资金的需要量,在此基础上拟定筹集资金计划,"以需定筹"。即按企业投资项目必不可少的资金需要量和为保证生产经营正常、高效运行的最低需要量。

(二) 及时性原则

所谓及时性原则,是指企业筹集资金应根据资金的投放使用时间来合理安排,使筹资和用资在时间上相衔接和平衡,避免超前筹资而造成资金的闲置和浪费、或滞后筹资影响生产经营的正常进行。

(三) 效益性原则

效益性原则是企业在选择资金来源、决定筹资方式时,必须综合考虑资金成本、筹资风险及投资效益等多方面的因素。

不同筹资数量、不同筹资渠道和方式,其资金成本各不相同,产生的筹资风险也各不相同。因此,企业在筹集资金时,应根据不同的资金需要量与筹资效益,考虑各种筹资渠道、方式所引起的资金成本、风险程度,把资金来源和资金投向综合起来,全面考虑,力求以最小的资金成本、最低的风险程度,实现最大的投资效益。这是任何一个企业在筹资过程中都应该认真执行的一条原则。

(四) 科学性原则

科学性原则就是要科学地确定企业资金来源的结构,实现筹资方式的最佳组合。

科学确定筹资来源的结构包括两个方面的内容:一是合理安排自有资金与借入资金的比例,以确定运用负债经营的策略;二是合理安排长期资金与短期资金的比例。

企业的全部资金来源,按资金权益性质的不同,可以区分为自有资金和借入资金。自有资金是企业依法筹集并长期拥有、自由调配运用的资金,主要指企业的资本金、资本公积金、盈余公积金和未分配利润;借入资金是企业依法筹资并依约使用,按期偿还的资金,通常包括短期负债和长期负债。自有资金的多少反映了企业的资金实力,在相当程度上可以说明企业财务状况的稳定程度以及企业适应生产经营环境变化的能力。但在通常情况下,企业的生产经营不会以自有资金作为唯一的资金来源,通过举债来筹集部分资金是现实经济生活中客观存在的正常现象,这就是举债经营。举债经营有利有弊,当借入资金的利率低于资金利润率时,其差额就会转化为业主可享有的利益,而且借入资金成本有省税作用,可降低企业的综合资金成本,并且在通货膨胀情况下,借入资金还可以使企业获得购买力收益。但如果负债比例过大,筹资风险就会很大,因此,在筹资时应正确运用举债经营观念,扬长避短,确定自有资金和借入资金之间的合理比例,并以一定的自有资金为条件,适时、适度地举债经营。

企业的全部资金,按其期限的不同可以分为长期资金和短期资金,两者构成企业全部资金的期限结构。

长期资金主要是为了解决企业固定资产和恒久性流动资产所需的资金。一般自有资金和长期负债是长期资金来源;短期资金一般是用于解决企业由于季节性、周期性和随机性因素造成企业经营活动变化所需的资金(流动资金),短期资金主要是流动负债。这两种资金来源的资金也各有利弊,一般地,企业的长期资金的成本相对较高,但造成资金短缺的风险较小；而企业的短期资金来源的成本相对较低，但造成资金短缺的风险较大。同样，不同类型的企业，其长短期资金的比例也有所不同，所以，筹集资金时，要权衡利弊，根据具体情况合理安排两者的比例。

三、企业筹资的动机

企业筹资的基本动机是为了自身的维持和发展。企业筹集资金的具体动机是多种多样的，比如，为了引进新技术、开发新产品而筹资，为了对外投资、兼并其他企业而筹资，为了资金周转和临时性需要而筹资，为了偿付债务和调整资本结构而筹资，为了适应外部环境的变化而筹资，等等。在实践中，这些筹资动机有时是单一的，有时是混合的，但归纳起来主要有三类，即扩张动机、偿债动机和混合动机。企业的筹资总是受一定动机的驱使，而不同的筹资动机其产生的筹资行为和结果也有所不同。

（一）扩张性筹资动机

扩张性动机是企业因扩大生产规模或追加对外投资而形成的动机。凡是具有良好的发展前景、处于成长时期的企业通常会产生这种筹资动机，一般是长期资金。

扩张性筹资动机所产生的直接结果，是使企业的资产规模有所扩大，但负债规模也有所增大，从而既给企业带来收益增长的机会，也带来了更大的风险，这是扩张性筹资的典型特征。

【例 9-1】 某企业扩张筹资前的资产负债状况如表 9-1 金额栏 A(初始金额)所示。

表 9-1 扩张性筹资结果对比表 单位:万元

资产	初始金额(A)	扩张筹资后金额(B)	负债及所有者权益	初始金额(A)	扩张筹资后金额(B)
货币资金	200	200	应付账款	400	400
应收账款	500	500	短期借款		
存　货	300	600	长期借款	450	850
固定资产净值	1 100	1 300	所有者权益	1 250	1 350
合　计	2 100	2 600	合　计	2 100	2 600

该企业根据扩张生产经营的需要，现筹资 500 万元，其中长期借款 400 万元，所有者投入资本 100 万元，用于添置设备 200 万元，增加存货 300 万元。假设其他细目没有变化，则扩张筹资后的资产负债状况如表中金额栏 B 所示。该企业扩张筹资后，资产总额从筹资前的 2 100 万元扩大为 2 600 万元，负债和所有者权益总额，也从 2 100 万元扩大到 2 600 万元，即在资产扩大的同时，负债也扩大，也即在企业有可能带来收益增长的同时，风险也更大了。这就是企业扩张性筹资带来的直接后果。

（二）偿债性筹资动机

企业为了偿还某些债务而筹资形成的动机称为偿还性动机，即借新债还旧债。偿债筹资主要分为两种情况：一是调整性偿债筹资，即企业虽有足够的能力支付到期的旧债，但为了调整原有的资本结构，仍然举债以使资本结构更加合理，这是主动的筹资策略；二是恶化性偿债筹资，即企业现有的支付能力已不足以偿还到期旧债，被迫举债偿还，这种情况说明财务状况已有恶化。这种偿债筹资的直接结果是并没有扩大企业的资产总额和负债总额，而是改变了企业的负债结构。

【例 9-2】 某企业偿债筹资前，长期借款中有 350 万元即将到期，应付账款中有 250 万元即将到期。企业决定向银行借入短期借款 600 万元清偿到期债务。企业举债筹资后的资产负债状况如表 9-2 所示。

表 9-2　偿债性筹资结果对比表　　单位：万元

资产	偿还筹资前金额(A)	偿还筹资后金额(B)	负债及所有者权益	偿还筹资前金额(A)	偿还筹资后金额(B)
货币资金	200	200	应付账款	400	150
应收账款	500	500	短期借款		600
存　货	600	600	长期借款	850	500
固定资产净值	1 300	1 300	所有者权益	1 350	1 350
合　计	2 600	2 600	合　计	2 600	2 600

从表 9-2 可以看出，企业筹资前后的资产、负债及所有者权益总额没有发生变化，而只是负债的内部结构发生变化。应付账款从偿债筹资前的 400 万元减少为 150 万元；长期借款从偿债筹资前的 850 万元降低到 500 万元；而短期借款则从没有增加到 600 万元。

（三）混合性动机

企业因同时需要长期资金和现金而形成的筹资动机称为混合性动机。通过混合性筹资，企业既扩大了资金规模，又偿还了部分旧债，即在这种筹资中混合了扩张性筹资和偿还性筹资两种动机。

四、企业筹资的基本要求

企业筹集资金的基本要求是要分析和评价影响筹资的各种因素，提高筹资的综合效益。企业筹资要做到以下几点。

（一）合理地确定筹资数量，控制资金投放的时间

无论通过什么渠道，采用什么方式筹集资金，都应预先确定资金的需要量，使筹资数量与需要达到平衡。防止筹资不足影响生产经营或资金过剩而降低筹资效益。

由于企业在正常生产经营过程中，各个时期、各个阶段的资金需要量并不完全一致，所以，保证正常生产经营周转资金的需要，还需从时间方面加以控制。即在测定资金需要量和确定筹资方式时，不仅要考虑全年的情况，还应在年内分季、分月进行估算并作出安排，做到有计划地调度资金。

（二）认真选择筹资渠道和筹资方式，力求降低资金成本

企业筹资渠道有多种，具体取得资金的方式有很多，但无论什么方式、什么渠道，都要付出一定的代价，即资金成本。资金成本是对筹资效益的扣除，而不同的筹资渠道和方式，其

资金成本是不同的，例如，银行借款的资金成本就低于发行股票的资金成本。所以，企业在筹资时应认真选择各种筹资渠道和筹资方式，求得最优的筹资组合，以便降低综合资金成本。

（三）科学地安排筹资结构，降低筹资风险

筹资结构指各种资金来源占全部资金来源的比重及各类资金之间的比例关系。从不同角度看，可以有不同的筹资结构。如自有资金与借入资金的比例关系、长期资金与短期资金的比例关系，它们之间的不同的比例构成所承担的筹资风险也是不同的（见前面原则第四条的分析），所以应科学地安排筹资结构。

（四）周密研究投资方向，努力提高投资效益

企业筹资的目的是投资，投资是决定是否筹资、筹资多少的主要因素。所以，投资额决定资金需要量，投资效益的好坏也会对筹资效益起决定性作用。因此，必须进行周密详尽的可行性研究，必须确定有利的资金投向，避免不顾投资效益的盲目筹资。

（五）遵守有关法规，维护各方面的合法权益

企业的筹资活动影响着社会资金的流向和流量，涉及有关方面的经济利益。为此，必须依照相关金融法规和程序，按照公开、公平、公正的原则，维护各方面的合法权益，杜绝各种乱筹资。

第二节　企业资金需要量的预测

一、企业资金需要量预测的重要性

企业在筹资过程中首先要确定资金需要量。只有确定了资金需要量才能有的放矢地去筹集资金。

在现代企业管理中，确定资金合理数量，首先要对资金需要量进行预测。所谓资金需要量预测，就是财务人员依据财务和生产技术等有关资料，采用科学的方法，对企业资金需要量的发展趋势或变化程度进行数量上的预测和估计。资金需要量预测具有以下作用。

(1) 资金需要量预测是资金筹集决策的依据。财务管理的关键在于决策，而决策的关键又在于预测，科学合理的预测可以减少决策失误，取得最佳效益。

(2) 资金需要量预测是企业编制财务计划的基础。资金计划是企业财务计划的重要组成部分，为使企业制订出切实可行的财务计划，必须先预测资金需要量。

(3) 资金需要量预测是资金日常管理的重要内容。企业财务人员在对资金的日常管理工作中，不仅要熟悉和掌握过去的资金运动情况，还要善于预测未来的资金运动情况，才能在日常资金管理中处于主动地位。

二、资金需要量预测的方法

由于企业资金主要被占用在固定资产和流动资产上，而这两项资产的性质、用途和占用资金的数额都不相同，所以，在资金需要量预测时，应分别测算。企业固定资金需要量比较稳定，其预测一般不是经常性的。在企业正常的生产经营条件下，主要是对流动资金需要量

进行预测。所以,以下预测中提到的资金指的是流动资金。

企业资金需要量预测的方法分为两大类:定性预测法和定量预测法。其中,定量预测法是主要的方法,主要包括:趋势分析法、销售收入资金率法、产值资金率法、销售百分比法和线性回归分析法等。

三、资金需要量预测的定性预测法

定性预测法是根据调查研究所掌握的情况和数据资料,凭借预测人员的知识和经验,对全部资金需要量所作的判断。

定性预测法比较简便,尤其是对于需要立即作出判断和一些缺乏完备、准确的历史资料或影响因素复杂、难以分清主次、客观上不具备定量预测条件的预测项目具有一定的效果。但这种方法容易受主观影响,精确度差。

常用的定性预测法主要有:专家意见收集法、经验判断法和调查研究判断法。

专家意见收集法的程序是:首先由熟悉企业情况和财务状况的专家,根据其经验对未来情况作出分析判断,提出资金需要量的初步意见;然后通过各种形式,如信函调查、开座谈会等形式,对预测的初步意见加以修订,最终得出预测结果。

经验判断法是由熟悉财务业务和懂生产技术、具有综合分析能力的人员,根据掌握的资料作出预测。

调查研究判断法是经过调查同类企业,参照其他企业的经验作出的直接判断。

定性预测法使用简便、灵活,但它不能揭示资金需要量和有关因素之间的数量关系。为此,还应与定量预测法结合起来使用。

四、资金需要量预测的定量预测法

资金需要量预测的定量预测法是根据资金需要量与企业生产经营业务之间的数量关系,运用数学的方法对资金需要量进行估算的一种预测方法。定量预测法主要有:趋势预测法、销售收入资金率法、产值资金率法、销售百分比法和线性回归分析法等。

(一) 趋势预测法

趋势预测法是根据事物发展变化的趋势和有关资料推测未来的一种方法。采用这种方法必须具备两个前提条件:

(1) 假定事物目前发展变化的趋势已经掌握,并将持续到预测的未来;

(2) 假定相关财务变量虽有变化,但并不改变这种趋势。

趋势预测法的计算公式为:

$$预测期资金需要量 = 基期资金量 \times (1 + 增长速度)^n$$

其中:n 为基期到预测期的期数,大多数情况下是年数。

【例 9-3】 某企业 2010—2015 年年平均资金需要量以 15%的速度增长,若 2015 年占用资金数为 1 000 万元,预测 2016 年的资金需要量。

答:基期 2015 年的资金需要量为 1 000 万元,在这个基础上,该企业的资金需要量将以

15%的增长速度增长，所以：

$$2016\text{年的资金需要量}=1\,000\times(1+15\%)^{1}=1\,150(\text{万元})$$

应当指出，趋势预测法通常运用于事物发展变化呈长期稳定的上升或下降趋势的情况。若资金需要量的变化趋势不规则，则运用这种方法就不准确。

（二）销售收入资金率法

销售收入资金率法，又称销售资金率法，是用资金占用与商品销售收入两者的关系来预测资金需要量的方法。

企业的资金占用规律证明，资金占用的多少，通常与商品销售收入的变化有一定的比例关系。一般来说，商品销售额增长，一方面会导致企业货币资产、应收账款和存货等资金占用项目的相应增长；另一方面也会导致企业应付税金、应付账款等来源项目的自动增加。销售收入资金率法正是根据企业全部资金占用和来源数额同商品销售额的比例关系，来预测未来的资金需要量的。

销售收入资金率法的计算公式为：

$$\begin{matrix}\text{计划年度}\\\text{资金需要量}\end{matrix}=\begin{matrix}\text{计划期}\\\text{销售收入}\end{matrix}\times\left(\begin{matrix}\text{报告期资金占用金额占}\\\text{销售收入的百分比}\end{matrix}-\begin{matrix}\text{报告期资金其他来源占}\\\text{销售收入的百分比}\end{matrix}\right)$$

$$\begin{matrix}\text{计划年度需}\\\text{增加的资金数额}\end{matrix}=\left(\begin{matrix}\text{计划期}\\\text{销售收入}\end{matrix}-\begin{matrix}\text{报告期}\\\text{销售收入}\end{matrix}\right)\times\left(\begin{matrix}\text{报告期资金占用金额占}\\\text{销售收入的百分比}\end{matrix}-\begin{matrix}\text{报告期资金其他来源占}\\\text{销售收入的百分比}\end{matrix}\right)$$

【例9-4】 某机械厂C型产品2022年商品销售收入1 800万元，经预测全部资金占用额为432万元，其他资金来源为90万元，2023年计划销售收入为2 500万元。试预测2023年的全部资金需要量和需要增加的资金数额。

答：

$$\begin{matrix}\text{报告期资金占用金额占}\\\text{销售收入的百分比}\end{matrix}=\frac{\text{报告期资金占用额}}{\text{报告期销售收入}}\times100\%=\frac{432}{1\,800}\times100\%=24\%$$

$$\begin{matrix}\text{报告期资金其他来源占}\\\text{销售收入的百分比}\end{matrix}=\frac{\text{报告期资金其他来源}}{\text{报告期销售收入}}\times100\%=\frac{90}{1\,800}\times100\%=5\%$$

则2023年资金需要量为：

$$2\,500\times(24\%-5\%)=475(\text{万元})$$

2023年需增加的资金需要量为：

$$(2\,500-1\,800)\times(24\%-5\%)=133(\text{万元})$$

或

$$475-(432-90)=133(\text{万元})$$

除上述计算公式外，销售收入资金率也可用下式计算：

$$\text{计划年度资金需要量}=\text{计划期销售收入}\times\text{上年销售资金率}\times(1-\text{计划年度资金周转加速率}\%)$$

其中：

$$上年销售资金率=\frac{上年资金平均占用额-不合理的资金占用}{上年实际销售额}\times 100\%$$

【例 9-5】 某企业 2022 年资金平均占用额为 1 200 万元，其中有不合理的占用 11 万元。2022 年销售收入 6 800 万元，2023 年销售收入计划增长 14%，资金周转要求加速 10%。试预测 2023 年资金需要量。

答：2023 年销售收入＝2022 年销售收入×(1＋销售收入增长率)＝6 800×(1＋14%)
＝7 752(万元)

得：
$$2022年销售资金率=\frac{1\,200-11}{6\,800}\times 100\%=17.49\%$$

则 2023 年资金需要量＝7 752×17.49%×(1－10%)＝1 220.24(万元)

（三）产值资金率法

产值资金率法是用资金占用同产值的关系来预测资金需要量的方法。企业的产值是指企业在一定时期内所生产的以货币形式表现的产品总量。产值同企业的流动资金占用有相关的关系，即一般情况下，产值越大，需要的资金也相应增多，反之亦然。

产值资金率法预测的公式如下：

$$计划年度资金需要量=计划年度工业总产值\times 上年产值资金率\times(1-计划年度资金周转加速率\ \%)$$

其中：

$$上年产值资金率=\frac{上年资金平均占用额-不合理的资金占用}{上年实际工业总产值}\times 100\%$$

【例 9-6】 某企业 2023 年预计工业总产值为 1 000 万元，该企业 2022 年资金平均占用额为 300 万元，其中，不合理占用 50 万元，2022 年实际工业总产值为 800 万元。2023 年要求资金周转加速 10%。试计算 2023 年资金需要量。

答：$2022年产值资金率=\frac{300-50}{800}\times 100\%=31.25\%$

2023 年资金需要量＝1 000×31.25%×(1－10%)＝281.25(万元)

（四）销售百分比法

销售百分比法是根据销售收入与资产负债表和损益表项目之间的比例关系，预测资金需要量的方法。这种方法可以看作销售收入资金率法的改进或具体化。

运用销售百分比法，一般是借助于预计损益表和预计资产负债表，通过预计损益表预测企业留用利润这种内部资金来源的增加额；通过预计资产负债表预测企业资金需要量总额和外部筹资的增加额。

1. 通过预计损益表预测内部资金来源的增加额的方法

预计损益表是运用销售百分比法的原理预测留用利润的一种报表。预计损益表与实际损益表的内容、格式相同。同时还可为预计资产负债表预测外部筹资数额提供依据。

预计损益表法的一般步骤如下。

(1) 收集上年实际损益表资料,并计算损益表各项目与当年销售额的百分比。

(2) 通过其他方法取得计划年度销售收入的预计数,并用此预计数与第一步计算出的百分比相乘,从而得到计划年度预计损益表中该项目的预计数,并编制计划年度预计损益表。

(3) 利用计划年度税后利润预计数和预定的留用利润比例,测算留用利润的数额。

下面举例说明销售百分比法的运用。

【例 9-7】 某企业 2022 年实际损益表如表 9-3 所示。

表 9-3 某企业 2022 年损益表(简表) 单位:万元

项 目	本年累计数
销售收入	1 600
减:销售成本	1 200
销售费用	8
销售利润	392
减:管理费用	320
财务费用	3.2
税前利润	68.8
减:所得税(25%)	17.2
税后利润	51.6

若预计该企业 2023 年销售收入为 2 000 万元,税后利润的留用比例为 50%,试预计 2023 年的损益表并预测留用利润。

(1) 在已知 2022 年实际损益表的基础上,分别计算损益表中的各项目占销售收入的百分比,并填入表中。

如:

$$销售成本占销售收入的百分比=\frac{销售成本}{销售收入}\times 100\%=\frac{1\ 200}{1\ 600}\times 100\%=75\%$$

(2) 用 2023 年的预计销售收入 2 000 万元乘以各百分比,即可得 2023 年预计损益表中各项目的预计数,如 2023 年销售成本为:2 000×75%=1 500 万元。把计算结果也填入表中,即得 2023 年预计损益表,如表 9-4 所示。

表 9-4 2023 年预计损益表 单位:万元

项 目	2022 年实际数	占销售收入的百分比	2023 年预计数
销售收入	1 600	100%	2 000
减:销售成本	1 200	75%	1 500

（续表）

项　目	2022年实际数	占销售收入的百分比	2023年预计数
销售费用	8	0.5%	10
销售利润	392	24.5%	490
减:管理费用	320	20%	400
财务费用	3.2	0.2%	4
税前利润	68.8	4.3%	86
减:所得税(25%)	17.2		21.5
税后利润	51.6		64.5

(3) 根据2023年预计税后利润，再结合留用比例，得出2023年预计留用利润额为64.5×50%=32.25万元，即企业需要从内部增加的资金需要量。

2. 通过预计资产负债表预测从外部筹资的数额的方法

预计资产负债表是根据以前时期的资产负债表数据资料，预计有关数据编制的资产负债表。预计资产负债表与实际资产负债表的内容、格式相同。

运用这种方法首先要选定与销售收入有固定比例关系的项目，这种项目称为敏感项目。敏感项目受销售收入的影响，一般与销售收入成正比。敏感项目有敏感资产项目和敏感负债项目。敏感资产项目包括现金、应收账款、存货、固定资产净值等项目；敏感负债项目包括应付账款、应付费用等项目。使用固定资产净值指标是假定折旧产生的现金立即用于更新资产。对外投资、短期借款、长期负债实收资本通常不适应短期内的敏感项目，留用利润也不宜列为敏感项目。利用预计资产负债表预测企业的资金需要量的步骤如下。

(1) 计算上年资产负债表中各敏感项目数额占上年销售额的百分比。

(2) 用计划年度预计销售额与上一步计算的百分比分别相乘，计算出各项目的预计数，并填入预计资产负债表中。

(3) 留用利润项目根据上年资产负债表中的留用利润项目数额加计划期预计留用利润数额(前面已计算出)计算。

(4) 其他非敏感项目直接根据上年资产负债表中相关项目的数额填列。

(5) 预计资产负债表中以上各资产项目与各负债项目预计数和所有者权益项目预计数之差，即为预计的企业需要从外部筹资的数额。

以下举例说明预计资产负债表法的应用。

【例9-8】 某企业2022年销售收入为2亿元，资产负债表如表9-5所示。

预计2023年销售收入为2.2亿元。若2023年该企业预计利润总额为400万元，所得税税率为25%，税后利润留用比例为50%。试预计2023年资产负债表中各敏感项目的数额，编制预计资产负债表并预测企业2023年需要从外部筹集的资金。

表 9-5　2022 年实际资产负债表　　单位:万元

项　目	金额	项　目	金额
资产:		负债及所有者权益:	
现金	80	应付票据	500
应收账款	3 000	应付账款	3 400
存货	3 600	应付费用	140
预付费用	10	长期负债	55
固定资产净值	380	负债合计	4 095
		实收资本	560
		留用利润	2 415
		所有者权益合计	2 975
资产总计	7 070	负债及所有者权益总计	7 070

答:(1) 在 2022 年(上年)实际资产负债表的基础上,计算敏感项目金额占销售额的百分比并填入 2023 年预计资产负债表。

如:应付账款项目占销售额的百分比为:$\frac{3\ 400}{20\ 000}\times100\%=17\%$,表示销售收入增长 100 元,应付账款相应地也将增长 17 元。再如,现金项目占销售额的百分比为:$\frac{80}{20\ 000}\times100\%=0.4\%$,说明销售收入增长 100 元,现金就会增加 0.4 元。其余类推。

(2) 计算 2023 年预计资产负债表中各项目的预计数。其中,敏感项目的计算公式为:

$$\text{预计数}=\text{2022 年各敏感项目金额占销售收入的百分比}\times\text{2023 年销售收入}$$

对于非敏感项目,则以 2022 年的数额代替。

(3) 计算 2023 年留用利润预计数。2023 年留用利润预计数等于 2022 年留用利润加预计 2023 年本年留用利润数。

$$\text{2023 年本年留用利润数}=400\times(1-25\%)\times50\%=150\text{(万元)}$$

所以,2023 年预计留用利润数$=2\ 415+150=2\ 565$(万元)。

(4) 计算 2023 年需要从外部筹集的资金数额。

2023 年需要从外部筹集的资金数额等于 2023 年预计资产负债表中资产总额减负债及所有者权益总额。

表 9-6 中,预计 2023 年资产总额为 7 776 万元,而负债及所有者权益总额为 7 574 万元,所以,应从外部筹集的资金$=7\ 776-7\ 574=202$(万元)。

表 9-6　2023 年预计资产负债表(简表)(报告式)　　单位:万元

项　目	2022 年实际数 (1)	2022 年销售百分比 (2)=(1)÷20 000	2023 年预计数 (3)=22 000×(2)
资产:			
现金	80	0.4	88
应收账款	3 000	15	3 300
存货	3 600	18	3 960
预付费用	10	—	10
固定资产净值	380	1.9	418
资产总计	7 070	35.4	7 776
负债及所有者权益:			
应付票据	500	—	500
应付账款	3 400	17	3 740
应付费用	140	0.7	154
长期负债	55	—	55
负债合计	4 095	—	4 449
实收资本	560	—	560
留用利润	2 415	—	2 565
所有者权益合计	2 975	—	3 125
负债及所有者权益总计	7 070	—	7 574

上述销售百分比法的运用,虽然较以前几种方法复杂,但它的准确性也比前几种方法高。当然,如果能根据具体情况调整敏感项目与非敏感项目以及敏感项目与销售收入的百分比,则预测的效果将更佳。

第三节　企业筹资的类型

一、资金来源的分类

企业从不同的渠道和用不同的方式筹集的资金,由于具体的来源、方式、期限等的不同,形成不同类型资金的结合,构成企业具体的筹资组合。企业的资金来源有以下分类。

(一) 自有资金和借入资金

按资金来源性质的不同,企业的全部资金来源分为自有资金和借入资金。

自有资金是指企业通过发行股票、吸收直接投资、内部积累等方式筹集的资金。自有资金代表投资人对企业净资产的所有权,所以又称为主权资金。借入资金是指企业通过发行债券、银行借款、融资租赁、商业信用等方式筹集的资金。借入资金到期要按照合同的规定还本付息,所以,又称为负债资金。合理安排自有资金与借入资金的比例关系是筹资管理的一个核心问题。

（二）长期资金和短期资金

按期限的不同,企业的资金来源分为长期资金和短期资金。

长期资金是指供企业使用一年以上的资金。短期资金是指企业在一年内要归还的资金。合理安排资金来源的期限组合,有利于实现企业资金的最佳配置和筹资组合。

（三）内部筹资和外部筹资

按资金筹集的渠道,企业的资金来源分为内部筹资和外部筹资。

内部筹资是指在企业内部通过积累等方式筹集的资金。外部筹资是指在企业外部筹集资金。企业应在充分利用内部资金来源后,再考虑外部筹资问题。

（四）直接筹资和间接筹资

按是否以金融机构为媒介,企业的资金来源分为直接筹资和间接筹资。

直接筹资是指企业直接从资金供应者得到资金来源,如发行股票和债券等;间接筹资是指企业通过中间机构得到资金来源,如银行借款等。

以上这些分类之间是存在交叉的,如自有资金的筹集,既可用内部筹资解决,又可用外部筹资解决。又如,外部筹资既可用直接筹资方式,又可用间接筹资方式,等等。

二、自有资金和借入资金

（一）自有资金

自有资金,又称自有资本或权益资本,是企业依法筹集并长期拥有、自主调配运用的资金来源。按照我国财务制度规定,企业的自有资金包括资本金、资本公积金、盈余公积金和未分配利润。按照国际惯例,一般包括实收资本(或股本)和留存收益两部分。

自有资金具有以下属性。

第一,自有资金的所有权属于投资者。投资者凭其所有权参与企业的经营管理和利润分配,并对企业的经营状况承担有限责任。

第二,企业在经营期内可以长期自主安排使用自有资金。在企业的经营期内,企业的自有资金除依法转让外,投资者不得以任何方式抽回其投入的资本金。对于自有资金,企业没有固定的负担,有利于降低财务风险。

第三,企业的自有资金是通过国家财政资金、其他企业资金、民间资金、境外资金等渠道,采用吸收直接投资、发行股票、留用利润等方式筹措形成的。

第四,一个企业拥有自有资金的大小代表了该企业的资金实力。企业自有资金的多少是企业有无竞争能力的主要表现。

（二）借入资金

企业的借入资金又称借入资本或债务资本,是企业依法筹措并依约使用、按期偿还的资金来源。借入资金包括各种借款、应付债券、应付票据等。在财务报表上,借入资金表现为流动负债和长期负债。借入资金的使用期有长有短,短的几个月,长的超过一年,有的数年,甚至长达数十年。借入资金是企业资金的重要来源。

借入资金具有下列属性。

第一,借入资金体现债权人和债务人之间的债权债务关系。借入资金属于企业的债务,是债权人的债权。

第二,企业的债权人有权按期取得本息,但无权参与企业的经营管理,对企业的经营状况不承担责任。所以,企业使用借入资金有利于投资者对企业的控制。

第三,企业对借入资金在约定期内享有使用权,但到期必须偿还本息。如果到期债务人偿还不了本息,债权人有权依法迫使企业破产偿还。因此,企业使用借入资金的负担较重,风险较大。

第四,企业的借入资金是通过银行、非银行金融机构、民间筹资等渠道,采用银行借款、发行债券、发行融资券、商业信用、租赁等方式筹措取得的。

三、短期资金和长期资金

(一) 短期资金

短期资金是指使用期在一年或一个经营周期以内的资金。短期资金在使用时,周转速度快,通常在一年内就能收回、偿还。企业由于生产经营过程中资金周转会出现暂时的短缺,往往需要相当数量的短期资金。

企业的短期资金具有以下特点。

第一,使用期限短,通常在一年内即需偿还,主要用于企业临时性、季节性等不确定因素产生的资金需求。

第二,变现能力强,由于短期资金使用期限短,到期即应支付或偿还,所以在短期内就能变现。

第三,资金成本低,由于短期资金期限短,变现快,利息较低;另外短期资金的相当一部分是企业在交易中自然形成的商业信用,企业在固定的信用期限内,可以不必支付利息,所以,短期资金的资金成本低。

第四,筹资风险小,由于短期资金取得和偿还的频率较高,占用期限较短,因此,一般无需承担利率变动的风险。

企业的短期资金一般是通过短期借款、风险短期融资券、商业信用等方式筹措形成的。

(二) 长期资金

长期资金是指使用期限在一年以上的资金。企业要长期、持续、稳定地从事生产经营活动,必须有一定数量的长期资金作保证。

企业需要长期资金的原因主要有:购建固定资产、取得无形资产、开展长期投资、垫支于长期性质的流动资产等。这些资产的周转速度慢,收回资金的时间较长,短期之内不能偿还,所以适合用长期筹资方式。

长期资金与短期资金相比具有如下几个特点。

第一,偿还期限长。长期资金使企业获得较长时间的支配资金的权利,其偿还期限大大超过短期资金的偿还期限。

第二，筹资风险大。由于资金占用时间长，在资金占用期间，企业的经营收益、资金市场的利率等都会出现不能预测的变化，所以，企业使用长期资金需承担经营风险、利率变动风险等风险。

第三，资金成本高。由于投资者进行长期投资，其投资额较大，所以，投资者必然要求得到较高的风险报酬。即长期资金的所有者投资于企业后，要求企业付出较高的报酬，所以，企业使用长期资金的资金成本高。

第四，筹资频率低。在企业的资金总量中，长期资金所占的比重往往较大，筹资数额也远比短期资金为多。所以，长期资金的筹集通常不是经常性、临时性的筹资，这种筹资一般间隔时间较长。

长期资金一般采用吸收直接投资、发行股票、发行债券、长期借款、融资租赁等筹措得到。

四、内部筹资和外部筹资

（一）内部筹资

内部筹资是指在企业内部通过计提折旧而形成资金来源和通过留用利润而增加资金来源。其中计提折旧并不增加企业的资金总量，只是资金形态的转化；留用利润则增加企业的资金总量，其数额由企业的可分配利润和利润分配政策（股利政策）决定。

内部筹资是在企业内部"自然地"形成的，因此，一般不需要筹资费用。

（二）外部筹资

外部筹资是指向企业外部筹资得到的资金来源。在企业的初创时期和成长时期，内部筹资的可能性不大，加之企业发展需要的资金较多，就必须从外部筹集所需的资金。

外部筹资的渠道广阔，方式多种多样。

外部筹资通常需要花费筹资费用，如发行股票、债券时需要支付发行费等筹资费用。

五、直接筹资和间接筹资

（一）直接筹资

直接筹资是指企业不经过银行等金融机构，用直接与资金供应者协商借贷或发行股票、债券等方法筹集资金。在直接筹资过程中，资金供求双方借助于融资手段直接实现资金的转移，而无须银行等金融机构作为媒介。

直接筹资具有以下特征。

第一，直接筹资活动依赖于金融市场机制的作用，因此，筹资费用及成本依市场对资金供求的变化、筹资风险的大小等而变化。在金融市场突变的情况下，容易导致筹资失败。

第二，直接筹资必须依附于一定的载体，如股票或债券等。

第三，直接筹资的范围广，可利用的筹资渠道和筹资方式多。随着金融手段的不断创新，企业可选择的筹资渠道和方式的余地大，筹资的发展前景广阔。

第四，直接筹资的效率较低，费用较高。一般来说，直接筹资的手续较为复杂，所需的文件较多，准备的时间较长，筹资涉及的面较广，故筹资效率较低，筹资的费用较高。

第五，直接筹资风险小。直接筹资一般是自有资金，所以，有利于提高企业的资信程度，有利于改善企业的资金结构。

（二）间接筹资

间接筹资是指企业借助于银行等金融机构而进行的筹资活动。在间接筹资形式下，银行等金融机构发挥中介作用，它们预先筹集资金，然后提供给筹资企业。间接筹资的基本方式是银行借款，此外还有非银行金融机构借款、融资租赁等方式。间接筹资是目前我国企业最为重要的筹资途径。

间接筹资具有以下特征。

第一，间接筹资手续简便，筹资效率高，便于企业在不同时期根据企业生产经营的实际需要筹集不同期限、不同数额的资金。

第二，间接筹资可以避免筹资企业与资金供应者之间的纠纷。

第三，间接筹资的筹资活动既可运用金融市场，也可运用计划或行政手段。

第四，间接筹资的范围相对比较窄，筹资渠道和筹资方式比较单一。

第四节　企业筹资的渠道与方式

一、筹资渠道与筹资方式的关系

企业筹集资金的来源有多方面，筹集资金的方式也多种多样。不同的筹资渠道和筹资方式对企业的资金来源成本等有一定的影响。企业理财人员应该掌握不同筹资的不同情况，了解多种资金来源渠道，以广泛地开拓筹资渠道和运用适当的筹资方式，增强筹资的弹性。

企业的资金来源渠道简称筹资渠道，是指企业取得资金的来源或途径。筹资方式是指企业取得资金的具体方式或形式。筹资方式与筹资渠道既有联系又有区别，同一筹资渠道的资金来源往往可以采用不同的筹资方式取得，而同一筹资方式又往往可以筹措到不同筹资渠道的资金。所以，企业应认真分析和研究各种筹资渠道和各种筹资方式的特点及适应性，以确定最佳的筹资结构。

企业的筹资渠道受制于国家经济体制、生产资料所有制和国家经济管理体制和政策等。不同的经济体制、生产资料所有制、不同时期的国家资金管理体制和政策，决定企业不同的筹资渠道。在计划经济体制下，基本上是实行一元化的资金供给制，即国家对全民所有制企业实行由财政拨款和银行贷款两种方式供应资金。所以，当时全民所有制企业的筹资渠道，主要是国家财政资金、银行信贷资金和企业自留资金三种。而非全民所有制企业筹资渠道更是狭窄，主要是银行信贷资金和企业自留资金。随着市场经济体制的建立，生产资料所有制的形式及企业的经济成分发生了很大的变化，在我国现阶段，有四种所有制形式，即国家所有制、集体所有制、个人所有制、混合所有制。八种经济成分，即国有经济、集体经济、个体经济、私营经济、联营经济、股份制经济、外商投资经济和港澳台投资经济。随着经济体制改革的深入发展和金融市场的建立和完善，各种类型的企业，尤其是国有企业的筹资渠道发生了显著的变化，由单一的筹资渠道逐步向多元化渠道发展，由纵向渠道为主逐步向横向渠道转变。

目前，企业的筹资渠道主要有以下几种类型：国家财政资金、银行信贷资金、非银行金融机构资金、其他法人单位资金、职工和民间资金、企业内部形成资金、境外资金。

资金来源的多渠道要求筹资方式的多样化。筹资方式同样与国家经济体制、财务管理体制、金融市场等直接有关。对于各种筹资渠道的资金，企业可以采用不同的筹资方式。

企业的筹资方式主要有以下七种：吸收直接投资、发行股票、银行借款、商业信用、发行债券、发行融资券、融资租赁。

不同的筹资渠道，除各种债务外，都体现着一定的所有制成分；而不同的筹资方式则体现着不同的经济关系。例如，吸收直接投资、发行股票，体现所有权关系；银行借款、商业信用、发行债券等，体现债权债务关系；融资租赁，反映债权关系，在一定条件下则要发生所有权的转移。在筹集资金时，应权衡这些筹资方式的经济性质和相应的经济利益关系等问题，合理地选择使用资金。

筹资渠道与筹资方式有着密切的关系。同一渠道的资金往往可以采用不同的方式取得，而同一筹资方式又往往适用于不同的筹资渠道。因此，企业筹集资金时，必须实现两者的合理配合。筹资方式和筹资渠道两者配合情况列示如表 9-7 所示。

表 9-7　筹资方式与筹资渠道的配合

筹资渠道	筹资方式						
	吸收直接投资	发行股票	银行借款	商业信用	发行债券	发行融资券	租赁
国家财政资金	√	√					
银行信贷资金		√	√		√	√	
非银行金融机构资金		√	√		√	√	√
其他法人单位资金	√	√		√	√	√	
职工和民间资金	√	√		√	√	√	
企业内部形成资金	√	√					
境外资金	√	√	√	√	√	√	√

二、企业筹资的渠道

（一）财政资金

财政是由国家来组织和实现的社会产品的分配活动，是国家为实现其职能需要，凭借政治权力对一部分社会产品的分配。这种分配是国家产生以后社会经济生活中的一种客观必然经济现象。国家财政筹集资金是为了整个国家的社会、经济事业的发展。

1. 我国财政收入（财政资金）取得的主要形式

（1）税收。财政收入中的绝大部分都是通过税收形式筹集的。目前，我国财政收入中有超过 90%是通过税收得到的。

（2）国有资产收入。所谓国有资产，是产权属于国家所有的一切财产。国有资产收入是生产性单位使用国有资产而上缴国家财政的一部分国有资产收益。它是国家对国有资产拥有所有权在经济利益上的体现。

国有资产收入包括：国有企业上缴利润、股份制企业中国有股份的股息或红利及国有资产租金收入等。

(3) 专项收入。专项收入是国家根据专款专用、列收列支原则筹集的收入，如煤改油专项收入、城市排污收入等。

(4) 其他收入。其他收入项目繁多，但每一项目在财政收入中所占的比重都不大，而政策性又较强。其他收入主要有：规费收入、事业收入、罚没收入、国有资源管理收入、公产收入、国际组织援助捐款收入等。

对筹集起来的财政资金，国家要根据其职能需要，合理地使用。即要合理安排财政支出。

2. 我国财政支出的形式

我国财政支出按与国家职能的关系，可分为：

(1) 国家行政管理费用支出，即国家用于国家行政机关和管理机关日常活动所需要的资金。

(2) 文教科卫等事业发展支出，即财政用于教育、科学、文化、卫生、体育、通信、出版、广播等事业部门的经费支出。

(3) 国防费支出，即国家用于军队、国防设施的建设费用和民兵建设费用等。

(4) 抚恤和社会福利救济费支出，即国家财政用于革命军人、国家机关工作人员在其退伍、退休、退职、残废或牺牲、病故时，给予本人或家属的抚恤费、补助费、安置费、离休费、退休费、退职费以及对城乡人民生活困难、对受自然灾害地区的群众的安置费或救济费等。

(5) 补贴支出，即财政用于物价补贴和国有企业亏损补贴及其他方面的补贴支出。

(6) 经济建设支出，即政府用于行使其经济职能方面的财政支出。在我国，政府用于经济建设方面的支出主要包括基本建设支出、企业挖潜改造资金支出、流动资金支出、支援农业支出、国家物资储备支出、科技三项费用支出等等。其中，基本建设支出和企业挖潜改造资金支出是主要的。在计划经济向市场经济体制转变的过程中，经济建设支出的内容已经发生了较大的变化。企业挖潜改造支出，是财政用于国有企业固定资产更新和生产设备技术改造的各项拨款支出。从理论上讲，企业生产设备的更新改造属于简单再生产的范畴，应由企业自我积累的资金来解决。但由于历史原因，我国一些老国有企业存在积累资金不足的现象。为了扶持国有企业发展，国家财政每年拨一笔资金专用于老企业更新改造及其他相关项目的支出。随着市场经济体制的不断完善，国有企业独立法人地位的逐步确立，一般性更新改造的支出将完全由企业自行负担，国家只为极少数重点国有企业的更新改造提供资助。

财政基本建设投资应坚决服从产业政策的要求，将资金投向那些国民经济发展的“瓶颈部门”、支柱部门，而这些部门基本上是由国有企业经营的。国家财政资金历来是以前的全民所有制企业的主要资金来源，而现在国有企业，其资金来源大部分是由国家原来的拨款方式投资形成的。今后国家财政资金仍然是国有企业重要的筹资渠道，只是方式由无偿拨款改为有偿贷款。

从国家财政收支中，我们可以看出，企业从国家财政资金渠道取得资金将越来越少。企业应了解国家的投资政策，再结合企业的实际情况申请资金来源。总的来说，企业从国家财政资金渠道取得资金是比较困难的。

（二）银行信贷资金

银行信贷资金是指通过银行信用形式筹集投资资金，是各类企业筹集资金的重要渠道。通过银行信用形式筹集资金，能够充分发挥银行的功能，拓展筹资渠道。而且银行信贷资金都是要还本付息的，因此，能促使企业讲求经济效益。

银行一般分为商业性银行和政策性银行。商业性银行主要是为各类企业提供商业性贷款；政策性银行主要为特定的企业提供政策性贷款。

银行信贷资金雄厚，主要来源有以下几个方面。

(1) 企业存款，即各类企业在生产和流通过程中的闲置资金、支付准备金和一部分用于扩大再生产的积累基金存入银行而形成的存款。

(2) 城乡居民储蓄存款，是城乡居民货币收入的结余和待用部分的存款。

(3) 信托存款，是信托单位为了将来举办某种事业而在一定时期内把不用的资金通过信用形式吸收起来所形成的资金。

此外，还有保险基金、发行金融债券等来源。在银行的资金来源中，企业存款和城乡居民储蓄存款是银行经常性的资金来源。

银行信贷方式灵活，如在信贷期限方面就有多种期限的贷款。企业通过银行信贷资金筹集资金时，应根据情况，选择适合企业生产经营的信贷资金种类。

银行信贷资金是企业的最重要的资金来源渠道，我国企业大部分资金，尤其是流动资金来自银行信贷资金。

（三）其他筹资渠道

除了国家财政资金、银行信贷资金这两种重要的资金来源渠道以外，企业的筹资渠道还有以下几种。

1. 非银行金融机构资金

非银行金融机构资金是企业从保险公司、信托投资公司、证券公司、租赁公司、企业集团的财务公司等非银行金融机构筹集的资金。非银行金融机构的资金力量比银行信贷资金要小，但非银行金融机构资金供应比较灵活方便，而且可提供其他方面的服务。

2. 其他法人单位资金

其他法人单位资金是指企业法人和社会法人单位以其可以支配的资产或闲置资金与企业进行资金融通等形成的资金。

3. 民间资金

民间资金是指企业职工和城乡居民手中暂时闲置的资金。企业可以通过发行股票或发行债券等方式筹集。

4. 企业内部形成资金

企业内部形成资金是计提折旧、资本公积金、提取盈余公积金、未分配利润而形成的资金。

5. 境外资金

境外资金是指境外投资者投入资金和从境外借用的资金，包括进口物资延期付款、补偿贸易、国际租赁、在国外发行债券等筹集的资金。

第五节　融资模式

公司融资模式(the financing patterns)通常是指非金融公司从哪些渠道获得其投资所需的资金,即公司是如何为其投资而融资的。

一、国外企业的融资模式

(一) 英美企业以证券为主导的融资模式

由于英美是典型的自由市场经济国家,资本市场高度发达,企业的投融资行为也已高度市场化。因此,英美企业主要通过发行企业债券和股票方式从资本市场上筹集长期资本,证券融资成为企业外源融资的主导形式。由于美国企业融资模式更具有代表性,我们着重从美国企业融资的实际来进行介绍。

经过长期演进和发展,美国的金融市场体系已经相当成熟和完善,企业制度也已非常完善,企业投融资行为通常很理性。一般地,美国企业融资方式的选择,遵循的是所谓的优序融资理论,即按照内源融资＞债务融资＞股权融资的先后顺序,换言之,企业先依靠内部融资(留存收益和折旧),然后再求助于外部融资,而在外部融资中,企业一般优先选择发行债券融资,资金不足时再发行股票融资。这一融资顺序的选择反映在企业资本结构中,内部融资占最重要地位,其次是银行贷款和债券融资,最后是发行新股融资。

(二) 日本及东亚国家企业以银行贷款为主导的融资模式

相对于英美等国家以证券融资为主导的外源融资模式,日本、韩国等东亚国家的外部资金来源主要是从银行获取贷款。在这种融资模式中,以日本的主银行融资模式最为典型和突出。日本的主银行制度包括三个相互补充的部分。①银行与企业建立关系型契约。②银行之间形成相互委托监管的特殊关系。③监管当局采取一整套特别的监管手段,如市场准入管制、“金融约束”、存款担保及对市场融资的限制等。

(三) 德国企业的全能银行融资模式

德国企业的融资模式基本上与日本相同,都是以银行贷款融资为主,不过,德国实行的是一种全能银行融资体制。顾名思义,德国的全能银行是“全能的”,可以自主地从事从商业银行到投资银行的广泛业务,银行既可以从事吸收存款、发放贷款的业务,也可以直接进行证券投资;并且,全能银行可以持有任何非金融企业任何数量的股票,与英美等国融资模式相比,德国企业制度体现的是“社会市场经济”。德国企业许多都是由家族企业发展而来的,家族思想对企业的影响一直很大。一个显著的影响就是德国企业普遍推崇追求长期价值,由此产生的融资方式主要依靠自身积累再投资和银行贷款。

二、国内企业的融资模式

任何企业融资结构和融资方式的选择都是在一定的市场环境背景下进行的。在特定的经济和金融市场环境中,单个企业选择的具体融资方式可能不同,但是大多数企业融资方式的选择具有某种共性,即经常以某种融资方式为主,如以银行贷款融资为主或以发行证券融资为主,这就是企业融资的模式问题。融资模式与融资方式都是反映储蓄向投资转化的方式,但融资模式的内涵要比融资方式的大,前者包含后者,是多种融资方式的组合。

(一) 债权融资模式

1. 国内银行贷款

国内银行贷款是指银行将一定额度的资金以一定的利率,放贷给资金需求者,并约定期限付利还本的一种经济行为。国内银行贷款的特点是手续相对简单、融资速度比较快、融资成本比较低、贷款利息计入企业成本、按期付利、到期还本。目前国内银行贷款的期限,短期贷款是一年之内,中期贷款是一至三年,长期贷款是三年以上。贷款的种类有信用贷款、担保贷款、抵押贷款。国内银行贷款也有严格的审批制度、对企业的资信调查和信用评级等。

2. 国外银行贷款

国外银行贷款指的是为进行某一项目进行筹集资金,借款人在国际金融市场上向外国银行贷款的一种融资模式。

外国商业银行贷款的特点:第一,外国商业银行是非限制性贷款,不限贷款用途,不限贷款金额,不限贷款的币种;第二,外国商业银行的贷款利率比较高,按国际金融市场平均利率计算,硬通货币的利率要高于软通货币的利率;第三,国外商业银行贷款看重的是贷款人的信誉,这个信誉非常重要。国外商业银行贷款的期限,短期贷款是一年,中期贷款是一至七年,长期贷款是七年以上。周转贷款在规定的期限内,借与还重复周转。但国外银行贷款对企业的资信调查和信用评级等可能更为严格。

3. 发行债权融资

债权融资是有偿使用企业外部资金的一种融资方式,包括银行贷款、银行短期融资(票据、应收账款、信用证等)、企业短期融资券、企业债券、资产支持下的中长期券融资、金融租赁、政府贴息贷款、政府间贷款、世界金融组织贷款和私募债权基金等。债权融资所获得的资金,企业首先要承担资金的利息,另外在借款到期后要向债权人偿还资金的本金。债权融资的特点决定了其用途主要是解决企业营运资金短缺的问题,而不是用于资本项下的开支;股权融资是指企业的股东愿意让出部分企业所有权,通过企业增资的方式引进新的股东的融资方式。股权融资所获得的资金,企业无须还本付息,但新股东将与老股东同样分享企业的盈利与增长。股权融资的特点决定了其用途的广泛性,既可以充实企业的营运资金,也可以用于企业的投资活动。

4. 民间借贷融资

民间借贷是指公民之间、公民与法人之间、公民与其他组织之间借贷。只要双方当事人意思表示真实即可认定有效,因借贷产生的抵押相应有效,但利率不得超过人民银行规定的相关利率。民间借贷是一种直接融资渠道,银行借贷则是一种间接融资渠道。民间借贷是民间资本的一种投资渠道,是民间金融的一种形式。根据《民法典》第六百八十条规定:“禁止放高利贷,借款的利率不得违反国家有关规定。”同时根据最高人民法院《关于人民法院审理借贷案件的若干意见》的有关规定:“民间借贷的利率可以适当高于银行的利率,……但最高不得超过银行同类贷款利率的四倍(包括利率本数)。”

5. 金融租赁融资

由出租人根据承租人的请求，按双方的事先合同约定，向承租人指定的出卖人购买承租人指定的固定资产，在出租人拥有该固定资产所有权的前提下，以承租人支付所有租金为条件，将一个时期的该固定资产的占有、使用和收益权让渡给承租人。这种租赁具有融物和融资的双重功能。金融租赁可以分为三种：直接融资租赁、经营租赁和出售回租。

（二）股权融资模式

1. 股权出让融资

股权出让融资是指企业出让企业部分股权，以筹集企业所需要的资金。企业进行股权出让融资，实际上是吸引直接投资、引入新的合作者的过程，但这将对企业的发展目标、经营管理方式产生重大的影响。

2. 增资扩股融资

增资扩股是指企业向社会募集股份、发行股票、新股东投资入股或原股东增加投资扩大股权，从而增加企业的资本金。对于有限责任公司来说，增资扩股一般指企业增加注册资本，增加的部分由新股东认购或新股东与老股东共同认购，企业的经济实力增强，并可以用增加的注册资本投资于必要的项目。对于股份有限公司来说，增资扩股指企业向社会募集股份、发行股票、新股东投资入股或原股东增加投资扩大股权，从而增加企业资本金。

3. 杠杆收购融资

杠杆收购融资(leveraged buy-out，LBO)是指公司或个体利用自己的资产作为债务抵押，收购另一家公司的策略。交易过程中，收购方的现金开支降低到最低程度。换句话说，杠杆收购是一种获取或控制其他公司的方法。杠杆收购的突出特点是，收购方为了进行收购，大规模融资借贷去支付(大部分的)交易费用。通常为总购价的70%或全部。同时收购方以目标公司资产及未来收益作为借贷抵押。借贷利息将通过被收购公司的未来现金流来支付。

杠杆收购的主体一般是专业的金融投资公司，投资公司收购目标企业的目的是以合适价钱买下公司，通过经营使公司增值，并通过财务杠杆增加投资收益。通常投资公司只出小部分的钱，资金大部分来自银行抵押借款、机构借款和发行垃圾债券(高利率高风险债券)，由被收购公司的资产和未来现金流量及收益作担保并用来还本付息。如果收购成功并取得预期效益，贷款者不能分享公司资产升值所带来的收益(除非有债转股协议)。在操作过程中可能要先安排过桥贷款(bridge loan)作为短期融资，然后通过举债完成收购。杠杆收购在国外往往是由被收购企业发行大量的垃圾债券，成立一个股权高度集中、财务结构高杠杆性的新公司。在中国由于垃圾债券尚未兴起，收购者大都是用被收购公司的股权作质押向银行借贷来完成收购的。

4. 风险投资融资

风险投资融资模式是指资金的融通通过吸引从事风险投资经营者投资的一种资金融通方式。风险投资(venture capital，VC)，广义的风险投资泛指一切具有高风险、高潜在收益的投资。狭义的风险投资是指以高新技术为基础，生产与经营技术密集型产品的投资。根据美国全美风险投资协会的定义，风险投资是由职业金融家投入到新兴的、迅速发展的、具有巨大竞争潜力的企业中的一种权益资本。

风险投资一般采取风险投资基金的方式运作。风险投资基金在法律结构上是采取有限合伙的形式。风险投资具有如下特征。

(1) 投资对象为处于创业期(start-up)的中小型企业,而且多为高新技术企业。

(2) 投资期限3—5年以上,投资方式一般为股权投资,通常占被投资企业30%左右股权,而不要求控股权,也不需要任何担保或抵押。

(3) 投资决策建立在高度专业化和程序化的基础之上。

(4) 风险投资人(venture capitalist)一般积极参与被投资企业的经营管理,提供增值服务:除了种子期(seed)融资外,风险投资人一般也对被投资企业以后各发展阶段的融资需求予以满足。

(5) 由于投资目的是追求超额回报,当被投资企业增值后,风险投资人会通过上市、收购兼并或其他股权转让方式撤出资本,实现增值。

5. 国内上市融资

国内上市融资是指企业根据国家《公司法》及《证券法》要求的条件,经过中国证监会批准上市发行股票的一种融资模式。

6. 境外上市融资

境外上市即直接以国内公司的名义向境外证券主管部门申请登记注册并发行股票(或其他衍生金融工具),向当地证券交易所申请挂牌上市交易。即我们通常说的H股、N股、S股等。H股是指中国企业在香港联合交易所发行股票并上市,N股指中国企业在纽约交易所发行股票并上市,S股是指中国企业在新加坡交易所上市。

通常,境外直接上市都是采取IPO(首次公开募集)方式进行。境外直接上市的主要困难在于:国内法律与境外法律不同对公司的管理、股票发行和交易的要求也不同。进行境外直接上市的公司需通过与中介机构密切配合,探讨出能符合境内、外法规及交易所要求的上市方案。

境外直接上市的工作主要包括两大部分:国内重组、审批(目前,证监会已不再出具境外上市"无异议函",也即取消对涉及境内权益的境外公司在境外发行股票和上市的法律意见书的审阅)和境外申请上市。

7. 买壳上市融资

买壳上市(反向收购)是指非上市公司股东通过收购一家壳公司(上市公司)的股份控制该公司,再由该公司反向收购非上市公司的资产和业务,使之成为上市公司的子公司,原非上市公司的股东一般可以获得上市公司70%—90%的控股权。一个典型的买壳上市由两个交易步骤组成。一是买壳交易,非上市公司股东以收购上市公司股份的形式,绝对或相对地控制一家已经上市的股份公司;二是资产转让交易,非上市公司收购上市公司而非控制上市公司的资产及营运。一般而言,买壳上市是民营企业的较佳选择。

(三) 内部融资模式

1. 留存收益融资

留存收益融资是指企业将留存收益转化为投资的过程,将企业生产经营所实现的净收益留在企业,而不作为股利分配给股东,其实质为原股东对企业追加投资。

2. 资产管理融资

资产管理融资是指企业通过对资产进行科学有效的管理，节省企业在资产上的资金占用，增强资金流转率的一种变相融资模式。资产管理融资属于企业的内源融资，中小企业可以将其资产通过抵押、质押等手段融资。

（1）应收账款的抵押。通过应收账款的抵押可以取得应收账款抵押借款，提供这种借款的通常是商业银行或者工业金融公司。卖方取得借款的金额一般在应收账款面值的50%—80%。应收账款抵押借款分为通知性方式与非通知性方式。前者是指借款企业要将应收账款已作为担保品的情况告知其客户，并须通知客户将应付账款直接转入发放借款的银行：后者则不要求借款企业将应收账款已作担保品的情况告知其有关客户。大部分应收账款抵押借款是以不通知方式为基础办理的。

（2）应收账款的代理。在西方国家，应收账款的代理可将应收账款售出，事实上等于将应收账款卖给了代理人，这时贷款人通常没有向借款人的追索权。在代理中，明确告知货物买方将贷款直接付给代理金融单位。代理公司鉴于坏账风险必须进行详尽的信用调查。

（3）国际保理业务。国际保理业务又称国际保付代理(international factoring)，承购出口应收账款业务等，它是商业银行或附属机构通过收购消费品出口债券而向出口商提供的一项综合性金融业务，其核心内容是以收购出口债券的方式向出口商提供出口融资和风险担保，其特色在于，将一揽子服务综合起来由一个窗口提供，并可根据客户需求提供灵活的服务项目组合。

3. 票据贴现融资

票据贴现融资，是指票据持有人在资金不足时，将商业票据转让给银行，银行按票面金额扣除贴现利息后将余额支付给收款人的一项银行授信业务，是企业为加快资金周转促进商品交易而向银行提出的金融需求。票据一经贴现便归贴现银行所有，贴现银行到期可凭票直接向承兑银行收取票款。

4. 商业信用融资

商业信用融资是指企业之间在买卖商品时，以商品形式提供的借贷活动，是经济活动中的一种最普遍的债权债务关系。商业信用的存在对于扩大生产和促进流通起到了十分积极的作用，但不可避免地也存在着一些消极的影响。

（1）应付账款融资，对于融资企业而言，意味着放弃了现金交易的折扣，同时还需要负担一定的成本，因为往往付款越早，折扣越多。

（2）商业票据融资，也就是企业在延期付款交易时开具的债权债务票据。对于一些财力和声誉良好的企业，其发行的商业票据可以直接从货币市场上筹集到短期货币资金。

（3）预收货款融资，这是买方向卖方提供的商业信用，是卖方的一种短期资金来源，信用形式应用非常有限，仅限于市场紧缺商品、买方急需或必需商品、生产周期较长且投入较大的建筑业、重型制造等。

（四）贸易融资模式

1. 国际贸易融资

国际贸易是指外汇银行在为进出口商办理汇款托收和信用证项下的结算业务时，对进口商和出口商提供的与结算相关的短期和长期的融资便利。国际贸易融资方式很多，其实广义上的国际贸易融资是指外汇银行对进出口商提供的与进出口贸易结算有关的一切融资活动，包括以上的狭义的常规贸易融资外，还包括在此基础上的各种创新。国际贸易融资方式包括以下几种形式：减免保证金开证、进口押汇、提货担保、打包放款、出口押汇。一般“国际贸易”相关教科书中都有详细介绍，在此不再重复。

2. 补偿贸易融资

补偿贸易融资是指国外向国内公司提供机器设备、技术、培训人员等相关服务等作为投资，待该项目生产经营后，国内公司以该项目的产品或以商定的方法予以偿还的一种融资模式。包括：直接产品补偿；其他产品补偿；综合补偿。

（五）项目融资模式

1. TOT 模式

TOT 模式（transfer-operate-transfer）是“移交—经营—移交”的简称，具体是指东道国在与外国投资者签订特许经营协议后，把已经投产运行的基础设施项目移交给外国投资者经营，凭借该设施在未来若干年内的收益，一次性地从外国投资者手中融得资金用于建设新的基础设施项目；特许经营期满后，外国投资者再把该基础设施无偿移交给东道国或其公司。

2. ABS 模式

ABS 模式（asset backed-securitization）是“资产证券化”的简称。它是以项目资产可以带来的预期收益为保证，通过一套提高信用等级计划在资本市场发行债券募集资金的一种项目融资方式。具体运作过程是：①组建一个特别目标公司。②目标公司选择能进行资产证券化融资的对象。③以合同、协议等方式将政府项目未来现金收入的权利转让给目标公司。④目标公司直接在资本市场发行债券募集资金或者由目标公司信用担保，由其他机构组织发行，并将募集到的资金用于项目建设。⑤目标公司以项目资产的现金流入清偿债券本息。

3. PFI 模式

PFI 模式（private-finance-initiative）即民间主动融资模式，对于基础设施项目和公用事业项目，政府通过项目招标的方式确定民间投资主体，并授权后者负责项目的融资、建设与运行，作为对该民间投资主体的回报，政府在授权的期限内每年以财政性资金向其支付一定的使用费或租赁费，授权经营期结束时，民间投资主体将该项目无偿转让给政府。PFI 模式主要用于一些不向大众收费的项目，如免费的桥梁、隧道等。

4. ST 模式

ST 模式（shadow-tolling）即影子收费模式，是指对于基础设施和公用事业项目政府通过招标的方式确定民间投资主体，并授权后者负责项目的融资、建设与运营，作为对该民间主体的回报，政府在授权期限内每年以财政性资金或其他形式基金向其支付一定的补偿费用，补偿其免费为公众提供服务应得的利益；授权经营期结束时，民间投资主体无偿转让项目给政府。

5. PPP 模式

PPP 模式（private-public-partnership）即“公私合伙制”，指公共部门通过与私人部门建立伙伴关系提供公共产品或服务的一种方式。PPP 包含 BOT、TOT 等多种模式，主要强调合作过程中的风险分担机制和项目的货币价值原则。PPP 模式是在基础设施和公用事业项目建设中发展起来的一种优化的项目融资与实施模式，是一种以参与方的"双赢"或"多赢"为合作理念的现代融资模式。

6. BOT 模式及其变种

BOT 模式(build-operate-transfer)即"建设—经营—转让"的英文缩写，指的是政府或政府授权的公司将拟建设的某个基础设施项目，通过合同约定并授权另一投资企业来融资、投资、建设、经营、维护，该投资企业在协议规定的时期内通过经营来获取收益，并承担风险。政府或政府授权的公司在此期间保留对该项目的监督调控权。协议期满，据协议由授权的投资企业将该项目转交给政府或政府授权的公司。BOT 适用于现在不能盈利而未来却有较好或一定盈利潜力的项目。

BOT 模式很重要，除了上述的普通模式，BOT 还有 20 多种演化模式，比较常见的有 BOO(建设—经营—拥有)、BT(建设—转交)、TOT(移交—经营—移交)、BOOT(建设—经营—拥有—转让)、BLT(建设—租赁—转让)、BTO(建设—转让—经营)等。

7. BT 模式

BT 模式(build-transfer)即"建设—移交"的简称，是 PPP 模式在实际运用中的具体演变，其特点是协议授权的投资者只负责该项目的投融资和建设，项目竣工经验收合格后，即由政府或其授权的单位按合同规定赎回。BT 模式主要适用于项目建成后无法直接向公众提供产品并收取费用的情形，所以只能由政府直接向主办人支付该项目的款项，并使该项目服务公众。BT 模式是一种创新的投融资模式，近年来在基础设施和公用事业项目建设中得到广泛应用。

第六节　金融市场和企业筹资

一、金融市场的概念

企业的筹资行为实际上是在一个无形的大市场中实现的，这个市场就是金融市场。需要资金的企业是这个市场上的购买人，多余资金的其他单位，如银行、政府部门等或个人是市场上的卖出人。金融市场上购买人和卖出人双方交易的是一种特殊的商品——资金。企业在生产经营过程中需要资金，可以通过金融市场用一定的方法得到。

所谓金融市场，是资金的供应者和资金的需求者双方借助于金融工具达成交易的场所。

金融市场有两大构成要素：一是金融市场的主体，即金融市场的参加者，也就是资金的供应者和需求者；二是金融工具，即金融市场的交易对象。金融工具以金融资产的形式出现，根据等价交换的原则进行自由买卖。在金融市场上，资金的价格是以利率反映出来的，利率的高低反映资金的供求关系。

(一) 金融市场的主体

金融市场的主体是参加金融市场交易的单位和个人，它们分别以资金供应者和资金需求者的身份出现。金融市场最主要的参加者是金融中介机构，它们是金融市场的组织者。

1. 金融(中介)机构

金融市场与金融机构是密切联系在一起的。作为金融市场最主要的参加者，金融机构是最重要的资金需求者和供应者，有：吸收存款的中介机构，如商业银行等，它们吸收存款、发放贷款或进行投资；办理投资的中介机构，如投资公司、财务公司等，它们出售股票，将所得资金用于金融资产投资或向消费者、工商企业发放贷款；保险公司、各种基金等，用契约方式向参加者提供保险等业务，借以集聚资金，然后投资于公债、股票、公司债券及房地产等。

2. 中央银行

中央银行参与金融市场并不是以单独的资金供求者的身份出现的，而是以管理者的身份出现的。中央银行作为国家银行和银行的银行，有贯彻执行货币金融政策和负责管理金融市场的义务。

3. 政府部门

政府是主要的资金需求者，它通过发行公债在金融市场上筹集资金，用于弥补国家财政赤字或其他支出。当政府财政收支出现临时性的不平衡时，国家发行公债在金融市场上筹集资金。同时政府及其机构在收支过程中也经常发生资金的临时性闲置，这时，政府部门又作为资金供应者，将闲置的资金向金融市场供应，如将资金存入银行、收回或买入短期证券等。

4. 企业

企业是金融市场最大的资金需求者，也是资金的供应者。一方面，企业需要大量的长期或短期资金用于生产经营；另一方面，企业在生产经营过程中也会有闲余的资金，临时性地供应于金融市场。

(二) 金融工具

金融工具是金融市场的客体，金融市场要借助于金融工具来完成资金的交易。

在金融市场上，资金的需求者和供应者之间在进行资金融通时必须有合法的凭证，以证明债权债务关系或财产的所有权关系，这种证明债权债务关系或所有权关系的信用凭证就是金融工具。由于金融工具如股票等有价值，所以，金融工具又称为金融资产。金融资产代表了其持有者在今后对财产或所得的索取权。融资关系是一种信用关系，所以，金融工具也是一种信用工具。金融工具的经济功能在于将资金剩余单位或个人的暂时闲余的资金有条件地转移给需要资金的单位或个人使用，把社会的剩余资金吸引到生产投资上去。即能够将资金从储蓄转向投资。

1. 金融工具的种类

金融工具可以分为直接金融工具和间接金融工具。

(1) 直接金融工具。直接金融工具是非金融机构如政府、工商企业以及个人所发行或签署的金融工具，如公债、国库券、公司债券、股票、抵押契约、借款合同和其他多种形式的借据等。

非金融机构直接以最后借款人的身份向最后贷款人借入资金用于生产经营、投资或消费，这种融资称为直接融资。直接融资使用的金融工具就是直接金融工具。常见的直接金融工具有：

① 商业票据，是表明债务人按规定期限无条件地支付一定款项的义务的书面债务凭证。商业票据有商业期票和商业汇票。

② 债券，是筹资者为了筹集资金，承诺按一定利率在一定日期支付利息，并在规定的日期偿付本金的书面债务凭证。由政府发行的债券称为政府债券或公债；由企业发行的债券称为公司债券。

政府债券是政府为了筹集资金而发行的债券。主要用于平衡预算收支、弥补财政赤字和用于生产性和非生产性开支。偿还期在一年以内的政府债券叫短期公债。短期公债是金融市场上利率最低、风险最小、流动性最强的证券。偿还期在一年以上的政府债券叫长期公债。政府债券还包括中央政府机构债券和地方政府债券。

公司债券是公司(或企业)对外举债并承诺在规定的期限还本付息的书面凭证。

③ 股票，是股份有限公司发行的所有权凭证，是证明股东对公司财产的要求权的书面证明。

(2) 间接金融工具。除了商业票据、债券和股票三类直接金融工具外，还有放款凭证等。

间接金融工具是指金融机构所发行的债券及债务凭证，如钞票、存款、人寿保险单、基金股份以及其他形式的借据等。金融机构在最后贷款人和资金的最后使用者之间充当了中间人的角色，这种通过中间人筹资的形式称为间接融资。间接融资所用的金融工具就是间接金融工具。主要的间接金融工具有：

① 钞票，是由中央银行发行的债务凭证。钞票又称银行券。

② 存款，是银行等金融机构发行的债务凭证。存款的债务人是银行或其他金融机构，债权人是存款人。存款的种类很多，重要的分类是按货币性(流动性)的强弱分为活期存款和定期存款。活期存款一般视同货币，它随时可以使用，与现金(钞票)一同构成流通中的货币供应量。支票是活期存款的支付凭证。

③ 大额可转换存单，是可以作为流通工具使用的大额定期存款凭证。

④ 银行本票，是由银行签发的以银行本身为付款人的票据。在有效期内持票人可凭银行本票随时办理转账结算或支取现金。

⑤ 银行汇票，是银行办理汇款业务的工具，如用于异地购货的清算等。

⑥ 金融债券，是由金融机构发行的一种中长期债券。金融债券筹集的资金由金融机构本身支配使用。

⑦ 人寿保险单，是人寿保险公司发行的人寿保险凭证。人寿保险公司作为债务人在支付保险金之前是一种筹资行为。人寿保险单的持有人有在规定的期限取得保险金的权利。

⑧ 基金股份，是投资公司、储蓄和放款协会等金融机构发行的一种股份。基金股份的持有人有获得收益的权利。

2. 金融工具的特征

金融工具有许多类型，但不论什么类型都有以下三个特点。

(1) 流动性，是指金融工具能够在短期内无延迟地、不受损失地得到补偿的能力。一般说，流动性强的金融工具应具有两个特征：一是容易兑现，为人们普遍接受，交易费用低；二是市场价值的波动小。流动性与偿还期成反比，即偿还期越长，流动性越差；流动性与发行者(债务人)的信誉成正比,即发行者的信誉越好,流动性就越强。流动性从强到弱的排列依次是:钞票和支票、活期存款、银行本票、银行汇票、各种存款、人寿保险单、短期公债、长期公债、金融债券、公司债券和股票。

(2) 安全性,是指收回本金的保证程度。安全性代表金融工具的风险程度。一般来说,安全性与偿还期成反比,与债务人的信誉成正比。

(3) 收益性,是指金融工具的持有人能够得到的净收益与其预付本金之间的比率,即持有人的投资收益率。持有金融工具是有收益的,如股票会有股利,债券会有利息等。

二、金融市场的类型

金融市场是一组经营资金借贷和买卖各种金融工具的市场的总称,按照不同的标准,金融市场可以进行各种不同分类。

(1) 按照对资金需求的期限长短,金融市场可分为货币市场和资本市场。

货币市场是融资期限在一年以内的短期金融市场。货币市场的活动主要是为了保持资金的流动性。货币市场一方面满足了借款人对短期资金的需要,另一方面为贷款人的临时闲余资金寻找出路。货币市场主要有:银行同业拆借市场、短期证券市场和贴现市场等。

资本市场是融资期限在一年以上的中长期金融市场。资本市场的主要职能是为企业或政府筹集中长期资金。资本市场主要有:银行长期放款市场和证券市场。证券市场又有:债券发行市场(又称初级市场或一级市场)和证券流通市场(又称二级市场)。

企业筹集资本金或长期投资的资金时,可以在资本市场上发行金融工具;筹集短期的流动资金时,可以在货币市场上得到。

(2) 按照交易对象不同,金融市场可分为股票市场、证券市场、外汇市场和黄金市场。

(3) 按照交易的范围不同,金融市场可以分为国际性金融市场、全国性金融市场和地方性金融市场。

(4) 按照交易的方式不同,金融市场可以分为现货市场、期货市场和期权市场。

三、金融市场管理和企业筹资

金融市场能促进一个国家的资本形成,繁荣经济,提高国民收入水平,但又可能会助长投机,严重的会破坏一国经济的稳定发展。

金融市场为资金需要单位提供了筹集资金的场所,同时为资金多余单位创造了投资的机会,这对于发展经济有十分重要的作用。但金融市场也会引发投机,引导资金投向的盲目性,从而给经济发展带来消极作用。所以,国家对金融市场要进行适当的管理。

金融市场管理的方针是增强金融市场的投资性,防止投机性。

金融市场的管理主要是通过行政管理和业务管理两种手段来进行的。

(一) 金融市场的行政管理

金融市场的行政管理由财政部和国家证监委进行,其主要内容是制定金融政策和建立金融制度。

金融市场的行政管理是通过制定财政税收政策、公债管理政策、债券管理政策,制定《商业银行法》《票据法》等法规以及其他有关金融政策、金融秩序等政策制度，对金融市场进行有效的管理的。例如，在财政税收政策方面，在经济衰退期，通过减少税收、增加财政支出等手段，使金融市场资金充裕，促进经济发展；在经济膨胀期，通过增加税收、压缩财政支出等手段，减少市场资金的来源，以缓和经济的过度膨胀。

（二）金融市场的业务管理

金融市场的业务管理是由中央银行负责的，主要是在金融业务上对金融市场进行适当的管理和控制。中央银行有权制定一些业务方面的政策和制度，它是发行（钞票）的银行、政府的银行、银行的银行、执行金融政策的银行。所以，中央银行能够对金融市场在业务上进行有效的管理。

中央银行对金融市场的业务管理主要是通过法定储备政策、再贴现政策和公开市场政策等三种手段对金融市场进行管理的。

1. 法定储备政策

法定储备政策是中央银行通过调整法定储备率的方法调节整个市场的货币供应量，以达到调节经济发展的目的。一般说，市场货币供应量越多，经济发展就越快；市场货币供应量越少，经济发展就越慢。

我国《商业银行法》规定，商业银行筹集到的资金在使用以前，先要将一定比例的资金存入中央银行，作为今后经营风险的保证。商业银行存入中央银行的这一部分资金，称为存款准备金，存款准备金占商业银行筹资总额的比率就是存款准备金率。中央银行规定的商业银行的存款准备金率就是法定储备率。

当中央银行降低法定储备率时，就意味着放松银根，市场货币供应量就会增加，有利于活跃经济，促进经济的发展；当中央银行提高法定储备率时，就意味着收紧银根，市场货币供应量就会减少，压缩银行贷款的额度，有利于减缓经济的过度膨胀。

2. 再贴现政策

再贴现政策是中央银行通过调整再贴现率的方法调节整个市场的货币供应量，以达到调节经济发展的目的。

再贴现率是商业银行向中央银行贷款的利率。再贴现率的高低直接影响着商业银行资金来源的多少，而企业流动资金的绝大部分是由商业银行供应的，所以，调整再贴现率会影响市场货币供应量，进而影响企业的生产经营和社会的经济发展速度。

当中央银行降低再贴现率时，就意味着放松银根，市场货币供应量就会增加，有利于活跃经济，促进经济的发展；当中央银行提高再贴现率时，就意味着收紧银根，市场货币供应量就会减少，压缩银行贷款的额度，有利于减缓经济的过度膨胀。

3. 公开市场政策

公开市场政策是中央银行参与公开市场的债券交易，通过买卖短期公债的方法调节市场货币供应量。当中央银行在公开市场上发行或出售短期公债时，市场上债券增加，资金流向国库，这样就达到了减少市场货币供应量的目的，这时就是回笼货币（相当于收紧银根）；当中央银行在公开市场上购入短期公债时，市场上债券减少，大量货币投放市场，这样就增加了市场的货币供应量。

中央银行就是通过以上三种手段对金融市场进行有效管理的。企业在筹资时应密切注意金融市场的动向,以作出科学的筹资决策。如果企业预计国家将紧缩银根,则未来市场货币供应量会减少,市场筹资的利率将会提高。这时,企业可以考虑在一定的范围内适当地增加贷款或发行较长期的债券。由于借款或债券的利率在提高利率之前就规定了,所以,这时企业筹资会在将来少付利息。这种决策对企业有利;相反,如果企业预计国家将放松银根,则未来市场货币供应量会增加,市场筹资的利率将会降低。这时,企业要暂缓增加贷款或发行较长期的债券。由于借款或债券的利率在提高利率之前就规定了,因此,若这时企业筹资会在将来多付利息。这种决策对企业不利。

国家对金融市场的管理会影响市场的货币供应量,进而影响企业筹资的数量和质量。作为一个财务管理人员,要随时掌握金融市场的变化趋势,通晓国家的财政税收政策和货币金融政策。只有这样才能使企业在筹资过程中处于有利的地位。

思考题

1. 简述企业筹资的基本要求。
2. 说明企业流动资金需要量的预测方法。
3. 企业固定资金需要量如何预测?
4. 什么是资本金?资本金的筹集方式有哪些?
5. 企业融资的动机与原则是什么?
6. 什么是筹资渠道?目前我国有哪些筹资渠道?
7. 什么是筹资方式?目前我国有哪些筹资方式?
8. 筹资渠道和筹资方式有何关系?
9. 什么是金融市场?金融市场可以分成哪几种类型?
10. 金融市场对企业的筹资有何影响?
11. 企业的融资模式有哪些?

长 期 筹 资

第一节　吸收直接投资

吸收直接投资是企业以协议等形式吸收国家、其他企业、个人和外商等直接投入资金，形成企业资本金的一种筹资方式。吸收直接投资不是以发行股票的方式筹集资金，而是直接从投资者手中筹集资金，企业和投资者之间没有中间环节。企业通过发行股票筹集的资金属于间接筹资。

一、吸收直接投资的种类

吸收直接投资可以有多种类型，企业可以根据规定选择使用，筹集所需要的自有资金。

(一) 吸收直接投资所形成的资本金的类型

吸收直接投资的资本金有以下几种类型：

(1) 国家资本金。通过吸收国家直接投资，形成国家资本金。

(2) 法人资本金。通过吸收企事业单位等法人的直接投资，形成法人资本金。

(3) 个人资本金。通过吸收企业内部职工和城乡居民的直接投资，形成个人资本金。

(4) 外商资本金。通过吸收外国投资者和我国港澳台地区投资者的直接投资，形成外商资本金。

(二) 吸收直接投资的出资形式

吸收直接投资的出资形式有以下几种：

(1) 吸收现金投资，是企业直接从投资者那里筹集到现金(存款和现款)。吸收现金投资是企业最为乐意接受的方式。

(2) 吸收实物资产投资，是企业从投资者那里得到固定资产、存货等实物资产。吸收实物资产投资应对实物资产进行评估，以确定资产的价值。

(3) 吸收无形资产投资，是企业从投资者那里得到无形资产，如商誉、专利权、商标权、土地使用权等。我国有关法规规定，吸收无形资产投资，必须由有关部门评定其价值，并且无形资产投资的数额一般不能超过企业注册资本的20%，如果情况特殊，含有高新技术，确需超过20%的，应经过有关部门批准，最高不得超过30%。

二、吸收直接投资的程序

企业吸收直接投资一般应遵循如下程序。

(1) 确定吸收直接投资的资金数量。国有独资企业的增资，由国家授权投资的机构决定；合资或合营企业的增资应由出资双方协商决定。

(2) 选择吸收直接投资的具体形式。企业从何种渠道吸收直接投资，用何种方式吸收直接投资，应根据其实际情况决定。

(3) 签署合同或协议等文件。

(4) 取得资金。取得非现金投资时，企业应委托有关单位对资产进行价值评估。

三、吸收直接投资的优缺点

吸收直接投资的优点主要有以下几点。

第一，通过吸收直接投资方式筹集的资金属于企业的自有资金，能够提高企业的资信程度和借款能力。

第二，吸收直接投资不仅可以筹集现金，而且可以直接获得先进的设备和技术，有助于企业尽快获得生产能力。

第三，吸收直接投资的财务风险较低。

吸收直接投资的缺点主要是资金成本较高。

第二节 股票筹资

一、股票筹资的特征

发行股票是股份有限公司筹集主权资本的一种基本方式。发行股票包括发行普通股和发行优先股两种。

股票是股份有限公司为筹集主权资本而发行的有价证券，是持股人拥有公司股份的凭证。它代表持股人在公司中拥有的所有权。股票持有人即为公司的股东。公司股东作为出资人按其所持股份享有分享利润等权利，并以其所认购的股份为限对公司承担责任。

(一) 企业筹资与产权分配及经营机制的变化相统一

发行股票绝不仅仅是一个筹资的问题，因为股票代表持股人在公司中拥有的所有权，持股人一般都要求获得与其所持股份相应的经营管理权。股东或直接行使这种经营管理权，或采取代理或委托等形式行使这种权利。因此，发行股票筹资就意味着企业产权的不同组合和企业经营权利的分配。

(二) 发行股票所筹集到的资金是永久性的

发行股票筹集到的资金是企业的主权资本，股东购买股票后是不允许退股的。《公司法》规定：公司发起人、认股人缴纳股款或者交付抵作股款的出资后，除未按期募足股份、发起人未按期召开创立大会或者创立人作出决议不设立公司的情形外，不得抽回其股本。人们将此称为“不可逆转性”。由于通过发行股票所筹集到的资金企业可以永久占用，企业就可以将通过发行股票所筹集到的资金用于长期的资金占用方面，比如购买固定资产等。

需要指出的是：企业通过发行股票筹集到的资金是永久性的，并不意味着股东个人的投资是永久性的，因为股东有权在证券交易市场转让他所持有的股票，这样，原来的股东就收回了投资，而购买其股票的人成了新的股东。也就是说，公司通过发行股票筹集到的资金是永久的，但股东并不是固定的。另外，这种永久性也并不妨碍公司必要时在市场上购买自己的部分股票作为库存股份保存起来，这些股票实质上是公司收回了自己的股本。公司收回部分股票的目的是调节其资本的数额。当公司资金宽松，有闲余的资金时，公司可以收回部分股票以减少资本总量；当公司资金紧张时，公司可以再发行其已经收回的股票以增加资本总量。

（三）发行股票筹资的资金成本是不固定的

资金成本是企业筹措和使用资金而付出的代价。发行股票筹资，其资金成本包括股票的发行费用和付给股东的股利，一般情况下股利的多少随公司盈利的多少而变动，所以股利是不固定的。因此，发行股票筹资的资金成本是不固定的；另外，公司股票筹资的资金成本还和公司的风险相联系，在不同的生产经营时期，公司的风险是不同的，所以，股票筹资的成本也就会变化。

（四）股利属于非免税费用

股利是投资者投资股票的收益。按照国际惯例，股利是在股份公司获得盈利的情况下，从依法交纳所得税后的纯利润中支付的。我国《企业财务通则》规定：企业利润按照国家规定做相应的调整后，依法缴纳所得税。缴纳所得税后的利润，再列支：被没收财物损失，违反税法规定支付的滞纳金和罚款；弥补企业以前年度亏损；提取法定公积金；提取公益金和任意盈余公积金后，向投资者分配利润。

二、普通股的分类

股票的种类很多，各种股票有不同的特点，股份有限公司可根据有关情况选择发行各种不同的股票筹集资金。

股票可以从不同的角度进行分类。

（一）记名股票和不记名股票

按是否记名，股票分为记名股票和无记名股票。

记名股票是在股票票面上记载股东的姓名或者名称，并记入公司的股东名册，其财产所有权归股票上所记载姓名或名称的股东所有。记名股票一律用股东本名，一般不能随意转让。转让、继承时，必须办理过户手续，并将受让人的姓名、住所记载于股东名册上，受让人的姓名记载于股票票面上。

无记名股票是在股票票面上不记载股东的姓名或名称，也不记入公司的股东名册，只记载其股票数量、编号及发行日期。谁持有股票谁就拥有股票所代表的权利。无记名股票的转让、继承无需办理过户手续，只需要买卖双方认可，即实现股权的转移。《公司法》规定，公司向发起人、国家授权投资的机构、法人发行的股票，应当为记名股票。对社会公众发行的股票，可以为记名股票，也可以为无记名股票。

（二）面值股票和无面值股票

按票面是否标明金额，股票分为面值股票和无面值股票。

面值股票是在股票票面上标明金额的股票。持有这种股票的股东，对公司享有权利和承担义务的大小以其所拥有的全部股票的票面金额之和占公司发行在外股票总面额的比例大小来决定。

无面值股票是在股票票面上不标明金额，只在股票上载明总股数的股票。股票的面值和股票的价值并不是一回事，股票面值反映股票筹资的资本数额，而股票价值反映股票在市场上出售的价值。在本书第五章“企业价值评估”中，我们已经了解了股票价值的计算和影响因素，从中可以发现股票面值和股票价值是完全不同的概念。股票价值和股票面值无关，它和公司分配的股利和公司的经营风险有直接的关系。

我国公司法规定，股票应标明票面金额。即我国公司发行的股票一般是有面值股票。

（三）始发股和新股

按发行时间的先后，股票分为始发股和新股。始发股是股份公司设立时发行的股票。新股是股份公司增资时发行的股票。始发股和新股在发行的具体条件、目的、发行价格上不尽相同，但股东的权利、义务是一致的。

始发股、新股和我们平时所说的原始股是不同的概念，原始股是指始发股或新股在第一次发行时的股票，股票发行后股东再出售股票就是二手股。一般来说，股东在一级市场上购买到的是原始股，在二级市场上购买的是二手股。

（四）A 种股票、B 种股票和 H 种股票

按发行对象和上市地区，股票分为 A 种股票、B 种股票和 H 种股票等。

A 种股票是供我国境内个人或法人买卖的以人民币标明票面价值并以人民币认购和交易的股票。

B 种股票是以人民币标明票面价值，以外币认购和买卖，在中国境内证券交易所上市交易的外资股。

H 种股票是在香港地区上市的，专供外国投资者和我国港、澳、台地区的投资者买卖的、以人民币标明面值但以外币认购和交易的股票。

（五）普通股股票和优先股股票

按股东权利和义务的不同，股票分为普通股股票和优先股股票。

普通股股票是股利随着股份公司利润的多少及股利政策的松紧而变化的，有表决权的股票。普通股股票享有作为股东的平等权利并负有相应的义务。普通股股票是最为典型的、最基本的、最标准的股票。通常情况下，股份有限公司只发行普通股股票。

优先股股票是相对于普通股而言，有某些特定优先权利的股票。根据多数国家公司法的规定，优先股股票可以在公司设立时发行，也可以在本公司增发新股时发行，但有些国家的法律则规定，优先股股票只能在特殊情况下，如公司增发新股或清理债务时才准发行。

三、普通股的权利和义务

（一）普通股的权利

普通股股东的权利通常包括如下几个重要方面。

1. 经营管理权

普通股股东对公司的经营管理权主要表现在两个方面。

(1) 普通股股东有权出席或委托代理人出席股东大会，并依公司章程规定行使表决权。这是普通股股东参与公司经营管理的基本方式。根据《公司法》规定，普通股股东通过股东大会对下列重大问题有表决权：

① 决定公司的经营方针和投资计划；

② 选举和更换董事，决定有关董事的报酬事项；

③ 选举和更换由股东代表出任的监事，决定有关监事的报酬事项；

④ 审议批准董事会的报告；

⑤ 审议批准监事会的报告；

⑥ 审议批准公司的年度财务预算方案、决算方案；

⑦ 审议批准公司的利润分配方案和弥补亏损方案；

⑧ 对公司增加或减少注册资本作出决议；

⑨ 对公司发行债券作出决议；

⑩ 对公司合并、分立、解散和清算等事项作出决议等。

在行使投票表决权时，普通股票的股东是按股份进行的。每股一票，股份多者票数就多，所以，从理论上说，某个股东若持有某公司的51%的股份，他就是最大的股东，就能绝对地控制公司的生产经营等活动。这个最大的股东一般就是董事长。但事实上由于公司的股东很多，股份很分散，使得那些持股比例达不到51%的股东也有可能成为最大的股东，在投票时对他有利，因而能对公司进行有效的控制。

(2) 普通股股东有资格被选举为董事和监事或被聘任为公司经理，直接参与公司的经营管理。

2. 红利分享权

股份有限公司的税后净利在支付罚没金、弥补以前年度亏损、提取法定公积金和提取公益金、支付优先股股息，并根据需要支付任意盈余公积金之后，即可向普通股股东分配红利。普通股股东有分享公司盈余的权利。

3. 剩余财产分配权

在股份有限公司解散时，公司财产按规定清偿债务后的剩余财产，按照股东持有的股份比例分配。

剩余财产分配权尽管是普通股股东的一项权利，但一般来说这不会是普通股股东期望有机会享有的一项权利。因为若公司解散，其破产财产要优先支付破产费用，然后再顺序清偿，普通股股东得到清偿财产的顺序是最后的。所以，这项权利并不能减少普通股股东的投资风险，由于破产财产的变价收入通常很可能会低于其投资的账面价值(普通股本加历年收益的留存)，所以，公司解散时，普通股股东很少能获益。

4. 股票转让权

普通股股东有权根据自己的选择，将股票转让出去。普通股股东转让股票的原因可能是：

(1) 投资收益不理想,普通股股东购买普通股股票的动机主要是两个,其一,获得投资收益,包括股利和股票溢价;其二,控制公司或参与对公司的控制。如果普通股股东的投资动机仅仅是或主要是获得投资收益,当股利下降和股价下跌时,投资收益不理想,普通股股东就会考虑转让股票,以抽回资金,另作安排。

(2) 不能达到控制公司的目的,如果普通股股东购买普通股股票的动机在于控制公司或参与对公司的控制,而他们所掌握的股份数又不足以使他们达到这个目的,并且公司的经营策略和方向又越来越不符合他们的预期,这时,他们就可能会考虑转让股票。

转让股票的原因还有许多,如赠送、继承等,但主要是前述两个原因。给普通股股东以股票转让权,一方面,可以说是给普通股股东提供便利;而另一方面,更可以说是为公司筹集永久性资金来源铺平了道路。因为股票具有"不可逆转性",如果不给予股东以股票转让权,公司股票的发行将困难得多。

然而,为了保证所有者对公司控制的稳定性或者为了保护股票市场价格不致被人为压低等,转让普通股股票的权利可能受到某种程度的限制。公司可能以协议的形式规定禁止按照有利价格购进股票的职员在某个时期内将它售出,或规定公司有权优先受让股东准备转让的普通股股票。为防止公司高层管理人员作弊等,政府也可能对其转让股票作出限制。

5. 优先购股权

优先购股权是股份有限公司为增加资本而决定增加发行新的普通股股票时,现有的普通股股东有按其原持有的在公司总股份中的比例优先认购增发股票的权利。

优先购股权有利于保持现有的普通股股东在公司中的股份权益比例。这样就可以:第一,保持现有的普通股股东对公司的控制权。因为不论后来发行的新股的数量有多少,只要让现有的普通股股东有权按其原持有的公司总股份中的比例优先认购增发股票,也就是允许现有的普通股股东保持其普通股股东在公司中原有的份额,这样就保持了现有的普通股股东对公司的控制权。第二,防止在价值上冲淡股东对公司盈利和资产的要求权。如果没有这项权利,就难以防止非现有的普通股股东以低于普通股股票现行市价购入新股,从而将损害现有的普通股股东的利益。

给予普通股股东以优先购股权,是为了保护现有的普通股股东的利益。至于是否行使这项权利,则完全由现有的普通股股东自己决定。

(二) 普通股的义务

普通股股东有许多权利,但相应地也有其应承担的义务。我国《公司法》中规定了股东具有遵守公司章程、缴纳股款、对公司负有以其所认购的股份为限的有限责任、不得退股等义务。

四、普通股股票的发行

(一) 发行普通股股票的目的

公司发行股票,根本的目的是筹集主权资本。发行股票的具体原因与目的主要有:

1. 创建公司

设立股份有限公司,是通过发行股票来筹集资本金的。

2. 扩大经营规模

股份有限公司成立后，为了扩大经营规模，也可以发行股票筹集所需资金，这就是所谓的增资扩股。

3. 调整资本结构

股份有限公司成立后，其资本结构会不断发生变化。如果公司产权资本比率过低，公司的筹资风险过大，公司的资金实力不强，影响了公司的信用，就会影响公司偿债能力，举债筹资就会困难。为此，可通过发行股票来提高主权资本比率，增强资金实力，以达到改善资本结构的目的。

4. 可转换的公司债券转换成股份

可转换的公司债券按公司债券募集办法中规定的转换办法转换成股份时，会增加新股，从而增加主权资本，但没有增加公司的资金总额，只是改变了资本的构成比例。

5. 股票股利与股权激励

为节约现金支出，公司根据需要经股东大会决议可分配股票股利，即发行与股利等价的新股交付股东。此外，公司经股东大会决议可将法定盈余公积金和资本公积金转为股本，按股东原有股份比例发给新股或增加每股面值，进行无偿配股。这种增股虽然未实际增加公司的主权资本总额，但改变了主权资本的内部结构，有利于增加股票的吸引力，提高公司的地位。

(二) 发行股票的条件

为了保护投资者的合法权益，维护社会经济秩序，股票发行者必须具备一定的资格与条件。根据《公司法》和《股票发行与交易管理暂行条例》的规定，股票发行者必须是具有股票发行资格的股份有限公司，包括已经成立的股份有限公司和经批准拟成立的股份有限公司。这一规定一方面指出了只有股份有限公司可以发行股票，另一方面也说明并非所有的股份有限公司都有资格发行股票。

股票的发行有设立发行和增资发行两种。设立发行是指经批准拟成立的股份有限公司为募集资本而发行股票的行为。增资发行是指已成立的股份有限公司为扩充资本而发行股票的行为。股票的设立发行和扩充发行都要具备符合法律规定的条件。

股票设立发行的条件有：

(1) 公司的生产经营符合国家产业政策；

(2) 公司发行的普通股限于一种，并且是同股同权；

(3) 公司的发起人认购的股本数额不少于公司拟发行的股本总额的35%。这一比例限制仅适用于公司设立时。公司成立后再增资扩股时，发起人持股比例便不再受此限制。

(4) 向社会公众发行的部分不少于公司拟发行的股本总额的25%，其中公司职工认购的股本数额不得超过拟向社会公众发行的股本总额的10%；公司拟发行的股本总额超过人民币四亿元的，证监会按照规定可以酌情降低向社会公众发行部分的比例，但是最低不少于公司拟发行的股本总额的10%。

(5) 发起人在近三年内没有重大违法行为；

(6) 证监会规定的其他条件。

（三）股票发行的程序

股份有限公司设立发行股票与增资发行股票的程序有所不同。

1. 股票设立发行的程序

股票设立发行的程序为：

（1）发起人认足股份，交付出资额。

（2）提出募集股份申请。股份有限公司向社会公开发行、募集股份时，必须向国务院证券管理部门递交募股申请，并报送：批准设立公司的文件；公司章程；经营结算书；发起人的姓名或名称，认购的股份数，出资种类及验资证明；招股说明书；收股款银行的名称和地址；承销机构名称及有关协议等文件以备审查并经批准。

（3）公告招股说明书，制作认股书，签订承销协议和代收股款协议。

募股申请获批准后，发起人应在规定期限内向社会公告招股说明书。招股说明书应附有发起人制订的公司章程，并载明发起人认购的股份数，每股的票面金额和发行价格，无记名股票的发行总数，认股人的权利和义务，本次募股的起止期限及逾期未募足时认股人可撤回所认股份的说明等事项。

（4）招股认股，缴纳股款。发起人或其承销机构通常以广告或书面通知的方式招募股份，认购人认股时，需填写认股书。认购人填写了认股书，便承担按认股书的约定缴纳股款的义务。

认股人应在规定的期限内向代收股款的银行缴纳股款，并一律按股票发行价格一次缴足。

（5）召开创立大会，选举董事会、监事会。发行股份的股款募足后，发起人应在规定的期限内（法定30天内）主持召开创立大会。

创立大会行使下列职权：

审议发起人关于公司筹办情况的报告；通过公司章程；选举董事会成员；选举监事会成员；对公司的设立费用进行审核；对发起人用于抵作股款的财产的作价进行审核；发生不可抗力或者经营条件发生重大变化直接影响公司设立的，可以作出不设立公司的决议。

创立大会对所列事项作出决议，必须经出席会议的认股人所持表决权的半数以上通过。

（6）办理设立登记，交割股票。经创立大会选举产生董事会。在规定的期限内办理公司设立的登记事项。

股份有限公司登记成立后，即向股东正式交割（交付）股票。公司登记成立前不得向股东交割股票。

股票是公司签发的证明股东所持股份的凭证，必须采用纸面形式或者国务院证券管理部门规定的其他形式。股票应载明公司名称；股票的编号；股票的种类，票面金额及代表的股份数；公司登记成立的日期；股票应由公司董长签名，公司盖章。发起人的股票应当标明“发起人股票”字样，以示与其他股票的区别。

2. 股票增资发行的程序

股票增资发行的程序为：

（1）由股东大会做出发行新股的决议。公司发行新股，须由股东大会作出决议。包括新股种类及数额；新股发行的价格；新股发行的起止日期；向原有股东发行新股的种类及数额等事项。

(2) 由董事会向国务院授权的部门或省级人民政府申请并经批准。

(3) 公告招股说明书，制作认股书，签订承销协议。

公司经批准向社会公开发行新股时，必须公告新股招股说明书和财务会计报表及附属明细表，并制作认股书。公司向社会公开发行新股，应当由依法设立的证券经营机构承销，签订承销合同。

(4) 招股认股、缴纳股款、交割股票。

(5) 改组董事会、监事会，办理变更登记并向社会公告。

公司发行新股募足股款后，应立即召开股东大会，改组董事会、监事会。然后，向登记机关办理变更登记，并将包括本次发行新股的股数及数额、发行新股后变更的股东名册，经改组的公司董事会和监事会成员名单等变更登记事项向社会公告。

(四) 股票的发行与销售方式

股票的发行方式与销售方式有很多种。发行股票的公司应根据具体情况，正确地选择适宜的股票发行方式与销售方式。

1. 股票的发行方式

股票的发行方式是指公司通过何种途径发行股票。股票的发行方式通常有如下两类。

(1) 公开间接发行。公开间接发行是指股份有限公司通过中介机构，公开向社会公众发行股票。

根据《公司法》规定，股份公司采用募集设立和发行新股，向社会公开发行股票，应当由证券经营机构承销。这种做法就属于股票的公开间接发行。

公开间接发行的发行范围广，发行对象多，易于足额募集资本；股票的变现力强，流动性好；公开间接发行还有助于提高发行股票公司的知名度和扩大影响力。但这种发行方式的不足之处主要是手续繁杂，发行成本高。

(2) 不公开直接发行。不公开直接发行是指股份有限公司不公开对外发行股票，只向少数特定的对象直接发行，因而也不需经中介机构承销。

我国股份有限公司采用发起设立方式和以不向社会公开募集的方式发行新股，即属于股票的不公开直接发行。

不公开直接发行方式发行成本较低，资金结构的弹性较大，手续简单。但这种方式发行范围小，发行的风险较大，股票的变现性也差。

2. 股票的销售方式

股票的销售方式是指股份有限公司向社会公开发行股票时所采用股票销售方法。股票的销售方式有以下两类。

(1) 自销方式。股票发行的自销方式是指股票发行公司自己直接将股票销售给认购者，而不经过证券经营机构承销。

自销方式可节省发行费用，但筹资时间较长，发行风险较大。所以，只适宜于知名度较高、信誉较好、实力较强的公司采用。

(2) 承销方式。股票发行的承销方式是股票发行公司将股票销售业务委托给证券经营机构代理。

我国公司法规定股份有限公司向社会公开发行股票,必须与依法设立的证券经营机构签订承销协议,由证券经营机构承销。

股票发行的承销方式,又分为包销和代销两种。

包销是由股票发行公司与证券经营机构签订承销协议,全权委托证券承销机构代理股票的发售业务。采用这种方式时,证券承销机构买进股票发行公司公开发行的全部股票,然后将新购股票转销给社会上的投资者。在规定的募股期限内,若实际招募股份数达不到预定发行股份数,剩余部分由证券承销机构全部承购下来。

包销可及时筹足资本而不承担发行风险,但由于以略低的价格售给承销商而会损失部分溢价,提高了实际发行费用。

代销是由证券经营机构替股票发行公司代销股票,并由此获取一定佣金,但不承担股款未募足的风险。若实际募股份数达不到发行股份数,承销机构不负承购剩余股份的责任,而是将未售出的股份归还给股票发行公司。

五、股票上市

股票上市是指股份有限公司公开发行的股票经批准在证券交易所进行挂牌交易。经批准在证券交易所上市交易的股票称为上市股票。股份在证券交易所挂牌交易的公司称为上市公司。

(一) 股票上市的条件

股票上市有严格的条件限制。根据《公司法》规定,股票上市必须符合下列条件:

(1) 股票经国务院证券管理部门批准已向社会公开发行;

(2) 公司股本总额不少于人民币 5 000 万元;

(3) 开业时间在 3 年以上,最近 3 年连续盈利;

(4) 向社会公开发行的股份达股份总数的 25%以上;

(5) 公司在最近 3 年内无重大违法行为,财务会计报告无虚假记载;

(6) 国务院规定的其他条件。

具备上述条件的股份有限公司经申请,由国务院或国务院授权的证券管理部门批准,其股票方可上市。股票上市公司必须公告其上市报告,并将其申请文件存放在指定的地点供公众查阅。股票上市公司还必须定期公布其财务状况和经营情况,每半年公布一次财务会计报告。

(二) 股票上市的暂停与终止

股票上市公司有下列情形之一的,由国务院证券管理部门决定暂停其股票上市。

(1) 公司股本总额、股权分布等发行变化不再具备上市条件(限期内未能消除的,终止其股票上市);

(2) 公司不按规定公开其财务状况,或者对财务报告做虚假记载(后果严重的,终止其股票上市);

(3) 公司有重大违法行为(后果严重的,终止其股票上市);

(4) 公司最近三年连续亏损(限期内未能消除的,终止其股票上市)。

另外,公司决定解散、被行政管理部门依法责令关闭或者宣告破产的,由国务院证券管理部门决定终止其股票上市。

(三) 股票上市的利弊

1. 股票上市的有利之处

股份公司股票上市,对股票上市公司而言,有如下有利之处。

(1) 提高股票的变现能力。股票上市后,便于投资者在市场上随时购买。因此,股票的流动性和变现能力就提高了。

(2) 有利于再度筹资。股票上市必须经过有关机构的审查批准并接受相应的管理,执行各种信息披露和股票上市的规定,这就增强了社会公众对公司的信赖,增强了对投资者的吸引力,投资者便乐于购买公司的股票,这样,就便于公司筹措新的资金,这不仅是指便于公司发行股票筹措资金,同时,由于一般都认为上市公司资金实力雄厚,也就便于公司采用其他方式,如发行债券、银行借款等。

(3) 可分散公司的风险。股票上市后,会有更多的投资者认购公司股份,公司则可将部分股份转售给这些购股者,再将得到的资金投资于其他方面。这样,就分散了公司的风险。

(4) 便于确定公司价值。股票上市后,公司股价有市价可循。这样,就便于确定公司的价值。

(5) 提高公司知名度。股票上市后,无异于各种公众媒介在为公司作免费的广告。公司为社会所熟知,并为社会所信赖和肯定。这样,股票上市能提高公司的声誉和知名度,会吸引更多的顾客,从而扩大了销售。

2. 股票上市的不利之处

股票上市虽有很多好处,但对公司也有不利的一面。股票上市对公司的不利之处主要表现在以下几个方面:

(1) 信息披露成本较高。股票上市后必须按规定定期向外界公布各种信息并向有关部门呈送相应的报表,这就增加了公司的信息披露成本。

(2) 有可能泄密公司的有关经济信息。由于上市公司必须定期披露有关信息,这就可能会泄露公司的某些商业秘密。

(3) 股价偏低。新上市公司股票在市场上交易不太活跃,市场价格偏低,常常可能低于其实际价值。这样,就一定程度歪曲了公司的实际情况,影响了公司的信誉。

(4) 可能分散控制权。股票上市有利于有意收购的大公司、大财团在市场上购买足够比例的股份,从而达到控制公司的目的。所以,股票上市可能会分散公司的控制权。

六、普通股筹资的优缺点

(一) 普通股筹资的优点

发行普通股股票筹资是股份有限公司筹集主权资本的一种基本方式,也是股份有限公司筹集长期资本的一种主要方式。相对于筹集长期资金的其他方式而言,以发行普通股股票筹集资金的有利之处主要有以下几个方面。

1. 没有偿还期

发行普通股股票筹措的资金，即普通股股本是公司永久性资本，除非公司清算时偿还，否则无需偿还。这对保证公司对资本的最低需要、维持公司长期稳定发展具有十分重要的作用。

2. 没有固定的负担

普通股的股利支付与否以及支付多少，由公司的盈亏状况、股利分配政策以及经营需要而定。公司有盈利，并认为适于分配股利，就可以给股东支付股利；公司没有盈利，或虽有盈利但由于资金短缺或有较好的投资机会，则可以少支付或不支付股利。这样，公司的财务压力就大大降低了。

由于发行普通股股票筹资既没有偿还期限，也没有固定的股利负担，因此这种筹资方式的风险最小。

3. 增强了公司的资金实力

发行普通股股票所筹资金为公司的主权资本，主权资本的多少可以反映公司的资金实力的大小。发行普通股股票筹资，就增强了公司的资金实力，这可作为其他筹资方式筹资的基础，尤其是公司筹措债务的基础。因为主权资本可为债权人的债权提供保障，从而有利于提高公司的信用价值，增强公司的举债能力。

4. 容易吸收资金

由于普通股股票比优先股股票和债券能带来更高的预期收益，而且在通货膨胀时期，由于不动产升值时普通股股票也随之升值，从而可一定程度地抵消通货膨胀的影响，这就给普通股股东提供了比按固定的股息率领取股息的优先股股东和按固定的利息率获得利息的债券持有人更好地消除通货膨胀影响的保值方法。因此，发行普通股股票筹资较容易吸收资金。

（二）普通股筹资的缺点

发行普通股股票筹资也有不利之处，主要表现在以下几个方面。

1. 可能分散公司的控制权

根据普通股股东的权利，普通股股东有经营管理权。以发行普通股股票筹资会增加新股东，从而可能分散公司的控制权。所以小型公司或新设立公司对增发股票往往特别慎重，以防止分散股份而影响老股东对公司的控制权。

2. 资金成本较高

造成发行普通股股票筹资的资金成本较高的原因有两个。

(1) 由于投资者购买普通股股票既没有取得固定收益的保证，也不能抽回投资即收回本钱，可以说，普通股股东的投资风险最高，因此相应地就要求有效高的投资报酬。

(2) 普通股股票的发行成本也较高。

3. 可能造成股价的下跌

一方面，由于新的普通股股票筹资会增加新股东，新股东分享公司未发行新股前积累的盈余，会降低普通股的每股净收益，从而可能引发股价的下跌。另一方面，发行新的普通股股票筹资，可能被投资者视为是消极的信号，从而可能导致股票价格的下跌。

第三节　优先股筹资

一、优先股的特征

发行优先股筹资也属于筹集主权资本的范畴。

（一）优先股的优先权利

优先股是相对于普通股而言，有某些特定优先权利的股份。优先股股东的优先权利主要表现在以下几个方面。

1. 优先得到收益

优先股股东的收益优先权主要有两个方面：

（1）优先股的股利，即股息，是按优先股股票的面值和事先确定的、固定的股息率支付的，这就不会像普通股那样，当公司没有盈利，或虽有盈利但另有较好的投资机会那样，没有股利或较少股利了。优先股股东的股息收益是固定的。这一点像公司债券。

（2）从股利分配的顺序来看，优先股的股息的分配顺序排在普通股股利，即红利之前，只有在付清了优先股的股息之后，公司才能给普通股股东支付红利。

2. 优先得到剩余财产

优先股股东的资产优先权是指当公司清算时，优先股股东对资产的要求权的顺序排在普通股股东之前。只有在偿付给优先股股东其股票面值加上未付清的股利之后，才能将剩余财产分配给普通股股东。但优先股股东只是对公司的一般资产有要求权，对公司的剩余资产没有要求权，也就是说，对优先股股东的偿付，以其股票面值加上未付清的股利为限。

在一般情况下，优先股股东没有表决权。但是，当公司研究与优先股有关的问题时，有权参加表决。如讨论把一般优先股改为可转换优先股，或推迟优先股股利支付等问题时，就有表决权。

（二）优先股的特征

优先股是一种具有双重性质的证券，它虽属于自有资金，但却兼有债券性质。

从法律上讲，优先股是企业自有资金的一部分。优先股股东所拥有的权利与普通股股东近似。优先股的股利不能像债券利息那样从税前扣除，而必须从净利润中支付。但优先股有固定的股利，这与债券利息相似，优先股对盈利的分配和剩余资产的求偿具有优先权，这也类似于债券。

另外，公司的不同利益集团，对优先股有不同的认识。普通股的股东一般把优先股看成是一种特殊债券。这是因为它必须在普通股之前取得收益，分享资产。投资人在购买普通股股票时也往往把优先股看作债券。但是，从债券的持有人来看，优先股则属于股票，因为它对债券起保护作用，可以减少债券投资的风险，属于主权资金。从公司管理当局和财务人员的观点来看，优先股则具有双重性质。这是因为，优先股虽没有固定的到期日，不用偿还本金，但往往需要支付固定的股利，成为财务上的一项负担。所以，当公司利用优先股筹资时，一定要考虑这两方面的特性。

二、优先股的种类

优先股按其具体的权利不同，有不同的类别。

（一）累积优先股和非累积优先股

累积优先股是指公司过去营业年度未支付的优先股股利可以累积起来，由以后的营业年度的利润补足付清的优先股股票。其特点在于，股利率固定，并可以累积股利。因此，累积优先股股票可以保证股东有稳定的股利收入。

非累积优先股是指由当年利润支付优先股股利，而不予以累积补付的优先股股票。其特点在于，股利率固定，但只限于在本经营年度利润之内分取。不论以前是否欠付优先股股利，公司在分足本年度的优先股股利后，即可分配普通股股利。如本年利润不足以支付全部优先股股利时，对其所欠部分，公司不予累积计算。

显然，累积优先股比非累积优先股更能保证优先股股东的收益权，具有更大的吸引力。一般市场上发行的大多数是累积优先股。

累积优先股和非累积优先股的区别如例 10-1。

【例 10-1】 某公司发行在外的普通股 1 000 万股，每股面值 1 元；优先股 8 000 股，每股面值 50 元，年股利率 10%。如果该公司连续三年能用于分配股利的利润分别为 10 000 元、50 000 元和 140 000 元。（假设全部分配给股东而不留利）则股利分配情况如表 10-1 所示。

表 10-1 股利分配情况 单位：元

年 次	股利	累积优先股	非累积优先股
第一年	优先股股利	10 000	10 000
	普通股股利		
第二年	优先股股利	50 000	40 000
	普通股股利		10 000
第三年	优先股股利	60 000	40 000
	普通股股利	80 000	100 000

第一年股利 10 000 元，不足应分配的优先股股利 8 000×50×10%＝40 000 元，所以优先股分得股利 10 000 元，累积优先股和非累积优先股相同，普通股无股利。公司尚欠累积优先股股东股利 30 000 元，不欠非累积优先股股东。

第二年股利 50 000 元，对于累积优先股，公司得先补付去年未付的股利 30 000 元，再付本年的应付股利 40 000 元，共 70 000 元，而能用于分配的股利只有 50 000 元，所以，本年只能支付 50 000 元，公司尚欠股东 20 000 元；对于非累积优先股，公司应付股利 40 000 元，这时还有剩余的股利 10 000 元归普通股股东。

第三年股利 140 000 元，对于累积优先股，公司得先补付以前年度未付清的股利 20 000 元，加上本年应付股利 40 000 元，共 60 000 元。剩余的 80 000 元归普通股股东；对于非累积优先股,公司应付股利 40 000 元,这时还有剩余的股利 100 000 元归普通股股东。

（二）参加优先股与不参加优先股

参加优先股是指优先股股东不仅按规定分得当年的定额股利,还有权与普通股一同参加利润分配的优先股股票。其特点是:在公司的利润增大时,优先股股东除可按固定股利率分得股利外,尚可分得额外红利。

参加优先股按参与利润分配方式的不同,又可分为全部参加优先股和部分参加优先股。

全部参加优先股是指除按约定的股利率优先分得股利外,还有权与普通股一起,共同等额地分享本期的剩余盈余。

部分参加优先股是指除按约定的股利率优先分得股利外,有权以一定额度为限与普通股股东一起共同分享本期的剩余盈余。

不参加优先股是指优先股股利只以一定的股利率为限,不管普通股股东能分得多大的股利,优先股无权再参与剩余股利的分配。

【例 10-2】 某公司发行普通股 1 000 万股,面值 1 元;发行优先股 1 万股,面值 100 元,票面股利率 10%。如果该公司本年度能用于分配股利的利润为 154 万元,则三种不同的优先股的分配情况如表 10-2 所示。

表 10-2　优先股股利分配情况

股利	全部参加优先股	部分参加优先股 （最高股利率 12%）	不参加 优先股
优先股 股利	第一次分配 10 万元(100×10%) 第二次分配 4 万元 $\left(\frac{154-110}{1\ 100}\times 100\right)$	第一次分配 10 万元(100×10%) 第二次分配 2 万元(100×2%)	10 万元 (100×10%)
普通股 股利	第一次分配 100 万元(1 000×10%) 第二次分配 40 万元 $\left(\frac{154-110}{1\ 100}\times 1\ 000\right)$	第一次分配 100 万元(1 000×10%) 第二次分配 42 万元(154−110−2)	144 万元 (154−10)

（三）可转换优先股和不可转换优先股

可转换优先股是指股票持有者可以在特定条件下把优先股股票转换成普通股股票或公司债券的优先股股票。其特点是增加了筹资方和投资方双方的灵活性,且与普通股股票或公司债券的关系密切,其股票价格受普通股股票或公司债券的价格影响而易于波动。

不可转换优先股是不具有转换成普通股股票或公司债券权利的优先股股票。

（四）股利可调整优先股

股利可调整优先股是指股利率可以调整的优先股股票。其特点在于股利率不是固定的,而是可以在金融市场动荡和各种有价证券的价格及银行存款利率经常波动的情况下,主要依据国库券或公债利率的变动情况而进行调整,以保护股东权益。

三、发行优先股股票筹资的优缺点

发行优先股股票,实际上是一种介于发行普通股股票与发行公司债券之间的一种筹集长期资金的筹资方式。它既有公司债券的性质，又有普通股股票的性质。

（一）发行优先股股票筹资的优点

1. 没有偿还期

发行优先股所筹集到的资金是公司的主权资本，即股本，没有到期日，不用偿还本金，企业可以长期使用。

2. 不会分散控制权

由于优先股股东在一般情况下没有表决权，发行优先股股票筹资就不会分散公司的控制权。如果公司既想筹借主权资本面又不愿分散公司的控制权，发行优先股股票筹资不失为一种理想的选择。

3. 股利的支付有一定的灵活性

尽管一般而言，优先股都采用固定股利，但对固定股利的支付并不构成公司的法律义务。如果公司财务状况不好，可以暂时不支付优先股股利，而即使如此，优先股股东也不能像债权人那样迫使公司破产。所以，相对于发行公司债券或借入长期借款等取得资金的筹资方式而言，优先股减轻了公司的财务压力和筹资风险。

4. 增强了公司的资金实力，有利于公司的举债筹资

发行优先股股票所筹资金，是公司的主权资本。所以，发行优先股股票筹资可增强公司的资金实力，适当增强公司的信誉，提高公司的举债筹资的能力。

5. 可使普通股股东获得财务杠杆收益

由于优先股股东按股票面值和固定的股利率取得股利，所以当公司的资本收益率高于优先股股利率时，发行优先股股票筹资就可以提高普通股本收益率，普通股股东就可得到财务杠杆收益的好处。

6. 可以形成灵活的资本结构

优先股股票的种类很多，公司可以根据各种不同的优先股股票的特点发行不同的优先股股票来形成灵活的资本结构。比如，可发行可转换优先股股票以在公司需要时，将优先股股票转换成普通股股票或公司债券。因此，通过发行优先股股票筹资，可以形成资本的灵活结构，也可使得公司在资金使用上具有较大的弹性。

（二）发行优先股股票筹资的缺点

1. 资金成本较高

发行优先股股票筹资的资金成本一般虽低于发行普通股股票筹资的资金成本，但高于发行公司债券筹资或取得银行借款的资金成本。这不仅是由于发行优先股股票筹资的筹资费用较发行公司债券筹资或取得银行借款的筹资费用要高一些，更主要是由于优先股的股利是在所得税后利润中支付，而债券利息或借款利息都是在所得税前利润中支付的。这是发行股票筹资相对债务筹资方式的最不利的地方。

2. 可能形成较重的财务负担

尽管相对于发行公司债券筹资或取得银行借款等筹措借入资本筹资方式而言，发行优先股股票筹资具有“股利的支付带有灵活性”的好处，但相对于发行普通股股票筹资而言，发行优先股股票筹资可能形成较重的财务负担。因为发行优先股股票筹资，公司有固定支付

股利的义务，而且优先股股利必须在所得税后利润中支付。尽管优先股股利的支付也可以推迟，但毕竟是公司的一种义务，发行普通股股票筹资就没有这种义务。此外，发行优先股股票筹资，优先股股东有收益优先权和资产优先权，这对普通股股东也有一定影响。

鉴于发行优先股股票筹资有上述利与弊，在进行筹资决策时就应该根据需要权衡利弊加以选择。一般而言，如果企业盈利水平高，便可以考虑发行优先股股票筹资，以使普通股股东获得财务杠杆收益；处于成长中的企业如果害怕丧失和分散控制权，而在其信誉又不方便举债的情况下，也可以选择发行优先股股票这种筹资方式进行筹资。

第四节 债券筹资

一、债券的种类

债券是债务人依照法定程序发行的、约定在一定期限向债权人还本付息的有价证券。由国家发行的债券称为国债或公债，如国家重点建设债券、国库券；由银行等金融机构发行的债券称为金融债券；我国非公司企业发行的债券称企业债券。公司发行的债券称公司债券。企业债券和公司债券统称债券，有时两种可以通称。发行债券是企业筹集借入资金来源的一种重要方式。

债券种类很多，按不同的标准有不同的分类。

（一）记名债券和无记名债券

债券按是否记名，债券可分为记名债券和无记名债券。

1. 记名债券

记名债券是在债券券面上载明债券持有人的姓名或者名称。发行公司对记名债券上的记名人偿还本金，持券人凭印鉴支取利息。记名债券的转让，由记名债券上的记名人以背书方式或者法律、行政法规规定的其他方式转让，并由发行公司将受让人的姓名或者名称及住所记载于公司债券存根簿。

2. 无记名债券

无记名债券是在债券券面上不记载债权人的姓名或名称，发行公司凭债券还本付息。无记名债券的转让，由债券持有人在依法设立的证券交易所将该债券交付给受让人后即发生转让的效力。

（二）抵押债券和信用债券

债券按有无特定的财产担保，债券可分为抵押债券和信用债券。

1. 抵押债券

抵押债券，又称有担保债券，是指发行公司有特定财产作为担保品而发行的债券。

按担保品的不同，抵押债券又可分为：

（1）一般抵押债券，即以公司的全部产业作为抵押品而发行的债券。

（2）不动产抵押债券，即以公司的不动产作为抵押品而发行的债券。

（3）动产抵押债券，即以公司的动产作为抵押品而发行的债券。

(4) 证券信托抵押债券,即以公司持有的股票、债券等作为抵押而发行的债券。

按抵押品的担保顺序,抵押债券又可分为:

(1) 第一抵押债券;

(2) 第二抵押债券等。

当公司无法按期清偿公司债券本息时,第一抵押债券持有人对抵押品具有优先受偿权。第二抵押债券持有人对抵押品的要求权次之。只有在第一抵押债券持有人的债权全部清偿后,第二抵押债券持有人才有权索偿剩余的财产。顺位越向后,受偿的机会越小,债权人的风险越大。因而第二抵押债券及更后的抵押债券很难发行,或投资者要求相对较高的利率。

2. 信用债券

信用债券,又称无担保债券,是指发行公司没有抵押品担保、完全凭信用发行的债券。信用债券通常只有信誉卓著的大公司才能发行。由于信用债券没有财产担保,故在债券契约中一般规定不准公司把财产抵押给其他债权人,以保证公司的财产完整无缺,从而保障信用债券持有人债权的安全。

(三) 可转换债券和不可转换债券

债券按能否转换为公司股票,债券可分为可转换债券和不可转换债券。

1. 可转换债券

可转换债券,是指根据发行公司债券募集办法的规定,债券持有人在一定时期内,可以按某一固定的价格或一定的比例将所持债券转换为一定股数普通股的债券。

根据《公司法》规定,发行可转换为股票的公司债券,应当报请国务院证券管理部门批准。发行可转换债券的公司,除具备发行公司债券的条件外,还应当符合股票发行的条件。

2. 不可转换债券

不可转换债券是指不可以转换为普通股股票的债券。

(四) 固定利率债券和浮动利率债券

债券按利率是否固定可分为固定利率债券和浮动利率债券。

1. 固定利率债券

固定利率债券是将利率明确记载于债券上,按这一固定利率向债权人支付利息的债券。

2. 浮动利率债券

浮动利率债券是债券上不明确载明利率,发放利息的利率水平按某一标准(如政府公债利率、银行储蓄存款利率等)的变化而同方向调整的债券。发行浮动利率债券,通常是为了应付通货膨胀对企业利息负担的影响。

(五) 一次到期债券和分期还本债券

债券按照偿还方式可分为一次到期债券和分期还本债券。

1. 一次到期债券

一次到期债券,是发行公司于债券到期日一次集中清偿全部债券本金的债券。

2. 分期还本债券

分期还本债券,是一次发行而分期或分批偿还本金的债券。

（六）上市债券和非上市债券

债券按是否上市可分为上市债券和非上市债券。

1. 上市债券

上市债券，是在证券交易所挂牌交易的债券。上市债券信用度高，变现速度快，故较吸引投资者。但这种债券对发行公司的要求很严格，而且公司还需要承担相对较高的上市费用。

2. 非上市债券

非上市债券，是不在证券交易所挂牌交易的债券。

（七）可提前偿还债券和不可提前偿还债券

债券按能否提前偿还可分为可提前偿还债券和不可提前偿还债券。

1. 可提前偿还债券

可提前偿还债券，是债券发行一段时间后，发行公司可在债券到期前按约定的价格收回的债券。可提前偿还债券有利于发行公司灵活调整财务结构。但必须在发行债券时，对收回年限及偿还价格作出规定。并且，可提前偿还债券的收回价格必须高于发行面额或债券的市场价值，以对债券持有人以补偿。

2. 不可提前偿还债券

不可提前偿还债券是不能在债券到期之前偿还的债券。

（八）收益公司债券、附认股权债券、次级信用债券等

按照其他特征，公司债券还有收益公司债券、附认股权债券、次级信用债券等。

1. 收益公司债券

收益公司债券，是发行公司对债券筹集到的资金有特定的用途（一般是将资金投资于某个项目），只有当项目盈利时才向持券人支付利息，利息的高低和盈利多少有直接的联系。收益公司债券一般是浮动利率债券。这种债券对发行公司而言，可避免固定的利息负担，但对投资者而言，则风险较大，因而投资者要求的收益率相应较高。由于这种债券的收益和特定项目的投资收益有直接的关系，这一点和股票的收益相似，所以，有人将收益公司债券称为“准股票”。

2. 附认股权债券

附认股权债券，是附带允许持券人按特定价格认购公司普通股票权利的债券。

3. 次级信用债券

次级信用债券，又称附属信用债，是指对发行公司资产的求偿权次于其他各种债务的债券。

二、债券的发行和管理

发行债券必须具备一定的条件，并按一定的程序进行。

（一）发行债券的条件

公开发行公司债券，应当符合下列条件：

(1) 股份有限公司的净资产不低于人民币三千万元，有限责任公司的净资产不低于人民

币六千万元；

（2）累计债券余额不超过公司净资产的百分之四十；

（3）最近三年平均可分配利润足以支付公司债券一年的利息；

（4）筹集的资金投向符合国家产业政策；

（5）债券的利率不超过国务院限定的利率水平；

（6）国务院规定的其他条件。

公开发行公司债券筹集的资金，必须用于核准的用途，不得用于弥补亏损和非生产性支出。

上市公司发行可转换为股票的公司债券，除应当符合第一款规定的条件外，还应当符合本法关于公开发行股票的条件，并报国务院证券监督管理机构核准。

有下列情形之一的，不得再次公开发行公司债券：

（1）前一次公开发行的公司债券尚未募足；

（2）对已公开发行的公司债券或者其他债务有违约或者延迟支付本息的事实，仍处于继续状态；

（3）违反本法规定，改变公开发行公司债券所募资金的用途。

（二）发行债券的程序

1. 作出发行债券决议

发行债券筹资，首先要作出发行债券决议。具体决定公司债券发行总额、票面金额、发行价格、募集办法、债券利率、偿还日期及偿还方式等内容。

2. 报请批准

公司作出发行债券决议后，即应向有关部门提出申请，报请批准。根据《公司法》规定，申请发行公司债券应当向国务院授权的部门监督管理机构报送相关文件。我国目前由中国人民银行管理债券的发行。公司向国务院证券管理部门申请批准发行公司债券，应当提交下列文件：公司登记证明；公司章程；公司债券募集办法；资产评估报告和验资报告。

3. 公告债券募集办法

发行公司债券的申请经批准后，应当向社会公告公司债券募集办法。公司债券募集办法一般是在《债券发行章程》中规定的。

根据《公司法》规定，公司债券募集办法中应当载明下列主要事项：公司名称；债券募集资金的用途；债券总额和债券的票面金额；债券利率的确定方式；还本付息的期限和方式；债券担保情况；债券的发行价格、发行的起止日期；公司净资产额；已发行的尚未到期的公司债券总额；公司债券的承销机构。

4. 募集债券款

公司向社会公告公司债券募集办法后，在募集办法规定的债券发行的起止日期内，募集债券款。

公司债券的发行方式有私募发行和公募发行两种。

私募发行是由发行公司直接向社会发行债券，筹集债券款。

公募发行是由发行公司与承销机构签订承销合同，通过承销机构向社会发行公司债券。

承销机构一般是证券经营机构或投资银行。承销又有代销与包销两种方式。代销即由承销机构代为销售公司债券，在约定期限内未售出的公司债券将退还给发行公司，承销机构不承担发行风险。包销是由承销机构先购入发行公司拟发行的全部债券，然后再售给社会上的认购者。如在约定期限内未能将债券全部售出，则未售出的债券由承销机构负责认购。在我国，根据有关法规，公司发行债券必须与证券经营机构签订承销合同，由其承销。

公司发行公司债券，必须在债券上载明公司名称、债券票面金额、票面利率、偿还期限等事项，并由董事长签名，公司盖章。

发行记名公司债券的，应当在公司债券存根簿上载明下列事项：债券持有人的姓名或者名称及住所；债券持有人取得债券的日期及债券的编号；债券的总额、债券的票面金额、债券的利率、债券的还本付息的期限和方式；债券的发行日期等。

（三）债券的信用等级

在债券发行过程中，债券的信用等级是一个很重要的参考指标。由于发行债券的公司经营状况各有不同，债券的还本付息情况也有差异，例如有的公司到期履行还本付息的义务，而有的公司会经常拖欠利息或本金的支付，有的公司甚至无法归还本息。所以，投资者购买债券会有风险。债券风险的大小反映了发行债券的公司的信用程度。发行公司的信用程度好，还本付息就有保证；相反，发行公司的信誉差，还本付息可能就没有保证。

发行公司信用程度的好坏通常是通过对其评定的信用等级反映的。信用等级的评定是通过对公司的财务状况、经营效益、未来收益的发展趋势、资金结构等的最后打分后，分级评定的。债券的信用等级表示债券质量的优劣，反映债券还本付息能力的强弱和债券投资风险的高低。信用等级越高，债券的风险就越小；信用等级越低，债券的风险就越大。

信用等级的评定由专门的财务咨询机构进行。我国目前信用等级的评定还不普遍，但在西方，信用等级的评定是较普遍的。风险债券要由专门的机构进行信用等级的评定，在债券发行时要同时公布信用等级。信用等级高的债券就容易募集到资金，信用等级差的债券就很难募集到资金。例如，美国标准普尔公司的债券等级分类如表 10-3 所示。

表 10-3　债券信用等级及描述

等级	信用描述	等级	信用描述
AAA	信用优	B	有些风险
AA	信用上	CCC—CC	有很大风险
A	信用中上	C	会推迟支付债券本息
BBB	信用中中	DDD—D	经常违约
BB	信用中下		

一般认为，只有 A 级以上的债券才有投资的价值。

债券信用等级的评定要经过以下程序。

1. 发行公司提出评级申请

债券的信用评级首先由发行公司或其代理机构向债券评级机构提出评级申请，并为接受信用评级审查提供有关资料。

2. 债券评级机构评定债券等级

债券评级机构接受申请后组织产业研究专家、财务分析专家及经济专家组成评级工作小组，分析研究公司的发展前景、公司的财务状况、公司债券的约定条件等内容，然后拟定草案提交债券评级委员会。债券评级委员会经过讨论，通过投票的方式评定债券的等级。如果发行公司同意，则按此等级确定。如果发行公司不同意所评信用等级，可申明理由提请更改等级。这种要求重评的申请仅限一次，第二次评定的级别不能再更改。评定的债券等级要向社会公布。

3. 债券评级机构跟踪检查

债券评级机构对评定等级的公司债券还要进行追踪调查。若发行公司的信用、经营等情况发生了较大的变化，在评级机构认为有必要时，可以对债券作出新的评级，通知发行公司并予公告。

三、发行债券筹资的优缺点

发行债券是企业筹集长期资金的方式之一。与其他筹资方式相比，发行债券筹资有利也有弊。

（一）发行债券筹资的优点

1. 资金成本较低

债券利息是在所得税前利润中开支的，属于免税费用，这样就可使发行债券筹资的实际成本降低。而发行股票筹资向股东支付的股利，或吸收直接投资向投资者分配的利润，都是属于利润分配的内容，是在所得税后的利润中支付的，属于非免税费用，没有免税的作用。故而发行债券筹资的资金成本较主权资本筹资方式的资金成本低。

2. 不会分散企业控制权

发行债券筹资，其资金提供者是企业的债权人。作为债权人是无权参与企业经营管理的，他们对企业的约束仅仅通过债券合同中的限制性契约条款来实现。因此，发行债券筹资不会分散企业控制权。

3. 可使股东获得财务杠杆收益

发行债券筹资是按事先确定的利息率向债券持有人支付利息。债券持有人不参加企业盈利的分配。因此，当企业的资产收益率高于债券利息率时，发行债券筹资就可以提高主权资本收益率，使企业所有者获得资产收益率超过债券利息率部分的杠杆收益。这一点，与发行优先股票筹资和长期借款筹资是一致的。

4. 便于调整资本结构

公司债券的种类很多，企业可以根据需要用不同种类的债券筹资以形成灵活的资本结构，如公司发行的可转换债券，转换为普通股票后即可降低企业的资产负债率；又如可提前赎回债券，赎回后也可降低企业的资产负债率，从而形成企业资金的灵活结构。

（二）发行债券筹资的缺点

1. 筹资风险较大

发行债券所筹资金有明确的偿还期，发行公司有按期还本付息的法定义务。在公司经营不景气时，也必须向持券人还本付息。这会给公司带来较大的财务困难，有时甚至可能导致破产。所以，筹资风险大。

2. 受到许多的限制

发行债券筹资，债券持有人为保障其债权的安全，都要在债券合同中签订保护性条款，即对发行公司的限制性契约条款。保护性契约条款的内容包括：负债率的限制、股利发放的限制、资本扩充的限制、租赁和担保的限制、兼并限制、工资限制等。发行债券的限制条件一般比长期借款和租赁筹资的限制条件都要多，而且更严格、更苛刻。这些限制性契约条款可能对公司财务的灵活性形成不良影响。

3. 数量有限

尽管发行债券所能筹资的数量一般比长期借款所能筹集到的资金数量要多，但发行债券筹资是一种负债筹资方式。公司的负债比率过高，会影响公司的再筹资能力。许多国家对用债券筹资方式筹集资金的数量作了明确的规定。我国《公司法》规定，公司发行的流通在外的债券总额不得超过公司净资产的40%。

4. 债券的利息是一种固定的负担

在生产经营不景气的情况下，会造成公司资金流动的困难，进而影响公司的发展。

四、债券筹资决策

在有许多长期筹资方案可供选择时，优先采用长期债券筹资的条件如下：

(1) 公司的销货和盈余相对稳定或预计将大幅度增加时；

(2) 预期未来将发生通货膨胀时；

(3) 公司目前的资产负债率偏低时；

(4) 发行股票会影响现有股东对公司的控制权时。

当然，公司必须从资金结构的角度考虑最佳的负债比率。有时即使在出现上述条件时，仍然要作进一步的分析和预测，以使筹资决策给公司带来最大的利益。

五、可转换债券筹资

近年来，可转换债券作为公司资金筹措的一种形式，在国际资本市场上得到迅猛发展。许多国家和地区公司竞相开发与利用这一新型金融工具，实现了他们在国际、国内金融市场上成功地筹措大量资金的目的。当前，金融理论分析家们将目光集中到总结发行可转换债券的有关问题上，其目的在于为现代公司长期投资决策提供更完善的方法和手段。1992年10月19日，深圳市保安企业(集团)股份有限公司发行了5亿元可转换债券，开创了国内发行可转换债券的先河。2000年2月24日上海虹桥国际机场股份有限公司发行了13.5亿元可转换债券，意味着我国公司利用可转换债券走向了一个新的时代。

(一) 可转换债券的特征和基本要素

1. 可转换债券的特征

可转换债券也称可兑换债券，是指在发行时标明发行价格、利率、偿还和转换期限，持有人有权到期兑现或按规定的期限和价格转换为普通股票的债务性证券，是一种介于股票和债券之间的混合型证券。

可转换债券是指附有可转换选择权的债券。可转换债券的持有人有权在规定的期限内，以预先确定的转换价格和转换比率将债券转换成一定数量的同一公司发行的普通股股票，或到期要求发行公司还本付息。

这里转换价格和转换比率是在可转换债券发行合同中预先确定的将债券转换成普通股股票的价格和股数。转换比率、债券面值和转换价格之间的关系是：转换比率$=\frac{债券面值}{转换价格}$。债券持有人将债券转换成公司普通股股票后，所获得的转换价值就等于转换比率与公司普通股股票现时市价之积。

如果债券持有人不行使转换选择权，发行公司必须在债券到期时偿还本息。可转换债券兼具一般非转换普通债券和普通股的双重性质。一方面，在转换成股票之前，可转换债券按照发行合同中规定的利息率生息，债券持有者可以获得债券提供的稳定利息收入和还本保证。另一方面，如果可转换债券发行公司的股票价格上涨，债券持有者可以将债券转换成股票，分享公司业绩增长和股票增值的利益；在股票下跌和上涨幅度不足以从转换中获利的情况下，债券持有者将保留债券并取得稳定利息收入，从而避免股市不景气造成的损失。因此，可转换债券既不是单纯的债券，也不是严格意义上的股票，而是一种混合型的金融工具。

例如，某公司于 2021 年 5 月 10 日按面值发行期限为 5 年票面利率 4%的可转换债券 10 000 万元，该公司现时的股票价格为 8 元。该公司发行时规定可转换债券的持有人在 2021 年 11 月 10 日至债券到期前一个月内随时可以转换成发行公司的普通股股票。转换价格为每股 12.5 元，即每 1 元面值的债券可以换成普通股股票。

该可转换债券的转换比率为 0.08。如果某投资者在 2022 年 1 月 15 日将持有的债券转换，当时的市价为每股 14 元，则其转换价值为：0.08×14＝1.12 元。即该投资者有每元 0.12 元(12%)的溢价收益。如果发行公司在转换期内其股票价格一直在转换价之下或者虽然在转换价格以上但投资者的收益达不到他预期的收益率时，他就不会将该债券转换。

可转换债券有以下基本特征。

(1) 可转换债券是在一般非转换债券上附加可转换选择权的债券，因此，它具有双重价值，即具有一般非转换债券应有的价值和转换为公司普通股股票可以获得的转换价值。

(2) 可转换债券具有的可转换选择权本身也具有市场价值，该市场价值被称为可转换债券的转换内在价值。转换内在价值在数量上等于普通股转换价值与一般非转换债券价值之间的差额。由于转换选择权的市场预期作用，可转换债券转换选择权的实际市场价值往往高于可转换债券的转换内在价值，这两者的差价构成转换投机价值。

(3) 发行可转换债券的公司，通常希望可转换债券持有人，在一定时期内能如期进行转换，但债券持有人有权利却没有义务将债券转换，因此，为保障发行公司的利益，债券发行公司往往在可转换债券的发行合同中，追加一定时期后发行公司可赎回可转换债券的条款。如当债券的转换价值超过预期赎回价格时，发行公司可执行赎回权利，强迫可转换债券持有者将其债券转换为发行公司普通股股票。这有利于发行公司增加股本，减少债务。

(4) 为了保护债券投资者的利益，几乎所有的可转换债券都在其发行合同中附有反稀释这一标准条款。该条款规定：债券发行公司如果存在以低于可转换价格出售普通股股票的情况，如发行公司增资扩股、派发股利、股票分割和并股以及其他附有转换选择权的金融工具宣布发行时，债券发行公司必须依照一定的比例相应调整可转换价格和转换比率。这一条款同时也能防止债券发行公司利用上述行为来避免转换的发生。

综上所述，可转换债券兼具债务和股本金两种性质，两者密不可分。对投资者而言，该类债券提供了债券所能提供的稳定利息收入和还本保证，也提供了股本增值所带来的利益。对这类债券支付的债息或红利通常高于普通股红利收益，因而这种市场价值下跌的潜在风险有限。这种具有固定收益的金融工具吸引了那些既渴望得到高收益又不希望错过股票升值的潜在收益的投资者。对发行者而言，该类债券提供了在将来以高于现时股票的价格售出股票的可能性，并具有在债券转换前以低成本发行债券的吸引力。如果相应的股票价格没有达到规定的转换价格，可转换债券没有被转换，投资者要求发行人在到期日偿还发行的本金。发行者还本付息的成本大大低于直接发行债券(因为可转换债券的票面利率一般较普通公司债券低得多)，同时有可能在股票发行价格下跌时以高于发行时的市场价格出售股票。所以说，对双方而言，可转换债券既非纯债券，也非纯股票，而是一种混合金融工具。由于可转换债券具有普通债券和普通股双重特征，其价值也就是纯债券的价值加上股票部分期权的价值两部分的和。发行者可以根据不同的市场条件和投资对象来调节这两部分的价值，达到吸引不同投资者的目的。

2. 可转换债券的基本要素

可转换债券除了具备一般公司债券的要素以外，还有自己特定的要素和条件。这些要素和条件是：基准股票、票面利率、转换比率、转换价格、转换期、赎回价格、转换调整条件等。

(1) 基准股票。基准股票是发行可转换债券的公司已经发行在外的普通股股票。债券持有人可以按一定的条件将债券转换成基准股票。发行公司的股票可能有多种形式，一般来说是普通股。确定基准股票以后，就可以进一步推算转换价格。

(2) 票面利率。票面利率是指可转换债券在发行时规定的票面利率。确定合适的票面利率有利于降低发行时的风险。可转换公司债券的票面利率可参照同期一般公司债券和政府债券的利率来确定，一般来说，可转换债券的票面利率低于其他不可转换公司债券的利率，这是因为可转换债券的收益包括了一个股票期权。但票面利率低多少，发行公司有一定的选择权。一般来讲，它会受制于两方面的因素：一是公司现有债权人对公司利息抵付倍数等财务比率的约束，据此可以计算利率水平的上限；二是转换价值收益增长及未来水平，如果未来的转换价值大，债券持有人的潜在收益就多，债券利率就可以定得低一些。反之，预期转换价值越低，利率水平相应可设置得高一些。据此计算出利率水平的下限。

在其他条件相同的情况下，较高的票面利率对投资者更具吸引力，成功发行的把握较大，但转换前发行公司需支付的利息却相对较多。更为重要的是可能影响到转换的比例。投资者从票面得到了较高的收益，就会降低转换的积极性。反之，较低的票面利率使债券的吸引力下降，相应加大发行的风险。低票面利率的优点在于发行公司需支付的利息相对较少，在股票价格持续上扬的情况下，低的票面利率有利于债券的转换。

发行公司通常会根据证券市场的实际情况，确定合适的票面利率，使公司的风险和收益组合达到最优化，这既有利于发行，又有利于确保可转换债券的转换成功。

(3) 转换比率。可转换公司债券与普通债券的最大的区别在于"转换"二字。能否转换成功,核心的要素是转换比率和转换价格。转换比率就是转换公司债券在实际转换时,一个单位的债券能转换成股票的数量。这个比例一般在债券发行时明确规定。

(4) 转换价格。转换价格是指在可转换公司债券整个有效期间以据此债换成股票的每股价格。转换价格的确定与股票发行的定价原理与过程相似。实际上,转换价格的确定反映了公司现有股东和投资者双方利益预期的某种均衡。

从投资者角度看,他们希望得到较低的转换价格。这样,在转换时就可以转换成较多的普通股,以获取较高的收益。但公司现有股东不会接受很低的转换价格,因为转换后的普通股愈多,股权稀释程度愈大,对现有股东的控制权是相当不利的。

转换价格通常随公司股票拆股和股利政策变化而相应作出调整。如公司宣布股票一股拆两股,公司的转换价格需要自动调整为原定转换价格的一半。

转换价格的设计是否科学合理、转换价格的调整措施是否得当关系到发行和转换的风险。一旦转换前的公司业绩增长及股价水平并不如人意,转换价格高于当时的股票市场价格,可转换债券的持有人就不会将手持债券转换成股票。大部分可转换公司债券没有转换成公司普通股,导致的后果是:公司的债务负担重,资本结构失调,公司面临过高的财务风险和经营风险,对公司今后的发展是十分不利的。当然,在可转换债券的合同中可附加一些条款,如加速条款、赎回条款等,以控制转换的风险,避免出现上述对公司不利的局面。

(5) 转换期。转换期是指在何时可转换债券的持有人可以将手持的债券转换成股票。

公司发行的可转换债券在何时进行债券向股权的转换工作,通常有两种方式。一种是发行公司制定一个特定的转换期限,只有在期限内,公司才受理可转换公司债券的换股事宜。这种情况又分为两种类型:第一,发行后某日至到期日前;第二,发行后某日至到期日。发行公司制定一个特定的转换期限,是不希望过早地将负债转变为资本金,从而过早地稀释原有股东的权益。另一种方式是不限制转换的具体期限,只要可转换公司债券没有到还本付息的期限,投资者都可以随意选择转换的时间。这里也有两种类型:第一,发行日至到期日前;第二,发行日至到期日。由于转换价格通常高于公司当前股价(发行时的股价),因此投资者一般不会在发行后立即行使转换权。之所以将转换期做此设计,主要是为了使可转换债券具有更大的灵活性,以吸引更多的投资者。

(6) 赎回条件。可转换公司债券中的一个重要条件就是有关赎回的附加条款。这是为了避免金融市场利率下降时公司承担较高利率的风险,同时还迫使投资者行使其转换权。赎回条件分为两种类型。一种是无条件赎回,即直接设定赎回起始时间相应提前或推后。另一种是有条件赎回,即发行公司设定股价水平上限和转换价值持续超过债券面值的比例。这是为了减少股权稀释程度,迫使投资者行使转换权。

(7) 转换调整条件。发行公司在发行可转换债券后,可能会对公司包括子公司进行股权融资、重组和发生并购等重大的资本和资产调整行为产生影响。这种行为如果引起公司股票名义价格(市场价格)上升,则应由前述"赎回条件"来对投资者进行约束;如果引起公司股票名义价格下跌,那就必须对转换价格作调低处理。否则,在公司股票名义价格不断下跌的情况下,原定转换价格就会大大高出公司当前的股价,这样可转换债券持有人在转换时就会有亏损，最终导致债券持有人宁愿继续持有债券取得利息收入而不愿转换股票的局面。

上市公司在发行可转换债券时应附加的转换条件主要包括下列内容：

① 股利分配对可转换债券转换的影响。包括股票的分割、并股、分红和送股等；这些股本的变化会引起股票市场价格下降，相应地应调低转换价格。这有利于转换成功。

② 增资扩股对可转换债券转换价格等影响，包括认股权证、直接发行和配售价格低于转换价格的新股等。这时转换价格将降低。

③ 公司及下属子公司的资产重组、融资行为、并购等导致公司股价持续下跌时，转换价格将相应下调。

可转换债券的转换调整条件也称为“向下修正条款”。在股票价格表现不佳时，这一条款允许将转换价格向下修正原来的转换价格。

转换价格的修正应在发行可转换债券时在合约中明确规定。

（二）可转换公司债券对发行公司的影响

可转换债券是一种新型的金融工具。公司利用得当将对其发展起到十分积极的作用。但运用不当，也会公司造成极大的被动。

1. 发行可转换债券的优点

利用可转换债券筹资，对债券发行公司的主要有利之处如下。

(1) 可转换债券具有双重价值的选择权，这种选择权所具有的市场价值可使发行公司以低于一般非转换债券的利息率发行可转换债券，能以较低的成本筹措资金，即可转换债券的筹资成本低于一般非转换债券的筹资成本。

(2) 可转换债券转换成股票后，由于可转换债券所设定的转换价格通常较当期普通股市场价格高 10%—30%，因而与一般的增资配股相比，可获得一笔转换溢价收入，而且为债券发行公司提供了未来以高于目前股价的价格售出股票的可能性。特别是当股票市场不适于公司采取股权方式筹资时，发行可转换债券既可以避开股票市场低谷，又可达到筹措资金的目的。实际上，有些公司发行可转换债券的真正用意是销售普通股股票而非债券。

(3) 从概念上看，可转换债券代表了直接债务加上股票转换选择权。因而，可转换债券的价值可被看作是一揽子一般非转换债券的收益加上与之相联系的转换选择权的价值之和。在经济竞争激烈的风险社会中，一般非转换债券的价值随风险增加而降低，其筹资成本却随风险增加而增加。然而，转换选择权的价值随风险增加而降低，其筹资成本随风险增加而减少。因此，在经济风险较高的时期，可转换债券的发行者和购买者，较易达成一个协议价格，可转换债券可能被筹资公司更多地运用。

(4) 由于可转换债券具有的转换选择权，使得债券持有者可以享有任何增加股东权益的收益，因而可以避免公司经营者采取有利于股东不利于债权人的行为。即可转换债券可在减少控制代理问题的监控成本上发挥有效的作用。

(5) 可转换债券到期实现全部或部分转换时，债务转化为股权资金，公司无需偿付本金。对于经营前景好、债务负担重、资产负债率较高的公司来说，可以进一步改善公司的资本结构。

2. 发行可转换债券的缺点

运用可转换债券筹资对发行公司也有负面影响，主要的如下。

(1) 发行可转换债券后,公司在未来一段时期内的资本结构会受可转换股票的影响处于不稳定状态,而且,为不损害可转换债券持有者这部分潜在股东的利益,公司在资本变动和利润分配等方面还要受诸多限制。

(2) 发行可转换债券时,若转换价格和转换比率制定得不合理,或者造成可转换债券持有人集中转换,致使股权过于稀释;或者造成可转换债券的转换比例不足,致使发行公司面临偿还本息的巨大压力,两方面皆不利于公司从事正常的生产经营活动。

(3)如果公司发行可转换债券的目的在于增加权益资金,而在发行可转换债券之后,由于资本市场走软和企业经营业绩降低,其普通股股价未能上涨到足以吸引债券持有者将其债券转换成普通股而获利的水平,那么,发行公司将无法摆脱掉这部分负债,除非等到债券到期。而债券到期又会给公司增加巨大的还本付息的压力,对公司的稳定成长极为不利。

(4) 虽然可转换债券的确可使公司拥有以较高的股价出售普通股获利的机会,但当公司普通股股价急涨时,其实际筹资成本会高于发行非转换债券的成本,使可转换债券失去降低筹资成本的优势。

运用可转换债券筹资,对其发行公司而言利弊同时存在,问题的关键在于发行公司如何选择在适当的经济环境下以合理的转换价格和较低的筹资成本实现资金的筹措。

(三) 运用可转换债券应注意的问题

根据上述对可转换债券筹资的利弊分析可知,并不是所有的公司都能在任意的经济环境下利用可转换债券实现筹资的目标。债券发行公司应充分考虑所处经济环境的特点,资本市场的景气情况以及发行公司的经营业绩和经营前景等。在运用可转换债券筹资时,发行公司应采取如下具体对策。

1. 确定合理的转换价格

从债券发行公司的角度看,转换价格应尽可能定得高,因为转换价格越高,转换比率就愈低,转换时公司需增发的普通股股份也就越少,这样可以降低由于转换造成的盈利稀释。但如果转换价格定得过高,就难以吸引投资者购买可转换债券,因为过高的转换价格所能转换的普通股带来的收益不足以弥补债券的低利息率所造成的利益偏差。

研究表明,转换价格高于普通股现行市价的 10%—30%是较为合适的。另外,为鼓励可转换债券持有者按期转换其债券,发行公司可在一定时期内,分段提高转换价格,同时辅以提高普通股股利等手段来促进转换过程的实现。

2. 选择适当的发行时机

可转换债券的发行时机取决于发行公司的经营业绩、发展前景和财务结构等因素的变化。发行时机的选择是否适当将直接影响筹资目标的实现。可转换债券的转换价格一般都高于债券发行时公司股票的股价,可转换债券对投资者的最大吸引力是发行公司的股票在未来时期内具有稳步上升的可能性,如果公司业绩不理想、前景暗淡,致使转换价格高于预期股票价格,投资者便不会将债券转换成股票,可转换债券也就失去了其选择权价值的吸引力。

如果发行公司财务结构不合理,资产负债率过高,那么,可转换债券的发行会更加加重公司的债务负担。一旦公司经营不佳,大部分债券未能转换成股票,这将进一步使公司财务结构恶化,公司有可能陷入财务困境,后果不堪设想。因此,发行可转换债券的公司一定要有稳步增长的经营业绩和广阔的发展前景，尤其是对资本结构不够合理的公司更需要稳健的成长性支持。所以，我国《公司法》规定，发行可转换债券的公司除具备发行债券的条件外，还应当符合股票发行的条件。

3. 适时地利用赎回权政策

可转换债券的赎回权是为了保证发行公司在债券到期前，赎回债券而在发行时预先设定的权利。这种赎回权的利用可以降低发行公司的筹资成本。如当金融市场利率下调和公司股票连续若干个交易日超过转换价格一定比例时，为避免发行公司承担较高的风险和损失，发行公司应适时运用赎回权，赎回发行在外的可转换债券。

第五节 长期借款筹资

一、长期借款的种类

长期借款是指企业向银行或非银行金融机构借入的、偿还期限在一年以上的各种借款。长期借款主要用于购建固定资产和满足长期流动资产资金占用的需要。长期借款是企业长期负债筹资的主要方式之一。

长期借款的种类很多，企业应根据本企业的实际情况和各种借款条件选择采用。

（一）政策性借款、商业银行借款和保险公司借款

长期借款按提供贷款的机构，可分为政策性借款、商业银行借款和保险公司借款。

1. 政策性借款

政策性借款，是企业从执行国家政策性贷款业务的银行，即国家政策性银行取得的借款。国家政策性银行是执行国家产业政策，扶持企业的政策性业务、从事经济开发的国有银行，如国家开发银行、中国农业发展银行、中国进出口银行等。

政策性借款的期限很长、利率较低，但一般只有大型国有企业才可能获得国家政策性借款的支持。

2. 商业银行借款

商业银行借款，是企业从商业银行取得的借款。商业银行是以盈利为目的，能够从事各种金融活动的银行。商业银行对贷款自主决策、自担风险、自负盈亏。我国商业银行主要有中国工商银行、中国农业银行、中国银行、中国建设银行四大国有商业银行，以及交通银行、农村合作银行、城市合作银行、平安银行、招商银行、浦东发展银行、华夏银行、中信实业银行等区域性、股份制银行。商业银行贷款主要为满足企业发展的资金需要。企业可以根据需要向商业银行申请取得生产经营所需的资金。

3. 保险公司借款

保险公司借款是企业从保险公司取得的借款。保险公司借款期限一般在一年以上，但利率较高，保险公司对借款企业的要求也较高。

另外，企业还可以向信托投资公司、邮政储蓄机构、证券公司、企业集团财务公司等非银行金融机构申请得到借款。

（二）按有无抵押品作担保，长期借款可分为信用借款和抵押借款

长期借款按有无抵押品作担保，可分为信用借款和抵押借款。

1. 信用借款

信用借款，是企业仅凭借款企业的信用或其担保人的信用，而无需抵押品作为担保从银行等金融机构取得的长期借款。只有信誉很好的企业或有信用很好的企业作担保时才能取得信用借款。信用借款的利率一般较高，而且银行往往是为了保障其债权的安全而对借款企业提出一些附加条件。

2. 抵押借款

抵押借款，是企业以特定的抵押品作为担保从银行取得的借款。资信较差的企业或创办不久其资信未经考验的企业向银行申请借款时，银行会要求其提供抵押品。抵押品应是借款人权益的保证，作为抵押品的财产，其所有权应属于借款企业，并且该财产未作企业现有的未到期债务的担保物。

长期借款的抵押品常常是房屋、建筑物、机器设备等不动产。

二、长期借款的程序

（一）提出借款申请

企业要取得长期借款，必须先向银行或其他金融机构提出借款申请。借款申请中主要包含借款原因、金额、用途、还款时间与计划、还款期限与还款计划等。企业申请借款必须符合发放贷款的原则和申请贷款的条件。

我国金融机构对企业发放贷款的原则是：按计划发放、择优扶植、有物资保证、按期归还。

企业申请贷款一般应具备以下条件：

(1) 借款企业实行独立核算、自负盈亏，具有法人资格；

(2) 借款企业的经营方向和经营范围符合国家产业政策，借款用途属于《银行贷款办法》所规定的范围；

(3) 借款企业具有一定的物资和财产作保证，担保单位具有相应的经济实力；

(4) 借款企业具有偿还借款的能力；

(5) 借款企业的财务管理和经济核算制度健全，资金使用效益及企业总体经济效益良好；

(6) 借款企业在银行开立有账户。

（二）银行审批申请

银行在接到企业的借款申请后，要对企业提出的申请按照有关政策和贷款条件进行审核。审核的内容包括：

(1) 申请借款企业的财务状况；

(2) 申请借款企业的信用状况；

(3) 申请借款企业的盈利的稳定性；

(4) 申请借款企业的发展前景；

(5) 借款投资项目的可行性等。

银行对企业提出的申请审核通过后，就要依据审批权限，核准企业申请的借款金额和用款计划。

（三）签订借款合同

银行在审核批准企业的借款申请后，就要与借款企业进一步协商贷款的具体条件，签订正式的借款合同。银行和企业的借款合同主要包括以下内容：

（1）借款的数额；

（2）借款的期限；

（3）借款的利率；

（4）借款的用途；

（5）借款的归还方式和资金来源；

（6）保护性条款；

（7）违约责任等。

（四）借款的取得

借款合同生效后，银行在核准的借款数额范围内，根据合同规定的用款计划和实际需要，一次性地或分次将款项划入借款企业在银行的结算户，企业即可以按规定的用途或需要使用借款资金。

三、长期借款的偿还方式

长期借款的金额大、期限长。因此，在借款合同中就规定有借款偿还方式。企业取得长期借款后，要根据借款合同规定的借款偿还方式，有针对性地作出借款偿还的计划，以确保按期还本付息。

长期借款的偿还方式通常有：完全分期等额偿还、部分分期等额偿还、分期付息到期还本、分期等额还本余额计息等。

（一）完全分期等额偿还

完全分期等额偿还是指借款企业在借款期限内，每期偿付相等金额的借款本息。

完全分期等额偿还，可以是按年度等额偿还，也可以是按半年度或按季等额偿还。

例如，某企业从工商银行取得借款 5 000 000 元，期限 5 年。年利率 8%。银行要求该企业按年度定期等额偿还本息。则每年还本付息情况分析如下：

银行要求每年等额还本付息相当于每年归还的金额是相等的，是一组年金。借款总额是年金的现值。如图 10-1 所示。

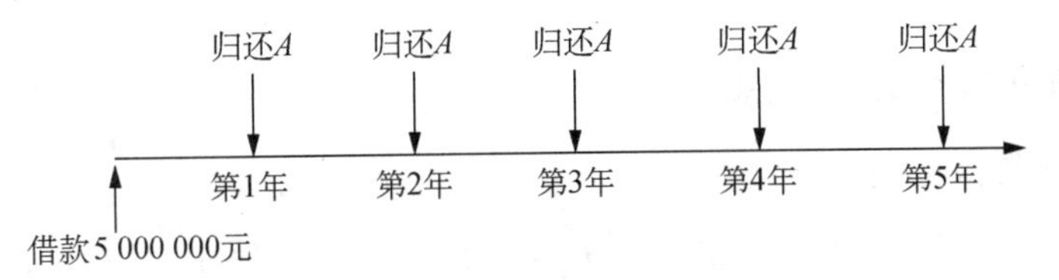

图 10-1　借款还本付息示意图

每年归还的本息 A =5 000 000/(8%,5 年的一元年金现值系数)

=5 000 000/3.992 7

=1 252 285(元)

每年的还本付息情况如表 10-4 所示。

表 10-4 完全分期等额偿还还本付息计算表

单位:万元

年次 n	每年还本付息额 A	利息 $I=P_{n-1}\times 8\%$	本金 $B=A-I$	未还本金 $P=P_{n-1}-B$
0				500.00
1	125.23	40.00	85.22	414.78
2	125.23	33.18	92.05	322.73
3	125.23	25.28	99.41	223.32
4	125.23	17.87	107.36	115.96
5	125.23	9.28	115.95	—
合计	626.15	126.12	500	

注:表中的误差是由于小数点保留位数不同的结果。

完全分期等额偿还方式,对银行而言可以减少因借款企业到期无力偿还借款所带来的风险;而对借款企业来说,这种还款方式提高了借款的实际利率。

(二) 部分分期等额偿还

部分分期等额偿还是对借款中的一部分用分期偿还的方式还本付息,其余部分则到期一次还本付息。

(三) 分期付息,到期还本偿还

分期付息,到期还本偿还方式是借款企业在借款期内每年只付利息,到期一次性地归还本金。

这种偿还方式对借款企业来说,虽然平时支付利息的压力不大,但到期支付本金的压力较大。因此,借款企业要建立偿债基金。有时,在借款合同中银行会要求借款企业建立偿债基金。

(四) 分期等额还本,余额计息

分期等额还本,余额计息偿还方式是每年等额地归还本金,利息则按照年初的本金计算。由于每年的本金不同,利息也不同。

例如,某企业从工商银行取得借款 5 000 000 元,期限 5 年。年利率 8%。银行要求该企业按年度等额还本,余额计息的方式归还。则每年还本付息情况分析如表 10-5 所示。

四、长期借款筹资的优缺点

(一) 长期借款筹资的优点

长期借款是企业筹集长期资金的主要方式。在企业的负债中也占有相当的比例。与其他长期筹资相比,长期借款筹资有以下优点。

表 10-5　分期等额还本、余额计息偿还本息计算表　单位:万元

年次 n	每年还本付息额 $B+I$	其中:利息 $I=P_{n-1}\times 8\%$	其中:本金 $B=500/5$	未还本金 $P=P_{n-1}-B$
0				500
1	140	40	100	400
2	132	32	100	300
3	124	24	100	200
4	116	16	100	100
5	108	8	100	—
合计	620	120	500	

1. 筹资速度快

企业取得长期借款所需时间一般较发行股票和发行债券来得短,借款的程序也较为简单,因此,可以较快筹集到资金。而筹集长期资金的其他方式,如发行股票、发行债券等,程序较为复杂,要花费较长时间才能筹集到资金。

2. 筹资弹性较大

借款时,由借款企业与银行直接交涉商定有关条件,如期限、数额、利率等,而且在用款期间,若借款企业财务状况发生某些变动,也可以与银行再行协商变更有关条件。因此,长期借款筹资对借款企业有较大的灵活性。而发行债券筹资,其债权人为社会广大投资者,协商变更筹资条件的可能性很小。

3. 资金成本较低

长期借款利率一般低于债券利率,而且由于借款属于直接筹资,筹资费用也较少。再加上长期借款利息在所得税前开支,属于免税支出,所以,长期借款的资金成本较低。

4. 有利于股东保持其控制权

长期借款只是一种长期债务,债权人无权参与经营管理,故长期借款筹资不会引起控制权的转移或稀释股东权益。

5. 可使股东获得财务杠杆收益

长期借款筹资,只按事先确定的利息率支付利息,所以当企业的资产收益率高于长期借款利息率时,采用长期借款筹资,就可以提高主权资本收益率,使企业投资者获得资产收益率超过长期借款利息率部分的杠杆收益。这一点,与发行债券筹资类似。

(二) 长期借款筹资的缺点

长期借款筹资的不利之处主要表现在以下几个方面。

1. 筹资风险较高

长期借款筹资有还本付息的法律义务。因此,借款企业筹资的风险较高。而主权资本的筹资方式如吸收直接投资或发行股票,就没有这样的法律义务。

2. 借款企业受较多限制

银行为了其债权的安全,在借款合同中订立保护性条款对借款企业作出种种限制。这

些限制有时会影响到企业以后的筹资和投资活动，约束企业的生产经营以及借款的使用。而主权资本的筹资方式不会有这些限制。

3. 筹资数量有限

长期借款所筹资金属于借入资金。企业负债的比重达到一定程度时，企业想再负债筹资就会增加企业的风险，也会降低企业的经济效益。因此，长期借款筹资数量有限。而主权资本筹资方式，如发行股票，不仅能筹到大额资金，还能为进一步的举债筹资提供信用支持。发行债券筹资的数额，一般比长期借款筹资数额多。

第六节 融资租赁筹资

一、融资租赁的特点

租赁是承租人向出租人交付租金，出租人在契约或合同规定的期限内将资产的使用权让渡给承租人的一种经济行为。租赁已成为现代企业的一种重要筹资方式。

租赁的种类很多。按照租赁的目的，租赁可以分为经营租赁和融资租赁这两种基本类型。

（一）经营性租赁的特点

经营性租赁，是承租人为取得资产使用权而向出租人租用租赁物、出租人提供与租赁有关的服务的租赁。

(1) 经营性租赁的目的是获得资产的使用权，亦即是为了融物而不是为了融资。

(2) 经营性租赁是一种可解约的租赁。在经营性租赁的租赁协议中常含有“解约条款”(或称“撤销条款”)，该条款赋予承租人在租赁期间取消租赁合同的权利。即在合理的条件下，承租人有权根据需要在租赁期内随时在预先通知出租人的前提下解除租约。这一特点对承租人非常有利。如果因技术更新、市场上出现了更好的设备，使得承租人不愿再租用已陈旧落后的租赁物，或由于生产经营原因不需要再租用所租用的租赁物时，承租人可中止租赁。但经营性租赁也规定，出租人在租赁到期后，有权决定是否再次租赁给以前的承租人。如果承租人要长期使用租赁物，这一点就对他不利。

(3) 经营性租赁的租赁期较短。经营租赁的租赁期一般只有租赁物经济寿命期的一小部分。也正因为如此，出租人在初始租期内从租金中往往只收回租赁物的部分投资。出租人要收回租赁物的全部投资，只有将租赁物多次租出，或者把它卖掉。

(4) 经营性租赁的出租人常提供与租赁有关的服务。由于在经营性租赁方式下，一个租赁物的承租人不是特定的一个承租人，而是有多个承租人，为使租赁物保持良好性能，出租人就要负责对租赁物进行维修、保险和管理等工作。

(5) 经营性租赁的租金较高。由于经营性租赁是一种可解约的租赁，出租人要承担租赁物陈旧落后的风险，因此，出租人在确定租金的时候，会把这个因素考虑进去。再加上经营性租赁出租人常提供有关服务，这就会使得经营性租赁的租金较高。

(6) 租赁期满或合同中止时，租赁物必须退还给出租人。

（二）融资租赁的特点

融资租赁是由租赁公司(出租人)按承租人的要求出资购买设备,在较长的合同期内提供承租人使用的信用业务。它是以融通资金为目的的租赁。一般借贷的对象是资金,而融资租赁的对象是实物。融资租赁是融资与融物相结合的、带有商品销售性质的借贷活动,是企业筹集资金的一种方式。

(1) 融资租赁的主要目的是融通资金,融资租赁的动机是由于承租人生产经营需要添置必要设备,但因资金不足而通过租赁方式解决这一矛盾。因此,承租人融资租赁的主要目的是融通资金。不过,与一般的融资不同的是,一般的融资的对象是资金,而融资租赁集融资与融物为一体,是承租人筹集长期借入资金的一种特殊的方式。

(2) 融资租赁的租赁物是由出租人出资按承租人的要求购买的。融资租赁的租赁物由承租人根据其需要向生产厂商或销售商亲自选定。而不像经营性租赁那样是承租人在出租人规定的货物中选择租赁物。

(3) 融资租赁是一种不可解约的租赁,在融资租赁的租赁协议中,不含"解约条款",在合同有效期内,双方均无权单方面解除合同,只有在租赁设备已损坏或被证明丧失使用功能的情况下方可终止合同,并以出租人不受经济损失为前提。

(4) 融资租赁的租赁期较长,融资租赁以承租人对租赁物的长期租用为前提,租赁期一般相当于租赁物的绝大部分经济寿命期。

(5) 融资租赁方式下,承租人负责租赁物的维修保养、保险及管理,但无权对租赁物自行拆卸改装。这正是因为租赁物是出租人完全按承租人的要求购买的,所以出租人对租赁物的性能及维修保养不负责任。融资租赁的租赁物在租赁期内其所有权属于出租人。

(6) 在租赁期内承租人要定期支付租金,租金的金额一般是包括租赁物的买价及其他费用,再加上承租人租赁期内占有的承租人租赁物的资金的利息等。租金通常是按期等额支付的。

(7) 租赁期满,承租人对租赁物可选择留购、续租或退还。一般情况下由承租人留购。融资租赁方式下,租约期满,承租人一般可以按较低的价格买下该项租赁资产,取得该项租赁资产的所有权。当然,也可以选择降低租金续租或将租赁物退还给出租人。这一点和经营性租赁不同,经营性租赁在租赁期满时,承租人要将租赁物退还给出租人。融资租赁,对于出租人来说,租赁物并非它所需要的,而是由承租人自选,承租人生产经营需要的,在租赁期满后,出租人已经收回了全部的价款,包括租赁物在租赁期内的利息。所以,出租人不再需要该租赁物。因此,在租赁期满时,出租人一般是低价(一般是象征性地收取一定的手续费)将租赁物出售给承租人。

二、融资租赁的种类

融资租赁一般有直接租赁、返还租赁和借款租赁三种形式。

（一）直接租赁

直接租赁是出租人将由其出资按承租人要求直接向制造厂商或销售商购买的租赁物租给承租人的租赁。直接租赁是融资租赁中最为普遍的一种,是融资租赁的典型形式。

直接租赁的出租人主要有:制造厂商、租赁公司等。除制造厂商外,其他出租人的经营活动,都是先向制造厂商或销售商买进租赁物,然后再将所购入租赁物租给承租人。制造厂商是出租人时,实际上融资租赁成为了一种商品销售方式。在国外,许多生产大型制造设备(例如大型发电设备)的厂商都是采用这种方式销售其商品的,他们是以经营商品和经营资金相结合的方式进行销售的。在我国,经营融资租赁的一般是各"信托投资公司",他们主要是经营资金的借贷。

(二) 返回租赁

返回租赁是承租人将其拥有主权的资产出售给出租人,然后又向出租人以融资租赁的方式租回该项资产并向出租人支付租金的租赁。

承租人采用售后回租这种融资租赁方式,既可以通过出售资产获得现金,以改善其财务状况,满足企业对现金的需要,又通过"回租"而保留了该项资产的使用权。这比简单地变卖资产以应付现金需要可能有利得多,因此,不失为现金短缺企业的一种理智的选择。特别是如果该项资产已提完折旧,企业将之售出再租回时,按现行财务会计制度规定,融资租入的固定资产可以视同自有固定资产在生产经营过程中计提折旧。所以,返回租赁时,承租人仍可享受租金抵减所得税的优惠。

(三) 借款租赁

借款租赁是由融资租赁派生出来的一种租赁方式,是融资租赁的一种特殊形式。前述直接租赁或返回租赁方式主要只涉及出租人和承租人两方,而借款租赁要涉及三方——出租人、承租人,还有贷款人。

借款租赁是出租人先向贷款人借入一笔长期借款(一般是租赁物价值的60%—80%),然后再以融资租赁的方式租赁给承租人。在这种方式中,出租人一般是以出租的资产作为担保的。有时也用租赁权的转让或租金的转让作为借款的条件。

借款租赁的租赁物一般是价值较大的高技术密集型的设备。承租人用相对较小的资金支付就能获得资产的使用权;出租人在资金不足的情况下通过取得贷款而得到资产的所有权,再以融资租赁的方式出租给承租人,收取租金;贷款者贷款给出租人得到利息,同时由于贷款以租赁物作为担保,贷款人的风险也并不大。由此可见,借款租赁使三方都有利。

由于设备使用者(承租人)的信用不够,不能得到贷款者的贷款,所以,出租人介入,作为中间人获得资产所有权。尽管出租人的资金也不一定充足,但其信用足以获得贷款人的贷款。因此,借款租赁对于价值很大的设备的销售、租赁来说,不失为一种很好的方式。

三、融资租赁的程序

不同的租赁业务,其具体的程序各不相同。这里只介绍融资租赁的基本程序。一般融资租赁要经过以下几个过程。

(一) 作出租赁决策

企业需要长期使用某项资产而又没有购买该项资产所需资金时,一般有两种选择,一种是通过借入资金购买该项资产,另一种是通过融资租赁取得该项资产的使用权。企业应在两者之间作出决策。到底采用哪种筹资方式，可借助于两者的现金流量及其模式，依据相应的资金成本，分别计算两者现金流量的现值，并据此进行比较分析后作出融资决策。融资租赁也是一种筹资方式。

（二）选择出租人

企业决定采用融资租赁方式筹资后，即应开始选择出租人。从事租赁业务的金融机构有独立的租赁公司、制造商或销售商、投资银行以及其他机构等。企业要对各个从事租赁业务的金融机构的经营范围、业务能力、资信情况以及与其他金融机构的关系等情况进行调查，取得各个从事租赁业务的金融机构的融资条件和租赁费率等资料，并进行比较，择优选定出租人。

（三）办理租赁委托

企业选定某个从事租赁业务的金融机构作为出租人后，便可向其提出申请，办理租赁委托。办理租赁委托，需要由承租人填写“租赁委托申请书”，说明所需租赁物的具体要求。并向其提供有关企业财务状况和经营情况的文件资料，如资产负债表、损益表、财务状况变动表以及其他有关资料等。

（四）签订购货协议

出租人受理租赁委托后，即由承租人（或出租人或承租人与出租人共同）选定租赁物的制造商或销售商，与其进行技术与商务谈判，签订购货协议。

购货协议的主要内容通常有：购货协议签订的日期、地点；当事人的名称、法定地点；货物交付日期、地点、方式；货物名称、规格、技术指标、质量和数量；贷款及其支付日期、方式；违约责任等。

购货协议生效后，承租人对租赁物的规格、质量、数量、技术条件、货款等条件等，未经出租人和制造商或销售商同意，不得任意变更。

（五）订租赁合同

租赁合同由承租人与出租人签订。租赁合同用以明确双方的权利与义务，它是租赁业务的最重要的文件，具有法律效力。

融资租赁的租赁合同的内容包括一般条款和特殊条款两个部分。

1. 一般条款

融资租赁合同的一般条款主要包括：

（1）合同说明，主要明确合同的性质、当事人的名称及法定地址、合同签订的日期等；

（2）名词解释，是对租赁合同中的重要名词明确定义，以避免由于歧义而发生纠纷；

（3）租赁设备条款，详细列明租赁物的名称、规格、型号、技术指标、数量和质量、交货地点及使用地点等内容；

（4）租赁物交货、验收和税款、费用条款；

（5）租赁期限条款，明确租赁期限及租赁期间的起止时间；

（6）租金支付条款，租金支付条款规定租金的构成及数额，租金的支付日期和支付方式等。

2. 特殊条款

特殊条款主要规定以下内容：

(1) 购货协议与租赁合同的关系。租赁合同生效后，除非承租人违约，经出租人与制造商或销售商协商同意解除租赁合同，否则未经承租人同意不得变更或解除购货协议。

(2) 租赁物的产权归属。融资租赁的租赁物的所有权在租赁期内属于出租人。

(3) 不得中途解约。未经出租人同意，承租人不得在租赁期内终止租赁合同。

(4) 租赁物的非租金费用的责任归属。融资租赁，其租赁物的维修保养、保险等由承租人负责。

(5) 对出租人的保障。承租人无权任意对租赁物进行诸如拆卸、改装等的任意处理。

(6) 对承租人的保障。未经承租人同意，出租人不得将其在租赁合同中的权利、义务转让给第三人；如合同租赁期满，承租人有权首先选择是否续租或购买或退租。不得在租赁物上设定抵押等。

(7) 租赁保证金和担保条款。

(8) 合同是否可以延期以及租赁期满对设备的处理等条款。

(9) 违约责任条款。

(六) 办理验货及投保

承租人收到租赁物后，要按照购货协议中的有关条款进行验收，验收合格后签发租赁物收据及验收合格证并提交出租人，出租人据以向制造商或销售商付款。同时，承租人到保险公司办理投保。至此，租赁正式成立。

(七) 交付租金

承租人在租赁期内按租赁合同规定的租金数额、支付日期、支付方式，向出租人交付租金。

(八) 租赁期满处理租赁物

融资租赁合同期满，承租人有权根据需要对租赁物进行留购，以取得资产所有权、或续租或退租。

四、融资租赁资金的计算

企业在采用融资租赁方式筹资时，租金的数额及租金的支付方式对承租人来说非常重要。租金的数额和支付直接影响着企业的未来财务状况，也是企业进行租赁筹资决策的重要指标。

(一) 租金的构成

融资租赁的租金一般由以下几个部分构成。

(1) 租赁物的购置成本，包括租赁物的买价、运杂费及途中保险费等。

(2) 利息，即出租人为承租人购置租赁物所占用的租金的利息。

(3) 租赁手续费，包括出租人承办租赁物的营业费用及出租人的利润。

(二) 租金的计算

融资租赁租金的计算方法主要有平均分摊法、等额年金法、附加利率法、浮动利率法等。在我国的融资租赁实务中，大多采用平均分摊法和等额年金法。

1. 平均分摊法

平均分摊法是先以商定的利息率和租赁手续费率计算出租赁期间的利息和租赁手续费，然后连同租赁物的成本按双方约定的租金支付次数平均计算每次应付租金数额。

平均分摊法下，每次应付租金数额的计算公式为：

$$每次租金=\frac{租赁物成本+利息+手续费}{租金支付次数}$$

2. 等额年金法

等额年金法是运用年金现值的计算原理计算每次应付租金的方法。在这种方法下，通常以利息率作为贴现率。若为后付租金，则等额年金法下每次应付租金数额的计算公式为：

$$每次租金=\frac{租赁物成本}{一元年金现值系数}$$

其中：一元年金现值系数是指期数为双方约定支付租金的次数、折现率为租赁公司要求的利息率的年金现值系数。

（三）租金的支付方式

租金的支付方式有许多，租赁双方可以商定一种大家都能接受的支付方式。

按租金支付时期的长短，分为年付、半年付、季付、月付。

按每期支付租金的时间，分为后付租金和即付租金。后付租金是指在每期期末支付租金。即付租金又称先付租金，是指在每期期初支付租金。

按每期支付租金数额，分为等额交付和不等额交付。

五、融资租赁的优缺点

融资租赁是一种特殊的筹资方式，它与其他筹资方式在形式上的区别主要是通过融资租赁所筹资金是实物形式。所以，融资租赁是一种融资和融物相结合的融资方式。

（一）融资租赁的优点

对于承租企业而言，融资租赁筹资方式的优点主要有以下几个方面。

1. 扩大了承租企业筹资的来源

采用融资租赁方式，给承租企业提供了筹集资金的广阔来源。对于那些财力不雄厚，或是那些难于以其他筹资方式取得资金的企业而言，融资租赁的意义重大。

2. 承租企业可转嫁所有权风险

采用融资租赁方式筹资，承租企业可转嫁所有权风险。随着科学技术的进步，更新、更好、效率更高的设备不断出现，这样，原购买资产所发生的陈旧过时老化的无形损耗，就要由所有权人承担。而如果采用融资租赁方式取得资产，由于租赁期一般短于租赁物的有效寿命期，而发生因技术进步所产生的无形损耗正是在资产有效寿命期的后期。这样，承租企业就转嫁了所有权风险。

3. 可以保存承租企业的偿债能力

采用融资租赁方式筹资，可以保存承租企业的偿债能力，从而有利于维护其财务信誉。

4. 承租企业可以避免债务上的限制性契约条款

采用融资租赁方式筹资,承租企业可以避免债务上的限制性契约条款。无论是在发行债券筹资的债券合同中,还是在中长期借款的借款合同中,都订有保护性条款,即对债务人的限制性契约条款。这些限制性契约条款对企业的约束相当严格,有些条款甚至可以说是相当苛刻的。采用融资租赁方式筹资,可以避免这些限制。

5. 承租企业可以享受税收优惠

采用融资租赁方式筹资,承租企业可以享受较多的税收优惠。根据我国现行的财务制度和会计制度的规定,融资租赁租入的固定资产可以视同自有固定资产,在租赁期内计提折旧。而折旧费是可以在成本中列支的,所以,可以省税。

(二) 融资租赁的缺点

对于承租企业而言,融资租赁方式有以下不利之处:

1. 资金成本较高

采用融资租赁方式筹资,其资金成本较高。出租人是通过租金获取报酬的。因此,租金总额比租赁物价值要高。而且一般来说,融资租赁的利率较债券或借款的利率都要高得多。所以,融资租赁筹资的资金成本较高。

2. 不能享受租赁物残值

采用融资租赁方式筹资,承租企业不能享受租赁物残值。融资租赁的租赁物在租赁期满时归出租人,除非承租企业在租赁期满后买下租赁物,否则承租企业不能享受租赁物的残值。

3. 承租企业无权对租赁财产进行改造

采用融资租赁方式获取的资产,承租企业不能随意改造。租赁物的所有权属于出租人,因而未经出租人同意,承租企业无权对租赁财产任意进行技术改造等处理。

思考题

1. 简述吸收直接投资筹资的优缺点。
2. 简述发行股票筹资的特征。
3. 普通股的权利和义务如何?
4. 试分析普通股筹资的优缺点。
5. 优先股的性质如何? 优先股有哪些种类?
6. 试述优先股筹资的优缺点。
7. 试分析股票上市的优缺点。
8. 企业如何利用可转换债券筹资?
9. 长期借款筹资的合约应包括哪些内容?
10. 试述融资租赁的程序。

短期筹资

第一节　短期筹资的特点和方式

一、短期筹资的特点

短期筹资是指期限在一年以内的筹资。短期筹资一般是负债筹资。

企业的负债筹资有长期负债筹资和流动负债筹资(短期负债筹资)。长期负债筹资是期限超过一年的筹资,如发行债券、长期借款、融资租赁等;流动负债筹资是期限在一年以内的筹资,如短期借款筹资、商业信用筹资、应付费用筹资等。

相对于长期负债筹资来说,短期负债筹资有以下特点。

(一) 筹资速度快

长期负债的债权人为了保护其债权的安全,往往要对债务人进行全面的财务调查和周密的财务分析,因而长期负债筹资所需时间一般较长。而流动负债由于在较短时间内可归还,其债权人顾虑较少,只对债务人的近期财务状况做调查,因而费时较短。所以,流动负债筹资速度较快。

(二) 筹资具有灵活性

长期负债所筹资金往往不能提前偿还,而且长期负债债务人往往要受借款合同的限制性契约条款的限制。而流动负债筹资要灵活得多。

(三) 资金成本较低

流动负债的资金成本比长期负债的资金成本还要低。因为短期借款的利率比长期借款或债券的利率要低,且筹资费用也比长期负债要少得多。此外,流动负债筹资的方式中有的是无成本筹资。

(四) 筹资风险较大

由于流动负债需要在短期内偿还,因此,如果债务人在短期内拿不出足够的资金偿还债务,就会陷入财务危机。

(五) 可以弥补企业资金的暂时不足

企业的流动资产数量随供产销的变化而高低起伏不定,具有波动性,因此,企业不可避免地会出现暂时的资金不足。通过流动负债筹资,可以弥补企业资金的暂时不足。

(六) 便于企业资金结构的灵活组合

流动负债筹资可以形成企业资金结构的灵活组合。短期负债借入容易,归还也较随意,可以作为企业的一种调度资金的手段。

二、短期筹资的方式

短期筹资在成本、风险、弹性等方面的特点在很大程度上取决于实际运用的短期筹资方式。

(一) 短期借款

短期借款包括信用借款、担保借款和票据贴现等。

(二) 短期融资券

短期融资券是一种短期债券,它是由大型工商企业所发行的短期无担保本票。

(三) 商业信用

商业信用是一种自然筹资行为,它是在企业之间正常的业务往来中相互提供信用而形成的一种资金来源,比如应付账款、预收账款等。

第二节　短期借款筹资

短期借款是企业向银行或其他非银行金融机构借入的期限不超过一年的资金来源。短期借款是企业短期资金的重要来源之一。

一、短期借款的种类

(一) 生产周转借款、临时借款和结算借款

短期借款按借款的目的和用途,可以分为生产周转借款、临时借款和结算借款。

生产周转借款是用于企业正常生产周转需要的短期借款。生产周转借款的期限最长不超过一年,但可以根据具体情况展期。生产周转借款一般实行浮动利率,对销售情况好、资金周转快的借款企业,贷款人可以减收借款利息;而对销售情况不好、资金周转慢的借款企业,贷款人可能会加收利息。

临时借款是企业用于企业季节性或临时性资金需要的短期借款。临时借款的借款期限一般不超过 6 个月。临时借款主要缓解以下几种情况的资金需求:由于客观原因不能及时销售产品;原材料的季节性储备;进口物资集中到货;企业为发展名优产品而进行横向联合等。

结算借款是企业在采用托收承付结算方式销售商品时,在发出商品委托银行收款到银行通知企业款项收到之前,以托收承付结算凭证为保证,向银行取得的短期借款。

(二) 信用借款、担保借款和票据贴现

短期借款按借款是否有担保,分为信用借款、担保借款和票据贴现。

1. 信用借款

信用借款又称无担保借款,是指没用保证人做保证或没有财产作抵押仅凭借款人的信

用而取得的借款。信用借款一般都由贷款人给予借款人一定的信用额度或双方签订循环贷款协议。因此，这种借款又分为两类：

(1) 信用额度借款。信用额度是商业银行与企业之间商定的在未来一段时间内银行能向企业提供无担保贷款的最高限额。信用额度一般是在银行对企业信用状况详细调查后确定的。信用额度一般要作出如下规定：

① 信用额度的期限。一般一年建立一次，也有半年的。

② 信用额度的数量。规定银行能贷款给企业的最高限额。如果信用额度的数量是1 200万元，企业已从该银行借入的尚未归还的金额已达1 000万元，那么，企业最多还能借200万元。

③ 应支付的利率和其他一些条款。

(2) 循环协议借款。循环协议借款是一种特殊的信用额度借款，在此借款协议下，企业和银行之间也要协商确定贷款的最高限额，在最高限额内，企业可以借款、还款，再借款、再还款，不停地周转使用。

循环协议借款与信用额度借款的区别主要在于：

① 持续时间不同。信用额度的有效期一般为一年，而循环贷款可超过一年。在实际应用中，很多是无限期，因为只要银行和企业之间遵照协议进行，贷款可一再延长。

② 法律约束力不同。信用额度制一般不具有法律的约束力，不构成银行必须给企业提供贷款的法律责任，而循环贷款协议具有法律约束力，银行要承担限额内的贷款义务。但企业对未使用的贷款部分应支付承诺费。

③ 费用支付不同。企业采用循环协议贷款，除支付利息外，还要支付协议费。协议费是对循环贷款限额中未使用的部分收取的费用。正是因为银行收取协议费，才构成了它为企业提供资金的法定义务。在信用额度借款的情况下一般无需支付协议费。

2. 担保借款

担保借款是指有一定的保证人做保证或利用一定的财产作抵押或质押而取得的借款。担保借款又分为以下三类：

(1) 保证借款。保证借款是指按《民法典》中第二编物权第四分编担保物权的有关规定的保证方式以第三人承诺在借款人不能偿还借款时，按约定承担一般保证责任或连带责任而取得的借款。

(2) 抵押借款。抵押借款是指按《民法典》中第二编物权第四分编担保物权的有关规定的抵押方式以借款人或第三人的财产作为抵押物而取得的借款。

(3) 质押借款。质押借款是指按《民法典》中第二编物权第四分编担保物权的有关规定的质押方式以借款人或第三人的动产或权利作为质押物而取得的借款。

3. 票据贴现

票据贴现是商业票据的持有人把未到期的商业票据转让给银行，贴付一定利息以取得银行资金的一种借贷行为。票据贴现是商业信用发展的产物，实为一种银行信用。银行在贴现商业票据时，所付金额要低于票面金额，其差额为贴现息。贴现息与票面的比率为贴现率。银行通过贴现把款项贷给销货单位，到期向购货单位收款，所以要收取利息。

采用票据贴现形式，企业可以给购买单位以临时资金融通，当企业需要资金时又可及时得到资金，有利于企业把资金用活。

（三）应收账款贷款和存货贷款

1. 应收账款贷款

利用应收账款作为融资途径取得贷款有两种形式：应收账款抵押和应收账款代理。

（1）应收账款抵押。应收账款是企业中变现力最强的资产之一，它是一种非常理想的担保品。作为欲取得贷款的企业可以从商业银行或其他金融性单位去寻求应收账款贷款，由于银行收取的利息通常比其他金融单位低，一般均先向银行借款。

在企业提出以应收账款为担保抵押获取贷款时，应收账款的品质会受到出借方的严格审查，来决定以该应收账款为担保而实际取得的贷款金额。

企业提供的应收账款品质表现为债务人的信用等级，品质越高的应收账款，出借方就越愿意根据抵押应收账款面额越高的百分比预借贷款。出借方一般不会接受信誉极差的应收账款。因此，并非企业的任何一种应收账款都会被银行或金融机构作为担保品接受。通常出借方预借的金额在应收账款面值的50%—80%之间，具体比例视应收账款的品质而定。影响贷款的因素除应收账款品质之外，还有应收账款各账户金额的大小，若应收账款户中每户金额小，则同等总额的应收账款债务客户就多，出借方需对每一笔应收账款均应作完整记录，贷款的处理成本就越高。如果企业所提供的均属于低价格的商品，则不论其账款的品质如何，将不易获得应收账款贷款，其原因就是这些贷款的处理成本太高。在这种情况下企业可以用应收账款的整体抵押来解决。在整体抵押情况下，出借方并不保持个别账户的逐笔记录，而只记录所接受担保应收账款及已支付的总金额。由于在整体抵押之下，坏账难以避免，因此，通常根据应收账款面额较低的百分比预借贷款，一般为25%—30%。

进行应收账款抵押贷款，要有一定的法定程序。首先贷款企业（货物卖主）和出借方（银行及其他金融机构）之间签订一份贷款协议，一旦建立业务联系，则贷款企业应出具一张有账户名称、账单日期和金额的让渡表给出借方。同时按出借方的要求，贷款企业要定期向出借方送交发票等运货证明，出借方经审阅并对货物买主做出信用评价，从而确定可以接受的应收账款担保和出借百分比，如75%。一般要求贷款企业签发本票，并在担保合约上签章。随后贷款企业即可收到相当于应收账款抵押总金额75%的贷款。

应收账款抵押贷款分为通知性和非通知性两种。在通知性应收账款抵押之下，抵押过程必须通知原货物卖主的客户（债务人），而客户还款时直接还给出借方，而无须通过贷款企业转手。非通知性应收账款抵押，不需要通知贷款企业的客户。当贷款企业收到客户还来的账款时，应马上将该款项转给出借方。出借方将此款与其账款核对之后，即将贷款企业所欠金额减少此款的75%，其余25%即登记于贷款企业的一般存款账户。

应收账款抵押贷款是一种很有弹性的担保贷款方式，应收账款增加时，企业就自然有能力借得更多的资金。所以，应收账款抵押贷款可以说是一种内在稳定的融资方式。

（2）应收账款代理（保理）。应收账款代理又称应收账款的出售，即贷款企业将其应收账款售给代理人而取得相应的款项。许多金融单位均提供代理应收款项业务。在应收账款代理中，贷款企业将应收账款出售于代理人，代理人对贷款企业的应收账款作信用调查，根据其信用调查结果，吸收购买企业中风险性较小的应收账款，而拒绝风险大的账款。

应收账款代理程序与抵押程序有所不同。首先货物卖主与代理人签订一个具有法律效力的协议，卖主一接到买方的订单就填好信用审查表送给代理人进行信用审查。经过代理人批准贷款后就可签发订单发货，并将发票寄给买方，通知买主将货款直接付给代理人，由代理人再转汇给卖主。一般情况下，代理人将保证账款等到收到买主货款或付款到期之日向卖主提供资金。如果卖主急需资金，可向代理人预提一定的货款。应收账款代理实际上是代理人将卖方的应收账款买下的行为。

应收账款代理的成本相对较高。应收账款代理的成本由代理成本和企业在收账前预提款项的利息费用组成。由于代理人负担收账风险，所以要收取代理费。代理费一般为根据应收账款平均余额的1%—3%。

(3) 应收账款贷款的特点。应收账款贷款作为一项重要的短期融资形式其优点主要表现在：

首先，它具有弹性，企业销售额增加并需要更多的资金，有了更多的发票就自然可以进行抵押贷款。当企业不需要资金时可以不申请应收账款贷款。

其次，应收账款贷款可以得到其他方法得不到的贷款。

最后，代理应收账款能够提供信用审查，会为企业节约许多费用。一般代理人在接受应收账款贷款前需要对买方做出信用审查。

应收账款贷款也有缺点：

第一，成本高。信用审查、风险承担等费用较其他筹资方式的基本利率要高出2—3个百分点。

第二，客户多而资金额相对少时，管理费很高。

第三，企业的其他商业债权人往往不赞同应收账款贷款，因为这会限制商业信用。

2. 存货贷款

存货是一种具有较强变现能力的资产，也适应作为短期贷款的担保品。存货的品质是影响出借方贷款比例数额的一项因素，它取决于存货的可售性、易毁损程度、变现力、市价的稳定性等诸多因素。如果企业存货品质高，出借方对于以此类存货担保的贷款所要求的安全边际很少，其预支金额可以高达90%以上。反之，存货品质低，出借方可能不愿意接受担保而放贷款。所以，并非每一项存货都可以作为贷款的担保品。

出借方接受担保品的存货抵押以后，并不希望真正变卖存货，而是希望能够保证担保能有足够的价值抵偿出借的贷款。出借方取得存货的实际担保利益的方法有多种，可以要求企业存货以下列方式进行抵押：

(1) 存货总留置权。在总留置权之下，出借方就贷款企业的全部存货具有留置权。这时企业的全部存货已作为担保品抵押给出借方，并不指明某个存货项目。这种留置权过于概括，出借方无法严密控制担保品，贷款企业可以销售库存。所以担保品的价值可能在贷款期限内有所减少，从而影响到出借方的担保利益。

(2) 动产抵押。在动产抵押的情况下，存货以编号等方法予以个别说明。虽然此时存货所有权仍在贷款企业手中，但出借方对某些指定存货有留置权，此类存货不经出借方同意，不得出售。

(3) 信托收据。在信托收据之下，贷款企业保留存货的所有权，而以出售存货所得资金为担保，向出借方贷款，它表明存货已为企业实行了信托。企业根据借款数额投送一张信托收据，货物可贮存于公共仓库或企业仓库中。信托收据表明货物是贷款企业的信托物，因出售信托物而收到的货款必须及时转给贷款人。

(4) 仓库收据。仓库收据是由贷款人发出用以证明存放于该仓库的特定存货的所有权。仓库收据使得出借方对所贮存的货物有担保利益，而愿意以此为抵押贷款给企业。在这种协议下，仓库只有在得到出借方同意才可将该担保品给予借入方。因此，出借方可以严格地控制担保品，而只有在企业支付部分贷款时方允许其提货。

二、短期借款的基本程序

银行短期借款的程序与银行长期借款的程序基本相同，一般要经历以下几个过程。

(一) 企业提出申请

向银行借入短期借款时，必须在批准的资金计划占用额范围内，按生产经营的需要，逐笔向银行提出申请。企业在申请书上应写明借款种类、借款数额、借款用途、借款原因、还款日期。另外，还要详细写明流动资金的占用额、借款限额、预计销售额、销售收入资金率等有关指标。

(二) 银行对企业申请的审查

银行接到企业提出的借款申请书后，应对申请书进行认真的审查，主要包括如下三方面内容。

第一，审查借款的用途和原因，作出是否贷款的决策。

第二，审查企业的产品销售和物资保证情况，决定贷款的数额。

第三，审查企业的资金周转和物资耗用状况，确定借款的期限。

(三) 签订借款合同

为了维护借贷双方的合法权益，保证资金的合理使用，企业向银行借入短期借款时，双方应签订借款合同。借款合同主要包括如下四方面内容。

1. 基本条款

基本条款是借款合同的基本内容，主要强调双方的权利和义务。具体包括：借款数额、借款方式、款项发放的时间、还款期限、还款方式、利息支付方式、利息率的高低等。

2. 保证条款

保证条款是保证款项能顺利归还的一系列条款。包括借款按规定的用途使用、有关的物资保证、抵押财产、保证人及其责任等内容。

3. 违约条款

违约条款是规定对双方若有违约现象时应如何处理的条款，主要载明对企业逾期不还或挪用贷款等如何处理和银行不按期发放贷款的处理等内容。

4. 其他附属条款

其他附属条款是与借贷双方有关的其他一系列条款，如双方经办人、合同生效日期等条款。

(四) 企业取得借款

借款合同签订后，若无特殊原因，银行应按合同规定的时间向企业提供贷款，企业便可取得借款。

如果银行不按合同约定按期发放贷款，应偿付违约金。如果企业不按合同约定用途使用借款，也应偿付违约金。

(五) 短期借款的归还

借款企业应按借款合同的规定按时、足额支付贷款本息。贷款银行在短期贷款到期 1 个星期之前，应当向借款企业发送还本付息通知单。借款企业应当及时筹备资金，按期还本付息。

不能按期归还借款的，借款人应当在借款到期日之前向贷款人申请贷款展期，但是否同意展期由贷款人视情况决定。申请担保借款、抵押借款、质押借款展期的，还应当由担保人、抵押人、出质人出具同意继续担保、抵押、质押的书面证明。

三、短期借款筹资的优缺点

(一) 短期借款筹资的优点

1. 容易及时取得资金

银行资金充足实力雄厚，能随时为企业提供比较多的短期贷款。对于季节性和临时性的资金需求，采用银行短期借款尤为方便。而那些规模大、信誉好的大企业，更可以比较低的利率借入资金。

2. 有较好的弹性

银行短期借款具有较好的弹性，可在资金需要增加时借入，在资金需要减少时还款。

(二) 短期借款筹资的缺点

1. 资金成本较高

采用短期借款成本相对比较高。不仅不能与商业信用相比，与短期融资券相比也高出许多。而抵押借款因需要支付管理和服务费用，成本更高。

2. 限制较多

向银行借款，银行要对企业的经营和财务状况进行调查以后才能决定是否贷款，有些银行还要对企业有一定的控制权，要企业把流动比率、负债比率维持在一定的范围之内，这些都会构成对企业的限制。

第三节　商业信用筹资

商业信用是指商品交易中的延期付款或预收货款等所形成的借贷关系，是企业之间的一种直接信用关系。就购买方而言，它在商业活动中由于延期付款而享受了销售方所给予的信用，使其在一定时间内占用了对方的资金而形成一种资金来源。这种资金来源是由商品交换中物资与货币在空间和时间上的分离而产生的直接融资行为，属于自然性融资。

早在简单的商品生产条件下，就已经出现了赊销赊购现象，到了商品经济发达的资本主义社会，商业信用得到广泛发展。西方一些国家的制造厂家和批发商的商品，90%是通过商业信用方式售出的。我国商业信用的推行正日益深入，形式多样、范围广阔，将逐渐成为企业筹集短期资金的重要方式。商业信用筹资几乎是所有企业所共有的一种短期融资方式。它是短期资金的最大来源。

如若想取得商业信用筹资来源，必须首先在商品交易中享受到供应商能够给予的延期付款的条件。在先付款后发货和货到款即付两种商品交易中，卖方都未允许买方赊账，也即没有给予企业商业信用条件，此时企业就不存在商业信用筹资的条件。当卖方允许企业在购得货物后的一段时期内付款，如 30 天、60 天或 90 天等，这时企业就出现了商业信用筹资的条件。

当然，企业如果想得到付款期更长一些的商业信用条件，必须使销货方充分相信企业具有优良的信誉。较高信用等级是得到更多商业信用机会的重要条件。

一、商业信用的形式

（一）赊购商品

赊购商品是一种最典型、最常见的商业信用形式。在此种形式下，买卖双方发生商品交易，买方收到商品后不立即支付现金，可延期到一定时期以后付款。

（二）预收货款

在这种形式下，卖方要先向买方收取货款，但要延期到一定时期以后交货。这等于卖方向买方先借一笔资金，是另一种典型的商业信用形式。通常购买单位对于紧俏商品乐于采用这种形式以便取得期货。另外，生产周期长、售价高的商品，如轮船、飞机等，生产企业也经常向订货者分次预收货款，以缓解资金占用过多的矛盾。

二、商业信用条件

信用条件是指销货人对付款时间和现金折扣所作的具体规定。如“2/10，n/30”，便属于一种信用条件。信用条件从总体上来看，主要有以下几种形式。

（一）预付货款

预付货款是买方在卖方发出货物之前预先支付货款。一般用于如下两种情况：一是卖方已知买方的信用欠佳；二是销售生产周期长、售价高的产品。

在采用预付货款这种信用条件下销货单位可以得到暂时的资金来源，但购货单位不但不能获得资金来源，还要预先垫支一笔资金。

（二）延期付款，但不提供现金折扣

在这种信用条件下，卖方允许买方在交易发生后一定时期内按发票面额支付货款，如

“net 45”,是指在45天内按发票金额付款。这种条件下的信用期间一般为30—60天,但有些季节性的生产企业可能为其顾客提供更长的信用期间。在这种情况下,买卖双方存在商业信用,买方可因延期付款而取得资金来源。

(三)延期付款,但早付款有现金折扣

在这种条件下,买方若提前付款,卖方可给予一定的现金折扣,如买方不享受现金折扣,则必须在一定时期内付清账款。如“2/10,n/30”便属于此种信用条件。西方企业在各种信用交易活动中广泛地应用现金折扣,这主要是为了加速账款的收回。现金折扣一般为发票面额的1%—5%。

在有现金折扣的条件下,双方存在信用交易。买方若在折扣期内付款,则可获得短期的资金来源,并能得到现金折扣;若放弃现金折扣,则可在稍长时间内占用卖方的资金。

如果销货单位提供现金折扣,购买单位应尽量争取获得此项折扣,因为丧失现金折扣的机会成本很高。丧失现金折扣的机会成本(资金成本)可按下式计算:

$$丧失现金折扣的成本=\frac{现金折扣的百分比}{1-现金折扣的百分比}\times\frac{360}{丧失现金折扣后延期付款的天数}\times 100\%$$

例如,企业享受“2/10,n/30”的信用条件,若在第30天付款,则多用20天资金的机会成本(资金成本)为:

$$资金成本=\frac{2\%}{1-2\%}\times\frac{360}{20}\times 100\%=36.73\%$$

通过计算可知,企业不到万不得已就不要丧失现金折扣,因为其资金成本很高。只要企业筹资的成本低于36.73%,宁愿从其他渠道得到资金也要在折扣期内支付款项,以取得折扣的好处。

三、商业信用筹资的优缺点

(一)商业信用集资的优点

1. 商业信用非常方便

商业信用筹资与商品买卖同时进行,属于一种自然性融资,不用作非常正规的安排。

2. 资金成本低

如果没有现金折扣,或企业不放弃现金折扣则利用商业信用集资实际没有成本。

3. 筹资限制少

如果企业利用银行借款筹资,银行往往对贷款的使用规定一些限制条件,而商业信用则限制较少。

(二)商业信用筹资的缺点

商业信用的时间一般较短,如果企业取得现金折扣则时间会更短,如果放弃现金折扣,则要付出较高的资金成本。

思考题

1. 简述短期筹资的特点。
2. 短期筹资有哪些方式?
3. 简述短期借款的程序。
4. 简述短期借款的优缺点。
5. 分析商业信用筹资的成本。
6. 简述商业信用筹资的优缺点。

项目投资决策

第一节　项目投资的相关概念

企业投资按照其内容不同可分为项目投资、证券投资和流动资产投资等类型。本章所介绍的项目投资是一种以特定项目为对象,直接与新建项目或更新改造项目有关的长期投资行为。

一、投资项目的类型与投资主体

(一) 投资项目及其类型

项目投资的对象简称项目,它是用于界定投资客体范围的概念。工业企业投资项目主要可分为以新增生产能力为目的的新建项目和以恢复或改善生产能力为目的的更新改造项目两大类。显然,前者属于外延式扩大再生产的类型,后者属于简单再生产或内涵式扩大再生产的类型。

新建项目按其涉及内容还可进一步细分为单纯固定资产投资项目和完整工业投资项目。

单纯固定资产投资项目简称固定资产投资,其特点在于:在投资中只包括为取得固定资产而发生的垫支资本投入,而不涉及周转资本的投入。

完整工业投资项目则不仅包括固定资产投资,而且还涉及流动资金投资,甚至包括其他长期资产项目(如无形资产、递延资产)的投资。因此,不能将项目投资简单地等同于固定资产投资。

(二) 项目投资的主体

投资主体是各种投资人的统称,是具体投资行为的主体。从企业项目投资的角度看,其直接投资主体就是企业本身。从理论上讲,企业在进行项目投资决策时,首先关心的是全部投资资金的投放和回收的情况,而不论这些资金究竟来源于何处。但由于企业投资项目具体使用的资金分别来源于企业所有者和债权人,他们也必然会从不同角度关心企业具体投资项目的成败。因此,在进行项目投资决策时,还应当考虑到他们的要求,分别从自有资金提供者和借入资金投资者的立场去分析问题,提供有关信息。为简化起见,本章主要从企业投资主体的角度研究项目投资问题。

二、投资项目决策的程序

投资能为企业带来报酬,但投资是一项具体而复杂的系统工程,按照时序的方法,可以将投资过程分为事前、事中和事后三个阶段。事前阶段也称投资决策阶段,主要包括投资项目的提出、评价与决策;事中阶段的主要工作是实施投资方案并对其进行监督与控制;事后阶段是指在投资项目结束后对投资效果进行事后审计与评价。

(一) 投资项目的决策

投资决策阶段是整个投资过程的开始阶段,也是最重要的阶段,此阶段决定了投资项目的性质、资金的流向和投资项目未来获得报酬的能力。

1. 投资项目的提出

产生新的有价值的创意,进而提出投资方案是非常重要的。新创意可以来自公司的各级部门。一般来说,公司的高层管理人员提出的投资多数是大规模的战略性投资,如兴建一座厂房;而中层或基层人员提出的主要是战术性投资项目,如生产部门提出更新设备。

2. 投资项目的评价

投资项目的评价主要包括以下几部分:(1)将提出的投资项目进行分类,为分析评价做好准备;(2)估计各个项目每一期的现金流量状况;(3)按照某一个评价指标,对各个投资项目进行分析并根据某一标准排队;(4)考虑资本限额等约束因素,编写评价报告,并做出相应的投资预算,报请审批。

3. 投资项目的决策

投资项目经过评价后,要由公司的决策层做出最后决策。决策一般分为以下三种情况:(1)接受这个投资项目;(2)拒绝这个项目,不进行投资;(3)退还给提出该项目的部门,由其重新调查和修改后再做处理。

(二) 投资项目的实施与监控

一旦决定接受某一个或某一组投资项目,就要积极地实施并进行有效的监督与控制,具体要做好以下工作。

(1)为投资方案筹集资金;(2)按照拟定的投资方案有计划、分步骤地实施投资项目;(3)对项目的实施进度、工程质量、施工成本等进行控制和监督,以使投资按照预算规定如期完成;(4)投资项目的后续分析。

在项目的实施过程中,要定期进行后续分析,将实际的现金流量与报酬和预期的现金流量与报酬进行对比,找出差异,分析差异存在的原因,并根据不同情况做出不同的处理,这实际上就是投资过程中的选择权问题。

(三) 投资项目的事后审计与评价

投资项目的事后审计主要由公司内部审计机构完成,将投资项目的实际表现与原来的预期相对比,通过对其差额的分析可以更深入地了解某些关键的问题。例如,发现预测技术上存在的偏差,分析原有资本预算的执行情况和预算的精确度,查找项目执行过程中存在的漏洞,找出影响投资效果的敏感因素,总结成功的经验,等等。依此审计结果还可以对投资管理部门进行绩效评价,并据此建立相应的激励制度,以持续提高投资管理效率。通过对比项目的实际值和预测值,事后审计还可以把责任引进投资预测的过程。需要说明的是,某一项目的实际值和预测值的偏差并不应该作为评价预测者能力的唯一标准,然而,如果持续产生预测错误，则表明该分析人员的预测技术确实需要改进。

三、项目计算期的构成和资金投入方式

(一) 项目计算期的构成

项目计算期是指投资项目从投资建设开始到最终清理结束整个过程的全部时间，即该项目的有效持续期间。

完整的项目计算期包括建设期和生产经营期。其中建设期的第1年初(记作第0年)称为建设起点，建设期的最后一年末称为投产日；项目计算期的最后一年末(记作第 n 年)称为终结点，从投产日到终结点之间的时间间隔称为生产经营期。项目计算期、建设期和生产经营期之间有以下关系：

$$项目计算期 = 建设期 + 生产经营期$$

(二) 原始总投资、投资总额和资金投入方式

原始总投资是反映项目营运所需现实资金的价值指标。从项目投资的角度看，原始总投资等于企业为使项目完全达到设计生产能力、开展正常经营而投入的全部现实资金。

投资总额是反映项目投资总体规模的价值指标，它等于原始总投资与建设期资本化利息等的和。其中建设期资本化利息是指在建设期发生的与购建项目所需的固定资产、无形资产等长期资产有关的借款利息。

项目的资金投入方式，从时间特征上看可以分为一次投入和分次投入两种形式。一次投入方式是指投资行为集中一次发生在项目计算期第一个年度的年初或年末；如果投资行为涉及两个或两个以上年度，或虽然只涉及一个年度但同时在该年的年初和年末发生，则属于分次投入方式。

第二节　现金流量及其估算

一、项目投资现金流量的估算

企业投资决策要依据一定的资料进行，其中，资金流量(现金流量)的计算是投资决策的重要内容。

(一) 现金流量的基本概念

现金流量(cash flow)是企业在进行投资决策时涉及的基本概念，它是指企业在进行实物性项目投资时，从项目筹建、设计、施工、正式投产、完工交付使用直至项目报废为止整个期间的现金流入和现金流出的数量。

实物性投资也称生产性投资，主要包括两种类型：一种是扩充性投资，如企业为了扩大产品生产或销售，生产新产品、开辟新市场所进行的投资都属于这类投资；另一种是更新型投资，如固定资产更新投资、用高效的新设备替换原有旧设备的投资都属于这种投资类型。

现金流量包括现金流入量、现金流出量和现金净流量(或叫净现金流量)三个具体概念。

1. 现金流入量

现金流入量(cash in)是指能够使投资方案的现实货币资金增加的项目,简称现金流入。

一个投资方案的现金流入量包括:

(1) 投资项目完成后每年可增加的销售收入;

(2) 固定资产报废时的残值收入或中途的变价收入;

(3) 固定资产使用期满时原垫支在各种流动资产上的资金的收回;

(4) 其他现金流入。

2. 现金流出量

现金流出量(cash out)是指使投资项目的现实货币资金减少或需要动用现金的项目,简称现金流出。

一个投资方案的现金流出量包括:

(1) 在固定资产上的投资(如建造厂房、购买机器设备等);

(2) 在流动资产上的投资;

(3) 投资项目完成后每年的营业现金支出(如生产费用、管理费用、销售费用、各种税金等);

(4) 其他现金流出。

3. 现金净流量

现金净流量(net cash flow),又称净现金流量,是指在项目计算期内每年现金流入量与现金流出量的差额。可以用以下公式计算:

现金净流量 = 现金流入量 − 现金流出量

现金流量按照现金流出和现金流入在时间上的分布状况不同可分为两种:一种为传统现金流量;另一种为非传统现金流量。传统现金流量的特点是现金先流出,后流入。即投资项目从建设到完工,支出由少到多逐渐增加,项目投产后,收入先逐渐增加,然后逐渐减少,直至项目结束。传统现金流量如图 12-1 所示。

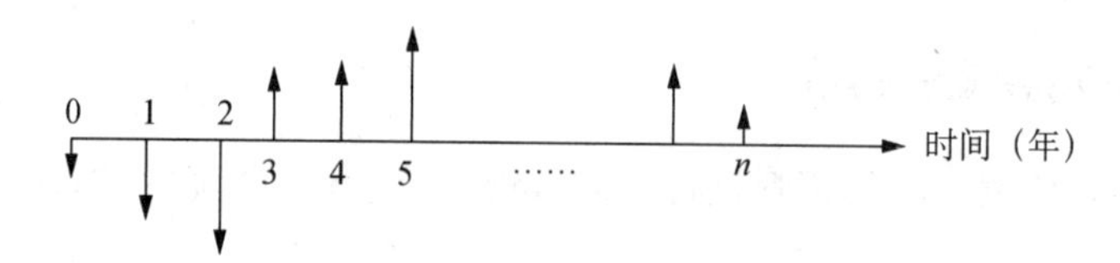

图 12-1 传统现金流量

非传统现金流量的特点是在投资项目的整个寿命期内现金流入和现金流出是交叉进行的。开始时先流出,再流入,但中间可能还有流出,最后再是流入,而且数量变化也并不是支出由少到多,收入由少到多,再由多到少。非传统现金流量如图 12-2 所示。

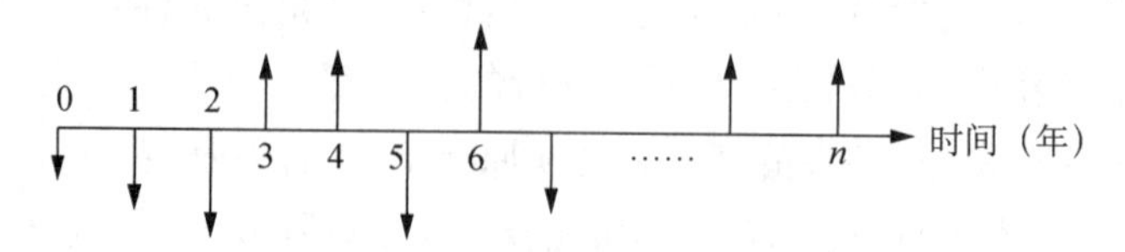

图 12-2 非传统现金流量

图 12-1 和图 12-2 中横轴代表时间(一般以年份表示),箭头代表现金流量,箭头向下表示现金流出,箭头向上表示现金流入。箭头越长表示现金流出或现金流入的数额就越多。第 0 年是指第一年初,第 1 年是指第一年末,也即第 2 年初,依此类推。在以下的现金流量计算表中也要用到第 0 年、第 1 年……,含义与以上相同。

(二) 现金流量的作用

现金流量的计算在项目投资决策中具有重要意义,在对投资方案各期的现金流量作出计算后,就可以运用资金时间价值的概念将不同时期的货币支出和收入进行现值折算,使得方案的投入与产出得以在统一的时间价值基础上进行比较,从而提高了对方案分析评价的科学性,使投资决策符合实际情况。

在企业财务管理中以现金流量作为项目投资的重要价值信息,主要出于以下考虑。

第一,现金流量信息所揭示的未来期间现实货币资金收支运动,可以序时动态地反映项目投资的流向与回收之间的投入产出关系,使决策者处于投资主体的立场上,便于更完整、准确、全面地评价具体投资项目的经济效益。

第二,利用现金流量指标代替利润指标作为反映项目效益的信息,可以摆脱在贯彻财务会计的权责发生制时必然面临的困境,即由于不同的投资项目可能采取不同的固定资产折旧方法、存货估价方法或费用摊配方法,从而导致不同方案的利润信息相关性差、透明度不高和可比性差。

第三,利用现金流量信息,排除了非现金收付内部周转的资本运动形式,从而简化了有关投资决策评价指标的计算过程。

第四,由于现金流量信息与项目计算期的各个时点密切结合,有助于在计算投资决策评价指标时,应用资金时间价值的形式进行动态投资效果的综合评价。

二、确定现金流量的困难与假设

(一) 确定现金流量的困难

确定项目的现金流量,就是在收付实现制的基础上,预计并反映现实货币资金在项目计算期内未来各年中的收支情况。

在现实生活中,要说明一个具体投资项目的现金流量究竟应当包括哪些内容,或要回答应当怎样确定其现金流量的问题,并不是简单的事情,必须视特定的决策角度和现实的时空条件而定。

1. 不同投资项目之间存在的差异

在现实生活中,不同投资项目在其项目类型、投资构成内容、项目计算期构成、投资方式和投资主体等方面均存在较大差异,可能出现多种情况的组合,因而不同组合形式的现金流量的内容就可能千差万别。

2. 不同角度的差异

即使就同一个投资项目而言,也可能有不同角度的现金流量。譬如从不同决策者的立场出发,就有国民经济现金流量和财务现金流量之分;从不同的投资主体的角度看,又有全部投资现金流量和自有资金现金流量的区别。

3. 不同时间的差异

由于投资计算期的阶段不同，各阶段上的现金流量的内容也可能不同。不同的现金流入量或现金流出量项目在其发生时间上也存在不同特征。如有些项目发生在年初，而有的则发生在年末；有的属于时点指标，有的则属于时期指标。此外，固定资产的折旧年限与经营期的长短也可能出现差异。

4. 相关因素的不确定性

由于投资项目的投入物和产出物的价格、数量等受到未来市场环境等诸多不确定因素的影响，我们不可能完全预测出它们的未来变动趋势和发展水平，这就必然影响现金流量估算的准确性。

（二）计算现金流量时的假设

上述问题的存在，给我们确定投资项目的现金流量带来了一定的困难。为便于确定现金流量的具体内容，简化现金流量的计算过程，特作以下假设。

1. 投资项目的类型假设

假设投资项目只包括单纯固定资产投资项目、完整工业投资项目和更新改造投资项目三种类型。

2. 财务可行性分析假设

假设投资决策是从企业投资者的立场出发，投资决策者确定现金流量就是为了进行项目财务可行性研究。假设项目已经具备国民经济可行性和技术可行性。

3. 全投资假设

假设在确定项目的现金流量时，只考虑全部投资的运动情况，而不具体区分自有资金和借入资金等具体形式的现金流量。即使实际存在借入资金也将其作为自有资金对待。

4. 建设期投入全部资金假设

不论项目的原始总投资是一次投入还是分次投入，除个别情况外，假设它们都是在建设期内投入的。

5. 经营期与折旧年限一致假设

假设项目主要固定资产的折旧年限或使用年限与经营期相同。

6. 时点指标假设

为便于利用资金时间价值的形式进行计算评价，不论现金流量具体内容所涉及的价值指标实际上是时点指标还是时期指标，均假设按照年初或年末的时点指标处理。其中，建设投资在建设期内有关年度的年初或年末发生，流动资金投资则在年末发生；经营期内各年的收入、成本、折旧、摊销、利润、税金等项目的确认均在年末发生；项目最终报废或清理均发生在终结点。

7. 确定性假设

假设与项目现金流量有关的价格、产销量、成本水平、所得税率等因素均为已知常数。

三、现金流量的构成

现金流量按发生的时间来表述，一般有初始现金流量、营业现金流量和终结现金流量三个部分构成。

（一）初始现金流量

初始现金流量是指项目开始投资时发生的现金流量，一般表现为现金流出量，在现金流量计算表中以负数表示。初始现金流量包括如下内容。

1. 固定资产投资

固定资产投资包括房屋、建筑物的建造价、机器设备的购进价以及其他有关资本性支出。

2. 流动资产投资

流动资产投资包括对材料、在产品、产成品和现金等流动资产的投资。

3. 其他投资费用

其他投资费用包括与固定资产投资有关的职工培训费、谈判费、注册费等。还包括无形资产、开办费等的投资。

4. 原有固定资产的变价收入

原有固定资产的变价收入主要是指在进行固定资产更新改造投资时，原有固定资产的残料收入与清理费用的差额。

（二）营业现金流量

营业现金流量是投资项目投入使用后，在其寿命期内由于生产经营所引起的现金流入量和现金流出量的差额，也称营业净现金流量。营业现金流量一般按年度进行计算。

$$\text{年度营业现金流量} = \text{销售收入} - \text{付现成本} - \text{所得税}$$

其中：付现成本是指需要支付现金的生产成本和期间费用。由于折旧费一般都已计入生产成本或有关期间费用，而折旧费却是一种不需现金支出的费用，相反，它通过企业的销售以现金的形式收回，故是一种现金流入（包括在销售收入中）。所以付现成本应扣除折旧费。用公式表示为：

$$\text{付现成本} = \text{生产成本} + \text{期间费用} - \text{折旧费}$$

因此，营业现金流量就可以用以下公式计算：

$$\begin{aligned}\text{营业现金流量} &= \text{销售收入} - \text{付现成本} - \text{所得税}\\&= \text{销售收入} - (\text{生产成本} + \text{期间费用} - \text{折旧费}) - \text{所得税}\\&= \text{销售收入} - \text{生产成本} - \text{期间费用} - \text{所得税} + \text{折旧费}\end{aligned}$$

而销售收入－生产成本－期间费用－所得税＝税后净利润，税后净利润指标是企业很容易得到的指标。

所以，营业现金流量可用以下公式计算：

$$\text{营业现金流量} = \text{税后净利润} + \text{折旧费}^{①}$$

---

① 如果经营期内还有无形资产及递延资产摊销，则还应在税后利润的基础上加上无形资产及递延资产的摊销。因为这两者的性质同折旧是相同的。

通过以上计算可以看出，在营业期间，企业每年现金流动的结果，表示为现金流入量，一般以正数表示。它一部分来自经营过程中资金的增值——税后净利润；另一部分则来自以货币形式收回的固定资产损耗的价值——折旧费。

（三）终结现金流量

终结现金流量是指在投资项目的经济寿命结束时发生的现金流量，一般表现为现金流入量。终结现金流量主要包括：固定资产的残值收入或变价收入；原来垫支在各种流动资产上的资金的收回和停止使用的土地的变价收入。

从上述现金流量的构成可以进一步看出，现金流量是可以以收付实现制为基础进行计算的，它反映项目投资的全部效益。现金流量包括的内容比较完整，既包括项目投资时的现金收支，还包括项目使用期和项目报废时的全部现金收支。

四、现金净流量与税后净利润的关系

现金净流量与会计上的税后净利润是两个既有联系又有区别的概念，两者的区别表现为以下两个方面。

1. 现金净流量是以收付实现制为基础进行计算的

因为在投资决策中，对投入和支出的计算是以整个投资期为基础的，在这个期间里各项收入和支出都必须以实际的现金进行收付，从而有利于考虑资金时间价值。

税后净利润（也称税后利润）是企业根据权责发生制原则计算的一定时期的财务成果，它包括应收未收和应付未付的款项。例如，销售产品 10 000 元，其中赊销 500 元，会计上计算销售收入为 10 000 元，并据以计算利润，但企业实际收到的现金流入量只有 9 500 元。显然，税后净利润与现金流量在数量上是不相等的。

2. 折旧不属于现付成本

在现金流量计算中，折旧不属于现付成本，因而它不作为现金流出。而在计算企业利润时，固定资产折旧是一项费用支出，故应计入生产经营成本。

现金净流量与税后净利润两者可以通过公式换算，即：

$$现金净流量 = 税后净利润 + 折旧费$$

【例 12-1】 某企业本期生产甲产品 2 000 件，共耗用材料 8 000 元，支付工资 3 000 元，计提固定资产折旧 500 元，支付其他费用 1 000 元，支付各种税金（包括所得税）2 500 元。该产品每件售价 10 元，共获得销售收入 20 000 元。

该企业税后利润计算如下：

$$税后净利润 = 20\,000 - 8\,000 - 3\,000 - 500 - 1\,000 - 2\,500 = 5\,000(元)$$

（1）以收付实现制为基础计算现金流量：

由于折旧费 500 元不需要支付现金，所以，本期实际现金流量为：

$$现金流入量 = 2\,000 \times 10 = 20\,000(元)$$

$$现金流出量 = 8\,000 + 3\,000 + 1\,000 + 2\,500 = 14\,500(元)$$

现金净流量＝现金流入量－现金流出量＝20 000－13 500＝5 500(元)

(2) 以权责发生制为基础计算现金流量：

现金净流量＝税后净利润＋折旧费＝5 000＋500＝5 500(元)

以上计算说明了现金净流量与税后净利润及折旧费三者的关系。

五、现金流量的计算

为了正确地评估投资项目的优劣，必须准确地估算现金流量。准确估算固定资产投资方案的现金流量往往较困难，特别是要计算长期的现金流量就更加不容易。这是由于未来经济环境的变化难以准确预测。为了尽可能地估算准确，必须用一定的专门方法。

估算现金流量主要是估算现金净流量，其估算方法有两种。

(一) 根据现金流量的构成进行估算

根据现金流量的构成估算是分别估算初始现金流量、营业现金流量和终结现金流量。其中初始现金流量一般为现金流出，用负数表示；营业现金流量和终结现金流量一般为现金流入，用正数表示。三者的合计数即为现金净流量。比较三种现金流量，初始现金流量与终结现金流量的估算较简单，营业现金流量的估算较复杂。

(二) 直接根据现金流入和现金流出的内容进行估算

这种方法是直接根据现金的支出计算现金流出，根据现金的收入计算现金流入。其内容在前面已经介绍。

下面通过两个例子来说明现金流量的计算。

【例 12-2】 某公司计划新建一生产线，建设投资需 600 万元，一年后建成，建成后使用期 5 年。该公司固定资产采用直线折旧法计提折旧，预计残值为原值的 10%。另外为项目开工作准备，需要追加流动资金 200 万元。生产线投产后预计每年可取得销售收入 680 万元。第一年付现成本为 260 万元，以后每年增加 20 万元。所得税率为 25%。计算各项目的现金流量。

答：1. 用方法一计算各项目的现金流量

(1) 初始现金流量(即第 0 年的现金流量)为：

建设期初(第 0 年)初始现金流量：－600 万元

投产日(生产经营期初)初始现金流量：－200 万元

(2) 营业现金流量(从第二年到第六年)的估算，一般通过编制营业现金流量估算表完成。

先计算折旧额：

$$年折旧额=\frac{600-600\times 10\%}{5}=108(万元)$$

根据资料，编制营业现金流量估算表 12-1。

表 12-1　营业现金流量估算表　　单位:万元

项　目	第 2 年	第 3 年	第 4 年	第 5 年	第 6 年
销售收入①	680	680	680	680	680
付现成本②	260	280	300	320	340
折旧费③	108	108	108	108	108
税前利润④=①-②-③	312	292	272	252	232
所得税⑤=④×25%	78	73	68	63	58
税后利润⑥=④-⑤	234	219	204	189	174
营业现金流量⑦=⑥+③	342	327	312	297	282

(3) 终结现金流量(第 6 年末)为:流动资金的收回加固定资产残值。

$$200+600\times10\%=260(\text{万元})$$

根据以上计算,各项目全部现金流量如表 12-2 所示:

表 12-2　现金流量计算表　　单位:万元

项　目	第 0 年	第 1 年	第 2 年	第 3 年	第 4 年	第 5 年	第 6 年
初始现金流量	-600	-200					
营业现金流量			342	327	312	297	282
终结现金流量							260
资金净流量(现金流量合计)	-600	-200	342	327	312	297	542

2. 用方法二估算现金流量

(1) 现金流出量估算如表 12-3 所示。

表 12-3　现金流出量计算表　　单位:万元

年数	项　目	估　算　值
0	固定资产投资额	600
1	追加流动资金投资额	200
2	付现成本+所得税	260+78=338
3	付现成本+所得税	280+73=353
4	付现成本+所得税	300+68=368
5	付现成本+所得税	320+63=383
6	付现成本+所得税	340+58=398

(2) 现金流入量估算如表 12-4 所示。

表 12-4　现金流入量计算表　　单位:万元

年数	项　　目	估　算　值
0		0
1		0
2	销售收入	680
3	销售收入	680
4	销售收入	680
5	销售收入	680
6	销售收入＋固定资产残值＋追加流动资产的收回	680＋60＋200＝940

(3) 现金净流量估算如表 12-5 所示。

表 12-5　现金净流量计算表　　单位:万元

年份	现金流出量①	现金流入量②	现金净流量③＝②－①
0	600	0	－600
1	200	0	－200
2	338	680	342
3	353	680	327
4	368	680	312
5	383	680	297
6	398	940	542

可见,两种方法估算的现金净流量相同。

第三节　项目投资决策基本方法

企业的投资决策在取得了一定的资料后,要有好的决策方法。对于不同的投资项目要选择不同的投资决策方法。采用不同的投资决策方法得出的结论可能不同。

投资决策的分析评价方法按是否考虑资金的时间价值,可以分为两类:一是静态分析法,它不考虑资金的时间价值,又叫非贴现现金流量分析法,主要有投资回收期法和平均投资报酬率法两种;二是动态分析法,它是结合资金时间价值进行分析,又叫贴现现金流量分析法,主要有净现值法、现值指数法和内部报酬率法三种。

一、投资回收期法

投资回收期法是通过计算某投资项目投资额收回所需要的时间,并以收回时间短的投资方案作为备选方案的一种方法。

一个项目的投资回收期越短，说明投资所承担的风险越小，相应地投资取得报酬的时间就越长。企业为了避免出现意外和取得更多的报酬，都要争取在短期内收回投资。

应用投资回收期法，企业一般可以先规定一个要求的投资回收期。若某方案的投资回收期短于要求的回收期（一般为项目计算期或生产经营期的一半），则该投资方案就可以接受；否则，就应放弃。如有几个方案，它们的回收期都短于要求的回收期，并且只能选择其中一个，则应选择回收期最短的那一个。

【例 12-3】 要求的回收期为 3 年，现有四个投资方案投资回收期资料如表 12-6 所示。

表 12-6 备选方案的投资回收期

	A 方案	B 方案	C 方案	D 方案
投资回收期(年)	2	1.5	2.5	3.5

因为 D 方案投资回收期 3.5 年，长于要求的回收期 3 年，所以，D 方案首先被拒绝。A、B、C 三个方案的投资回收期均小于要求的回收期，理论上三个方案都可行，但如果只能选择其中的一个方案的话，那就应选回收期最短的 B 方案。

投资回收期的计算，因每年的营业净现金流量是否相等而有所不同。

如果每年的净现金流量相等，则投资回收期可以按以下公式计算：

$$投资回收期=\frac{原始投资额}{每年的净现金流量}$$

【例 12-4】 某投资项目投资 200 万元，预计在经营寿命期内每年可以得到净现金流量 45 万元。则该项目的投资回收期为：

$$答:投资回收期=\frac{原始投资额}{每年的净现金流量}=\frac{200}{45}=4.44(年)$$

如果每年的净现金流量不相等，则投资回收期可以按累计现金流量计算。

【例 12-5】 某投资项目投资 200 万元，预计寿命期为 8 年，各年现金净流量分别为：40 万元、55 万元、55 万元、60 万元、50 万元、70 万元、65 万元和 50 万元。则各年现金净流量的累计数如表 12-7 所示。计算投资回收期。

表 12-7 累计现金净流量计算表 单位：万元

	第 1 年	第 2 年	第 3 年	第 4 年	第 5 年	第 6 年	第 7 年	第 8 年
现金净流量	40	55	55	60	50	70	65	50
累计现金净流量	40	95	150	210	260	330	395	445

答：从表 12-7 可以看出，到第 4 年累计现金流量已经达到 210 万元，超过了 200 万元。这说明投资回收期超过 3 年而不到 4 年，即在 3—4 年之间。第 4 年尚有 50(200−150)万元投资未收回。所以，投资回收期为：

$$投资回收期=3+\frac{50}{60}=3.83(年)$$

投资回收期法具有计算简便、容易理解的特点。但投资回收期法也有其较明显的缺点，主要表现在：首先，它只考虑了回收全部投资的年数，而不再考虑以后的现金流入。在评价一个投资项目时，主要应考虑该项目的整个收益期间的投资收益的能力。其次，它没有考虑资金的时间价值对现金流量的影响。因此，投资回收期法常被用作投资项目评价的重要参考。

二、平均投资报酬率法

平均投资报酬率法是根据各个投资方案的预期投资报酬率的高低来评价方案优劣的一种方法。

平均投资报酬率(rate of return，ROI)又叫平均投资利润率，是指一个投资方案平均每年的营业净利润与原始投资的比率。平均投资报酬率越高，说明投资方案的获利能力越强。反之，平均投资报酬率越低，说明投资方案的获利能力越差。平均投资报酬率的计算公式为：

$$平均投资报酬率=\frac{平均每年净利润}{原始投资额}\times 100\%$$

采用平均投资报酬率这一指标时，应事先确定一个企业要求达到的投资报酬率。在进行决策时，只有高于一定的投资报酬率的投资方案才是可行的。对于有多个方案的投资项目选择，则应选择平均投资报酬率最高的那个。

平均投资报酬率法的优点是简明、易算、容易理解。但其缺点是也没有考虑资金的时间价值。

三、净现值法

净现值法是指利用净现值指标来评价方案优劣的一种方法。

净现值(net present value，NPV)是投资项目使用后的现金净流量，按照资金成本或企业期望达到的投资报酬率折算成现值，减去初始投资或各期投资的现值之差。它实际上是投资项目考虑资金时间价值后的总的收益(现金流入)减去支出(现金流出)后的净收益。净现值的计算公式为：

$$净现值=未来各期报酬的总现值-投资额总现值$$

式中，未来报酬总现值就是按资金成本或企业期望达到的报酬率，将投资方案投入使用后所确定的各年现金净流量折算成初始投资时的现值，并进行加总之后的累计数。式中的投资额总现值，如果投资是在初始时一次性投入的，则它就是初始投资总额；如果投资是多次投入的，则必须将初始投资之后的投资按资金成本或企业期望的报酬率折算为现值，然后相加。

在项目评价中，正确地选择折现率至关重要，它直接影响项目评价的结论。在实务中一般采用以下几种方法确定计算净现值时的折现率：

(1) 以投资项目的资金成本作为折现率。

(2) 以投资的机会成本作为折现率。

(3) 根据不同阶段采用不同的折现率。例如，在建设期采用贷款实际利率作为折现率；而在生产经营期则采用全社会资金平均收益率作为折现率。

(4) 以行业平均资金收益率作为折现率。

采用净现值法的决策标准是：若净现值大于零，说明未来报酬抵补投资额后还有结余，也就是该方案的投资报酬率大于资金成本或企业要求达到的报酬率，这时方案可行。若净现值小于零，说明未来报酬抵补不了原投资额，也就是该方案的投资报酬率小于资金成本或企业要求的报酬率，这时方案不可行。在有多个方案的互斥选择决策中，应选择净现值是正值的方案中净现值最大的那一个方案。

【例 12-6】 大华公司准备购入一台设备以扩充生产能力，现有甲、乙两个方案可供选择。甲方案需投资 10 000 元，使用寿命为 5 年，5 年后设备无残值；乙方案需投资 12 000 元，使用寿命也是 5 年，5 年后有残值收入 2 000 元以及收回追加流动资金 3 000 元。甲、乙方案的现金净流量已经确定如表 12-8 所示。假设该公司的资金成本(或要求的收益率)为 10%。试计算甲、乙两个方案的净现值，并选择最佳方案。

表 12-8 甲、乙两方案现金净流量资料　　单位：元

方案	第 0 年	第 1 年	第 2 年	第 3 年	第 4 年	第 5 年
甲方案	−10 000	3 200	3 200	3 200	3 200	3 200
乙方案	−12 000	3 800	3 560	3 320	3 080	7 840

答：从表 12-8 中可以看出，甲方案设备使用后每年的现金净流量相等，可以用年金法折算现值。乙方案设备使用后每年现金净流量不相等，其中第 5 年的现金净流量 7 840 元中包含了残值收入 2 000 元和追加的流动资金 3 000 元。所以，要先对每年的现金净流量折算现值，然后加以合计，计算总现值。具体计算过程如下：

$$
\begin{aligned}
\text{甲方案的净现值} &= \text{未来报酬总现值} - \text{初始投资额} \\
&= 3\,200 \times \frac{1-(1+10\%)^{-5}}{10\%} - 10\,000 = 3\,200 \times 3.791 - 10\,000 \\
&= 2\,131(\text{元}) > 0
\end{aligned}
$$

$$
\begin{aligned}
\text{乙方案净现值} &= \text{未来报酬总现值} - \text{初始投资额} \\
&= \left[\frac{3\,800}{(1+10\%)^1} + \frac{3\,560}{(1+10\%)^2} + \frac{3\,320}{(1+10\%)^3} \right. \\
&\quad \left. + \frac{3\,080}{(1+10\%)^4} + \frac{7\,840}{(1+10\%)^5} - 12\,000\right] \\
&= 3\,861(\text{元}) > 0
\end{aligned}
$$

从以上计算可以看出，两个方案的净现值均大于零，故都是可取的。但乙方案的净现值大于甲方案的净现值，故在此例中该公司应选择乙方案。

净现值法的优点是：考虑了资金的时间价值，能够反映各种投资方案的净收益，因而是一种较好的方法。

净现值法的缺点是：不能从动态的角度直接反映投资项目的实际收益水平；在对几个投资方案进行评价时，由于选择的是净现值较大的那一个方案，并没有考虑到相应的项目的投资水平，所以，项目之间不可比。

【例 12-7】 有两个投资方案，有关资料如表 12-9 所示。

表 12-9　方案的投资额和净现值

方案	投　资　额	净　现　值	选　择
A 方案	1 000 万元	100 万元	√
B 方案	500 万元	65 万元	×

答：事实上 B 方案较 A 方案更好，但用净现值法则是选择 A 方案。

四、现值指数法

现值指数法是通过计算现值指数来反映投资项目报酬的水平从而选择投资方案的方法。

现值指数(profitability index, PI)又称获利指数，是投资项目未来报酬的总现值与初始投资额(或投资的现值)之比。它用来说明每元投资额未来可以获得的报酬的现值有多少。

现值指数法与净现值法相比较，它是计算未来报酬的现值与投资现值的相对数，而净现值法是计算未来报酬的现值与投资额现值的差额，即绝对数。两者的数量关系是：当现值指数大于 1 时，净现值大于零；当现值指数等于 1 时，净现值等于零；当现值指数小于 1 时，净现值小于零。所以，可以认为现值指数法是相对数计算法，净现值法是绝对数计算法。

$$现值指数=\frac{投资的未来报酬总现值}{投资额的现值}$$

采用现值指数作为项目投资决策的判断标准的要求是：在只有一个备选方案的决策中，只要现值指数大于 1 就可以采纳，否则就应该拒绝；在有多个备选方案的情况下，应采用现值指数超过 1 的方案中的最大的那一个。

【例 12-8】 根据例 12-6 的资料计算现值指数如下：

(1) 甲方案未来报酬的总现值为：

$$3\ 200\times\frac{1-(1+10\%)^{-5}}{10\%}=12\ 131.2(元)$$

所以，甲方案的现值指数$=\frac{12\ 131.2}{10\ 000}=1.21$

(2) 乙方案未来报酬的总现值为：

$$\left[\frac{3\ 800}{(1+10\%)^{1}}+\frac{3\ 560}{(1+10\%)^{2}}+\frac{3\ 320}{(1+10\%)^{3}}+\frac{3\ 080}{(1+10\%)^{4}}+\frac{7\ 840}{(1+10\%)^{5}}\right]=15\ 861(元)$$

所以，乙方案的现值指数$=\frac{15\ 861}{12\ 000}=1.32$

两个方案的现值指数均大于 1，在经济上都是可行的，但由于乙方案的现值指数较甲方案的现值指数大，所以，若只选一个方案就应选乙方案。

现值指数法是在净现值法的基础上扩充的。它的优点是考虑了资金时间价值，能够真实地反映投资项目的盈亏程度，即现值指数减 1 就是投资的报酬水平；现值指数是用相对数表示的，所以，在比较各投资项目的实际报酬时具有可比性。但现值指数法也有缺点，主要是现值指数并不直接揭示投资报酬水平。

五、内部报酬率法

内部报酬率法就是通过计算内部报酬率来反映投资报酬水平和选择投资方案的方法。

内部报酬率(internal rate of return，IRR)又称内涵报酬率，是使投资项目的净现值等于零时的贴现率。内部报酬率法实际上反映了投资项目的投资收益率水平。用内部报酬率法与企业要求的收益率或资金成本率比较就能得出投资项目好或坏的结论。

内部报酬率的计算原理是：假定投资项目的未来报酬总现值等于投资的总现值，以此为基础测算相应的贴现率，该贴现率就是内部报酬率法。内部报酬率是已知未来报酬的现值，即等于投资的现值，然后计算使未来报酬的现值正好等于投资的现值的贴现率。

采用内部报酬率法的判断标准是：在只有一个备选方案的决策中，如果计算出的内部报酬率大于或等于企业的资金成本率或企业要求的收益率，则该投资方案就可以采纳；反之，如果计算出的内部报酬率小于企业的资金成本率或企业要求的收益率，则该投资方案就不应采纳；在有多个备选方案的决策中，应选用内部报酬率超过资金成本或企业要求的收益率的方案中内部报酬率较高的那一个投资方案。

【例 12-9】 某化工厂拟建设一个项目，一次投资需 98 万元，使用年限为 5 年，期末无残值。该项目投资的资金成本为 10%。预计该项目当年投产，有关各年现金净流量资料如表 12-10 所示。试用内部报酬率法评价这个项目是否可行？

表 12-10 项目各年现金流量 单位：万元

年份	0	1	2	3	4	5
现金净流量	−98	15	30	30	35	35

(1) 计算内部报酬率。

根据：
$$98=\frac{15}{(1+i)^1}+\frac{30}{(1+i)^2}+\frac{30}{(1+i)^3}+\frac{35}{(1+i)^4}\ \frac{35}{(1+i)^5}$$

计算得：内部报酬率 i 为 12.97%。

(2) 因为该企业资金的成本率为 10%，而该企业资金投资的收益率(方案的内部报酬率)为 12.97%，所以，该投资方案是可行的。

内部报酬率法的优点是考虑了资金的时间价值，反映了投资项目的真实报酬率，不仅能直接说明各个投资方案的投资报酬率水平，而且，在比较各投资项目的实际报酬率水平时，因已进行投资方案与投资额的比较，从而具有可比性。正由于这种方法的特点而被广泛使用。但这种方法的计算过程比较复杂，一般要经过多次测算才能求得。但随着计算机的普遍应用，这一问题会较容易地被解决。

和净现值法相比，内部收益率法存在某些缺陷，具体表现在以下三个方面。

第一，内部收益率假设再投资利率等于项目本身的内部收益率。假设项目 A 各年产生的现金流量按 20%进行再投资，而项目 B 各年产生的现金流量按 18%进行再投资。这种假设是以所要考虑的各个项目的现金流量为基础的，投资项目的内部收益率高，假设的再投资利率也高，反之亦然，这对未来的项目投资来说是不现实的。由于各项目的内部收益率不同，各项目的再投资利率也不同，这不仅影响评价标准的客观性，而且不利于各项目间的比较。相对而言，净现值法假设的再投资利率是资本成本，在市场均衡的条件下，它表明项目投资者要求的最低收益率。这种设想隐含在净现值中，且对所有的投资项目（现在或未来）来说再投资利率都是相同的。在没有其他更确切的信息时，净现值关于再投资利率的假设是一种较为客观、合理的预期。

第二，项目可能存在多个内部收益率或无收益率。采用内部收益率进行项目评价时，如果一个投资项目的现金流量是交错型的，如现金流量为－－＋＋＋＋＋，即非传统型现金流量，则该投资项目可能会有几个内部收益率，其个数要视现金流量序列中正负号变动的次数而定，在这种情况下，很难选择哪一个用于评价最合适，如图 12-3 所示。

【例 12-10】 假设某投资项目在第 0—第 4 年的现金流量（万元）分别为－1 000、800、1 000、1 300、－2 200，其内部收益率分别为 6.6%和 36.6%。

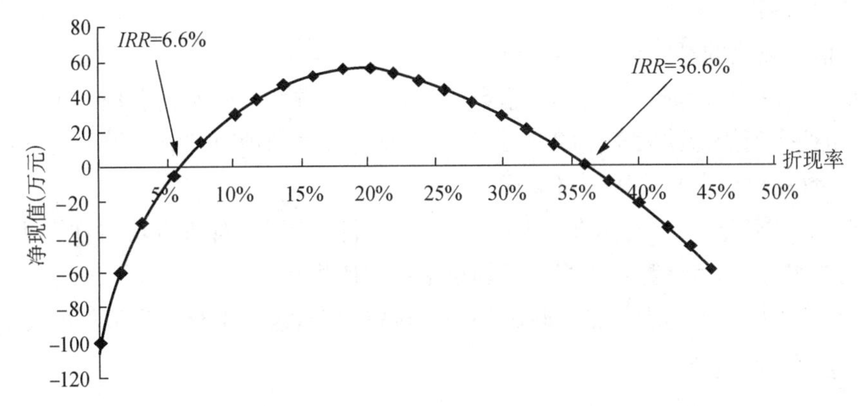

图 12-3　多个内部收益率项目的净现值曲线

如果采用内部收益率法，就要确定使用哪一个内部收益率进行比较。假设项目投资要求的最低收益率为 12%，以 6.6%作为内部收益率，项目是不可行的；以 36.6%作为内部收益率，项目是可行的。如果采用净现值法，在折现率为 12%的条件下，只要项目净现值大于零，就可以简单地判断这个项目是可行的。

与多个内部收益率不同，也可能会出现没有任何折现率能满足定义 $NPV=0$，即 IRR 无解（如某项目的现金流量为－1、3、－2.5），在这种情况下，无法找到评价投资项目的标准。

第三，互斥项目排序矛盾。在互斥项目的比较分析中，如果两个项目的投资规模不同，或两个项目的现金流量时间分布不同，采用净现值法或内部收益率法进行项目排序，有时会得出相反的结论。

此外，如果两个投资项目投资额相同，但现金流量时间分布不同，也会引起两种标准在互斥项目选择上的不一致。

采用净现值法和内部收益率法出现排序矛盾时，究竟以哪种方法作为项目评价标准，取决于公司是否存在资本约束。如果公司有能力获得足够的资本进行项目投资，净现值法提供了正确的答案，如果公司存在资本限额，内部收益率法是一个较好的标准。

第四节 资本限量决策和固定资产更新决策

一、资本限量决策

企业在进行投资决策时有时会遇到特殊的限制，例如，企业能够用于投资的资金不总是无限量的，这时决策人员要在资金限量的条件下进行投资决策。

所谓资本限量就是企业没有足够的资金，投资的金额是有限的。在资本限量的情况下，企业不能对所有可接受的项目进行投资。这种情形是绝大多数企业所面临的问题。如何运用有限的资金，投资于一个或几个项目，使资金发挥应有的效益，是投资决策的一个重要问题。资本限量决策的基本思路是将有限的资金，投资于一组使净现值总额最大的项目。选择这样的一组项目必须用适当的方法进行。常用的方法是现值指数法和净现值法。

（一）运用现值指数法

运用现值指数法的具体步骤是：

第一步，计算所有投资方案的现值指数，并列出所有方案的原始投资额。

第二步，接受现值指数大于 1 的项目，如果所有可接受的项目都有足够的资金投入，则说明资金无限量（相对而言），决策即可完成。

第三步，如果资金不足（有限量），则对第二步进行修正，即对所有项目在资本限量内进行各种可能的组合，然后计算各种组合的加权平均现值指数。

第四步，接受加权平均现值指数较大的一个投资组合，这个组合即为最佳的投资方案。

（二）运用净现值法

运用净现值法的具体步骤是：

第一步，计算所有方案的净现值，并列出所有投资方案的原始投资额。

第二步，接受净现值大于零的项目，如果所有可接受的项目都有足够的资金投入，则说明资金无限量（相对而言），决策即可完成。

第三步，如果资金有限量，则更正第二步。更正过程是：对所有项目都在资本限量内进行各种可能的组合，然后，计算各种组合的净现值总和。

第四步，选择净现值总和最大的一组投资方案。这一组投资方案即为最佳投资方案。

【例 12-11】 某公司有四个投资方案，如果全部付诸实施，需要 29 万元资金，但该公司目前能够用于投资的资金只有 22 万元。各方案的原始投资额及现值指数和净现值指标已计算出来，如表 12-11 所示。

表 12-11 各投资方案资料

投资方案	原始投资（万元）	现值指数	净现值（万元）
A	8	1.25	2
B	7	1.60	4.2

（续表）

投资方案	原始投资(万元)	现值指数	净现值(万元)
C	10	1.45	4.5
D	4	1.25	1

从表12-11中可以看出，无论是从现值指数指标还是从净现值指标看，每个投资方案都是可行的。即每个投资方案的现值指数均大于1；每个投资方案的净现值均大于零。但因为四个投资方案的投资总额为29万元，超过企业的资本限量22万元，所以，必须对投资进行有效的组合，即选择其中的几个项目。

本例的投资组合可以是三个项目的组合，也可以是两个项目的组合。在选择某种组合时，应选择现值指数最大或净现值最大的投资组合。

我们可以从列出的所有可能的投资组合中作出选择。经测算，各种可能的投资组合如表12-12所示。

表12-12 各种投资组合

投资组合	原始投资总额(万元)	加权平均现值指数	净现值合计(万元)
ABD	19	1.327	7.2
ACD	22	1.341	7.5
BCD	21	1.441	9.7
AB	15	1.282	6.2
AC	18	1.295	6.5
BC	17	1.395	8.7
BD	11	1.236	5.2
CD	14	1.250	5.5
AD	12	1.136	3.0

表12-12中，加权平均现值指数的计算是以投资额为权数计算的。如果某种投资组合的原始投资总额不足22万元(资本限量)，则不足部分的资金，我们假设企业能用于债券等投资，现值指数为1。如ABD组合的加权平均现值指数是这样计算出来的：(ABD组合的投资总额为19万元，不足资本限量，不足部分为3万元，这3万元投资的现值指数设为1)

$$\frac{8}{22}\times 1.25+\frac{7}{22}\times 1.6+\frac{4}{22}\times 1.25+\frac{3}{22}\times 1=1.327$$

其余组合的加权平均现值指数计算依此类推。

从表12-12可以看出，该公司应选择BCD方案，即最佳投资方案为B、C、D三种投资的组合。因为其加权平均现值指数最高，为1.441；其净现值总额最大为9.7万元。

二、固定资产更新决策

第二次世界大战以来，科学技术得到了突飞猛进的发展，企业固定资产更新周期大大缩短。这是因为旧设备往往消耗大，维修费用多。当生产效率高，原材料、燃料、动力等的消耗量更低的高效能设备出现时，尽管旧设备还能使用，但企业也会对固定资产进行更新。因此，固定资产更新决策已成为企业投资决策的一项重要内容。

对于因不宜大修，不适用和陈旧等原因引起的固定资产更新，大都属于固定资产的简单再生产，企业的生产能力一般不随此种更新而大幅增长。因此，在固定资产更新决策中，对现金流量的估计以现金流出量为主，现金流入量（主要是旧设备的残值的变价收入）相对来说很少，而且是属于支出的抵减，并非实质性收入增量。由于没有适当的现金流入，再加上新设备的使用年限与旧设备的剩余试用年限往往不同，因此，很难采用净现值法、内部报酬率法等动态分析法进行评价选择。较好的方法是比较固定资产的继续使用或更新改造这两个方案的年平均成本，以年平均成本较低者为佳。

对于以新设备代替旧设备后有现金流入量（主要是设备性能改良后产生的）的方案，则可以采用增量净现值来评价选择。

（一）年平均成本法

设备的年平均成本由使用该设备的持有成本和运行成本构成。设备的持有成本是指原投资额中应计入产品成本的部分的年摊销额和占用在设备残值上的资金的应计利息之和。年平均成本可由下式确定：

$$设备年平均成本=\frac{设备价值-预计残值}{年金现值系数}+预计残值\times资金成本率+年运行成本$$

若计算大修设备的年平均成本，上式中的设备价值可改由预计修理成本代替；若计算旧设备的年平均成本，上式中的设备价值改为该旧设备的变现价值。

1. 大修理或更新的决策

固定资产经过长期使用，会因严重磨损而导致其技术性能急剧下降。这时要么通过大修理延长资产的技术寿命；要么以新设备代替旧设备。但是，究竟哪种方法在经济上合算，还要作比较分析。

【例 12-12】 某企业的一套设备技术性能已严重落后。企业决定提高生产性能，有两个方案：一是对原有设备进行大修理，另一个是更新原有设备。若大修理，估计修理费为 18 000 元，修理后设备可继续使用 3 年，每年还需支付日常维护等运行成本 1 000 元；若更新，需一次支付购置成本 35 000 元，预计新设备可使用 10 年，每年运行成本为 500 元。该设备无残值，资金成本率为 10%。

（1）大修理方案的年平均成本为：

$$年平均成本=\frac{18\ 000}{\frac{1-(1+10\%)^{-3}}{10\%}}+1\ 000=8\ 237.64(元)$$

（2）更新方案的年平均成本为：

$$年平均成本=\frac{35\ 000}{\frac{1-(1+10\%)^{-10}}{10\%}}+500=6\ 195.69(元)$$

因更新方案的年平均成本低于大修理方案的年平均成本，所以，应选择更新方案。

2. 不适用引起的更新

所谓不适用是指现有设备的生产能力不适应企业生产发展的需要。导致设备不适应的原因，不是现有设备本身性能的恶化，而是企业生产的扩大超过了现有设备的生产能力。针对这种不适用所采取的对策是：继续使用现有设备，同时另置新设备与之配套，使两者的合计生产能力能满足企业生产发展的需要；或者是放弃使用现有设备，另置一套高生产能力的设备作替代，即进行更新。企业应在这两种对策中选择经济上较好的方案。决策的依据还是年平均成本。

【例 12-13】 某厂现有动力设备不能满足生产需要，管理当局面临两个方案：A 方案，继续使用现有设备，同时添置一台功率较小的新设备与之配套。新设备购入价为 45 000 元，预计使用 5 年，每年运行成本为 1 000 元，预计残值为 3 000 元。现有旧设备的变现价值是 150 000 元，尚可使用 4 年，每年运行成本为 5 000 元，预计净残值为 10 000 元。B 方案，出售现有设备，购置一台高功率设备。该设备购入价为 200 000 元，预计使用 8 年，年运行成本为 4 000 元，预计残值为 12 000 元。该企业资金成本率为 10%。应选择哪个方案？

答：(1) 计算 A 方案的年平均成本。

现有设备年平均成本为：

$$\frac{150\ 000-10\ 000}{\dfrac{1-(1+10\%)^{-4}}{10\%}}+10\ 000\times 10\%+5\ 000=50\ 164.04(\text{元})$$

添置小型设备年平均成本为：

$$\frac{45\ 000-3\ 000}{\dfrac{1-(1+10\%)^{-5}}{10\%}}+3\ 000\times 10\%+1\ 000=12\ 378.87(\text{元})$$

A 方案年平均成本为：

$$50\ 164.04+12\ 378.87=62\ 542.91(\text{元})$$

(2) 计算 B 方案的年平均成本。

$$\frac{200\ 000-150\ 000-12\ 000}{\dfrac{1-(1+10\%)^{-8}}{10\%}}+12\ 000\times 10\%+4\ 000=12\ 322.77(\text{元})$$

(3) 比较两个方案的年平均成本可知，B 方案年平均成本小，所以，该厂应选择 B 方案。即出售原有设备，购置一台高功率设备。

3. 陈旧引起的更新

由于有形磨损和无形磨损的原因，固定资产会变得陈旧。陈旧的固定资产生产性能衰退，运行成本上升，或是生产效率和成本水平不及当前更先进的同类设备，若再继续使用，经济效益将越来越差。这时就应该考虑以新的、更先进的设备来更新。当然，更新或继续使用旧设备能够给企业带来的经济效益，还需作比较分析。

【例 12-14】 某厂一台在用旧机器原始价值为 30 000 元，已经使用 10 年，尚可使用

4 年，每年运行成本为 1 100 元，预计残值为 1 500 元，目前的变现价值为 5 000 元。现市场上有一种新的机器，其生产性能远远优于现有旧设备。新机器的购置成本为 35 000 元，预计可使用 10 年，年运行成本为 900 元，预计残值为 2 800 元。若资金成本率为 10%，则该设备是否应更新？

答：(1) 计算使用旧设备的年平均成本：

$$旧设备年平均成本=\frac{5\ 000-1\ 500}{\dfrac{1-(1+10\%)^{-4}}{10\%}}+1\ 500\times 10\%+1\ 100=2\ 354.1(元)$$

(2) 计算购置新设备的年平均成本：

$$新设备年平均成本=\frac{35\ 000-5\ 000-2\ 800}{\dfrac{1-(1+10\%)^{-10}}{10\%}}+2\ 800\times 10\%+900=5\ 606.36(元)$$

(3) 通过以上计算可知，由于新设备购置成本太高，以致年平均成本远远超过继续使用旧设备的年平均成本。因此，该厂应继续使用旧设备，目前还不宜更新。

(二) 增量净现值法

增量净现值法是先计算不同投资方案之间的差量，然后根据差量计算净现值，最后进行比较分析。

【例 12-15】 某公司考虑用一台新的、效率更高的设备来代替旧设备以减少成本，增加收益。旧设备购置成本为 60 000 元，已使用 5 年，估计还可以使用 5 年，已提折旧 30 000 元，假设使用期满后无残值。目前的变现价值为 15 000 元，使用该设备每年可获得收入 75 000 元，每年的付现成本为 45 000 元。该公司现准备用一台新设备代替原有的旧设备。新设备的购置成本为 90 000 元，估计可使用 5 年，使用期满有残值 15 000 元。使用新设备后，每年收入可达 120 000 元，每年付现成本为 60 000 元。假设该公司的资金成本率为 10%，所得税率为 25%，新旧设备均用直线法计提折旧。试作出该公司是继续使用旧设备还是对其进行更新的决策。

答：(1) 先计算初始投资和折旧额的差量。

$$初始投资的差量=新设备投资-旧设备投资=90\ 000-15\ 000=75\ 000(元)$$

$$折旧额的差量=新设备的折旧额-旧设备的折旧额$$

$$旧设备的折旧额=\frac{60\ 000-30\ 000}{5}=6\ 000(元)$$

$$新设备的折旧额=\frac{90\ 000-15\ 000}{5}=15\ 000(元)$$

所以，折旧额的差量=15 000−6 000=9 000(元)

(2) 计算各年营业现金流量的差量。

$$各年营业现金流量的差量=新设备营业现金流量-旧设备营业现金流量$$

各年营业现金流量的差量计算如表 12-13 所示。

表 12-13　各年营业现金流量的差量计算表　单位:元

项　　目	第 1—5 年
销售收入的差量(1)	45 000
付现成本的差量(2)	15 000
折旧额的差量(3)	9 000
税前净利的差量(4)=(1)-(2)-(3)	21 000
所得税的差量(5)=(4)×25%	5 250
税后净利的差量(6)=(4)-(5)	15 750
营业净现金流量的差量(7)=(6)+(3)	24 750

(3) 计算两个方案各年现金流量的差量。

两个方案各年现金流量的差量的计算如表 12-14 所示。

表 12-14　各年现金流量差量的计算　单位:元

项　目	第 0 年	第 1 年	第 2 年	第 3 年	第 4 年	第 5 年
初始投资的差量	-75 000					
营业净现金流量的差量		24 750	24 750	24 750	24 750	24 750
终结现金流量的差量						15 000
现金流量的差量	-75 000	24 750	24 750	24 750	24 750	39 750

(4) 计算现金流量差量的净现值。

各年现金流量差量的净现值

$$=24\ 750\times(P/A,10\%,5)+15\ 000\times(P/F,10\%,5)-75\ 000$$

$$=24\ 750\times3.790\ 79+15\ 000\times0.620\ 92-75\ 000$$

$$=28\ 135.85(\text{元})$$

(5) 根据以上计算可知,采用更新设备的方案净现值增加 28 135.85 元,大于零。根据净现值法,该方案可行,即采用新设备在经济上是有利的。

第五节　投资项目风险分析

一、项目风险来源

项目风险是指某一投资项目本身特有的风险,即不考虑与公司其他项目组合的风险。单纯反映特定项目未来收益,可能结果相对于预期值的离散程度。项目风险通常采用概率的方法,用项目标准差进行衡量。

项目投资项目风险,一方面来源于项目特定因素或估计误差带来的风险;另一方面,来自各种外部因素引起的风险,其中具有普遍性且比较重要的因素如下。

（一）项目收益风险

项目收益风险是指影响项目收入的不确定性因素，如产品价格波动、市场状况、消费者偏好、意外事故等。项目收入比任何其他的经济分析所采用的参数都具有更大的不确定性。这种不确定性将给公司带来更大的投资风险。

（二）投资与经营成本风险

投资与经营成本风险是指对各项费用估计不足的风险。例如，对厂房及机器设备的类型与数量，土地征用和拆迁安置费，机械使用费等建设投资估计不足，对材料费、工资费、各种管理费等经营成本估计不足以及建设期的延长等对费用的影响估计不足等。

（三）融资风险

融资风险是指项目资本来源、供应量与供应时间、利率汇率变化对融资成本的影响。

（四）其他风险

其他风险主要指社会政治、经济的稳定程度，项目施工与经营管理的水平，技术进步与经济发展的状况，国家的投资及产业政策，投资决策部门的预测能力，项目设计质量和可靠性通货膨胀和汇率等。

进行风险性投资分析有两类基本方法。一类方法是对项目基础状态的不确定性进行分析，包括敏感性分析、情景分析等这类方法，通过研究投资基础状态变动，对投资分析结果的影响力来分析该项投资的适用性。另一类方法是对项目的风险因素进行调整，包括风险调整折现率法和风险，调整现金流量法。

二、敏感性分析

敏感性分析是衡量不确定性因素变化，对项目评价标准的影响程度。如果某一因素在较小范围内发生变动，就会影响原定项目的盈利能力，即表明该因素的敏感性强。如果某些因素在较大范围内变动，才会影响原定项目的盈利能力，即表明该因素的敏感性弱。敏感性分析的目的是找出投资机会的盈利能力对哪些因素最敏感，从而为决策者提供重要的决策信息。

投资项目敏感性分析的具体步骤如下。

第一步，确定敏感性分析对象。在进行敏感性分析时，可根据不同投资项目的特点挑选出最能反映项目效益的指标作为分析对象，如净现值内部收益率等，并根据投资项目现金流量中的收入成本等基本数据，分别计算出项目或几个对比项目的净现值、内部收益率等评价指标。

第二步，选择不确定因素。投资项目不确定因素的内容因项目的规模类型的不同而不同。例如，对于一家工厂改建的评估，必须估计总改建费用，包括机器、劳动力成本、广告费用、原材料成本和销售收入有关的现金流量。此外，还需要有关折现率和项目寿命期的信息。显然，这一过程中产生的各种评估数据都会受到不确定因素的影响。在评估中通常不需要对全部可能出现的不确定性因素逐个分析，只是分析那些在成本收益构成中占比重较大，对盈利能力有重大影响，并在经济寿命周期中最有可能发生的因素。一般共同的不确定因素主要包括市场规模、销售价格、市场增长率、市场份额、项目投资额、变动成本、固定成本、项目周期等。对选取的不确定因素，可按其发生变化时增加或减少一定的百分比（如±10%、±15%、±20%）分别计算出这些因素变化，对项目的净现值、内部收益率等评价指标的影响。

第三步，调整现金流量。进行敏感性分析时，有可能一个敏感性因素的变化，会使其他条件发生相应的变化。因此在调整现金流量时，需注意以下几个问题。

（1）销售价格的变化直接影响销售收入的变化，在调整时不要忽略与销售收入有关的税费的变化。

（2）原材料燃料价格的变化要调整变动成本。

（3）项目投产后产量发生了变化，在相关范围内只调整变动成本，固定成本不变。

在分析计算的过程中，先假定一个因素变化，而其他因素不变，算出项目效益，对这个变化的敏感程度，再假定第2个因素变化，算出项目效益对这个变化的敏感程度，这样一个一个往下进行，直到把对投资项目的经济效益有影响的那些主要因素和它们相应的敏感度都算完为止。

当完成了上述各项步骤之后，将得到的数据按不同项目列入表中，彼此相互对照，并据以进行项目的取舍。

【例12-16】 现以保健品投资项目为例加以说明，假设影响该项目收益变动的因素主要是销售量、单位付现成本以及资本成本，现以该项目的净现值(57 908元)为基数值，计算上述各因素围绕基数值分别增减10%、15%(每次只有一个因素变化)时新的净现值。表12-15和图12-4描述了销售量、单位付现成本和资本成本单独变动对净现值的影响程度。

表12-15　各项因素变化对净现值的影响

因素变化百分比(%)	销售量	单位付现成本(元)	资本成本(元)
85	31 680	95 915	73 360
90	40 423	83 246	68 052
100	57 908	57 908	57 908
110	75 393	32 570	48 356
115	84 136	19 901	43 788

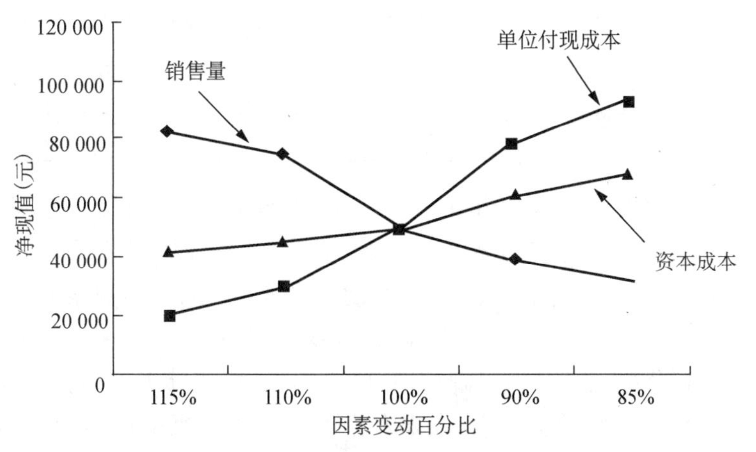

图12-4　项目净现值对销量、单位付现成本和资本成本的敏感度

对投资项目进行敏感性分析的另一种形式，就是通过计算各种因素允许变动的临界值。这里的临界值是指在不改变某个评价指标决策结论的条件下，该种因素所能变动的上限或下限。以净现值敏感性分析为例，在其他因素不变的情况下，某种因素所能变动的上限或下限可以由其盈亏平衡方程导出。

【例 12-17】 某公司正在投资一个项目，初始投资额 10 000 万元。第 1—5 年每年的营业收入是 64 000 万元，变动成本总额为 42 000 万元，固定成本总额为 18 000 万元，其中折旧费为 1 600 万元，假设所得税税率为 25%，折现率为 10%，计算该项投资各年经营现金净流量和净现值。

答：$NCF(1—5)=(64\ 000-42\ 000-18\ 000)(1-25\%)+1\ 600=4\ 600$(万元)

$NPV=-10\ 000+4\ 600(P/A,\ 10\%,\ 5)=7\ 438$(万元)

从净现值评价指标来看，这个项目值得投资。问题在于计算净现值所用数据仅仅是预测值，而实际现金流量可能与预测值大不相同。通过敏感性分析，可依次检验净现值计算中使用的每一个数据，从而确定预测值的变动对净现值的影响。

表 12-16 中，如果初始投资额由预计的 10 000 万元，升至 17 438 万元，即比原来预计值上升 74.38%(假设所有其他预计值保持不变)。净现值将会由 7 438 万元降至零，因此 74.38%的升幅是实际投资额超过预计投资额的最大限度。同样在其他因素不变的情况下，如果销售收入下降幅度超过 4.09%，变动成本上升幅度超过 6.23%，固定成本上升幅度超过 14.53%等，项目净现值将变为负数。表中数据表明，对该项目净现值变动最敏感的因素是销售收入，其后依次是变动成本、固定成本、项目年限、投资额、折现率。事实上，净现值为零时的销售收入 61 384 万元，恰好是项目各年盈亏平衡点的销售收入。企业在投资决策时必须慎重，以防止预计失误，给企业带来不利后果。

表 12-16 净现值为零时各因素变动上下限 金额单位：万元

项目	原预计现金流量	$NPV=0$ 的现金流量	现金流量变动上下限百分比(%)
投资额	10 000	17 438	74.38
销售收入	64 000	61 384	−4.09
变动成本	42 000	44 616	6.23
固定成本	18 000	20 616	14.53
折现率(%)	10	36	260
项目年限(年)	5.0	2.6	−48.60

敏感性分析主要解决一系列“如果……会怎样”的问题，例如，如果销售量比预期值下降 10%会怎样？如果投资额增加 20%会怎样？这种方法在一定程度上就多种不确定因素的变化，对项目评价标准的影响进行定量分析，它有助于决策者了解项目决策时需重点分析与控制的因素。但敏感性分析也存在一定的局限性，若决策者没有考虑各种不确定因素，在未来发生变动的概率分析状况，因而影响风险分析的正确性，在实际中可能会出现这样的情况，通过敏感性分析找出的某些敏感因素，未来发生不利变化的概率很小，所引起的风险也很小，而另一个相对不太敏感的因素，未来发生不利变化的概率却很大，实际所带来的风险比

敏感因素更大。另外，敏感性分析采取固定其他变量，改变某一变量的方法，往往与实际情况相脱离。事实上许多变量都是相互联系的，孤立地考察每一变量的影响情况往往不能得出正确的结论。

三、情景分析

投资项目风险不仅取决于对各主要因素变动的敏感性，而且取决于各种因素变化的概率分布状况。敏感性分析只考虑了第1种情况，情景分析可以同时考虑这两种情况。

在情景分析中，分析人员在各因素基数值的基础上，分别确定一组差的情况（如销售量低、售价低、成本高等）和一组好的情况，然后计算差和好两种情况下的净现值，并将计算结果与基数净现值进行比较。

【例12-18】 在例12-17中预期项目的净现值为7 438万元。在决定是否接受此项目之前，可将影响项目的关键因素如投资额、销售收入、成本等方面的变化，分为最佳、最差、正常值（预期值）三种情况。并计算不同情况的投资净现值。为了分析方便，假设分析人员确信除了销售收入和变动成本以外，影响现金流量的其他因素都是确定的，据预测营业收入最低为56 000万元，最高为73 600万元。变动成本则在38 640万元至45 360万元之间变动。不同情景下的项目净现值计算如表12-17。

表12-17　情景分析　　金额单位：万元

方案	概率	销售收入	变动成本	净现值
最差情况	0.2	56 000	38 640	−5 754
正常情况	0.5	64 000	42 000	7 438
最佳情况	0.3	73 600	45 360	25 179

表12-17中的数据表明，项目的净现值是在−5 754万元至25 179万元之间波动，根据项目的风险情况，还可以计算该项目期望净现值以及不同情景下项目净现值与期望净现值离差。情景分析可以提供项目特有风险的有用信息，但这种方法只考虑项目的几个离散情况，其分析结果有时不能完全反映项目的风险状况。

四、投资项目风险调整

（一）按风险调整贴现率法

在投资决策中，投资者要求的必要报酬率可以按资金成本率确定，只有风险报酬率随风险的大小而变动。一般情况下，对于高风险的项目，投资者要求的报酬率也高；对于低风险的项目，投资者要求的报酬率也低。

按风险调整贴现率法的基本思路是：对于高风险的项目，采用较高的贴现率计算其净现值，再根据净现值法的规则来选择方案。这种方法的关键是根据风险的大小来确定包含了风险报酬的贴现率，即风险调整贴现率。项目的风险调整贴现率可以用以下公式计算：

$$k = i + b \cdot Q$$

式中，k 为风险调整贴现率，i 为无风险贴现率，b 为风险报酬系数，Q 为风险程度。

（二）肯定当量法

按风险调整贴现率法是以一个考虑了风险报酬的贴现率，对每年的现金流量进行贴现从而计算净现值的。由于风险因素，投资项目每年的现金流量变得不稳定，这样就需要对每年的现金流量按风险大小程度进行调整，然后进行投资决策。这种方法就是肯定当量法。

肯定当量法的基本思路是：先用一个系数把有风险的现金收支调整为无风险的现金收支，然后用无风险的贴现率来计算各投资方案的净现值，最后用净现值法的规则判断投资方案的可取程度。

$$NPV=\sum_{t=0}^{n}\frac{a_tCFAT}{(l+i)^t}$$

式中，a_t 为 t 年现金流量的肯定当量系数，它在 0 至 1 之间；i 为无风险的贴现率；$CFAT$ 为税后的现金流量。

肯定当量系数是指不肯定的 1 元现金流量期望值相当于使投资者满意的肯定的金额，可以把各年不肯定的现金流量换算成肯定的现金流量。其计算公式是：

$$a_t=\frac{\text{肯定的现金流量}}{\text{不肯定的现金流量期望值}}$$

一般情况下，风险程度系数与肯定当量系数两者之间存在着如表 12-18 所示的经验关系。

表 12-18 风险程度系数与肯定当量系数的经验关系表

风险程度系数(变异系数)	肯定当量系数	风险程度系数(变异系数)	肯定当量系数
0.00—0.07	1	0.33—0.42	0.6
0.08—0.15	0.9	0.43—0.54	0.5
0.16—0.23	0.8	0.55—0.70	0.4
0.24—0.32	0.7		

肯定当量法是用调整净现值公式分子的办法来考虑风险，按风险调整贴现率法是用调整净现值公式分母的办法来考虑风险，这是两者的重要区别。肯定当量法克服了按风险调整贴现率法夸大远期风险的缺点，可以根据各年不同的风险程度，分别采用不同的肯定当量系数，但是如何确定肯定当量系数是一个难题。因为肯定当量系数与变异系数之间并没有一致的客观标准，而与公司管理当局对风险的好恶程度有关。

思考题

1. 什么是现金流量？投资项目的现金流量是如何计算的？
2. 在投资决策中为什么使用的是现金流量指标而不是利润指标？

3. 常用的投资项目决策指标有哪些？各有何作用和特点？
4. 用净现值法和用内部报酬率法分别对投资项目进行评价，其结论是否一致？为什么？
5. 简述投资项目风险分析的内容。
6. 与净现值法相比，内部报酬率法存在哪些缺陷？
7. 试述风险调整贴现率法和肯定当量法的基本思路。

第十三章 流动资产投资管理

第一节 流动资产投资管理概述

一、企业流动资产的分类

流动资产是参加企业生产经营周转的、在一年或一个经营周期内变现或耗用的资产。流动资产和固定资产一样也是企业的一种“投资”。合理安排和有效运用流动资产对加速资金的周转、提高企业的经济效益有着重要的作用。所以，科学地安排流动资产投资，可以降低财务风险，增加企业收益。

（一）按资产占用形态分类

按资产占用形态分类，流动资产可分为现金、各种银行存款、应收及预付款和存货等。

1. 现金、各种银行存款

现金、各种银行存款是指企业的库存现金或外币现钞，以及存入境内外的人民币存款和外币存款。在流动资产中，它流动性最强，可直接支用，也是其他流动资产的最终转换对象。

2. 应收及预付款项

应收及预付款项是指企业在生产经营过程中所形成的应收而未收的或预先支付的款项，包括应收账款、应收票据、其他应收款和预付货款。企业为了加强市场竞争能力，通常采取赊销或预先支付一笔款项的做法。

3. 存货

存货是指企业在生产经营过程中为销售或者耗用而储存的各种资产，包括商品产成品、半成品、在产品原材料、辅助材料、低值易耗品、包装物等。存货具有较大的流动性，且其占用分布于各经营环节，故在流动资产中占有较大的比重。

（二）按在生产经营过程中的作用分类

按在生产经营过程中的作用分类，可把流动资产划分为生产领域中的流动资产和流通领域中的流动资产。

1. 生产性流动资产

生产性流动资产是指直接为产品生产所储备的材料物资和生产过程中需进一步加工的在产品，如原材料、燃料、包装物和低值易耗品、协作件、自制半成品、在产品等。

2. 流通领域中的流动资产

流通领域中的流动资产是指在商品流通过程中发挥作用的流动资产。如商业企业的流动资产均为流通领域中的流动资产，工业企业的货币资产、产成品、外购商品等也属于流通领域中的流动资产。

二、流动资产投资的特点

流动资产投资又称经营性投资，通常具有如下特点。

（一）投资回收时间短

企业投资在流动资产上的资金，周转一次所需时间短，通常会在一年或一个营业周期中收回，对企业影响时间短。根据这一特点，流动资产投资所需资金可用商业信用、银行短期借款等筹资方式加以解决。

（二）变现能力较强

企业流动资产一般具有较强的变现能力，如遇到意外情况，企业出现资金周转不灵、现金短缺时，便可迅速变卖这些资产以获取现金，这对财务上应付临时性资金需求具有重要意义。

（三）数量波动很大

流动资产的数量会随企业内外条件的变化而变化，时高时低，波动很大。季节性企业如此，非季节性企业也如此。

（四）占用形态经常变动

企业流动资产的占用形态是经常变化的，一般是在现金、材料、在产品、产成品应收账款、现金之间顺序变化。企业筹集的资金，一般都以现金的形式存在；为了保证生产经营的顺利进行，必须拿出一部分现金去采购材料，这样，有一部分现金转化为材料；材料投入生产后，当产品尚未最后完工脱离加工过程以前，便形成在产品和自制半成品；当产品进一步加工完成后，就成为准备出售的产成品；产成品经过出售后有的可直接获得现金，有的则因赊销而形成应收账款，经过一定时期后，应收账款又通过收现转化为现金。总之，流动资产每次循环都要经过采购、生产、销售过程，并表现为现金、材料、在产品、产成品、应收账款等具体形态。为此，在进行流动资产投资时，必须在各项流动资产上合理配置资金数额，以促进资金周转顺利进行。

（五）发生次数比较频繁

企业财务人员经常面临流动资产投资问题，为了经营上的需要，在一个月中就可能需要多次追加对现金应收账款和存货等方面的投资。

三、流动资产投资管理的基本要求

流动资产的管理除要做好日常安全性、完整性的管理以外，还需在风险和收益率之间进行权衡，决定流动资产的总额及其结构以及这些流动资产的筹资方式。在其他相同的条件下，易变现资产所占比例越大，现金短缺风险就越小，但收益率就越低。在其他情况相同的条件下，企业各项债务的偿还期越长，没有现金偿债的风险越小，但企业的利润可能减少。

（一）正确预测流动资产的需用量

流动资产的需用量，是指企业在一定时期中所需的合理的流动资产的占用量，既保证企业生产经营需要，又无积压和浪费的占用量。流动资产需用量大小受生产经营规模、流动资产的周转速度、物资与劳动消耗水平以及市场状况等因素的影响。在一定条件下，企业生产经营规模与流动资产需用量呈正比。

（二）及时供应所需的流动资产

企业在筹集和供应流动资产所需的资金时应通过分析选择合适的筹资渠道和方式，计算所需花费的资金成本及其对损益的影响，要求以较小的代价取得较大的筹资效益。

（三）控制流动资产的占用数量

企业在日常工作中，通过建立有效的管理和控制系统，在保证生产经营活动的正常需要的前提下，要科学地控制流动资产的占用数，提高企业的经济效益。

（四）加速流动资产的周转

由于企业所占用的资金都要付出相应的使用成本，当企业的生产经营规模及其耗费水平一定时，流动资产的周转速度与流动资产占用数量成反比，此时周转速度越快，所占用的流动资产就越少，因此，加速流动资金的周转可以提高流动资产的使用效果。

四、营运资本管理策略

（一）流动资产的结构性管理

1. 流动资产的盈利性与风险性分析

流动资产结构性管理的目的，在于确定一个既能维持企业的正常生产经营活动，又能在减少或不增加风险的前提下，给企业带来尽可能多的利润的流动资金水平。一般而言，流动资产的盈利能力低于固定资产的盈利能力。这是因为：首先，制造性企业中的厂房、设备等固定资产作为劳动资料（生产手段），通过人作用于原材料、辅助材料、燃料等劳动对象，可以给企业生产在产品、产成品，通过产品的销售或转化为现金、有价证券，或转化为应收账款，收回的价值大于生产与销售中的资金耗费，就会给企业带来利润。因而固定资产可视为再生产过程中的盈利性资产，与此相联系，流动资产也是企业生产经营中必不可少的。但除有价证券外，现金、应收账款、存货等流动资产只是为企业再生产活动的正常进行提供必要的条件，它们本身并不具有直接的盈利性。其次，依据“盈利与风险对应原则”，一项资产的风险越小，其预期收益也就越低。由于流动资产比固定资产更易于变现，其潜亏的可能性（风险性）小于固定资产，其收益率自然也低于固定资产。因此，要对流动资产进行结构性管理，企业财务经理必须在盈利性与风险性之间进行全面的权衡并做出合理的选择。即在企业总资产一定的情况下，如何确定长期资产与流动资产的比例问题。

2. 流动资产结构策略的分析

企业在生产和销售计划确定的情况下，可以做出现金预算计划，尽量将流动资产和流动负债在期限上衔接起来，以便保持最低的流动资产水平。这是营运资本管理所要达到的目标。但企业的经营活动往往带有许多不确定性，企业为预防不测情况的发生，流动资产必须要有一定的安全充裕量。这样，安全充裕量的大小就形成了营运资本管理的三种策略，如图 13-1 所示。

流动资产与销售水平之间呈非线性关系，这是因为，在流动资产的持有中存在着规模经济因素，即随着销售水平的增加。流动资产将以递减的速度增加，特别是现金和存货。即随着销售的增加，这些方面的资金因时间、数量上的不一致而可以相互调剂使用，由此使占用于流动资产上的资金的增加速度小于销售的增加速度。

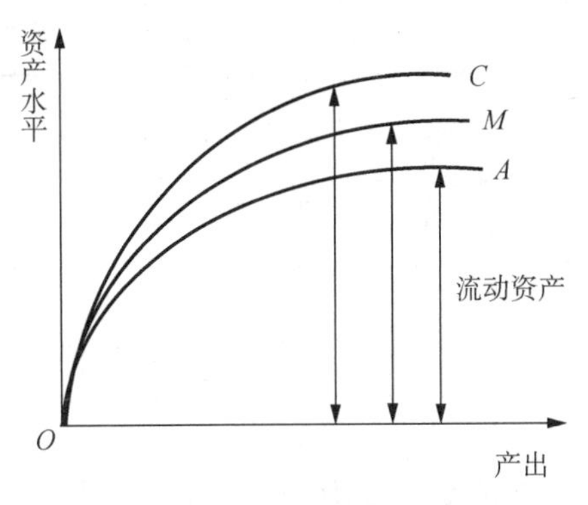

图 13-1 营运资本管理策略

(1) 流动资产管理的保守策略。这种策略不但要求企业流动资产总量要足够充裕，占总资产的比重大，而且还要求流动资产中的现金和有价证券也要保持足够的数量。这种策略的基本目的是使企业资产的流动能力保持在一个较高的水平，使之能足以应付可能出现的各种意外情况。

保守性流动资产管理策略虽然具有降低企业风险的优点，但也有获取低收益率的缺点，在企业总资产一定的情况下，投放在流动资产上的资金量加大，必然导致投放在获利能力较强的长期资产上的资金减少，所以企业采用保守的流动资产策略，在降低风险的同时，对企业资产收益的要求也相应下降。所以保守的流动资产管理策略是一种低风险低收益的管理策略。一般而言，企业在外部环境极不确定、为规避风险的情况下采取这种管理策略。

(2) 流动资产管理的激进性策略。这种策略不但要求企业最大限度地削减流动资产，使其占总资产的比例尽可能低，而且还力图尽量缩减流动资产中的现金和有价证券，使其占流动资产的比例尽可能小。企业采用这种激进的流动资产管理策略，虽然可以增加企业的收益，但也相应地提高了企业的风险。所以，激进性流动资产管理策略是一种高风险、高收益的策略。一般来说，它只适合企业外部环境相当确定的场合。

(3) 适中的流动资产管理策略。这种策略要求企业流动资产的占用量介于前两者之间，由此所形成的风险和收益也介于前两者之间。一般来说，企业流动资产的数量按其功能分成两大部分：①正常需要量。它是为满足正常生产经营需要而占用的流动资产。②保险储备量。它是为预防意外情况的发生在正常生产经营需要量以外而储备的流动资产。适中的流动资产管理策略就是在保证企业正常情况下流动资产的需要量，留有一定的保险储备，并在流动资产中各项目之间确定一定的比例构成。

【例 13-1】 某公司是一个制造型公司，该公司预计明年的销售收入为 1 500 万元，息税前利润为 150 万元，假定该公司固定资产为 450 万元，流动负债为 300 万元，且保持不变。目前公司管理当局正考虑以下三种营运资本投资策略。

激进策略(A)：流动资产上的投资 400 万元。

适中策略(B)：流动资产上的投资 450 万元。

保守策略(C)：流动资产上的投资 500 万元。

假设销售水平和息税前利润均保持不变，则三种策略下的预期收益率计算如表 13-1 所示。

表 13-1 不同营运资本投资策略的报酬与风险分析　　单位：万元

项　目	激进策略(A)	适中策略(B)	保守策略(C)
流动资产	400	450	500
固定资产	450	450	450
总资产	850	900	950
流动负债	300	300	300
预期销售收入	1 500	1 500	1 500
预期息税前利润	150	150	150
预期全部资产收益率(%)	17.65	16.67	15.80
净营运资本	100	150	200
流动比率(比值)	1.13	1.50	1.67

从表 13-1 可见，激进的营运资本管理策略的资产收益率是最高的，同时其资产的流动比率则是最低的。由此说明，该种流动资产的管理策略的风险也是最大的，一旦企业遇到意外情况，将对企业支付能力造成一定的影响。而保守的营运资本投资策略正好与之相反，其风险性较小，但其资产的盈利性也较差，适中的营运资本投资策略则无论风险与收益都介于这两者之间。

（二）营运资本融资策略

1. 长、短期融资来源的风险与成本

负债筹资根据其到期时间的长短可分为短期负债与长期负债。短期融资与长期融资的风险差异，将导致不同的利息成本。根据利率期限结构理论，一个公司负债的到期日越长，其融资成本就越高。它表现在两个方面：一是由于长期融资相对于短期融资而言，比较缺乏弹性，因而长期融资的实际成本通常高于短期融资；二是长期融资在债务存在期限内，即使在公司不需要资金时，也必须支付利息。而短期融资则会使公司在资金的使用上具有弹性。

不仅长、短期融资的成本不同，它们的风险也不相同。借款人与贷款人对长、短期负债的相对风险的态度是不同的。就贷款人而言，贷款期限越长，风险也就越大。但对借款人而言，情况刚好相反。一般而言，一个公司的债务到期越短，其不能偿还本金和利息的风险就越大；反之，则到期日越长，该公司的融资风险就越小。

2. 营运资本融资基本策略

如前所述，长、短期负债的盈利能力与风险各不相同，这就要求在进行流动负债的结构性管理时，对其盈利能力与风险进行权衡和选择，以确定出既能使风险最小，又能使企业盈利能力最大化的流动负债结构。一般来说，企业流动水平的变动对盈利能力与风险选择的影响，可用流动负债占全部资产的比率来表示，假定企业的总资产不变，则流动负债占总资产比率的提高，使企业的盈利能力和风险同时提高。而假定在企业的流动资产不变的情况下，企业的净营运资本将随着流动负债的增加而减少；而净营运资本的减少意味着企业财务风险的增加。另外，这一策略实际上因短期负债大于长期负债而缩短企业债务的到期结构。

更多的负债将在短期内到期，从而使用于偿还到期债务的现金流量的负担增大，由此造成企业陷入无力清偿的风险也就更大。相反，流动负债占总资产的比率下降，使企业大部分资产通过成本更高的长期资金筹措，从而使企业的盈利能力下降；相应地，企业的财务风险也将因流动负债的减少引起净营运资本的增加而下降。其结果是，延长了企业负债的到期结构，减轻了短期负债的负担，从而减少了企业的清偿风险。这样，就使企业财务经理人员面临一个重要的抉择——企业的流动负债以占全部资产多大的比例为宜？

同流动资产的结构性管理一样，企业可以确定多种不同的流动负债结构性管理政策，但总括起来有以下三大类。

（1）稳健的营运资本融资策略。这种策略不但主张最大限度地缩小企业资金来源中的短期负债的数额，用发行公司长期债券或从银行获取长期借款的方法来筹集所需要的资金，而且更稳健者要求以公司的权益资金来代替长期债务，即企业流动资产中的大部分资金来源由长期资金来提供。

这种稳健的策略的主要目的是回避风险。但同时会使企业的资本成本加大，利润减少。因此，它不是一种理想的策略。

（2）激进的营运资本融资策略。这种策略主张企业尽力扩大利用流动负债为流动资产筹集所需资金，并尽可能寻求资金成本最低的资金来源。

很显然，这种激进的策略的目的是追求最大利润。但是这种策略在获取最大利润的同时，不一定使股东财富最大化。因为，当流动负债比例过高时，企业的风险加大，必然导致权益资本成本的上升，使企业综合资本成本上升，从而企业的市场价值下降。

（3）匹配的营运资本融资策略。综上所述，企业流动负债管理策略既不能过于保守，也不能过于激进，而应在两者之间寻求一种适合于本企业的折中方案。也就是企业在风险与收益之间寻求一个平衡点，力求使公司价值最大化。

由此可见，企业选择何种融资政策，必须结合企业自身的特点，寻求适合企业自身需要的融资政策，而没有一个共同的最优流动负债的融资政策。

（三）营运资本管理的综合策略

一般而言，企业总的筹资量等于投放在固定资产与流动资产上的资金之和。企业的流动资产按其稳定性分为恒久性流动资产和波动性流动资产。波动性流动资产是指受季节性或周期性影响的那部分流动资产。而恒久性流动资产则是指用于满足企业长期稳定资金需要的那部分流动资产。对于营运资金的管理，其主要任务就在于通过对企业流动资产与流动负债的变动对盈利能力和风险影响的分析，确定企业流动资产的资金来源，即流动资产的融资来源是通过短期资金还是长期资金，及其各自所占的比例问题。这就要求财务经理分析确定应以多大比例的流动负债和多大比例的长期资金作为流动资产的正常资金来源，即如何正确地确定最优的筹资组合的问题。

在现代企业财务管理中，根据恒久性流动资产与波动性流动资产的资金来源不同，形成了不同的营运资金管理策略。一般有以下三种类型。

1. 匹配型营运资金管理策略

匹配型营运资金管理策略是指企业负债的到期结构与企业资产的寿命期相对应。也

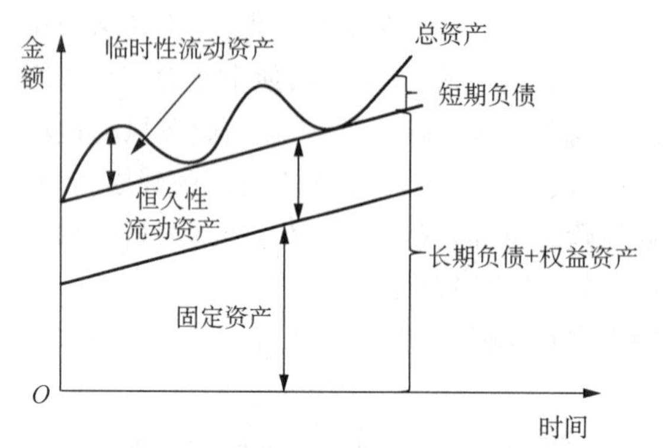

图 13-2 匹配型营运资金管理策略

就是说，企业资产中长期使用的资产(即固定资产和恒久性流动资产)，其资金来源采用长期资金(即采用长期负债和权益资产)；而对于临时性流动资产，因其变化较大，所以通过短期负债作为其资金来源，如图 13-2 所示。

由图 13-2 中可以看出，只要企业短期融资计划做得好，实现现金流动与预期安排相一致，无论在季节性的低谷时期，还是在资金需求的高峰期，企业获取资金的成本相对较低，而且不会增加企业的风险。在市场经济条件下，企业很难做到投资与融资计划的一致性。因此，这只是一种理想的营运资本管理模式，企业很难达到。

2. 稳健型营运资金管理策略

稳健型营运资金管理策略是指公司将预期的一部分临时流动性资金，以长期负债或权益资产的方式取得。这种营运资金管理的策略使企业短期负债的比例相对较低，由此可降低企业无法偿还到期债务的风险。但同时，这一筹资策略也因长期负债资金成本高于短期负债资金成本而加大了企业成本支出，这些支出最终要由企业的所有者承担，因此降低了企业所有者的收益，如图 13-3 所示。

3. 激进型营运资金管理策略

激进型营运资金管理策略与稳健型正好相反，它是以企业成本较低的短期资金作为其部分恒久性流动资产的资金来源。这一融资策略首先从盈利的角度出发，短期资金的成本相对于长期资金而言要低，其恒久性流动资产的一部分是短期负债，会增大企业权益所有者的盈利，但同时也增大了企业无法重新筹集到所需资金的风险。另外，与筹资计划相联系的短期负债利率变动的可能性增大，也会增加企业的盈利变动风险，短期负债的低成本所带来的较高的税后利润将被这些高风险所抵消，如图 13-4 所示。

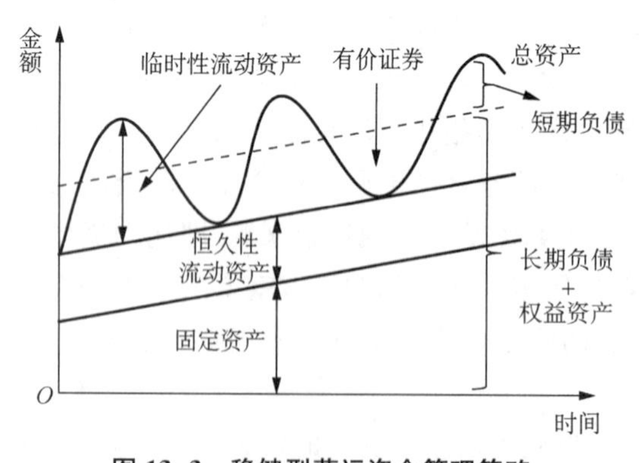

图 13-3 稳健型营运资金管理策略

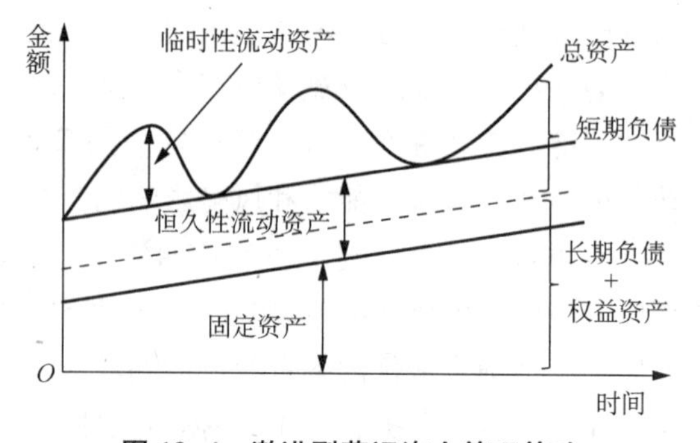

图 13-4 激进型营运资金管理策略

显然，上述三种营运资金管理策略中，第二种主张尽量增加现金和有价证券在流动资产中的比重，故会有较大的资产流动比率；另外，它又强调最大限度地缩小流动负债在资金来源中的比重，所以这种营运资金的管理策略可能导致的债务到期不能偿还的风险很小，企业所承受的财务风险也很小，但同时，这种营运资金管理策略会导致企业所有者的收益率较低。反之，第三种则使企业所承受的财务风险很高，所有者的收益率也是较高的，而第一种的风险与收益则都介于两者之间。

第二节　货币资产的管理

一、现金管理原理

（一）现金管理的内容

货币资产即企业在生产经营活动中停留于货币形态的那份资产，是流动性最强的资产，拥有足够的货币资产对降低企业财务风险，增强企业资金的流动性具有十分重要的意义。一般来说，其范围包括：

（1）库存现金，即企业现时拥有的现钞，包括人民币现钞和外币现钞。

（2）活期存款，即企业存于银行，且随时可以支取的款项，有人民币存款、外币存款。

（3）其他相当于现金的即期或到期票据，又称“现金等价物”或“准现金”。如现金支票、银行本票、银行兑汇票等。

事实上，货币资产是企业随时可以支用的那部分资金，称广义上的“现金”。

现金之于企业，犹如润滑油之于机器，如果企业缺乏足够的现金，它可能会面临周转不灵的威胁，甚至会宣告破产。但如企业持有过量的现金，它又将负担高昂的成本——因为现金是一种无法产生收益的资产。一般来说，一种资产的盈利能力与其变现能力不可兼得。资产的流动性越强，其收益性就越差。若企业现金的持有量超过了某一最佳限额，则企业的潜在收益就会下降。因此，确定合理的现金持有量就显得非常重要。

（二）企业持有现金的目的

企业持有现金的动机主要有如下三个方面。

1. 交易性动机

所谓交易动机，是指需要现金作为日常业务过程的支付手段。为了满足企业日常生产经营活动对现金的需要，如购买材料、支付工资、交纳税款等。每天都有一定的现金收入或支出，但收入或支出很少同时发生，而且即使同时发生，收支额也难相等。所以企业要有适当的现金余额以维持企业的生产经营活动正常进行。

2. 预防性动机

预防性动机是指企业持有现金，以应付意外事件对现金的需求，如地震、水灾、火灾等自然灾害；生产事故；主要顾客未能及时付款等。预防目的所需要的现金量取决于以下三个因素：

（1）现金收支预测的可靠程度；

（2）企业临时借款能力；

（3）企业愿意承担的风险程度。

3. 投机性动机

所谓投机动机，是指置存现金以备用于不寻常的购买机会，包括投资于股票和其他有价证券，或其他商品。有时企业也持有一些现金，以便当证券价格剧烈波动时，从事投机活动从中获得收益。

（三）现金管理的目的

由于现金具有普遍可接受性，流动性最强而获利能力最弱。企业持有充足的现金，就具有支付债务能力，并得到债权人的信任，从而可以减少技术上无力偿付到期债务的风险。但是，如果过分地考虑资产的流动性，保有过多的现金，就会使企业丧失盈利能力，导致股东的不满，甚至可能被接管。同样道理，如果现金余额减为零，企业固然可增加产生收益的资产，并提高企业的短期盈利能力。但是，从长期情况来看，由于缺乏流动性所造成的信用损失，肯定会导致利润的减少。因此，管理人员必须制定和贯彻有关流动性水平的政策。

现金管理的目的，就是在资产的流动性与获利能力之间做出选择，既能保证正常的现金支付需要，又不闲置较多的现金，以获得最大的长期利润。

财务管理人员可以考虑将一定的现金投资于"类现金"资产。"类现金"主要指在银行和金融市场的定期存款和股票交易所上市交易的有价证券。这些资产既能产生一定的收益又能够容易地转换成为现金。当然，由于"类现金"在转换为现金的过程中会发生某些延误或不确定性，因而，企业仍必须持有一定数量的库存现金和活期存款。一般而言，资产越具有流动性，其收益就越低。资产的流动性一般是以下面两个标准来计量的：①转换为现金的速度；②在销售过程中是否具有金额的不确定性（如股票的价格可能会变化）。管理人员在决定企业应具有的流动性水平时，应确定在现金与有价证券和定期存款之间的配比。这通常意味着尽可能少地置存现金，尽可能多地投资于能产生收益的资产。

二、影响现金余额水平的因素

为交易及预防动机而置存的现金余额水平，主要受下列因素的影响。

(1) 预期现金流量。企业预期现金流量的大小，主要取决于企业销售量的大小和企业在其生命周期中所处的阶段（如发展、停滞或衰落等阶段）。

(2) 现金流量的可能偏离。编制现金预算的时期越长，其偏离可能性越大。因此，需要根据不同的概率假定编制若干个现金预算。

(3) 重要的临时性支出。临时性支出用于如扩建工厂或购置重要设备等。通常这类投资性支出属于计划性支出，故能够对其作出预测。这类支出数额很大，企业可能需要通过较长一段时间为之准备流动性资源。但在未支付之前，这些资源通常须投资于能够产生收益的流动性资产，如定期存款和有价证券。

(4) 企业未清偿债务的到期情况。如果即将到期的债务不能靠发行新的债券偿还，那么管理人员就必须像准备上述重要的临时性支出那样，经过一段较长的时间为其筹措资金。

(5) 企业应付紧急情况的借款能力。如果企业有很强的借款能力，就只需保持较少的现金。影响企业借款能力的主要因素，一是企业与银行的关系和企业一般信用状况；二是企业对短期借款所能提供的担保，如有价证券、未抵押不动产等；三是金融市场的一般状况和银行的存货情况。

(6) 管理人员对现金短缺的基本态度。

(7) 企业控制现金的效率。企业置存现金的数量取决于管理人员对现金、流动资金所持的基本方针，以及销售额、应收账款和存货的水平。在现金管理方针既定的情况下，现金余额主要取决于销售量的大小。但是，对于季节性企业来说，其现金余额会在年度中有很大的变化。这种企业的现金管理，不能直接使用本章稍后所讲的现金决策模型，更多的是依靠管理人员的主观判断。

三、现金短缺的后果

现金短缺所产生的后果，主要包括得不到折扣好处，丧失购买机会和造成信用损失。

销货方为促进购买方及时付款而给予的折扣通常是很优惠的。为了取得这种折扣，企业就必须在很短的时间内支付现金。同样道理，如果企业没有置存足够的现金，就可能会丧失有利的采购机会，因为，有利的采购机会往往被要求立即付款。

企业因短缺现金而造成的信用损失，虽难于准确计量，但其后果可能是相当严重的。短缺现金所造成的信用损失往往表现为：

(1) 将得不到信用，即全部须用现金支付，或者至少得不到优惠的信用条件。

(2) 债权人可能采用加价的办法来补偿在收款时所蒙受的损失。

(3) 供应者可能拒绝供货。

(4) 供应者可能拖延发货时间。

(5) 企业将不容易得到短期和长期的资金来源或是得不到优惠的条件。

(6) 在某些情况下，短缺现金将导致债权人要求企业停业清理，这对企业影响极坏。在企业投资于难于变现资产的情况下，就可能被迫破产。

总之，具体计量信用损失是困难的，或许需要主观地估计。除了失去债权人的信任以外，紧张的资金流动状况还会给企业的经理人员带来压力。在现金余额很小的情况下，为了设法满足债权人的要求，企业高层管理人员将花费过多的时间。这种代价是相当大的。

四、最佳现金持有量的确定

公司持有过多的现金，虽然能够保证拥有较高的流动性，但由于现金这种资产的盈利性差，持有量过多会导致公司资金利用效率的下降；如果公司持有现金过少，则可能出现现金短缺而无法满足公司的正常生产经营活动。公司试图寻找一个既能保证经营对现金的需要，同时又能使现金持有成本最低的现金持有量。这就是理论上的最佳现金持有量。一般来说，影响最佳现金持有量的因素主要有三部分，即现金的机会成本、现金管理成本和现金短缺成本。现介绍几种最常用的确定最佳现金持有量的计算方法。

(一) 现金周转模型

现金周转期是指从现金投入生产开始到最终重新转化为现金所花费的时间，它大致经历下列三个进程，如图 13-5 所示。

(1) 存货周转期，即将现金转化为原材料进而转化为产成品并最终出售所需要的时间。

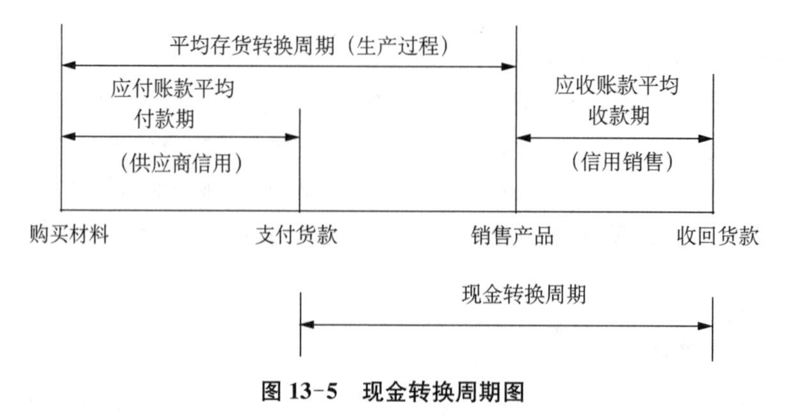

图 13-5　现金转换周期图

（2）应收账款周转期，即产品销售收回现金所花费的时间。

（3）应付账款周转期，即从收到采购材料再到支付现金之间所需要的时间。

现金周转期＝存货周转期＋应收账款周转期－应付账款周转期

现金转换周期确定后，企业便可确定最佳现金持有量。其计算公式为

最佳现金持有量＝(企业年现金需求总额/360)×现金周转期

【例 13-2】 某企业预计存货周转期为 80 天，应收账款周转期为 30 天，应付账款周转期为 20 天，预计全年需要现金 1 080 万元，计算：最佳现金持有量。

现金周转期＝80＋30－20＝90(天)

最佳现金持有量＝(1 080/360)×90＝270(万元)

现金周转模式简单明了，但这种方法假设材料采购与产品销售产生的现金流量在数量上一致，企业的生产经营过程持续稳定地进行，即现金需要和现金供应不存在不确定的因素。因此，这种方法在确定企业最佳现金持有量时将发生一定的偏差。

【例 13-3】 某企业平均收账天数为 20 天，平均付账天数为 25 天，存货天数为 70 天。预计下一年现金总需求为 35 000 000 元。则：

现金循环天数为 70＋20－25＝65(天)

现金周转次数为 360/65＝5.54(次)

现金最佳持有量为 35 000 000/5.54＝6 317 689(元)

公式可改进：

现金周转次数＝上一年现金周转次数×(1＋预计的加速率)

（二）成本分析模式

成本分析模式是根据现金有关成本，分析预测其总成本最低时现金持有量的一种方法。企业持有现金资产需要负担一定的成本，其中与现金持有量关系最为密切的是机会成本和短缺成本。

管理成本是指持有现金而发生的一些管理的费用，一般不会随着现金持有量的变动而

固定不变。

机会成本是指企业因保留一定的现金余额而增加的管理费用及丧失的投资收益。这种投资收益是企业不能用该现金进行其他投资获得的收益，与现金持有量成正比关系。

机会成本＝现金持有量×有价证券利率

短缺成本是指在现金持有量不足，企业无法及时将其他资产变现而给企业造成的损失，包括直接损失和间接损失。现金的短缺成本与现金持有量成反比例关系。

因此，持有现金的相关成本有管理成本（有固定的和变动的）、机会成本（投资成本）和短缺成本。

【例 13-4】

表 13-2　现金成本测算表　　单位：元

现金持有量金额	资金成本	投资成本	管理成本	短缺成本	相关总成本
20 000	10%	2 000	5 000	5 000	12 000
40 000	10%	4 000	5 000	2 000	11 000
60 000	10%	6 000	5 000	1 000	12 000
80 000	10%	8 000	5 000	0	13 000
100 000	10%	10 000	5 000	0	15 000

当现金持有量为 20 000 元时，投资成本＝20 000×10%＝2 000（元）；

相关总成本＝机会成本（投资成本）＋管理成本＋短缺成本
＝2 000＋5 000＋5 000＝12 000（元）

当现金持有量为 40 000 元时，投资成本＝40 000×10%＝4 000（元）；

相关总成本＝机会成本（投资成本）＋管理成本＋短缺成本
＝4 000＋5 000＋2 000＝11 000（元）

持有现金的相关成本最小的现金持有量为最佳现金持有量，从表 13-2 中可以看出相关成本最低为 11 000 元，对应的现金持有量 40 000 元为最佳现金持有量。

（三）存货模式

假设现金和短期投资（类现金）之间可以相互无限地转换。每次转换一个相等的金额（最佳持有量）。则：持有现金相关总成本最小时的转换量为最佳现金持有量。假设 Q 为现金持有量，S 为年现金需要总量，C 为投资机会成本，D 为每次转换成本。则，

投资成本＝$Q/2\times C$

转换成本＝$S/Q\times D$

相关总成本＝投资成本＋转换成本＝$Q/2\times C+S/Q\times D$

转换次数＝S/Q

两次转换间隔＝360/转换次数＝$360Q/S$

平均现金持有额＝$Q/2$

【例 13-5】 某公司预计全年现金需要量 6 000 000 元，每天支出基本不变，每次转换成本 60 元，投资机会成本为 10%。

则：现金最佳持有量 $= Q = \sqrt{\dfrac{2 \times 60 \times 6\,000\,000}{10\%}} = 84\,853$（元）

转换次数 $= \dfrac{6\,000\,000}{84\,853} \approx 71$（次）

两次转换间隔：$\dfrac{360}{71} \approx 5$（天）

现金平均持有额 $= \dfrac{84\,853}{2} = 42\,426.5$（元）

（四）随机模式

现金使用随机时，设定上限和下限。当现金持有量超过上限时，将一部分现金转换成“类现金”；当现金持有量低于下限时，将一部分“类现金”转换成现金。

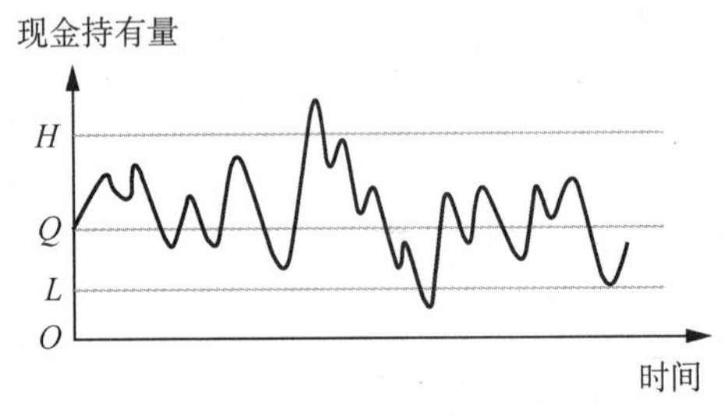

图 13-6 随机模式现金图

上限和下限的确定可以采用“米勒-欧尔”模式。

假设上限为 H；下限为 L；理想的现金持有量为 Q，如图 13-6 所示。

当现金持有量达到 H 时，买进 $H-Q$ 数量的有价证券；当现金持有量下降到 L 时，卖出 $Q-L$ 的有价证券；使得现金实际持有量保持在 Q 左右。

“米勒-欧尔”模式中：

$$Q = \sqrt[3]{\frac{3D\sigma^2}{4C}}$$

$$H = 3Q - 2L$$

$$\text{平均现金持有额} = \frac{H + Q}{3} + L$$

其中：D 为每次转换成本；σ^2 为现金流量的方差；C 为单位投资收益。

【例 13-6】 某公司有价证券每次转换成本为 150 元，有价证券投资收益率为 8%，根据历史资料测算的现金流量的标准差为 600 元，已确定现金持有下限为 2 000 元。

则

$$Q = \sqrt[3]{\frac{3 \times 150 \times 600^2}{4 \times 8\%/365}} \approx 5\,696\text{（元）}$$

$$H = 3 \times 5\,696 - 2 \times 2\,000 = 13\,088\text{（元）}$$

$$\text{平均现金持有额} = \frac{13\,088 + 5\,696}{3} + 2\,000 = 8\,261\text{（元）}$$

当现金持有量达到 13 088 元时，应购入 7 392(H－Q)元的有价证券；当现金持有量下降到 2 000 元时，应出售 3 696($Q-L$)元的有价证券，使得现金保持在 5 696 元上下。

五、现金收支管理

(一) 现金预算的编制

现金预算又叫现金计划，是计划预算期的现金收入和现金支出，并进行现金收支平衡的预算。编制现金预算，首先要确定预算期的长短和现金预算的编制方法。

现金预算可按年度、季度，也可按月、周，甚至按日编制。预算期的长短主要取决于企业产销状况的稳定性，并考虑预算的准确性要求及编制成本。如果企业产销状况稳定，预算期应定得稍长一些；如果企业产销状况不稳定，则定得短一些。此外预算期越短，则预算的准确性越高，但编制成本也相应高一些。正常情况下，企业都按月编制预算。

现金收支法是应用最广泛的现金预算编制方法。它是以企业其他各项预算为基础，逐项确定企业在预算期的现金收入和支出，并计算现金收支多余或不足及其处理的现金预算的编制。

现金预算由四部分组成：现金收入、现金支出、现金多余或不足、现金的调节。

1. 现金收入

预算期现金收入由预算期营业现金收入和预算期其他现金收入组成。预算期营业现金收入，主要是销货取得的现金收入。可根据销售预算填制，应是本期现销现金收入与本期和以前各期赊销、本期收回货款的现金收入之和。预算期其他现金收入包括销售材料现金收入、设备租赁现金收入、出租包装物的现金收入、非工业性劳务现金收入、证券投资的现金收入等。

2. 现金支出

预算期现金支出，由预算期营业现金支出和预算期其他现金支出组成。预算期营业现金支出主要是材料采购现金支出、工资现金支出、其他营业现金支出。其中，材料采购现金支出可根据企业预算期中材料和采购计划预算填列，应是本期现购现金支出与本期和以前各期赊购材料、本期付款的现金支出之和。工资现金支出可根据企业预算期中工资计划预算填列，应包括奖金、加班工资等现金支付额。其他营业现金支出主要包括管理费用、制造费用、销售费用中的现金支出，可根据企业的生产计划、销售计划、费用预算加以预计。预算期其他现金支出主要包括固定资产投资支出，偿还债务的本金和利息支出，所得税支出、股利支出，可根据投资计划、筹资计划、利润计划、企业利润分配政策等进行预计。

3. 现金余额

现金余额是期初现金余额加上预算期现金净流量之和与最佳现金持有量的差额，如差额大于零，则为现金多余，反之现金不足。

4. 现金的调节

现金多余或不足时，应进行现金的调节。现金多余时，可安排偿还债务或进行短期投资；现金不足时，应筹资弥补。使企业能够保持最佳现金持有量。

【例 13-7】 典型的现金预算如表 13-3 所示。

表 13-3 现金预算表

年 月 单位:万元

一、现金收入	
(一) 营业现金收入	
现销和当月应收账款的收回	800
以前月份应收账款的收回	600
营业现金收入合计	1 400
(二) 其他现金收入	
让售材料现金收入	10
固定资产变价收入	100
租金收入	80
股利收入	70
其他现金收入合计	260
(三) 现金收入合计	1 660
二、现金支出	
(一) 营业现金支出	
材料采购支出	800
现购和当月应付账款支付	400
以前月份应付账款的支付	400
工资支出	120
管理费用支出	80
销售费用支出	80
营业现金支出合计	1 080
(二) 其他现金支出	
固定资产投资支出	200
税款支出	50
偿还债务	60
利息支出	50
股利支出	100
其他现金支出合计	460
(三) 现金支出合计	1 540
三、现金余额	
期初现金余额	100

（续表）

预算期现金净流量	120
最佳现金持有量	150
现金多余或不足	70
四、现金的调节	
向银行借款	
还银行借款	40
进行短期投资	30
期末现金余额	150

（二）现金收支的日常管理

现金收支的日常管理和控制即完善现金收支的内部控制，加速现金流入，控制现金流出。

1. 完善现金内部控制制度

内部控制制度是现代企业财务管理的一个基本制度，是企业进行内部控制所运用的方法、手续和程序的总称。企业必须建立健全现金的内部控制制度，完善现金收支的内部控制，防止发生不合理的现金收支和挪用或侵占现金。

现金控制必须严格执行以下要求：

(1) 建立处理现金业务的合理分工和内部牵制制度，务使凡有错误便会自动暴露出来，防止现金的侵占或挪用行为。

(2) 建立现金事项的会计日常处理规程；

(3) 将有关现金收入和现金支出的业务分开；

(4) 将经管现金和记账分开，即“管钱的不管账、管账的不管钱”；

(5) 所有收入的现钞都必须当日或隔天存入银行；

(6) 明确所有支出的审批权限；

(7) 对库存现金和银行存款，由内部稽核人员实施经常性和突击性检查。

2. 加速收款

加速收款是企业现金日常管理的重要内容，同时和企业应收账款的管理密切相关。企业加速收款策略的目的在于：在企业销售产品或提供劳务过程中形成应收款项时，以最快的速度回收款项，缓解企业对现款的急需，从而加速企业资金周转，以提高资金使用效率。企业加速收款的策略主要是缩短应收款的收款期限，主要方法有：一是确定信用期。企业向客户提供付款信用期是扩大销售规模，增加销售收入的重要手段。信用期长短因行业而异，一般非大众化产品销售信用期较短，大众化产品销售信用期则较长。二是信用策略和收回策略，前者是企业提供信用时选择客户的标准，后者则是企业迅速收款的各种努力。三是折扣策略，是企业对在信用期中提前支付货款的客户，可给予适当的折扣上的优待，以促使款项的回收，降低资金占用水平。

同时，现金收款过程的时间取决于公司客户、银行的地理位置以及公司现金收账的效率。为此,应满足以下要求:①减少顾客付款的邮寄时间。②减少公司收到顾客开银行来支票兑现之间的时间。③加速资金存入自己往来银行的过程。为达到上述目的,具体措施有授权付款法和集中银行法两种。

(1) 授权付款法,是指利用预先授权支票(PACs)进行付款,预先授权支票与普通支票类似,但它不包含也不需要私人签字,只需经过合法授权。

客户授权公司直接从他的活期存款账户内开出支票并支取现金。客户与他的开户银行签订PACs承兑保障合同。该合同规定,当银行收到PACs时,有权通过银行清算系统支付PACs。公司准备一份包括所有有关定期支付信息的磁带。为了加强控制,在每个处理周期(1个月、半个月或1周),公司保留一份上述磁带拷贝。所授权的支票一般要存入公司在其开户银行的活期账户内,并送至客户的开户银行。公司的开户银行收到磁带后,产生一系列PACs存入公司的账户内,并通过银行系统进行清算,然后将控制报告送给公司。

授权付款法优点:①有助于比较准确地预测未来现金流;②可以减少费用开支,可以消除开具账单与邮寄时间,同时也大大减少了收款的文书处理工作;③使客户更轻松自由。许多客户不喜欢承受定期付款的麻烦,使用PACs系统可以替客户开列支票,支付货款;④增加了公司营运现金。与其他支票处理系统相比,PACs系统可以大大减少支票的邮寄时滞和处理时滞。

(2) 集中银行法,是指通过设立多个策略性的收款中心来代替通常在公司总部设立的单一收款中心,以加速账款回收的一种方法。

企业以服务地区和各销售区的账单数量为依据,设立若干收款中心,并指定一个收款中心(通常是设在公司总部所在地的收账中心)的账户为集中银行。公司通知客户将货款送到最近的收款中心而不必送到公司总部。

收款中心将每天收到的货款存到当地银行,然后再把多余的现金从地方银行汇入集中银行——公司开立的主要存款账户的商业银行。

集中银行法优点:①账单和货款邮寄时间可大大缩短。账单由收款中心寄发该地区顾客,与总部寄发相比,顾客能较早收到。顾客付款时,货款邮寄到最近的收款中心,通常也比直接邮往总公司所需时间短。②支票兑现的时间可缩短。收款中心收到顾客汇来的支票存入该地区的地方银行,而支票的付款银行也在该地区内,因而支票兑现较方便。

集中银行法缺点:①每个收款中心的地方银行都要求有一定的补偿余额,而补偿余额是一种闲置的不能使用的资金。开设的中心越多,闲置的资金也越多。②设立收款中心需要一定的人力和物力,花费较多。

3. 控制现金支出

控制现金支出包括时间上的控制和金额上的控制两方面。最常用的方法是推迟应付款的支付。

推迟应付款的支付指企业在不影响自己的信誉前提下,尽可能推迟应付款的支付时间,充分享受供货方所提供的信用优惠。例如,企业在采购材料时,供货方提供的信用条件是2/10,N/60,则企业应在开票后第10天付款,而不应该在开票当天付款,如企业急需现金,甚至可以放弃供货方提供的现金折扣的优惠,在信用期最后一天付款。如本例中,如企业急需现金,则可放弃现金折扣,在开票后第60天付款,当然是否作出这样的决定,要先权衡推迟付款和放弃现金折扣优惠之间的利弊得失,因为放弃现金折扣优惠而产生的商业信用成本是较高的。

提高现金使用效率,不仅要尽快加速收款,严格控制现金支出,还应尽可能使现金流入与现金流出发生的时间趋于一致,使其所持有的交易性现金数额降至最低水平,力争现金流量的同步。

第三节　应收账款管理

一、应收账款的功能

应收账款是企业在销售过程或其他业务中投放出去的应收款,本章主要讲述企业的应收账款的管理和控制。应收账款的功能指应收账款在生产经营中的作用。应收账款就其本身看,并不能直接带来任何资金效益,但应收账款具有增加销售和减少存货的功能。

(1) 增加销售的功能。在市场竞争比较激烈情况下,采用赊销,不仅向对方销售了商品,还在一个有限时期中向对方提供了资金,这样就大大促进了销售,使企业的利润增加,这是应收账款的主要功能。

(2) 减少存货的功能。企业持有存货,要发生较多的费用,采用赊销方法,将产成品转换为应收账款,能够减少存货,节约开支。

二、应收账款的成本

企业在应收账款上占用资金,要付出一定的代价,应收账款的成本主要有机会成本、管理成本和坏账成本。

(1) 应收账款的机会成本,是指企业因将资金投放于应收账款,而放弃进行其他投资的获得投资效益机会所减少的收益,可以以企业现有的投资机会的收益率表示,也可以以企业投资的最低收益率表示。

(2) 应收账款的管理成本,主要是收账费用,调查客户信用情况的费用,收集各种信息的费用,应收账款的核算费用。

(3) 应收账款的坏账成本,是指由于各种原因导致应收账款不能收回而造成的损失。

提供信用条件,增加应收账款,能增加销售减少存货,从而增加利润,但同时又会增加占用在应收账款上的资金成本,增加管理费用和发生坏账损失的可能性。因此应收账款的管理主要是在提供信用所增加的利润和成本之间权衡,只要利润大于成本,就可放宽信用条件,使占用在应收账款上的资金获得最大限度的利润。

三、影响应收账款的因素

(一) 竞争

竞争迫使企业为了处于有利地位,只得提供优惠的信用条件,以吸引客户扩大销售,增加利润。如企业信用政策保守,而竞争者又提供优越的信用条件,那么企业就很难争取到客户。

（二）销售规模

竞争是企业在应收账款上占用资金的最主要的原因，而企业在应收账款上占用资金的水平，主要取决于销售规模及信用条件所确定的信用期限，规模越大，应收账款上占用的资金也就越多。

（三）信用条件

在信用条件中，信用期限越长，现金折扣率越低，则应收账款上占用资金越多，反之占用越少。

以上是影响应收账款的主要因素，除此之外，企业产品在市场上的需求状况、企业产品质量、经济环境等因素都会影响企业应收账款资金占用。了解这些因素，对制定信用政策，加强应收账款管理十分重要。

四、商业信用政策的制定

企业对应收账款的管理主要是制定一个适合本企业的商业信用政策。所谓商业信用政策，是指企业利用商业信用的一系列策略，简称信用政策。

信用政策包括信用标准、信用条件和收账政策三个部分。

（一）信用标准

信用标准指客户获得企业的商业信用应具备的条件。企业信用标准决定企业应收账款的质量。如果企业信用标准较严，只对资金雄厚、信誉卓著的客户提供商业信用，则企业应收账款质量高，发生坏账损失的可能性就小，应收账款机会成本低。但另一方面，又将丧失一部分信用较差的客户的销售收入和从这部分收入中带来的利润。如果企业信用标准较松，对信誉卓著、一般、较差的客户都提供信用，则销售收入增加，利润也增加，但应收账款质量降低，发生坏账损失可能性扩大，应收账款的机会成本也增加。所以信用标准的制定，应在信用标准所带来的利润及成本之间权衡利弊得失进行决策。

制定总的信用标准，目的在于作为指导企业商业信用业务的参考依据。而在具体的业务过程中，对某一特定的顾客究竟是否提供商业信用，关键还在于对该顾客的信用状况作出全面的评价。对于老顾客，如果已有了基本的信用评价，那么，日常的工作就是根据掌握的最新资料来观察其信用状况的变化趋势。而对于新顾客，就必须采取一定的办法给予全面的信用评价。其目的是确定新顾客是否会有坏账风险或延迟支付货款的可能。一般地，对有坏账风险的顾客不应该给予任何商业信用，而对可能延迟付款的顾客，则可提出较苛刻的信用条件，并给予较少的商业信用。企业制定信用标准，必须对客户信用品质进行调查分析，在此基础上确定信用标准。具体的步骤如下。

1. 信用调查

(1) 信用调查的资料来源。为了对顾客进行信用评价，必须通过一定的渠道取得所需资料，这些资料的取得渠道主要有以下几种：

① 商业界证明材料。顾客的供货单位可能不只是本企业一家，因此，顾客可以提供其他

供应单位开具的证明其信用状况的材料。这种证明材料的可信程度，取决于证明人的声望和证明材料内容的详细程度。显然，顾客提供的证明材料总是有所选择的。为此，企业可以设法直接与顾客的其他供货单位交换有关信用资料。

② 银行证明材料。顾客的开户银行可根据顾客的要求提供证明材料。银行对此有标准的证明信函，其报告格式一般有统一的模板。

③ 顾客的财务报表。顾客的财务报表是通过审计验证，客观地反映其财务状况和经营情况的报告文件。所以，查阅顾客的财务报表，就能够客观地了解其财务状况、偿债能力等。但是，由于财务报表提供的是关于顾客过去情况的报告，且并不直接表明其信用状况。所以，也有其局限性。

④ 征信机构。专门的征信机构（征信所、咨询公司等）通过搜集顾客的信用资料，然后根据销货给各个顾客可能发生的坏账损失的概率，将所掌握的信用资料转换成信用等级。另外，这些征信机构还可根据用户的要求提供专门报告。

⑤ 其他渠道。专门从事顾客信用评价的信用经理，通过个别访问，征求推销员的意见，与其他企业广泛交流，就可以收集到广泛的活的信用评价资料。

(2) 信用调查的内容。对客户信用品质的评估，主要从五个方面进行：品质（character）、能力（capacity）、资本（capital）、抵押（collateral）、条件（condition），称为“五 C”系统。

① 品质。品质是指客户愿意如期履行其付款义务的可能性，是评估客户信用品质的首要因素。因为客户是否愿意在货款到期时，尽自己的最大努力偿付货款，直接决定着应付账款的收回速度和数量，企业可以通过了解客户过去付款的一贯做法，以及客户与其他企业关系是否良好，来评价客户的品质。

② 能力。能力是客户偿付货款的能力，即客户流动资产的数量、质量以及流动比率、速动比率的高低。企业可以通过客户提供的财务报告，并对客户进行实地调查、观察等，分析客户资产流动性，对客户能力作出判断。

③ 资本。资本是指客户的财务实力和财务状况，企业可以通过分析客户提供的财务报告分析判断。

④ 抵押。抵押是指客户拒付款项或无力支付款项时，能被用作抵押的资产。如对客户的信用状况有争议，或是对客户的信用状况不了解，但客户能够提供足够的抵押品时，企业也可以向其提供信用。当货款到期，客户不能付款时，便可以变卖抵押品抵补货款。

⑤ 条件。条件是指经济环境对客户付款能力的影响。企业可通过了解客户在过去类似条件下的付款表现作出判断。

2. 信用分析和评价

对客户的信用分析和评价可以用定性的方法，也可以用定量的方法。定量分法主要是对信用评价的内容进行分析，细分为若干指标，并赋予每个指标分值。在分析客户资料的基础上对每个指标打分并计算出总分。总分的高低反映客户的信用水平，如表 13-4 所示。

表 13-4　客户信用评价参考表

评价项目	评价指标	评分值	总分值
经营管理水平	领导层次的综合能力 合同执行率 潜力和挖潜措施	10 分 15 分 5 分	30 分
资金信用情况	应付账款定期支付率 偿债能力 包括:流动比率 速动比率 现金比率 长期资产负债率 产权比率 利息保障系数	10 分 15 分 2.5 分 2.5 分 2.5 分 2.5 分 2.5 分 2.5 分	25 分
经济效益情况	销售利润率 成本费用利润率 总资产报酬率 产品销售收入利税率	5 分 5 分 5 分 5 分	20 分
企业发展前景	内部:生产力水平 产品质量水平 新产品开发能力 外部:行业受经济周期性波动影响程度 行业市场结构与利润趋势	5 分 5 分 5 分 5 分 5 分	25 分

将客户按照上述标准予以打分,然后汇总得出客户的信用总分。

3. 确定客户的信用等级

对客户的信用情况打分后,可以将总分分为若干个级别,每个级别反映一定的信用水平。例如分为 5 级,每个级别相应的得分值要求如表 13-5 所示。

表 13-5　客户信用等级及其说明

级　别	总　分	说　明
1	90—100	信用状况很好
2	80—90	信用状况好
3	70—80	信用状况较好
4	60—70	信用状况不太好
5	60 分以下	信用状况不好

4. 制定信用标准

确定了客户的信用状况后,企业应该根据产品销售和资金情况,制定一个可以给予客户赊销的最低标准。例如三级以上的客户可以提供赊销。

或者在企业销售时对不同的客户采取不同的策略。例如对级别一的客户给予优惠的信用条件,每年只需审查一次就可以了。第二级别客户可考虑赊销限额,每隔半年审查其信用状况。第三级别客户则需每隔三个月审查其信用状况,信用条件较为严格。第四级别客户须提供抵押,才给予信用。第五级别客户只能按照现金付款条件进行购货。

5. 信用标准定量分析的步骤

(1) 销售企业首先规定能反映五C系统的10—15个指标的信用好、信用差指标值。

(2) 分别计算与企业往来的和潜在的顾客的10—15个指标值,当某一指标值等于或高于信用好指标值时,规定拒付风险系数为零;当某一指标值等于或低于信用差指标值时,规定拒付风险系数为10%;当某一指标值介于信用好和信用差指标值之间时,规定拒付风险系数为5%;累计顾客的拒付风险系数。

(3) 将累计拒付风险系数排队,规定企业最大的拒付风险系数的承受能力,只有低于企业最大的拒付风险系数的承受能力的顾客才能享受企业给予的赊销政策。

(二) 信用条件

1. 信用条件的概念

信用条件是指企业要求顾客支付赊销款项的条件,包括信用期限、折扣期限和现金折扣。

信用期限是企业规定顾客的最长付款期限;折扣期限是规定顾客可享受现金折扣的付款期限;现金折扣是顾客在折扣期内付款时给予的优惠。例如"2/10,N/30"就是一项信用条件。其含义是:若客户在发票开出后10天内付款,可享受2%的现金折扣;如果顾客不想取得折扣,这笔款项必须在30天内付清。这里30天为信用期限,10天为折扣期限,2%为现金折扣。

2. 信用条件的制定

(1) 信用期限的制定。

信用期限是企业为客户规定的最长付款期限。信用期限长,可以扩大销售,增加收益,产生有利影响。但相应地,应收账款资金占用、收账费用、坏账等也增加,对企业产生不利影响。企业应通过分析改变现行期限对收入成本的影响,确定恰当的信用期限。

确定信用期限时主要考虑延长或缩短信用期限的成本和效益,比较各种期限的得失,选出一个成本最小或效益最大的合理的信用期限。

【例13-8】 某企业目前的信用条件为N/30,按发票金额付款,预计销售量10 000件,每件销售价格为500元,按此销售量平均销售成本为450元,其中变动成本400元,固定成本50万元。企业目前拟将信用条件改为N/60,即信用期限延长至60天,仍按发票金额付款。延长信用期预计销售量可望增加20%,达12 000件,增加销售量并不会引起固定成本变化,但信用期限延长,收账费用由原来的4 000元增加到6 000元,坏账由销售额的3‰增加到5‰,企业投资的最低报酬率为15%,问企业是否该延长信用期限?

根据题意,两种不同的信用条件下,可比信用收益计算如表13-6所示。

表 13-6 不同的信用条件可比收益计算表

	N/30	N/60
销售量(件)	10 000	12 000
销售额(元)	5 000 000	6 000 000
销售成本(元)	4 500 000	5 300 000
变动成本(元)	4 000 000	4 800 000
固定成本(元)	500 000	500 000
毛利(元)	500 000	700 000
收账费用(元)	4 000	6 000
坏账损失(元)	15 000	30 000
机会成本(元)	50 000	120 000

计算结果表明,应选择延长信用期。

首先,计算延长信用期限增加的收益,然后计算延长信用期增加的应收账款的成本,最后将收益和成本相比较,并作出判断。

① 延长信用期限增加的收益

=销售量增加×单位边际贡献−增加的固定成本

=(12 000−10 000)×(500−400)−0

=200 000(元)

② 延长信用期限增加的应收账款的成本

=应收账款机会成本增加+应收账款管理成本的增加+应收账款坏账成本增加应收账款的机会成本

=应收账款占有资金×应收账款的机会成本率

=变动成本÷12×信用期×应收账款的机会成本率

N/30 的应收账款的机会成本=(4 000 000)÷12×1×15%=50 000(元)

N/60 的应收账款的机会成本=(4 800 000)÷12×2×15%=120 000(元)

应收账款的机会成本增加=70 000(元)

应收账款的管理成本增加=6 000−4 000=2 000(元)

应收账款的坏账成本增加=30 000−15 000=15 000(元)

应收账款的成本增加=70 000+2 000+15 000=87 000(元)

③ 延长信用期限的净损益

=延长期限增加的收益−延长期限增加的成本

=200 000−87 000

=113 000(元)

由于延长信用期限的收益>成本,所以,应采用 N/60 的信用条件。

(2) 现金折扣的确定。

现金折扣的优惠实际上是产品售价的扣减，企业是否愿意以及提供多大程度的现金折扣，考虑的是提供折扣后的收益是否大于成本，以此作为选择依据。

【例 13-9】 某企业目前的信用条件为N/60，不提供现金折扣，销售量为12 000件，每件销售价格为500元，单位变动成本为400元，固定成本总额为500 000元。此信用条件下的收账费用为6 000元，坏账损失为销售额的5‰。为加速货款收回，减少收款费用和坏账损失，企业拟提供现金折扣。

现有两个拟定方案，方案Ⅰ：信用条件为2/10，N/60。此信用条件下，估计有一半客户享受现金折扣，收账费用、坏账损失都减少一半，销售量不变。方案Ⅱ：信用条件为4/10，N/60。此信用条件下，估计客户全部享受现金折扣，收账费用、坏账损失都降为0，销售量不变。企业投资的最低报酬率为15%，问企业是否该提供折扣？如果提供，应提供什么样的折扣？

答：(1) 方案Ⅰ：在2/10，N/60信用条件下：

应付现金折扣(增加的成本)＝12 000×500×2%×1/2＝60 000(元)

减少的应收账款的管理成本(收账费用)＝6 000×1/2＝3 000(元)

减少的应收账款的坏账成本＝12 000×500×5‰×1/2＝15 000(元)

减少的应收账款的机会成本＝[4 800 000÷360×60－4 800 000÷360×60×1/2
－4 800 000÷360×10×1/2]×15%
＝50 000(元)

收支净额＝(3 000＋15 000＋50 000)－60 000＝8 000(元)

(2) 方案Ⅱ：在4/10，N/60信用条件下：

应付现金折扣＝12 000×500×4%＝240 000(元)

减少的应收账款的管理成本(收账费用)＝6 000(元)

减少的应收账款的坏账成本＝12 000×500×5‰＝30 000(元)

减少的应收账款的机会成本＝[4 800 000÷360×60－4 800 000÷360×10]×15%
＝100 000(元)

收支净额＝(6 000＋30 000＋100 000)－240 000＝－104 000(元)

以上计算结果表明，企业应提供现金折扣，信用条件是2/10，N/60。

【例 13-10】 公司原有方案：N/30，预计销量1万件，单价500元，变动成本率80%，固定成本总额4万元，收账费用8 000元，坏账率0.2%，公司拟改变信用条件以增加销量，有两个方案：

方案1：N/60，预计销量1.2万件，固定成本总额不变，收账费用10 000元，坏账率0.3%；

方案2：2/10，N/60，预计销量1.2万件，固定成本总额不变，估计有90%的客户会享受现金折扣。收账费用1 000元，坏账率0.1%，机会成本率15%。要求选择方案。计算结果如表13-7所示。

表 13-7 不同方案收益和成本

指标	原方案	方案 1	方案 2	方案 1-原方案	方案 2-原方案
收入	500	600	600	100	100
变动成本	400	480	480	80	80
固定成本	4	4	4	0	0
毛利润	96	116	116	20	20
应付现金折扣	—	—	10.8		10.8
机会成本	5	12	3	7	−2
收账费用	0.8	1	0.1	0.2	−0.7
坏账成本	1	1.8	0.6	0.8	−0.4
收支净额	—	—	—	12	12.3

计算表明应选择方案 2,即 2/10,N/60 的信用条件。

需要指出,制定信用标准和信用条件必须联系存货管理和现金管理共同考虑。在生产进度既定的情况下,商业信用政策通过影响销售量而间接影响存货量。存货过多,超出了正常范围,就会增加存货成本;而若商业信用政策过宽,销售需求超过企业可供销售的存货量,出现脱销情况,就会丧失应该得到的利润。所以,信用标准和信用条件的制定,必须连同存货政策一并考虑。

同样道理,商业信用政策也直接影响企业的现金流量,所以,也必须系统地考虑现金政策。

此外,在非常情况下,为了达到某种目的,也可以制定特殊的商业信用政策。

(三) 收账政策

收款政策是指向客户收取逾期尚未偿付的应收账款的程序。在商业实务中,企业一般应为逾期付款的客户规定一个允许拖欠的期限。只有当客户超过这个规定的期限仍不付款时,企业才采取催收行动。

对超过规定期限的应收账款的催收,应持谨慎态度,既不能过严,也不能过松。如果收款政策过严,容易伤害非有意拖欠的客户的感情,失去良好的客户,影响日后的销售和利润,同时也会失去部分潜在的客户。但是,收款政策过松对企业也是不利的。收款政策过松,逾期付款的客户拖欠货款的时间会更长,这不仅会增加应收账款的平均占用额,增加资金成本(或机会成本),而且,拖欠时间愈长,应收账款变为坏账的可能越大,坏账费用会因此而增加。所以,企业采取的收款政策必须十分谨慎。

一般地,当客户在企业允许拖欠的期限之后尚不付款时,企业首先应有礼貌地通知客户,提醒对方付款日期已过。如果这种提醒没产生效果,就可以采取具体的催收行动,如电话催收或登门催收。如果客户在财务上遇到了暂时的困难,可以商谈延期付款办法。如果所有上述行动均无效果,方可采取法律行动,对过期应收账款提出清偿要求。债务过期的时间越长,催收的措辞就应该越严厉。

制定过期应收账款的收款政策的原则是：为此所付出的代价不能大于由此而带来的利益。

正常情况下，就总体而言，企业催收应收账款所作的努力越大，所花费的收账费用越多，可收回的应收账款也就越多，形成坏账的可能就越小，从而坏账费用也就越少。但是，催收费用的增加与坏账费用的减少，并不是呈线性关系的。一般地，刚开始花费一些收账费用只能降低很小一部分坏账费用，而当收账费用逐渐增加时，坏账费用减少的速度也就较快；最后，当收账费用达到一定程度以后，再增加收账费用所能减少的坏账费用就越来越少了。收账费用与坏账费用的上述关系如图 13-7 所示。

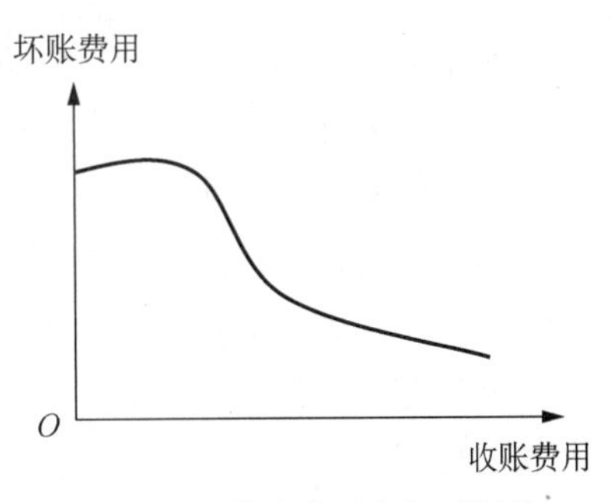

图 13-7　收账费用和坏账损失的关系

收账费用与应收账款的平均收款期也有关系。通常收账费用越大，应收账款的平均收款期就越短，由此应收账款所占用资金的周转次数就越多。所以，在销售额为一定的前提下，收账费用越多，应收账款平均占用资金的量就越少。同收账费用与坏账费用的关系一样，收账费用与应收账款平均收款期之间的关系也不完全是线性的。因此，在制定或变动收款政策时，往往需要凭借经验估计有关数据。

五、应收账款的日常管理控制

应收账款的日常管理和控制，必须以建立一个能够及时提供应收账款最新情况的管理信息系统为基础。否则，管理人员就无法了解应收账款的形成、收进及结存情况，也就无法判断客户支付货款是否超过了折扣期限，是否有超过信用期限而尚未收回的应收账款。所以，信用管理人员应经常与会计人员联系，交流情况，并配合会计人员完善应收账款管理信息系统。

应收账款的日常管理与控制，其目的主要是保证已制定的信用政策得到贯彻。为此，就要经常通过应收账款管理信息系统了解掌握应收账款的形成、收进及结存情况，严密控制现金折扣的支付（扣抵），避免将现金折扣给予超过折扣期限付款的客户，此外，应经常对应收账款状况进行分析，并对超过信用期限的应收款采取适当的收款政策。

收账政策是信用政策的最后一个要素，收账政策包括监控应收账款和收账工作等。

（一）监控应收账款

为了追踪客户付款情况，大多数公司都对尚未付清的账款加以监控。首先，公司通常监控其平均收款期（ACP）。如果一家公司的业务显现季节性，平均收款期通常会在一年内有些波动。但如果平均收款期出现意外的增长，就应加以关注。其原因要么是大多数客户都延长了付款期，要么是部分应收账款已严重逾期。

账龄分析表是监控应收账款的第二个基本工具。公司财务部门定期对应收账款按账龄（一般是 3 个月以内，3—6 个月，6—12 个月，1—2 年，2—3 年，3 年以上）进行分类汇总编制账龄分析表。编制账龄分析表的主要目的在于了解公司目前的应收账款中有多少尚处于信用期内，有多少欠款超过信用期，以及按时间长短进行分类分析，以利于分别制定不同的收账策略。

（二）收账工作

对于逾期不付款的客户，公司通常采用以下的步骤。

（1）发送过失函，通知客户账款已经逾期。

（2）打电话通知客户。

（3）雇佣收账代理。

（4）付诸法律行动。

公司在什么时候采用收账政策必须结合公司与客户之间的具体情况，制定对公司有利的收账政策。

第四节 存货管理

存货管理分为实物管理和存货资金管理两个方面。存货的实物管理是由生产部门及供销部门进行的。企业财务人员对存货的管理主要是从存货占用的资金的角度进行管理。

一、存货的功能与成本

如果企业的原材料的供应速度与生产过程中原材料耗用速度完全相同，则可不储存原材料。如果企业产成品的销售速度与产品生产速度完全相同，则可以不储存产成品。但上述这种理想状态是几乎不可能的，因此企业有储存存货的需要。

（一）存货的概念

存货是指企业在日常生产经营中持有以备出售，或者仍然处于生产过程，或者在生产或提供劳务过程中即将被消耗的材料或物料等，包括：各类材料、商品、在产品、半成品、产成品等。

（二）存货的功能

企业持有存货一般有以下几个方面的功能：防止停工待料，保证生产正常运行；适应市场变化，保证销售需求；降低进货成本；防止意外事件造成的损失。

（三）存货的成本

企业储存存货需要花费一定的费用。储存存货成本包括取得成本、储存成本、缺货成本。

1. 取得成本

存货的取得成本（TCa）是指为取得某种存货而发生的成本，包括订货成本和购置成本。

（1）订货成本又称进货费用，是指为订货而发生的各种成本，包括采购人员工资、采购部门经费、采购业务费等。它可分为订货固定成本（$F1$）（决策无关成本）和订货变动成本（决策相关成本）。

$$\begin{aligned}\text{订货成本} &= \text{订货固定成本} + \text{订货变动成本} \\ &= \text{订货固定成本 } F1 + \frac{\text{年订货需要量 } D}{\text{每次采购量 } Q} \times \text{一次订货变动成本 } K\end{aligned}$$

（2）购置成本又称采购成本，主要由买价、运杂费组成。

在一定时期订货总量既定、物价水平不变、不存在商业折扣的情况下，企业的购置成本通常是保持不变的。因而属于决策无关成本。

当存在商业折扣时，购置成本与数量相关。

$$购置成本 = 全年存货需要量\ D \times 单价\ u$$

$$TCa = F1 + \frac{D}{Q} \times k + D \times u$$

2. 储存成本

存货的储存成本（TCc）是指为储存某种存货而发生的成本，其中一部分是固定成本，与存货数量无关，如仓库折旧费、保管员工资等。另一部分属变动成本，与存货数量成正比例，如存货占用资金应计利息、搬运费、保险费、存货破损和变质损失等。

（1）储存固定成本（$F2$）：总额相对稳定，如仓库折旧费、仓库职工的固定工资等（决策无关成本）。

（2）储存变动成本：总额大小取决于储存数量与储存时间，如存货占用资金的应付利息、存货的保险费、破损变质费用等（决策相关成本）。

$$存货储存成本 = 储存固定成本 + \frac{每次采购量}{2} \times 单位储存变动成本$$

$$TCc = F2 + \frac{Q}{2} \times kc$$

3. 缺货成本

缺货成本（TCs）是指因存货不足而给企业造成的各种损失。如由于材料供应中断造成的停工损失、成品供应中断导致延误发货的信誉损失等。

存货管理好的企业不应发生缺货成本，即 $TCs = 0$

$$TC = F1 + \frac{D}{Q} \times k + D \times u + F2 + \frac{Q}{2} \times kc + TCs$$

二、存货的经济订货量模型

（一）经济订货量基本模型

1. 经济订货量

经济订货量是指能使企业存货的有关成本最小时的每次采购量，经济订货量的公式推导如下。

$$TC = F1 + \frac{D}{Q} \times k + D \times u + F2 + \frac{Q}{2} \times kc + TCs$$

$$TC'(Q) = -\frac{D}{Q^2} \cdot k + \frac{1}{2} \cdot kc = 0$$

得：

$$Q^* = \sqrt{\frac{2D \cdot k}{kc}}$$

$$TC(Q^*)=\sqrt{2D \cdot k \cdot kc}$$

2. 基本模型的前提条件

(1) 企业能及时补充存货,现金充足;

(2) 能够集中到货;

(3) 不允许缺货,即 $TCs=0$;

(4) 需求量稳定且能预测,即 D 可知;

(5) 存货单价不变,即 u 不变,$D*u$ 是常数;

(6) 企业所需要的存货市场上是充足供应的。

【例 13-11】 某企业全年使用甲材料 7 200 件,该材料采购单价 20 元,单位储存成本为 6 元,每次订货成本 600 元。则:

(1) 经济订货量 $=\sqrt{\dfrac{2D \cdot K}{kc}}=\sqrt{\dfrac{2\times 7\,200\times 600}{6}}=1\,200$

(2) 一年采购次数 $=\dfrac{\text{订货量}}{\text{经济订货量}}=7\,200/1\,200=6$

(3) 经济订货周期 $=360/6=60$

(4) 最低相关总成本 $=\sqrt{2D \cdot k \cdot kc}=\sqrt{2\times 7\,200\times 6\times 600}=7\,200$(元)

(5) 经济订货量占用资金=平均存货量×采购单价(1 200/2)×20=12 000(元)

(二) 存在销售折扣的经济批量

实行数量折扣的经济订货量模型。

存货相关总成本 = 储存变动成本 + 订货变动成本 + 购置成本

具体步骤:

(1) 按照经济订货量基本模型确定不享受折扣的经济订货量;

(2) 计算按上述经济订货量订货时年存货相关总成本;

(3) 计算按给予数量折扣时存货相关总成本,若给予数量折扣的批量是一个范围,则按给予数量折扣的最低批量计算存货相关总成本;

(4) 比较不同订货数量的存货相关总成本,最低相关总成本对应的订货数量就是实行数量折扣的经济订货量。

【例 13-12】 某企业全年需要 A 零件 1 800 个,每件标准单价 50 元。供应商规定:每次订货数量达到 750 个时,可获得 2%的价格优惠。已知每件每年储存成本 0.5 元,每次订货费用 72 元。则该零件的经济订货量计算如下:

(1) 不享受折扣的经济订货量:

$$Q=\sqrt{\frac{2D \cdot k}{kc}}=\sqrt{\frac{2\times 1\,800\times 72}{0.5}}=720$$

(2) 订货 720 个时,

$$\begin{aligned}\text{年存货总成本 } T1 &=(720/2)\times 0.5+(1\,800/720)\times 72+1\,800\times 50\\ &=90\,360(\text{元})\end{aligned}$$

(3) 当每次订货 750 个时，

$$\text{年存货总成本 } T2 = (750/2) \times 0.5 + (1\,800/750) \times 72 + 1\,800 \times 50 \times (1 - 2\%) = 88\,560.3(\text{元})$$

(4) 因为 $T1 > T2$，所以，A 零件的经济订货量为 750 个。

（三）再订货点和安全储备

1. 订货提前期

订货提前期是指企业不能等到某种存货用完时再去采购，这样将发生缺货成本。因此需要提前订货。

2. 再订货点

再订货点(R)是指企业再次订货时仓库中某一种存货的数量。

$$R = L \times d$$

其中：L 为企业发出订单到材料入库的时间；d 为材料每天耗用量。

订货提前期不会影响经济订货量的大小和一年订货次数。

3. 保险储备量

保险储备量(B)指为了防止送货延误或企业每日需求量的增大，在采购时多储备存货的数量。

保险储备量的建立实际上包含了容许缺货的成本。保险储备量越大，则缺货成本越小甚至没有，但储存成本上升；若不建立保险储备量，储存成本没有，缺货成本上升。

最佳保险储备量是指相关成本最小的保险储备量。

$$TC = TCB + TCs = B \times Kc + S \times N \times Ku$$

其中：S 为采购一次缺货数量；N 为一年采购次数；Ku 为单位缺货成本。

通常使用下面两种方法确定合理的保险储备量：

(1) 经验法。首先确定一个上、下限，再根据历史经验和对未来的预期确定储备量。适用于品种较多、占用资金比重较小的存货项目。

保险储备量上限＝最长交货期×存货每日最高使用量－正常交货期×存货每日平均使用量

保险储备量下限＝保险储备量上限/2

【例 13-13】 某公司正常交货期为 10 天，每日平均使用量为 80 件，据统计最长交货期为 17 天，每日最高使用量 90 件。则：

$$\text{保险储备量上限} = 17 \times 90 - 10 \times 80 = 730(\text{件})$$

$$\text{保险储备量下限} = 730/2 = 365(\text{件})$$

(2) 概率法。即按照对未来存货需要量的概率分布来确定保险储备量。

【例 13-14】 企业年需要存货量 3 600 件，单位储存变动成本 2 元，单位缺货成本 4 元，交货期 L 为 10 天。已计算出经济订货量 300 件，并预测了交货期内存货需要量及其概率分布如表 13-8 所示。

表 13-8 存货需要量预测

需要量	70	80	90	100	110	120	130
概　率	0.01	0.04	0.2	0.5	0.2	0.04	0.01

正常情况下每日需要量平均为 10 件。

要求：分别计算不同保险储备量情况下的相关总成本，选择最佳保险储备量和最佳再订货点。

答：再订货点 $R=L\times d=100$ 件，一年采购次数 $N=3\,600/300=12$ 次

(1) $B=0$ 时，$R=100$，当十天内需要量在 100 件及以下，

不会发生缺货的概率 $=0.01+0.04+0.2+0.5=0.75$

$S0=(110-100)\times0.2+(120-100)\times0.04+(130-100)\times0.01=3.1$(件)

$TC=0\times2+3.1\times12\times4=148.8$(元)

(2) $B=10$ 时，$R=110$，不会发生缺货的概率 $=0.95$

$S10=(120-110)\times0.04+(130-110)\times0.01=0.6$(件)

$N=12$ 次

$TC=10\times2+0.6\times12\times4=48.8$ 元

(3) $B=20$ 时，$R=120$，不会发生缺货的概率 $=0.99$

$S20=(130-120)\times0.01=0.1$(件)

$N=12$ 次

$TC=20\times2+0.1\times12\times4=44.8$(元)

(4) $B=30$ 时，$R=130$，不会发生缺货的概率 $=1$

$S30=0$

$N=12$ 次

$TC=30\times2+0\times12\times4=60$(元)

使相关总成本最低为 44.8 元，与之对应的最佳保险储备量为 20 件，最佳再订货点为 120 件。意味着仓库中有 120 件时，要发出订单订货。

(四) 陆续供应和使用

存货陆续供应的情形和一般的基本经济订货量的情形有不同，如图 13-8 和图 13-9 所示。

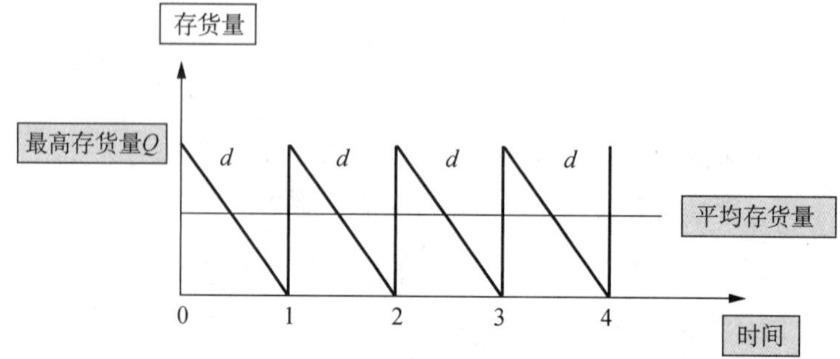

图 13-8 经济订货量基本模型下的存货库存图

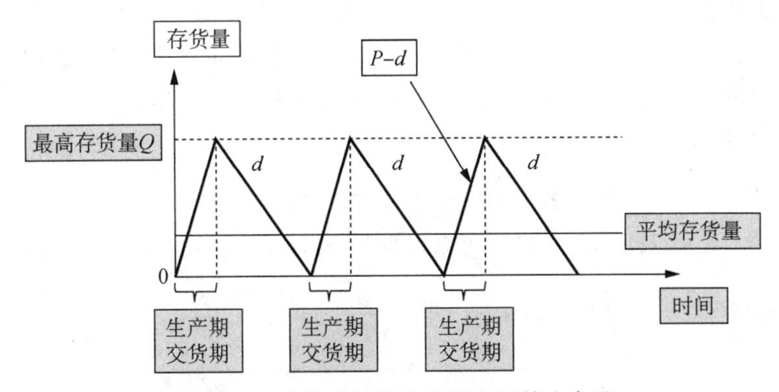

图 13-9　存货陆续供应和使用下的库存图

存货陆续供应和使用情况下的经济订货量模型如下。

其中：P 为每日生产量，d 为每日耗用量，Q 为每批订货量，则 Q/P 为生产期，或称交货期。

$$生产期内消耗存货 = Q/P \times d$$

$$最高库存量 E = Q - Q/P \times d = Q(1 - d/P)$$

$$平均库存量为 E/2$$

$$TC = \frac{Q}{2} \times \left(1 - \frac{d}{P}\right) \times Kc + \frac{D}{Q} \times k$$

$$Q^* = \sqrt{\frac{2kD}{kc} \cdot \frac{P}{P-d}}$$

$$TC(Q^*) = \sqrt{2k \cdot D \cdot kc \cdot \left(1 - \frac{d}{P}\right)}$$

【例 13-15】　某企业全年需要甲材料 7 200 件，每日生产量 60 件，每日耗用量 20 件，该材料采购单价 20 元，每次订货成本 400 元，单位储存成本 6 元。则：

$$经济订货量 Q^* = \sqrt{\frac{2kD}{kc} \cdot \frac{P}{P-d}} = \sqrt{\frac{2 \times 400 \times 7\ 200}{6} \times \frac{60}{60-20}} = 1\ 200(件)$$

$$经济订货批数 = \frac{7\ 200}{1\ 200} = 6(次)$$

$$经济订货周期 = \frac{360}{6} = 60(天)$$

$$送货期 = 1\ 200/60 = 20(天)$$

$$存货最高库存量 E = Q(1 - d/P) = 1\ 200(1 - 20/60) = 800(件)$$

$$年最低相关总成本 TC = \sqrt{2k \cdot D \cdot kc \cdot \left(1 - \frac{d}{P}\right)} = \sqrt{2 \times 400 \times 7\ 200 \times 6 \times \left(1 - \frac{20}{60}\right)} = 4\ 800(元)$$

存货平均占用资金＝平均库存量×采购单价＝800/2×(20)＝8 000(元)

【例 13-16】　某企业全年需耗用甲零件 4 800 件，平均日耗用量 20 件，零件储存变动成本相当于零件价值的20%。甲零件可以外购，也可以自制。如果外购，单价4元，一次订货成本7.5元；如果自制，单位成本3元，每次生产准备成本384元，每日产量50件。

分别计算两方案经济订货量和最低总成本，并选择较优的方案。

答：(1) 在自制情况下：

$$Q^* = \sqrt{\frac{2kD}{kc} \cdot \frac{P}{P-d}} = \sqrt{\frac{2 \times 4\ 800 \times 384 \times 50}{3 \times 20\% \times (50-20)}} = 3\ 200(\text{件})$$

$$TC(Q^*) = \sqrt{2k \cdot D \cdot kc \cdot \left(1 - \frac{d}{P}\right)}$$

$$= \sqrt{2 \times 4\ 800 \times 384 \times 3 \times 20\% \times \left(1 - \frac{20}{50}\right)} = 1\ 152(\text{元})$$

总成本＝4 800×3＋1 152＝15 552(元)

(2) 零件外购情况下：

$$Q^* = \sqrt{\frac{2k \cdot D}{kc}} = \sqrt{\frac{2 \times 4\ 800 \times 7.5}{4 \times 20\%}} = 300(\text{件})$$

$$TC(Q^*) = \sqrt{2k \cdot D \cdot kc} = \sqrt{2 \times 4\ 800 \times 7.5 \times 4 \times 20\%} = 240(\text{元})$$

总成本＝4 800×4＋240＝19 440(元)

由于自制零件的总成本15 552元低于外购的总成本19 440元，故自制零件方案更优。

三、存货的日常控制

(一) 建立存货的归口分级制度

1. 存货资金的统一管理

存货资金的统一管理指财务部门对存货实行统一综合管理，实现资金使用的综合平衡。

2. 存货资金的归口管理

存货资金的归口管理指根据物资管理与资金管理相结合的原则，每项物资由哪个部门使用，其资金就由哪个部门管理。

3. 存货资金的分级管理

存货资金的分级管理指各归口的管理部门要根据具体情况将资金控制计划层层分解，分配给所属的仓库、车间、班组等基层单位实行分级管理。

(二) ABC控制法

ABC控制法也叫ABC分类管理法，就是按照一定的标准将企业的存货划分为A、B、C三类，分别实行分品种重点管理，分类别一般控制和按总额灵活掌握的一种存货管理、控制方法。

分类标准：价值标准；品种数量标准。

A类存货：金额巨大且品种数量较少。

B类存货：金额一般，品种数量相对较多；

C类存货：品种数量繁多，但价值金额很小。

三类存货的金额比重大致为A∶B∶C＝0.7∶0.2∶0.1

品种数量比重大致为 A∶B∶C=0.1∶0.2∶0.7

A 类存货：应按品种重点管理和控制，实行最为严格的内部控制制度，逐项计算各种存货的经济订货量，并经常检查有关计划和管理措施的执行情况，以便及时纠正各种偏差；

B 类存货：由于金额相对较小而品种数量远多于 A 类存货，因此，不必像 A 类存货那样严格管理，可以通过分类别的方式进行管理和控制；

C 类存货：可以采用较为简化的方法，只要把握总金额即可，所以对 C 类存货只要进行一般控制和管理。

ABC 控制法的具体步骤如下：

(1) 列示企业全部存货明细表，并计算出每种存货的成本总额及占全部存货成本的百分比；

(2) 按照金额标准从大到小进行排列，累加金额百分比，并编成表格；

(3) 根据事先测定好的标准，把最重要的存货划分为 A 类，把一般存货划分为 B 类，把不重要的存货划分为 C 类；

(4) 对 A 类存货进行重点规划和控制，对 B 类存货进行次重点管理，对 C 类存货只进行一般管理。

(三) 控制采购成本

计划员要有较高的业务素质，对生产工艺流程及设备运行情况要有充分的了解，掌握设备维修、备件消耗情况及生产耗用材料情况，进而做出科学合理的存货采购计划；

要规范采购行为，增加采购的透明度。本着节约的原则，采购员要对供货单位的品质、价格、财务信誉动态监控；收集各种信息，同类产品货比多家，以求价格最低、质量最优；同时对大宗原燃材料、大型备品备件实行招标采购，杜绝暗箱操作，杜绝采购黑洞；

这样，既确保了生产的正常进行，又有效地控制了采购成本，加速了资金周转、提高了资金的使用效率。

(四) 实现存货资金信息化管理

要想使存货管理达到现代化企业管理的要求，就要使企业尽快采用先进的管理模式，如 ERP 系统，使人、财、物、产、供、销全方位科学高效集中管理，最大限度地堵塞漏洞，降低库存，使存货管理更上一个新台阶。

四、零库存管理

(一) 零库存的含义

存货管理的理想状态莫过于存货库存趋近于零或根本没有存货，公司无须在存货上花费太多资金和精力。

(二) 零库存管理的实现途径

要实现这种高境界的管理，就要求公司做到存货生产经营的需要与材料物资的供应同步，以便只有当公司生产过程中需要原材料或配件时，供应商才会将原料或配件送到，从而体现适时性管理。

(三) JIT 模式

适时工作制(Just-in-Time, JIT)是存货在需要时才取得并进入生产过程的一种存货管理与控制方法。在某些行业，生产过程采用适时工作制来控制存货，是指在刚好需要的时候存货才被取得并进入生产流程。它要求有一套十分准确的生产和存货信息系统、高效率的采购、十分可靠的供应商和一个有效率的存货处理系统。尽管原材料存货和运送中存货永不可能减少为零，“适时工作制”还是减少存货的极其严格的存货控制观点之一。但是，JIT制度的目标不仅是减少存货，还包括不断提高生产率、产品质量和生产弹性。

（四）零库存管理的优缺点和实现条件

采用零存货与适时性管理必须满足以下几个基本条件。

（1）地理位置集中。如果客户的生产运营要“适时”地取得零部件，供应商工厂到客户工厂之间应该只需相对较短的传送时间。

（2）可靠的质量。生产过程应当总能指望从供应商那儿取得的零部件全部是合格的。每一个生产环节都应当将下一个生产环节看成是它的最终竞争力。质量控制主要是进行生产过程控制，而不是通过检查来挑出不合格品。

（3）可以管理的供应商网络。要使适时工作制运转，必须有一组适量的供应商且签有长期合同。

（4）可控的运输系统。要在供应商和使用者之间保持可靠的传送线路。例如，日本汽车公司使用卡车来运送零部件，按计划每天从每个供应商处运送几次零部件。

（5）生产弹性。供应环节应对使用环节所采用的零部件能迅速做出反应。这关键是要具有迅速的工具转换能力，例如在日本，自动压模线在6分钟之内可装配好。

（6）较小的生产批量。绝大多数使用适时工作制的日本工厂都要求生产批量低于每天耗用量的10%。这样，每当生产出一辆汽车，该类车所需要的每一个零部件又被生产好了。

（7）有效率地收货和处理材料。例如，工厂的各个部分都可以作为收货地点，零件被运到离使用地点最近的地方。

（8）管理者的积极参与。管理者应提供公司各种资源以保证该制度的运转。

思考题

1. 简述流动资产投资的特点。
2. 影响现金余额水平的因素有哪些？
3. 试分析现金短缺的后果。
4. 试述债权资产投资的功能和成本。
5. 企业如何制定信用标准？
6. 如何进行商业信用条件的决策？
7. 简述预收账款日常管理的内容和方法。
8. 什么是经济订货量？如何确定经济订货量？
9. 简述零库存管理的优缺点和实现条件。

第十四章 利润管理和股利政策

第一节 利润规划

利润管理是对企业利润来源、利润规划和利润控制等方面所进行的管理。

企业利润的来源首先取决于营业收入,因此,进行利润管理就要对营业收入进行预测和计划,其次,成本费用的构成也会影响利润水平。而企业要实现预期的利润离不开对利润的规划和控制,利润管理是企业财务管理的重要内容,其核心是利润规划。

一、营业收入

(一) 营业收入的构成

营业收入是企业在生产经营过程中,对外销售商品或提供劳务等取得的各项收入,它由主营业务收入和其他业务收入构成。

1. 主营业务收入

主营业务收入是指企业持续的、主要的经营活动所取得的收入。主营业务收入在企业收入中所占的比重较大,它对企业的经济效益有着举足轻重的影响。对于不同的企业,其主营业务也不同。一般来说,工业企业的主营业务是销售产品,因此,其主营业务收入就是产品销售收入。产品销售收入是指销售产成品、自制半成品、提供工业性劳务等取得的收入。

2. 其他业务收入

其他业务收入是指企业在主要经营活动以外从事其他业务活动而取得的收入,它在企业收入中所占的比重较小。工业企业的其他业务收入就是其他销售收入,包括销售原材料、固定资产出租、包装物出租、外购商品销售、无形资产转让、提供工业性劳务等取得的收入。

在生产经营活动中,许多因素影响着营业收入的实现,如产品的价格、销量、销售退回、销售折扣及折让。因此,在规划和分析营业收入时应该充分考虑这些因素对营业收入的影响。

(二) 营业收入的预测

企业为了加强营业收入的管理,必须加强营业收入的预测工作。从企业营业收入的构成来看,企业的营业收入主要是由销售收入构成的,因此,营业收入的预测主要是对销售收入的预测。

企业的销售预测是对市场需求的预测,这种预测虽然是以各种数据资料为基础,但是,市场是复杂多变的，因此，预测难免存在一定的误差。尽管如此，销售预测仍然具有积极作用，企业可以根据销售预测情况改进销售工作，提高销售的工作效率，并根据销售预测来确定生产经营计划，调整经营目标，争取更好的经济效益。

销售预测就是企业经过充分的调查研究，收集各种有关的信息和数据，并运用科学的方法对影响企业销售的各种因素进行分析，以测算企业在未来一定时期内各种产品的销量及变化趋势。销售预测分析法大致可分为两大类，即定量分析法和定性分析法，其中，定量分析法有趋势分析法、因果分析法、本量利分析法、调查分析法等，定性分析法有判断分析法等。在进行销售预测分析时，应将定量分析法和定性分析法相结合，以提高预测的准确性。下面重点介绍趋势分析法和判断分析法两种销售预测方法。

1. 趋势分析法

趋势分析法就是企业根据以往年度的销售情况，用一定的计算方法预测出未来的销售变化趋势。它可分为以下几种具体方法：简单平均法、移动平均法、加权移动平均法、指数平滑法和季节预测法。这些方法适合于产品的销售比较稳定且有一定的规律性的企业。现举例说明如下。

(1) 简单平均法。简单平均法也称算术平均法，是通过计算过去几期销量的算术平均值，以此作为未来销量的预测数。

例如：甲公司20××年上半年的销售情况如表14-1所示。

表14-1 20××年1—6月销售额

单位：元

月份	销售额
1	48 000
2	50 000
3	45 000
4	50 000
5	55 000
6	52 000
合　计	300 000

根据20××年上半年的销售情况求出其平均值，作为企业在以后几个月份中销售的预测数。

预测销售额＝300 000/6＝50 000(元)

(2) 移动平均法。移动平均法是选择最近几期数据，计算出平均数，如预测7月份的销售额选用1—6月份的数据，预测8月份的销售额选择2—7月份的销售额数据，以此类推，滚动地预测以后几个月的销售额，这样会在一定程度上减少误差。这种方法适用于销售略有波动的产品。假如甲公司7月份的实际销售额为51 000元，则

8月份的销售额＝(50 000＋45 000＋50 000＋55 000＋52 000＋51 000)/6＝50 500(元)

(3) 加权移动平均法。加权移动平均法是在移动平均法的基础上，根据销售的变化趋势给各期规定不同的权数，然后求出加权后的各期平均值，以此作为销售预测数。这种方法适合于销售量有明显变化的产品。一般来说，远期数据对预测数影响小，确定的权数小，而近期的数据影响较大些，确定的权数也大些。这样，就可以滚动地计算出以后各期销售数。仍以甲公司为例，选用最近4个月的数据来预测7月份的销售额，规定权数为0.1，0.2，0.3，0.4，则

7月份的销售额＝45 000×0.1＋50 000×0.2＋55 000×0.3＋52 000×0.4＝51 800(元)

8月份的销售额＝50 000×0.1＋55 000×0.2＋52 000×0.3＋51 000×0.4＝52 000(元)

(4) 指数平滑法。指数平滑法,是根据企业历史销售情况确定适当的指数平滑系数 a,然后求出预测数。一般来说,指数平滑系数越大,则近期实际销售情况所占的权数越大,对预测影响也大,反之,对预测影响也小。因此,要合理预测指数平滑系数,以提高预测的准确性。计算公式如下:

$$S_t = aD_{t-1} + (1-a)S_{t-1}$$

其中:S_t 表示第 t 期的预测销售量;D_{t-1} 表示第 $t-1$ 期的实际销售量;S_{t-1} 表示第 $t-1$ 期的预测销售量;a 表示指数平滑系数,满足 $0 < a < 1$ 的常数。

【例 14-1】 已知甲公司 6 月份的实际销售额为 52 000 元,假定原来预测 6 月份的销售额为 51 000 元,指数平滑系数为 0.6,

则 7 月份的预测销售额为:

$$S_7 = 0.6 \times 52\,000 + (1-0.6) \times 51\,000 = 51\,600(\text{元})$$

7 月份的实际销售额为 52 400 元,

则 8 月份的销售额为:

$$S_8 = 0.6 \times 52\,400 + (1-0.6) \times 51\,600 = 52\,080(\text{元})$$

2. 判断分析法

判断分析法是一种常用的定性分析法。主要是通过一些熟悉销售业务的企业经营管理人员或者有关专家对市场未来变化进行分析,以判断企业在一定时期内某种产品的销售趋势。它主要是凭人的主观来判断的,其具体的做法有意见汇集法、专家判断法等方法。

(1) 意见汇集法,也称推销人员意见综合判断法。这是由本企业的推销人员对各类顾客进行调查,并将调查的意见填入卡片或表格,然后由销售部门进行综合汇总,对某种产品的销售趋势进行分析预测。

这种方法建立在销售业务人员都能向企业反映真实情况的基础上,然而,由于他们的业务素质不同以及被调查的顾客对企业的产品了解程度不同等因素都会在一定程度上影响预测数,为了消除这种人为的偏差,企业可以组织多人对同一种产品或市场进行预测分析,再将预测的数据加以平均,这样可以提高预测结果的准确性。

(2) 专家判断法,是指向了解市场行情的专家征询意见,对某种产品的未来销量进行判断和预测的一种方法。这种方法又可分为三种具体方法:专家个人意见集合法、专家小组法和特尔菲法。

专家个人意见集合法是指先向各个专家征求意见,要求他们对本企业某种产品销售的未来趋势和当前的状况作出判断,然后再对此加以综合,确定预测数。

专家小组法是指以若干个专家组成的小组为单位对企业的某种产品未来销售情况进行判断预测,然后再进行综合汇总的一种预测方法。

特尔菲法是以函询方式向若干个专家征求意见,各个专家独立地对企业某种产品的未来销售情况进行预测分析,然后企业将各个专家的预测结果进行汇总,并以不记名的方式反馈给各位专家,再次征求各位专家的意见,请他们参考他人的意见修正本人原来的判断,如此反复多次，最后集各家之所长，对销售做出综合预测。

专家判断法的优点是在缺乏历史资料的情况下，能够比较迅速地做出预测，而且费用较低，考虑比较周到。但是，这种方法带有一定的主观片面性。

（三）营业收入计划的编制

预测是经济决策的基础。计划是对经济决策的具体化，使决策的目标具体地、系统地反映出来，以便在工作中实施。企业的销售计划是企业预测的销售目标的具体化，预算出企业在一年内各种产品的销售数量和销售收入。一般来说，企业的销售计划是企业编制财务计划的起点。下面介绍销售计划编制的方法。

编制销售计划的方法主要是通过预测的销售量计算出销售收入，其计算公式为：

$$计划期产品销售收入=\sum(某种产品计划销售量\times某种产品销售价格)$$

【例 14-2】 假如某公司只生产甲、乙、丙三种产品，通过市场调查预测全年的销售量为：甲产品 3 000 件，乙产品 1 500 件，丙产品 2 000 件，市场上三种产品的销售单价分别为 50 元、100 元、150 元。全年的销售计划如表 14-2 所示：

表 14-2 20××年度产品销售计划表

产　品	计划销量(件)	销售价格(元)	销售收入(元)
甲	3 000	50	150 000
乙	1 500	100	150 000
丙	2 000	150	300 000
合　计			600 000

（四）营业收入的控制

控制就是按照计划的要求对企业生产经营活动的过程和结果进行监督管理，以实现预期的目标。为了做好营业收入的控制工作，就要加强各个环节的监督和管理，包括合同履行、广告宣传、售后服务、货物发运、货款结算等具体管理工作及信息反馈。

1. 认真执行销售合同，完成销售计划

销售合同是企业与其他单位之间进行商品销售活动而签订的、具法律效力的购销契约。合法的合同受法律保护，是企业维护自身合法权益的有效武器。企业在产品销售过程中，一定要事先与购货方签订有效的购销合同，并严格按合同行事，以免因承担违约责任而造成损失。当自身的合法权益受到侵害时可以同对方交涉，必要时可采取法律手段。

2. 提高服务质量，做好售后服务工作

质量是企业的生命，关系到企业生产经营的成败兴衰。提高服务质量，不仅要提高企业的服务态度和服务水平，而且要提高企业产品的质量。售后服务对企业销售也至关重要，有助于提高企业信誉，增强产品竞争能力，扩大销售。

3. 加强商业折扣的管理

折扣一般分为商业折扣和现金折扣两种。其中，商业折扣是企业可以从货品价目单上规定的价格中扣减一定的数额，扣减后的净额才是实际的销售价格。现金折扣则是企业为了鼓励买方在一定时限内尽早付款而给予的优惠。加强商业折扣管理就是要根据企业的战略规划，制定出切实可行的折扣政策，达到促进销售、提高盈利水平的效果。同时要加强企业销售人员的控制，尽可能减少营业收入的流失。

4. 做好生产销售过程中的信息反馈工作

企业生产、销售必须以市场为导向，根据市场需求变化来调整企业的经营活动。如因质量问题发生的销售退回和销售折让，不仅给企业带来经济上的损失，还会造成企业信誉的恶化，影响企业的外在形象。因而必须尽力杜绝此类现象。一方面，企业应从提高员工质量意识入手，实现全面质量管理；另一方面，要注意倾听顾客的意见，按顾客的要求设计质量标准。不断了解市场情况，不断开发新品种，以满足不同顾客对产品的要求。

二、利润规划和控制

（一）利润的构成

企业的利润是企业在一定时期内生产经营成果的最终体现，是评价企业生产经营状况的一个重要指标。企业的利润 总额由营业利润和营业外收支净额组成。用公式表示为：

利润总额＝营业利润±营业外收支净额

1. 营业利润

营业利润是指企业从事生产经营活动所取得的综合利润，包括主营业务利润、其他业务利润、投资收益、公允价值变动收益等。由于营业利润包括的内容很多，可以将营业利润拆分为经营利润和其他利润，其中经营利润是企业的核心利润，也是企业利润的主要来源。其计算公式为：

经营利润＝营业收入－营业成本－税金及附加－销售费用－管理费用－财务费用－研发费用

营业利润＝经营利润±投资收益±公允价值变动收益－资产减值损失

企业的经营利润是企业利润总额的主要部分。销售费用、管理费用、财务费用和研发费用都是企业的期间费用，直接冲减利润。管理费用是指企业行政管理部门为管理和组织生产经营活动而发生的各种费用，具体包括：公司经费、工会经费、职工教育经费、劳动保险费、待业保险费、董事会费、咨询费、审计费、诉讼费、排污费、绿化费、税金、土地使用费、土地损失补偿费、技术开发费、技术转让费、无形资产摊销、开办费摊销、业务招待费、坏账损失、存货盘亏等。财务费用是指企业为筹集资金而发生的各种费用，具体包括企业生产经营期间发生的利息净支出、汇兑净损益以及因筹资而发生的其他财务费用。

2. 投资收益

投资收益是指企业对外投资所取得的投资收益扣除投资损失后的净额。投资收益包括对外投资分回的利润、股利和债券利息，投资到期收回或者中途转让取得款项高于账面价值的差额，以及按权益法核算的股权投资在被投资单位增加的净资产中所拥有的数额等。

3. 营业外收支净额

营业外收支净额是指营业外收入扣除营业外支出后的数额。营业外收入是指与企业的经营活动无直接关系的各种收入，主要包括：固定资产盘盈和出售的净收益、罚没收入、因债权人的原因确实无法支付的应付账款、教育费附加返还款等；营业外支出是指与企业的经营活动无直接关系的各种支出，主要包括：固定资产盘亏、报废、毁损和出售的净损失，非季节性和非大修理期间的停工损失，非常损失，职工子弟学校经费和技工学校经费，公益性捐赠，赔偿金，违约金等。

（二）利润规划

利润规划包括两个部分：一是确定盈亏临界点的销量和销售收入；二是为实现目标利润而对企业的经营活动的规模、方向和水平进行综合的调整。利润规划的方法有许多，这里主要介绍本量利分析法。

1. 本量利的相互关系

本量利分析法全称为成本-业务量-利润分析法（cost-volume-profit analysis），也称损益平衡法。它主要根据成本、业务量和利润三者之间的变化关系，分析某一因素的变化对其他因素的影响。本量利分析是以成本性态研究为基础的。

所谓成本性态是指成本总额对业务量的依存关系。成本按其成本性态可以划分为三类：固定成本、变动成本和混合成本。固定成本是指在一定的业务量范围内，不受业务量影响的成本；变动成本是指随业务量增长而成正比例增长的成本；混合成本是随着业务量的增长而增长，但与业务量增长不呈正比的成本。由于混合成本介于固定成本和变动成本之间，可以将其分解为固定成本和变动成本两部分。

本量利分析是以各因素之间的关系为基础的，其相互关系为：销售收入等于单位售价乘以产品销售数量；变动成本总额等于单位变动成本乘以产品销售数量；在相关范围内，固定成本总额不变；单位边际贡献等于产品单价减去单位变动成本；单位边际贡献乘以产品销售数量等于边际贡献总额；边际贡献与固定成本总额的差额为利润额（若为负数，则为亏损额）。

由此可见，影响利润的因素有四个：单价、产品销量、单位变动成本以及固定成本总额。在了解了本量利三者之间的关系后，就可以建立本量利的数学模型，进行利润规划。

本量利的数学模型，主要有以下三种表达方式：

（1）损益方程式。本量利分析法所涉及的相关因素可用下列方程式表示：

$$\begin{aligned}\text{利润} &= \text{销售收入} - \text{总成本} \\ &= \text{销售收入} - \text{变动成本} - \text{固定成本} \\ &= \text{单价} \times \text{销售量} - \text{单位变动成本} \times \text{销售量} - \text{固定成本} \\ &= (\text{单价} - \text{单位变动成本}) \times \text{销售量} - \text{固定成本}\end{aligned}$$

上式一般称为基本损益方程式，当给定其中的 4 个变量，便可求出另一个变量值。因此，上述公式可以变化成如下形式：

$$\text{销售量} = \frac{\text{固定成本} + \text{利润}}{\text{单价} - \text{单位变动成本}}$$

$$单价=\frac{固定成本+利润}{销售量}+单位变动成本$$

$$单位变动成本=单价-\frac{固定成本+利润}{销售量}$$

$$固定成本=单价\times 销售量-单位变动成本\times 销售量-利润$$

（2）边际贡献方程式。边际贡献是指销售收入扣除变动成本后的余额，其计算公式为：

$$边际贡献=销售收入-变动成本$$

以单位产品表示为：

$$单位边际贡献=单价-单位变动成本$$

也可以用边际贡献率来表示某种产品的边际贡献。边际贡献率是边际贡献在销售收入中所占的百分比。它反映了每1元的销售收入所提供的边际贡献。其计算公式为：

$$边际贡献率=\frac{边际贡献}{销售收入}=\frac{单位边际贡献}{单价}$$

在引入"边际贡献"的概念之后，基本损益方程式可改写为：

$$\begin{aligned}利润&=销售收入-变动成本-固定成本\\&=边际贡献-固定成本\end{aligned}$$

由于边际贡献等于销售收入与边际贡献率的乘积，边际贡献方程式可进一步改写为：

$$利润=边际贡献率\times 销售收入-固定成本$$

（3）本量利图。本量利图是以直角坐标系的形式，直观、形象地反映本量利之间的相互关系。本量利图可以通过基本本量利图和边际贡献式本量利图两种方式来表示。

基本的本量利图（如图14-1所示）绘制步骤如下：

① 选定坐标系，横轴表示销量，纵轴表示成本和销售收入的数额。

② 在纵轴上找出固定成本数值，绘制一条与横轴平行的固定成本线。

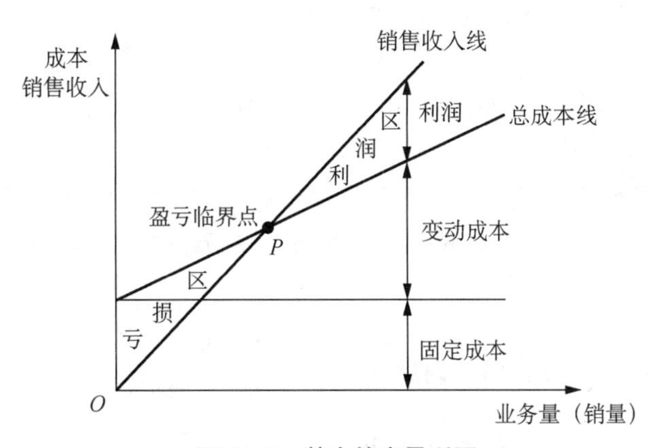

图14-1　基本的本量利图

③ 以固定成本线与纵轴的交点为起点，以单位变动成本为斜率，绘制变动成本线。

④ 以坐标原点为起点，以单价为斜率，绘制销售收入线。

基本的本量利图表达的意义如下：

① 固定成本线与横轴之间的距离为固定成本，它不随销量的变化而变化。

② 变动成本线与固定成本线的距离为变动成本，它随销量的变化而成正比例变化。

③ 变动成本与横轴的距离为总成本，它是固定成本与变动成本之和。

④ 销售收入线与总成本线的交点（P）为盈亏临界点，也称保本点。当销量大于保本点时的销量时，为盈利；反之，为亏损。

边际贡献式本量利图（如图 14-2 所示）绘制步骤为：

① 建立坐标系。

② 以原点为起点，以单位变动成本为斜率绘制变动成本线。

③ 以横轴上的固定成本点为起点，作一条与变动成本线平行的总成本线。

④ 以原点为起点，以单价为斜率作销售收入线。

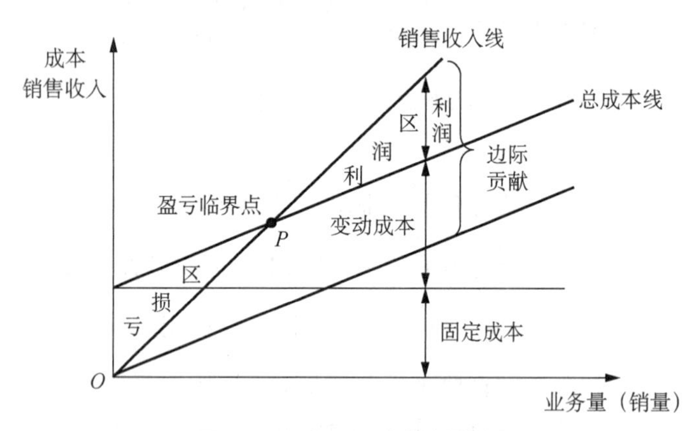

图 14-2　边际贡献式本量利图

边际贡献式本量利图的优点是可以用来表示边际贡献值，企业的销售收入随销量成正比例增长，它首先用来补偿产品的变动成本，剩余的便是边际贡献。边际贡献随销量增加而增加，当边际贡献超过固定成本后，企业进入盈利状态。

2. 盈亏临界分析

盈亏临界分析是本量利分析的主要内容，它主要研究盈亏临界点的确定、有关因素变动对盈亏临界点的影响等问题。

（1）盈亏临界点的确定。盈亏临界点又称保本点，是企业边际贡献等于固定成本时所处的既不盈利也不亏损的状态。通常可用三个指标来表示：盈亏临界点销售量、销售额和作业率。

$$盈亏临界点销量 = \frac{固定成本}{单价 - 单位变动成本}$$

一般多品种的盈亏临界点用销售额来表示。已知公式：

利润＝销售额×边际贡献率－固定成本

令利润为零，则

盈亏临界点销售额＝固定成本/边际贡献率

盈亏临界点作业率是指盈亏临界点销售量（销售额）占企业正常销售量（额）的比重。其计算公式为：

$$盈亏临界点作业率=\frac{盈亏临界点销售量}{正常销售量}$$

该公式指标值表明了企业保本业务量在正常业务量中所占的比重，也可以说明企业保本状态下生产经营能力的利用程度。

（2）安全边际和安全边际率。安全边际是指企业正常销售量超过盈亏临界点销售量的差额。其计算公式为：

安全边际＝正常销售量－盈亏临界点销售量

该公式表明销售量下降多少企业仍不至于亏损，从而反映了企业经营的安全程度。一般来说，安全边际越大，企业就越安全。

安全边际是一个绝对数，为了便于同不同企业比较安全程度，可以采用安全边际率这一指标。其计算公式为：

$$安全边际率=\frac{安全边际}{正常销售量（本年实际订货量）}$$

在实际工作中，为了准确判断企业自身的安全程度，可以建立企业安全性的经验数据表。如表14-3所示。

表14-3　判断经营安全状况参考标准

安全边际率	35%以上	25%—35%	15%—25%	10%—15%	10%以下
经营状况	安全	比较安全	不太好	要警惕	很不安全

一般标准是：当安全边际低于25%时，企业就应做出提高安全边际率的决策。提高安全边际率有两条途径：一是增加销售额；二是使盈亏临界点下移。使盈亏临界点下移有两种方法：一是降低固定成本。只有安全边际才能为企业提供利润，盈亏临界点的销售额只能用来补偿固定成本，而不能提供利润；二是提高单位产品边际贡献。安全边际本身并非利润，安全边际中的边际贡献才是真正的利润。

安全边际率与盈亏临界点作业率之间的关系可以表示为：

正常销售量＝盈亏临界点销售量＋安全边际

两端同除以正常销售量，则：

盈亏临界点作业率＋安全边际率＝1

上述结论可通过公式证明：

已知：

$$利润=销售收入\times边际贡献率-固定成本$$

令利润为零，

$$固定成本=盈亏临界点销售收入\times边际贡献率$$

$$\begin{aligned}利润&=销售收入\times边际贡献率-盈亏临界点销售收入\times边际贡献率\\&=(销售收入-盈亏临界点销售收入)\times边际贡献率\\&=安全边际\times边际贡献率\end{aligned}$$

若将两边同时除以销售收入，可得：

$$\frac{利润}{销售收入}=\frac{安全边际}{销售收入}\times边际贡献率$$

$$销售利润率=安全边际率\times边际贡献率$$

下面举例说明盈亏临界分析：

【例 14-3】 甲公司只生产一种产品，单价 10 元，单位变动成本 6 元，每月固定成本 4 400 元，正常销量为 2 000 件。则：

$$盈亏临界点销量=\frac{4\,400}{10-6}=1\,100(件)$$

$$盈亏临界点销售额=\frac{4\,400}{(10-6)/10}=11\,000(元)$$

$$盈亏临界点作业率=\frac{1\,100}{2\,000}=55\%$$

计算结果表明企业的作业率必须达到正常作业的 55%以上才可取得利润，否则就会发生亏损。

$$安全边际=2\,000-1\,100=900(件)$$

$$安全边际率=\frac{900}{2\,000}=45\%$$

甲公司的经营状况良好，应注意保持。

$$边际贡献率=(10-6)/10=40\%$$

$$安全边际额=2\,000\times10-1\,100\times10=9\,000(元)$$

$$安全边际率=9\,000/20\,000=45\%$$

$$利润=安全边际\times边际贡献率=9\,000\times40\%=3\,600(元)$$

$$销售利润率=安全边际率\times边际贡献率=45\%\times40\%=18\%$$

验证：

$$利润=(10-6)\times2\,000-4\,400=3\,600(元)$$

$$销售利润率=3\,600/20\,000=18\%$$

3. 利润敏感性分析

敏感性分析是预测和决策中常用的一种技术方法。通常，它是指研究与分析一个系统因周围条件发生变化而引起其状态或结果变化的敏感程度的方法。本量利关系的敏感分析主要包括以下内容：各因素发生多大变化会使利润转为亏损，各因素变动对利润影响的分析及各因素对利润的敏感分析等。

（1）最大最小法。所谓最大最小法是指分别测算影响利润的四个因素（单价、单位变动成本、固定成本和销量）发生多大变化使利润转为亏损的分析方法。

【例 14-4】 某企业生产一种产品，单价 10 元，单位变动成本 7 元，计划销量 12 000 件，固定成本 30 000 元，则：

$$预期利润=(10-7)\times 12\ 000-30\ 000=6\ 000(元)$$

单价下降会使利润下降，下降到一定程度，利润将为零，它是企业能忍受的单价最小值。

$$(单价-7)\times 12\ 000-30\ 000=0$$
$$单价=9.5(元)$$

即：单价降至 9.5 元（降低 5%）时，企业由盈利转为亏损。

单位变动成本的上升会引起利润的下降。当利润为零时，该单位变动成本就是企业所能忍受的最大值。

$$(10-单位变动成本)\times 12\ 000-30\ 000=0$$
$$单位变动成本=7.5(元)$$

即：单位变动成本上升到 7.5 元（上升 7.14%）时，企业由盈利转为亏损。

固定成本的上升也会引起利润的下降。当利润为零时，该固定成本是企业所能忍受的最大值。

$$(10-7)\times 12\ 000-固定成本=0$$
$$固定成本=36\ 000(元)$$

即：固定成本上升到 36 000 元（上升 20%）时，企业由盈利转为亏损。

销量的下降会使利润下降。当利润为零时，该销量为最小值即盈亏临界点销量。

$$(10-7)\times 销量-30\ 000=0$$
$$销量=10\ 000(件)$$

即：销量降低到 10 000 件（降低 16.67%）时，企业由盈利转为亏损。

（2）单一因素变动对利润影响的分析。在规划目标利润时，企业可以采取某一因素（措施）或多种因素（综合措施）来实现目标利润。

采用单一因素变动实现目标利润包括以下四个方面的内容：提高单价、减少单位变动成本、减少固定成本和增加销量。

【例 14-5】 某企业生产一种产品，单价 10 元，单位变动成本 7 元，固定成本 30 000 元，计划年销量 12 000 件，企业的目标利润为 15 000 元。则：

如其他因素不变，只通过提高单价来实现目标利润。那么，单价应为多少？

$$15\ 000=(\text{单价}-7)\times 12\ 000-30\ 000$$
$$\text{单价}=10.75(\text{元})$$

即：单价从10元提高到10.75元，提高7.5%，可保证实现目标利润。

同理：

单位变动成本降低来实现目标利润：

$$15\ 000=(10-\text{单位变动成本})\times 12\ 000-30\ 000$$
$$\text{单位变动成本}=6.25(\text{元})$$

即：单位变动成本从7元降低到6.25元，降低10.71%，可保证实现目标利润。

减少固定成本来实现目标利润：

$$15\ 000=(10-7)\times 12\ 000-\text{固定成本}$$
$$\text{固定成本}=21\ 000(\text{元})$$

即：固定成本从30 000元降低到21 000元，降低30%，可保证实现目标利润。

增加销量来实现目标利润：

$$15\ 000=(10-7)\times \text{销量}-30\ 000$$
$$\text{销量}=15\ 000(\text{件})$$

即：销量从12 000件上升到15 000件，上升25%，可保证实现目标利润。

(3) 各因素同时变动对利润影响的分析。单因素变动对目标利润的影响比较容易测定，而在现实经济生活中，影响利润的诸因素是相互关联的。为了提高销量，就要增加广告费用，降低单价。因此，企业很少采取单一措施来实现目标利润，一般情况下，企业都采取综合措施以实现目标利润。其具体步骤举例说明如下：

【例14-6】 某企业生产一种产品，单价10元，单位变动成本7元，计划销量12 000件，固定成本30 000元。企业的经营管理人员认为企业有剩余的生产能力，可以进一步增加产量。为了打开销路，准备降价10%，采用薄利多销的政策以实现目标利润15 000元。

$$\text{降价后实现目标利润的销量}=\frac{30\ 000+15\ 000}{10\times(1-10\%)-7}=22\ 500(\text{件})$$

若销售部门和生产部门认为这个产销量能够完成，则目标利润就可以落实了。否则，还需进一步分析：

若生产部门认为现有的生产能力不能完成22 500件，通过努力只能完成20 000件产量，则需要在降低成本上挖潜力。

$$15\ 000=(9-\text{单位变动成本})\times 20\ 000-30\ 000$$
$$\text{单位变动成本}=6.75(\text{元})$$

即在降价10%、销量提高8 000(20 000－12 000)件时，还需要将单位变动成本降低到6.75元，才能实现目标利润。若生产部门认为这个成本标准是可以达到的，则目标利润得以落实。否则，仍要进一步分析。

若生产部门认为单位变动成本只能降到6.8元，就需要进一步考虑压缩固定成本。

$$15\ 000=(9-6.8)\times 20\ 000-\text{固定成本}$$
$$\text{固定成本}=29\ 000(\text{元})$$

即：为了实现目标利润，固定成本还需压缩1 000(30 000－29 000)元，才能实现目标利润。如果固定成本不能降低到29 000元，则还需不断重复上述过程，重新计算并分别落实；在必要时也可考虑修改目标利润。

(4) **各因素对利润的敏感程度分析。各因素变化都会引起利润的变化，但其影响程度是各不相同的。有些因素发生微小的变化，就会引起利润发生很大的变化，利润对这些因素的变化十分敏感，因而将这类因素称为敏感因素；反之，若利润对某些因素的变化不敏感，则称为不敏感因素。一般用敏感系数指标来反映敏感程度，其计算公式为：**

$$\text{敏感系数}=\frac{\text{目标值变动百分比}}{\text{某因素变动百分比}}$$

【例14-7】 下面仍以例14-6的数据，进行敏感程度的分析：

(1) 单价的敏感程度计算如下：

$$\text{原来预期利润}=(10-7)\times 12\ 000-30\ 000=6\ 000(\text{元})$$

设单价增长20%，则：

$$\text{单价}=10\times(1+20\%)=12(\text{元})$$
$$\text{利润}=(12-7)\times 12\ 000-30\ 000=30\ 000(\text{元})$$
$$\text{利润变动百分比}=\frac{30\ 000-6\ 000}{6\ 000}\times 100\%=400\%$$
$$\text{单价的敏感系数}=\frac{400\%}{20\%}=20$$

从上述计算可以看出：单价每增长(降低)1%，利润将增长(降低)20%。表明单价对企业的利润影响是极大的。

(2) 单位变动成本的敏感程度分析：

设单位变动成本增长20%，则：

$$\text{单位变动成本}=7\times(1+20\%)=8.4(\text{元})$$
$$\text{利润}=(10-8.4)\times 12\ 000-30\ 000=-10\ 800(\text{元})$$
$$\text{利润变动百分比}=\frac{-10\ 800-6\ 000}{6\ 000}\times 100\%=-280\%$$
$$\text{单位变动成本的敏感系数}=\frac{-280\%}{20\%}=-14$$

单位变动成本的敏感系数为负数，这表明单位变动成本的变化会引起利润作相反方向的变化。本例中，单位变动成本每增加或减少1%，会引起利润减少或增加14%。

(3) 固定成本的敏感程度分析：

设固定成本增长20%，则：

$$固定成本=30\ 000\times(1+20\%)=36\ 000(元)$$

$$利润=(10-7)\times 12\ 000-36\ 000=0$$

$$利润变动百分比=\frac{0-6\ 000}{6\ 000}\times 100\%=-100\%$$

$$固定成本的敏感系数=\frac{-100\%}{20\%}=-5$$

表明固定成本每增加或减少1%，利润将减少或增加5%。

(4) 销量的敏感程度分析：

设销量增长20%，则：

$$销量=12\ 000\times(1+20\%)=14\ 400(件)$$

$$利润=(10-7)\times 14\ 400-30\ 000=13\ 200(元)$$

$$利润变动百分比=\frac{13\ 200-6\ 000}{6\ 000}\times 100\%=120\%$$

$$销量的敏感系数=\frac{120\%}{20\%}=6$$

表明销量每增加或减少1%，利润将增加或减少6%。

综上所述，在影响企业利润的诸因素中，最敏感的是单价(敏感系数为20)，其次是单位变动成本(敏感系数为−14)，再次是销量(敏感系数为6)，最后是固定成本(敏感系数为−5)。由于各敏感系数的绝对数都大于1，因此对利润都有重要影响。企业应对这些因素全面监控，以完成预定的目标利润。

(三) 利润控制

利润控制就是根据利润计划的要求，对影响利润计划实现的各种因素进行管理，以便增加企业收入，压缩各种费用支出。利润是一项综合指标，它集中体现了企业的生产经营活动的财务成果。为了实现利润计划，必须全面完成各项生产经营计划，提高企业总体经济效益。所以，进行利润控制必须做好企业的各方面工作。一般来说，利润控制主要从以下几个方面进行：

第一，企业必须充分挖掘潜力，降低成本，压缩各项费用支出，提高产品质量，以增强产品的市场竞争力。

第二，企业要面向市场，了解市场的需求变化，努力开发新产品，以满足市场的需求。企业只有根据市场的变化，不断实现产品的更新换代，才能保证在激烈的市场竞争中立于不败之地。

第三，企业必须经常收集各种市场信息，积极调整生产经营策略，调整计划中不切实际之处，以保证企业经营目标的圆满实现。

第四，加强企业的各方面管理，建立责任制，将责权利结合起来，充分调动全体职工的积极性，以保证各项生产经营计划的实现。

第五，充分利用企业的闲置资金进行对外投资。在资本市场日益发达的情况下，企业要充分预测各种投资的风险和收益，根据企业自身的财务情况，选择最佳投资组合，以增加投资收益，减少投资损失。

第六，企业必须加强管理，充分利用各类资产，严格控制各种营业外支出，尽量减少各类损失。

第二节　利润分配

利润分配是指企业对一定时期实现的收入扣除成本费用，计算出利润再按照国家的有关规定在企业与投资者之间进行的分配。利润分配包括初次分配（算出成本费用和实现利润）、再次分配（缴纳所得税）和最终分配（股利分配）。由于利润分配涉及企业的筹资活动和投资活动，因此利润分配是企业财务管理的重要内容，其核心是股利分配。

一、利润分配的原则

企业的利润分配涉及企业与各方面的财务关系，也关系到企业的生存和发展。企业在利润分配时应遵循以下五个基本原则。

（1）遵守国家法律，履行企业的社会责任。企业要依法分配利润。国家规范企业的利润分配法规主要包括企业制度和财务制度方面的法规等。这些法规规定了企业利润分配的基本原则、一般次序和重大比例，企业应认真执行。企业的税后利润是企业所有者拥有的权益，但在向企业所有者分配以前，企业要作一定比例的提留。凡法规对提留比例所作的严格规定，企业要不折不扣地执行。

企业的存在和发展有赖于社会的帮助和支持，除履行所得税的法定义务外，企业还应支持和参与社会公益事业。企业可以从税后留用利润中安排一定的资金用于捐赠和赞助，这也是企业履行自己的社会责任。

（2）要处理好分配与积累的关系，增强企业活力。一般而言，在可供分配利润中，企业除按规定提取法定盈余公积金以外，仍可适当留存一部分。这部分利润可投入企业生产经营过程中用于周转，一方面可以增加企业的积累，为企业扩大再生产筹措了资金，同时也增强企业应对不测事件的能力，提高企业的抗风险性，使经营更为安全。企业留用的利润，在产权关系上仍属于企业所有者所有。如果企业使用这部分资金带来更多的收益，企业的价值会更高，所有者的权益会更有保障。

（3）企业分配要适当考虑员工利益。我国的有关法律规定，企业的税后利润应当提取公益金，用于职工集体福利设施的购建开支。提取公益金有助于提高职工的积极性。

我国的股份有限公司以较优惠的条件向职工出售内部职工股，使员工成为企业主人，参与企业利润的分配，对提高职工的归属感和参与意识具有积极意义。虽然目前的内部职工持股方法尚有许多不太规范之处，如规定在企业股票上市交易半年以后，企业内部职工股即可上市流通。这和内部职工持股的初衷显然背道而驰。如果在股票上市交易以后规定不同级别的职工的最低的持股份额，且经常进行检查，其作用就明显了。

(4) 实行"三公"原则,一视同仁地对待所有投资者。企业利润分配应遵守公开、公平、公正的原则。企业的经营获利情况应当向所有的投资有(包括潜在的投资者)公开,利润分配方案应当提交股东大会讨论,并充分尊重中小股东的意见。利润分配的方式应在所有股东间一视同仁,所有投资者在企业中只以其股权比例享有合法权益,股利支付要保证所有的股东都能及时收到。

(5) 坚持以丰补歉,保持稳定的分红比例。从税后利润中留存一部分利润,不但可以为企业未来经营筹措资金,提高企业应对不测事件的能力,也可以用于未来的利润分配。企业在经济景气时,获利较易,给投资者回报也是较高的;在经济衰退时期,企业获利较少甚至亏损,但企业应尽可能向所有者提供较高的报酬,将经济景气时期较高获利中留存的一部分利润在经济衰退期向投资者分红。实践证明,提供稳定回报的企业比利润分配或高或低的企业更受投资者青睐,如果是上市公司,其股票市价将更高、更稳定。

二、利润分配的内容

按照我国《公司法》的规定,公司利润分配的项目包括以下几个方面:

(一) 盈余公积金

盈余公积金是从净利润中提取形成的,用于弥补公司亏损、扩大公司生产经营或转为增加公司资本。盈余公积金分为法定盈余公积金和任意盈余公积金。公司分配当年税后利润时首先应当按照10%的比例提取法定盈余公积金,当盈余公积金累计额达到公司注册资本的50%时,可以不再继续提取。任意盈余公积金的提取由股东会根据需要决定。

(二) 股利

股利是分配给投资者的利润。公司支付股利要在提取盈余公积金以后,并且股利应以股东所持股份的数额为依据,股东取得股利与其持有的股份数成正比。股利原则上应从累计盈余中分派,无盈利不得支付股利。但若公司用盈余公积金弥补亏损后仍有剩余,为维护公司信誉,经股东大会特别决议,也可用盈余公积金或资本公积金支付股利,但支付股利后留存的法定盈余公积金不得低于注册资本的25%。企业股利分配的水平可用股利支付率表示,股利支付率是指支付的股利总额与当年的税后利润之比。

三、利润分配的程序

我国《公司法》和《企业财务通则》对企业利润分配的顺序都有明确的规定,《企业财务通则》规定:企业年度净利润,除法律、行政法规另有规定外,按照以下顺序分配。

首先,弥补以前年度亏损。

其次,提取10%法定公积金。法定公积金累计额达到注册资本50%以后,可以不再提取。

然后,提取任意公积金。任意公积金提取比例由投资者决议。

最后,向投资者分配利润。企业以前年度未分配的利润,并入本年度利润,在充分考虑现金流量状况后,向投资者分配。属于各级人民政府及其部门、机构出资的企业,应当将应付国有利润上缴财政。

国有企业可以将任意公积金与法定公积金合并提取。股份有限公司依法回购后暂未转让或者注销的股份,不得参与利润分配;以回购股份对经营者及其他职工实施股权激励的,在拟订利润分配方案时,应当预留回购股份所需利润。

【例 14-8】 ABC 公司 2020 年有关资料如下:

(1) 2020 年度实现利润总额为 2 500 万元,所得税率按 25%缴纳。

(2) 年初有亏损 500 万元(5 年前的)。

(3) 提取法定公积金 10%;经股东大会决定,任意公积金提取比例为 12%。

(4) 支付普通股股利每股 0.2 元(发行在外的普通股 2 000 万股)。

根据上述资料,ABC 公司的利润分配金额列表如表 14-4 所示。

表 14-4　ABC 公司利润分配表　　单位:万元

项　　目	本年实际数
一、利润总额	2 500
减:所得税	625
二、税后利润	1 875
加:年初未分配利润	−500
三、可分配利润	1 375
减:提取法定公积金	137.5
四、可供股东分配的利润	1 237.5
减:提取任意公积金	148.5
分配给普通股股东的股利	400
五、未分配利润	689

第三节　股利及股利政策理论

一、股利的性质

股利是指公司分发给股东的投资报酬。公司发行的股票有普通股与优先股之分,因而,股利也就有普通股股利和优先股股利之分。一般地,关于优先股股利的支付方法在公司章程里早就有规定,公司管理当局只需按章程规定办法支付即可。因此,本节所讨论的股利仅指普通股股利。

股利,就其性质而言,是公司历年实现的累积盈余中的一部分。按照西方国家的有关法律规定,股利只能从公司历年累积盈余中支付。这就意味着,财务会计账面上保有累积盈余是股利支付的前提。根据这一规定,公司分派的股利,一般情况下就是对累积盈余的分配。然而,有些国家或地区也允许将超面值缴入资本(资本公积)列为可供股东分配的内容。但相当于普通股股票面额或设定价值的股本是不能作为股利分派给股东的。这是"资本保全"原则的核心内容之一。

企业制订的股利政策是代理全体普通股股东分配财富。所作的决策不仅要对股东有利,使股东财富极大化,也要对公司的现状和将来以及对整个经济社会的发展有利。因此,股利政策涉及的问题很多,政策性很强,是企业理财工作的重要环节。

二、股利分派的形式

我国资本市场股利分派的形式有现金股利、股票股利和资本公积转增股本三种形式。

(1) 现金股利。现金股利又称派现,它是企业分配给普通股股东的股利,完全用现金支付。这是最常见的股利发放形式,许多现金充足的企业往往采用这一形式发放普通股的股利。发放现金股利时,除需要有足够的可供分配的保留盈余外,尚需考虑公司的现金状况,尤其是支付日的现金状况。

(2) 股票股利。股票股利又称送股,它是企业以增发股票的方式给股东发放股利,这种方式通常按现有普通股股东的持股比例增发普通股,是普通股股利发放的一种常见方式。

有的企业有时还将现金股利和股票股利组合在一起发放,企业的股利一部分用现金支付,一部分用股票支付,这既能保证股东增加一定的财富,又能使公司节约一定的现金,称为混合股利。

(3) 资本公积转增股本。资本公积转增股本又称转股,它是将企业的资本公积以股票的方式转赠给股东。理论上讲,资本公积转增股本不属于股利分配,它对企业是否盈利或盈利多少没有要求,但在我国资本市场作为股利分配形式之一。

以上三种形式可以单独实施也可以组合实施,既派现又送股、既送股又转股、既派现又转股等。

三、股利分派的程序

在股票市场中,股票可以自由买卖,一个企业的股票不断地在流通,它的持有者经常在变换,为了明确究竟哪些人应该领取股利,必须有一套严格的派发程序,确保股利的正常发放。

(一) 股利宣布日

经董事会开会决定股利发放,公开宣告股利发放事宜的日期称为股利宣布日。宣布股利发放的通知书内容包括:股利发放的数目,股利发放的形式,同时宣布股权登记日、除息日和股利支付日以及股东分红资格等。例如,东方公司董事会于 2020 年 12 月 12 日开会,宣布每股普通股发放股利为 0.11 元,凡 12 月 20 日登记在册的该公司股票的股东有权参加分配,股利实际支付日为 2021 年 3 月 4 日。

(二) 股权登记日

股权登记日即有权领取股利的股东资格登记截止日期,通常在股利宣布日以后的 2 周至 1 个月内。在股权登记日那天收盘时,把那一天持有该股票的股东列一清单,凡在册的股东有资格领取股利,未登记的股东不能领取股利。例如,2 月 20 日收盘后,证券交易所中央清算登记系统将那天所有登记在册的东方公司股东列成清单,凡列入清单的股东将有权领取东方公司的股利。

（三）除息日

除息日即除去股利的日期。在除息日的当天，股票的市场价大都略有下降，下降的金额大致等于每股股利的金额。

（四）股利发放日

股利发放日是将股利正式发放给股东的日期。在这一天，企业将股利支票寄给有资格获得股利的股东，也可通过中央清算登记系统直接将股利打入股东的现金账户，由股东向其证券代理商领取。

四、股利政策理论

股利政策是关于股份有限公司是否发放股利、发多少股利、何时发放股利等方面的方针和策略。公司在制定股利政策时，要兼顾公司股东和公司未来发展两方面的需要。股利政策理论简称股利理论，是关于公司发放股利是否对公司的生产经营、信誉、公司的价值等产生影响的理论。许多学者和实务工作者对此进行了很多研究。

关于股利政策对企业价值有无影响，目前有两种不同的观点，形成了两种不同的股利理论。

（一）股利无关论

股利无关论是由美国经济学家米勒和穆迪莱昂尼于1961年在他们的著名论文《股利政策增长和股票价值》中提出的。股利无关论者认为：股利政策不会影响公司的价值。这一理论是建立在这些假定之上：不存在任何个人和公司所得税，不存在股票的发行和交易费用，公司投资决策独立于其股利政策，投资者和管理者可以公平地获得关于未来投资机会的信息。

上述假定描述的是一种完整无缺的市场，因而股利无关论又被称为完全市场理论。股利无关论之所以提出股利决策不会影响公司的价值，其理论依据是：

(1) 投资者并不关心公司股利的分配。因为如果公司发放较少股利，留存较多的利润用于再投资，会导致公司股票价格上升，需用现金的投资者可出售部分股票换现金；如果公司发放较多股利，投资者又可用现金再购入些股票以扩大投资。

(2) 股利的支付比率并不影响企业的价值。公司股票价格完全由其获利能力决定。

(3) 企业的股利政策仅是其融资政策的一个组成部分。如果企业有较多投资机会，税后利润将被留存于企业用于再投资；反之，若投资机会不多，则将多余的收益分配给股东，股东可以寻求新的投资机会。假如企业有理想的投资机会，即使企业支付了较高的股利，企业仍可以采用其他途径筹集到同等金额的新股。更确切地说，企业选择投资机会的标准是投资收益率与企业资本成本之间的比较，如果企业的投资收益率高于企业的资本成本，则企业将保留盈余作为该项目融资，不足部分将采用外部融资来解决；若盈利有剩余，则用来发放股利。

显而易见，在当今社会经济结构中，上述假定条件是不可能满足的。因此，企业理财者一般不适宜用股利无关理论为背景来制定股利政策。

（二）股利相关论

股利相关论认为，发放股利很重要。股东都要求得到股利，而不是将应得的股利放在公司。公司是否发放股利对公司的价值有影响。股利相关论又有两种著名的论点。即手中之鸟论和所得税差异论。此外,还有消除不确定感论和股利传播信息论。

(1) 手中之鸟论。这种股利理论认为,在投资者心目中,经由留存收益再投资而产生资本利得的不确定性,要高于股利支付的不确定性,所以投资者的股利偏好要大于资本利得。在这种条件下,投资者愿意以较高价格购买能支付较多股利的股票,股利政策对股票价格产生实际的影响。这种理论强调股利发放的重要性,被戏称为"手中之鸟"理论,认为"群鸟在林,不如一鸟在手"。

(2) 所得税差异论。这种理论认为在一定的所得税法下,如果股利税率高于资本利得税率,投资者自然喜欢企业少支付股利而将较多的盈利保留下来以作为再投资使用,同时为了获得较高的预期资本利得,投资者愿意接受较低的股利支付率。因此,只有采取低股利支付率的政策,才可能使企业股东财富最大化。

(3) 消除不确定感论。这种理论认为股东取得当前股利,可消除其不确定感,所以股东宁愿取得当前股利,而不愿取得等额的未来资本收益(价差)。正因如此,在其他条件相同的情况下,投资者更愿购买当前股利较多的股票。可见,股利支付对公司价值(股东财富)是有影响的。

(4) 股利传播信息论。这种理论认为股利之所以对股价产生影响,是因为股利给投资者传播了公司收益状况的信息。投资者把股利用来预测企业未来的经营成果,股利传播了企业管理当局预期未来发展前景的信息。股利越多,说明公司未来的发展前景光明。这无疑会影响公司的价值。

第四节 股 利 政 策

一、影响股利政策的因素

影响公司股利政策的因素主要有以下四个方面。

(一) 法律因素

为保护债权人和股东的利益,《公司法》和《证券法》等有关法规对公司股利的分配都作出了一定的规范和限制。这些限制有:

(1) 资本保全,即规定公司不能用资本发放股利,以防止资本被侵蚀。

(2) 企业积累,即公司必须按规定提取10%的法定盈余公积金。

法律也鼓励企业提取任意盈余公积余。只有当企业提取公积金累积数额达到注册资本50%时才可以不再计提法定盈余公积金。

(3) 净利润,即规定公司账面累计税后利润必须是正数才可以发放股利。以前年度的亏损必须足额弥补。

(4) 偿债能力,即规定公司必须有充分的偿债能力才能发放股利,公司如没有充分的偿债能力,要支付股利就得变卖现有资产,会影响公司经营和债权人利益。

(二) 企业因素

公司自身的各种条件会影响股利的分配。

(1) 盈利的稳定性。盈利稳定的公司股利支付较高。

(2) 资产的流动性。资产流动性较强的公司,现金来源较充足,股利支付能力也就较强。

(3) 举债能力。不同的企业在资本市场上举债能力大相径庭,有的企业举债能力强,能以较低的成本筹得所需的资金,有的企业筹不到所需的大量资金,即使能筹到这笔资金,也要付出较大的成本。若企业愿意调整资本结构,举债能力强的企业可以采用较为宽松的股利政策。这样既可以有助于稳定或提高股票的价格,也可以提高企业的效益;若企业的举债能力较弱,企业不能过多举债,为维持经营能力就不得不多保留盈余,因而常采用较紧的股利政策。举债能力强的公司因为能够及时筹措到所需的资金,也就有可能采取较宽松的股利政策。

(4) 投资机会。有良好的投资机会的公司为保证投资的资金需要,就可能少发股利。但这有利于公司今后的发展,对长远的股利分配是有好处的。股利政策在很大程度上受投资机会的影响。一般来说,企业的投资机会较多,就往往会采用低股利、高保留盈余政策;反之,如果投资机会较少,企业可能采用高股利政策。

因此,对于那些前景看好、发展较快的企业.往往很少采用高现金股利政策,可能采用低现金股利政策,也可能采用股票股利等其他的方式发放股利。

(5) 资金成本。如果企业需筹集一定数量的资本进行投资,它可以使用保留盈余,也可以发行新股票得到资本。保留盈余是企业内部筹资的一种重要方式,同发行新股相比成本较低,而且可以保持对企业的控制权,如果新股发行成本高,发行新股的成本将高于使用保留盈余的成本。因此,最好使用保留盈余筹资而非采用出售新股票来筹资;反之,若新股发行成本低,企业宜采用高现金股利政策,所需的资金可以从外部来筹得。企业之间的筹资成本各不相同,小企业的股票的发行成本往往较高。保留盈余的成本比发行新股的成本低,出于资金成本考虑,公司可能少分股利,以满足公司对资金的不断需要。

(6) 以往年度的股利政策。公司股利政策的制定,不仅要充分考虑本年度的经营业绩和财务状况,而且必须考虑历史上公司的股利政策,尽可能保持连续性和稳定性。如果一定要对历年执行的股利政策作明显的改变,必须充分估计这种改变对公司声誉、负债能力、信用等方面的影响。

(三) 股东因素

(1) 稳定的收入与避税。依靠股利生活的股东往往要求公司支付稳定的股利,高收入的股东为了避税,往往反对公司支付较多的股利。

(2) 控制权的稀释。如果企业通过发行新股筹集资本,企业的控制权可能受到稀释的威胁,虽然老股东有优先认股权,但他们必须拿出可观的现金,否则老股东的利益将受到损害。尤其是那些经常持有较大比例股票的小企业,管理者担心控制权的稀释,就更不愿意出售股票。因此,这些企业的股东往往限制股利的支付,而宁可多保留收益,增加内部筹资的能力,防止控制权的丧失。不愿稀释控制权的股东,往往宁可少分股利。

(3) 股利和资本收益风险预感程度。如果股票市场风云变化,股东们对企业股票前景难以确定。则股东都会要求企业采用高股利政策,体现一种求稳的心态;如果企业股票价格的前景明朗看好,投资者往往希望企业多保留盈余,以获取更大的资本收益。

(4) 股利的信号作用。投资者已观察到股利的增长常伴随着股票价格的上涨;反之,削减股利常导致股票价格下跌。因此，股利的发放常常给投资者一种股票价格上升或下降的信号，如果企业的股利发放顺利，且每股股利数额较大，则意味着股票价格的上升。

因此，一些企业在发行新股之前，往往采用高股利政策，诱使股票价格上涨，使筹资成本下降。

(5) 股利分派的其他目的。股利分派除了满足股东对股利收入的要求之外，还可以达到其他目的。比如，两个公司合并之初，为了争取股东支持、巩固合并后的新公司，可以分派较高额度的股利。公司也可以通过有意识地用多发股利来影响股票市价上升，达到使已发行的可转换公司债尽早地实现转换之目的。部分股东对公司管理者不满，管理者可以用多发股利的方法缓和矛盾，争取股东对管理者的支持。

(四) 其他因素

(1) 债务合同约束。长期债务合同中往往有关于现金支付的限制性契约条款，使得公司不得支付较多的股利。

(2) 通货膨胀。在通货膨胀期间，股利政策往往偏紧，企业往往要用盈余补充重置固定资产的资金缺口。

二、常用的股利政策

根据影响股利政策的因素的不同，企业应权衡利弊得失，制定最佳的股利政策。

(一) 剩余股利政策

实际上，股利政策受投资机会及所需的资金成本的双重影响。在企业有良好的投资机会时，可考虑在一定的目标资本结构下，按投资所需的资金测算出应当留存的税后利润，将剩余金额作为股利予以分配。

在运用剩余股利政策时，应遵循以下四个步骤：

(1) 设定目标资本结构，即确定权益资本与债务的比率。

(2) 确定按此资本结构所需达到的股东权益的数额。

(3) 最大限度地利用留存税后利润来满足这一股东权益数。

(4) 在税后利润有剩余的情况下才发放股利，奉行剩余股利政策意味着企业只将剩余的可供分配的利润用于发放股利。

【例 14-9】 某公司从财务安全性考虑决定其资本结构应是自有资金和借入资金之比为 7∶3。明年的投资计划所需资金为 1 000 万元。则投资计划中将有 700 万元来自股东权益，300 万元需要举债。如果本年税后利润为 900 万元，那么公司应留存 700 万元，剩余 200 万元用于发放股利。

(二) 固定或稳定增长股利政策

固定或稳定增长股利政策首先要求企业在较长时期中支付固定的股利额，只有确信企业未来的利润将显著增长，且这种增长被认为不可逆转时才考虑增长股利。实施这一政策将向市场传播有利于股价稳定的信号，对于那些依靠股利维持生活的股东有利(图 14-3)。

企业采取固定股利政策的主要原因是：

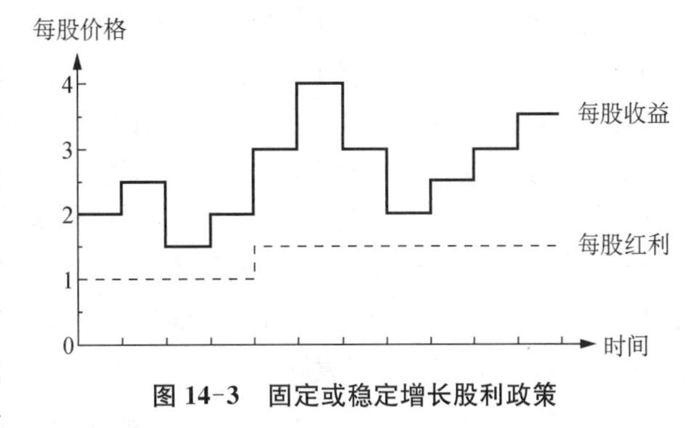

图 14-3　固定或稳定增长股利政策

(1) 大多数股东希望企业能以一种有规律的方式发放股利。如果企业的股利稳定,预期的股利风险较低,与不稳定股利政策相比,投资者愿以较高的价格购买该企业的股票,普通股成本就可能降低。

(2) 许多股东以股利收入为生,他们希望能收到有规律的股利。股利的大幅度波动对这些股东来说存在极大的潜在威胁,稳定的股利政策吸引了大批这些股东对企业股票的青睐,他们愿以更高的价格购买这种企业的股票,从而降低企业资本的成本。

(3) 一些基金组织希望获得较稳定的投资收益率,以减少投资风险。因此,稳定的股利政策增加了这些机构对企业股票的需求,有利于企业股票价格的上升。

(4) 投资者希望能获得一个稳定增长的股利,以抵消通货膨胀的影响。他们往往把能发放稳定增长股利的企业看作成功的企业,大大提高企业在股票市场上的地位,使企业的股票价格提高。

采取固定股利或稳定增长股利政策要求企业的收益比较稳定,否则会加大企业的财务压力,在企业收益不能维持稳定的股利时、企业只有延缓某些项目的投资或改变目标资本结构。

(三) 固定股利支付率政策

固定股利政策对那些收益经常波动的企业是不现实的,这些企业可选择的策略是固定支付率,即确定一个股利占税后利润的比率,并长期按此比率发放股利(图 14-4)。

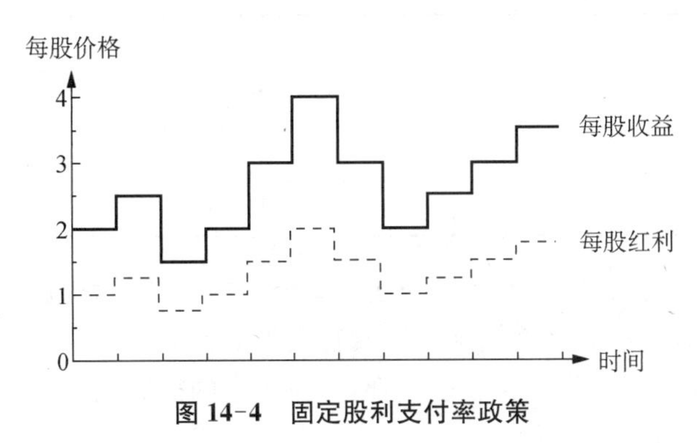

图 14-4　固定股利支付率政策

采用固定股利支付率政策,股利的发放额随企业收益的好坏上下波动,获利较多的年份对股东的支付较高,获利较少的年份对股东的支付相应较低。这一政策对企业的财务压力相对较轻,但可能导致股票价格的较大波动。

(四) 固定股利加额外股利政策

固定股利加额外股利政策是一种常见的股利政策,按照这一政策,企业将正常发放的股利固定在一个较低的水平上,根据企业的经营情况再临时确定一笔额外增长股利。这种政策为收益波动较大的企业提供了股利发放的灵活性,在收入较多时支付额外股利也不会对企业财务构成压力。

三、股票股利和股票分割

(一) 股票股利

1. 股票股利的性质

企业除了以现金的形式支付股利外,还常常采用增发股票的方式给股东发放股利,作为投资的报酬。股票股利通常按现有普通股的持股比例增发普通股股票，简称送股。例如，10%的股票股利是指持有10股某企业股票的股东，在该企业股利支付期可无偿分到1股新股票. 简称10送1。许多企业常使用这种股利形式，地位仅次于现金股利。股票股利的支付只是资金在企业股东权益账户各项目之间的转移，股东权益总数并无变化，代表权益的股票数量增加了，一部分保留盈余(盈余公积)转变为普通股股本。因此，减少了企业的保留盈余，增加了普通股股本的金额。对股东个人而言，发放股票股利后，他所持有的股票数量增加了，但在企业股东权益中所占的比例却仍保持不变，其实际拥有企业的价值也没有变化。

【例 14-10】 某公司发放股票股利前的股东权益账户如下表14-5所示。

表 14-5 发放股票股利前的股东权益 单位：万元

项目	金额
股本(每股面值1元，2 000万股)	2 000
资本公积	3 000
未分配利润	6 000
股东权益合计	11 000

该公司当前股票市价为20元/股，现实施“10送1”的股票股利，那么发放股票股利后，股东权益的账户会发生怎样的变化？

答：由于该公司发放股票股利前股本总数为2 000万股，实施“10送1”的股票股利即每10股赠送1股，共赠送200万股，相当于分配股利4 000万元(200×20)，于是发放股票股利后股东权益的账户如下表14-6所示。

表 14-6 发放股票股利后的股东权益 单位：万元

项目	金额
股本(每股面值1元，2 200万股)	2 200
资本公积	6 800
未分配利润	2 000
股东权益合计	11 000

因此，发放股票股利不会导致公司的现金流出，也不会增加或减少公司的资产，股东权益账面价值的总额也不会发生变化。但发放股票股利将增加公司发行在外的普通股股票的数量，导致每股股票所拥有的股东权益账面价值下降。就股东而言，每位股东的持股比例不变，每位股东所持有股票的权益账面价值也不变。

2. 发放股票股利的理由

(1) 股票股利起到与现金股利同样的作用。股票股利对股东产生某种有利的心理效应，许多股东都会认为他们最初投资的资本，由于发放了红利而变得增加了，是一种能够接受的收入。

(2) 有利于企业市场总价值的提高。企业经过多年的经营，其销售与收益得到较大的发展，其中一部分收益作为现金股利分给了股东，但每年还有一部分保留下来。因此，每股收益和每股的市场价格不断提高。若其股票的市场价格升得较高，则不利于股票价格的进一步提高。如果企业通过派送红股的形式给股东分红，股东持有的股数增加，虽然企业派送红股可能会使股票的市场价格暂时下降，但由于价格下降可以有助于每股股价的进一步上升，使企业的总价值上升，股东个人所持股票的价值同样也增加。事实上股票股利的少量增加，有时并不立即反映在股票价格上，这对提高企业的总价值和股东持有股票价值的提高均有好处。对于一个高速成长的企业而言，采用股票股利的发放比现金股利更为可行。

(3) 有利于企业进一步发展。股票股利是将企业的保留盈余的一部分转入企业的普通股股本，它既可使股东分享利润，又不必为发放股利支出现金，可以将现金留下来作为进一步发展所需的资金，是一种企业内部融资的方法。

(4) 股东可以少缴个人所得税。与现金股利收入不同，股东收到股票股利时不必缴纳所得税。股东只在股票出售时才缴纳资本利得税，它比现金股利所缴的税要低得多，有些国家允许可以不缴资本利得税。

(二) 股票分割

股票分割，也称拆股，是指在企业股票总面值不变的条件下，将股票的面值减低，而使股票的数量按相同比例增加。

【例 14-11】 某公司进行股票分割前的股东权益账户如下表 14-7 所示。

表 14-7　股票分割前的股东权益　　单位：万元

项目	金额
股本(每股面值 2 元，2 000 万股)	4 000
资本公积	3 000
未分配利润	6 000
股东权益合计	13 000

该公司现实行“每股拆分为 2 股”的股票分割策略，那么股票分割后，股东权益的账户会发生怎样的变化?

答：由于该公司股票分割前股本总数为 2 000 万股，实行“每股拆分为 2 股”的股票分割策略即股本总数为 4 000 万股，于是实行股票分割后股东权益的账户如下表 14-8 所示。

表 14-8　股票分割后的股东权益　　单位：万元

项目	金额
股本(每股面值 1 元，4 000 万股)	4 000
资本公积	3 000
未分配利润	6 000
股东权益合计	13 000

因此，实行股票分割不会导致公司的现金流出，也不会增加或减少公司的资产，股东权益账面价值的总额也不会发生变化。股票分割将增加公司发行在外的普通股股票的数量，导致每股股票所拥有的股东权益账面价值下降。就股东而言，每位股东的持股比例不变，每位股东所持有股票的权益账面价值也不变等，这些特征与股票股利均相同。两者的不同之处在于：股票股利使股东权益的内部结构发生了变化，而股票分割不会引起股东权益的内部

结构变化。

股票分割的最主要原因是降低每股股票市场价格，从而提高股票在市场上的流通性。面值较大的股票，其市场价格一般较高，往往不受投资者欢迎，在股票市场上流通比较困难。这是由于大多数国家的股票市场，股票的交易往往以手(100 股)为单位。这样，面值大的股票每股价格相应也较高，使得一般的投资者难以购买。若减小股票的面值，则相应的市场价格也减小，可以满足大多数投资者的需要，活跃股票的交易。

四、现金股利与股票回购

(一) 现金股利

现金股利又称“派现”，是指公司用现金向股东分配股利，它是股利支付的最主要方式。大多数投资者认为，现金股利是实实在在的收益，广受股东欢迎。然而公司发放现金股利会导致公司现金资产减少，公司的未分配利润减少，股东权益也相应减少。

公司发放现金股利有两个基本条件：一是公司要有足够的现金资产；二是公司要有一定的盈利，两者缺一不可，因此发放现金股利对公司有较高的要求。不仅如此，发放现金股利对公司的财务状况影响也较大。它会导致公司的资产减少、资产结构发生变化；由于负债不变，股东权益减少，则负债比例上升，公司的偿债能力下降等。

(二) 股票回购

股票回购是指公司出资购回其本身发行的在外流通的股票，被购回的股票通常称为“库藏股票”。股票回购有很多意图，其中之一是变相的现金股利。用股票回购代替现金股利，一般是公司有多余现金又没有有利可图的投资机会时，可以通过发放现金股利或回购股票等方式将现金分配给股东。

【例 14-12】 某公司有关财务数据如下表 14-9 所示：

表 14-9 有关财务数据 单位：万元

项目	金额
多余现金	5 000
股本(每股面值 1 元，10 000 万股)	10 000
税后利润	7 000
发放股利前股票市价	19.5 元/股

公司拟将多余现金 5 000 万元分配给股东，分配方式有两种：一是选择现金股利，也即实施“10 派 5”(含税)，相当于 0.5 元/股现金股利。二是实施股票回购，用 5 000 万元购买本公司的股票，回购价为 20 元/股(19.5+0.5)，回购股数为 250 万股(5 000÷20)，此时公司的股本数为 9 750 万股。

在没有个人所得税和交易成本时，现金股利和股票回购对股东没有区别，股票回购给股东带来的资本利得应等于发放现金股利额。但采用股票回购对于股东而言有一个选择机会，或出售股票或保留股票。在有个人所得税时，股东更偏好股票回购。

公司采取股票回购的方式主要有以下动机和目的：第一，用于公司兼并或收购。公司并购时的产权交换方式一般有现金购买和换股两种，如果公司有库藏股票，即可使用公司本身的库藏股票来交换被并购公司的股票，由此可以减少公司的现金支出。第二，满足可转换条款和有助于认股权的行使。在公司发行可转换证券或附认股权证的情况下，公司可以通过回购股票，即使用库藏股票来满足认股权证持有人以特定的价格认购股票，以及可转换证券持有人将其转换成普通股股票的要求，而不必另行发行新股。第三，改善公司的资本结构。如果公司认为其股东权益所占比例过大、负债对股票权益的比例失衡时，就有可能对外举债，并用举债获得的现金回购自己的股票，由此实现资本结构的合理化。第四，灵活分配公司的多余现金，股东可以享受税收优惠。如果选择股票回购的方式，股东需要交纳的是资本利得税，按照国际惯例，相比较红利税，通常资本利得税税率较低。

思考题

1. 什么是营业收入？它包括哪些内容？
2. 举例说明应用本量利分析方法进行利润规划的步骤。
3. 什么是股利？股利分派的形式有哪些？各种形式有何特点？
4. 什么是股利决策？影响股利决策的因素有哪些？
5. 常用的股利政策有哪些？各种股利政策有何优缺点？
6. 什么是股票股利？什么是股票分割？两者有何异同？

财务分析概论

第一节　财务分析概述

一、财务分析的目的

财务分析是以企业的财务报告及其他相关资料为基础，采用专门的财务分析方法，对企业的财务状况和经营成果进行分析和评价，预测企业未来发展趋势的一种方法。财务分析是财务管理的重要内容。通过财务分析，可以为企业内外的直接或间接利害关系的使用者进行财务决策、计划与控制，了解企业的财务状况、经营业绩及未来前景，提供有用的帮助。

不同财务报告的使用者与企业有着不同的利害关系。例如，企业的股东、债权人及协作企业、税务当局、客户和企业的经营管理当局，他们与企业有着直接的利害关系；此外，证券交易所及证券监管会、会计师、律师及金融机构等，他们与企业有着间接的利害关系。这些财务报告的使用者所关心的侧重点不同，因此，进行财务分析的目的也不相同。

（一）企业的投资者

对于企业的所有者或股东来说，由于对企业拥有所有权，同时也是企业最终风险的承担者，因而他们更关心被投资企业的当前利益、未来利益及稳定增长趋势如何，以企业的获利能力为其财务分析的首要目的。

（二）企业的债权人

企业债权人的收益是按合同约定的固定的利息，但如果经营者为了追求高风险、高收益的投资项目，而使企业遭受损失，甚至造成资不抵债的情况，债权人不但不能按期收回利息，可能连本金也难以收回。因此，评估企业的短期及长期偿债能力是债权人财务分析首要目的。

（三）政府经济管理部门

企业的经营状况如何事关国民经济运行能否正常，影响着现代生活的各个领域。政府作为国有企业的所有者，在进行财务分析时，与企业的其他投资者有着许多共性。但是，政府考核企业的经营状况时，不仅需要了解企业资金使用的情况，预测财政收入的增长情况，有效地组织和调整社会资源的配置，而且还要检查企业是否按时、足额缴纳应缴税金及企业的发展后劲和对社会的贡献程度。

（四）企业经营管理者

企业的经营管理者是对企业业务情况了解最多的财务报告使用者，必须全面而及时地分析企业的生产经营状况和财务状况。财务分析可以帮助企业管理者考核企业过去的经营业绩，评价企业目前的运营及财务状况，评估各种投资机会，预测未来的经营方向并编制企业未来的财务计划，以便更有效和合理地配置企业内部的有限资源，最终实现企业的目标和宗旨。

（五）其他

除了以上财务报告使用者外，还有企业内部的职工、投资银行及有业务联系的客户，他们也很关心企业的经营情况。企业的内部职工十分关心企业的未来经营效益、工作的稳定性及安全保障程度；投资银行通过财务报告的分析，对目标企业的整体价值进行评估，了解目标企业的全面信息，以分析收购或兼并的可能性，并设计收购或兼并方案；与企业有业务联系的客户，如给企业提供材料、物资、产品的供应商，企业产品的销售商，企业业务合作者等，他们通过财务分析了解企业未来的经营是否会发生转变及如何转变，并预测其对自身的影响。

二、财务分析的内容

企业的财务分析综合各方面的需要来看主要包括四个方面的内容：分析企业的偿债能力、分析企业的营运能力、分析企业的获利能力和分析企业的发展能力。

（一）偿债能力

企业的偿债能力，也称支付能力，是企业能用于支付的资产抵补需要偿付的债务能力。企业在生产经营过程中，经常需要支付各种款项，如果企业不能如期足额地支付这些款项，生产经营就会停顿，所以，企业的偿债能力对企业的生存和发展具有十分重要的意义。

（二）营运能力

企业的营运能力，也称经营效率，是指企业在生产经营过程中各种经济资源的利用程度。企业的经济资源主要有人力资源、各种流动资产和固定资产、无形资产等。例如，企业人力资源的利用程度就是劳动生产率，它反映企业利用劳动力的程度和水平。

（三）获利能力

企业的获利能力，也是企业生产经营的经济效益。获利能力的高低不仅关系到投资者的利益，也关系到债权人以及企业经营管理者的利益。因此财务管理人员通过获利能力的分析，可为生产经营决策提供重要的财务信息。

（四）发展能力

企业的发展能力，也称企业的成长能力。它包括资产的增长、收入的增长、利润的增长以及现金流量的增长，反映企业发展速度的快慢。

三、财务分析的方法

企业财务分析的方法主要有：比较分析法、因素分析法、综合分析法等。

（一）比较分析法

比较分析法是将财务报告或与其有关资料的相关项目进行对比，得出一系列财务指标，以此来揭示企业的财务状况和经营成果。企业的财务分析主要是通过计算各种财务比率进行的。企业的各种财务比率构成了一个指标体系，通过对财务指标体系的分析，能了解企业各个方面的情况。

由于财务报告本身有局限性，在进行分析时一定要注意以下问题。

1. 计算比率使用的财务报告不一定反映真实情况

（1）非流动资产的余额，是按历史成本扣除折旧或摊销计算的，不代表现行成本或变现价值；

（2）受通货膨胀或物价水平的影响，财务报告数据可能并未反映真实情况；

（3）有许多项目，如科研开发支出和广告支出，从理论上看应列为资本支出，但发生时已立即列作了当期费用；

（4）一些估计的项目可能并不准确，如无形资产或递延资产的摊销；

（5）发生了非常的或偶然的事项、客观经济因素的变化等，都会对财务比率的计算分析产生影响，例如，一些财产的盘盈、盘亏，或有负债的发生及坏账损失的发生等，都可能歪曲本期的净收益，使其不能反映企业正常的盈利水平。

2. 不同企业在进行比较时的可比性

不同企业可能选择不同的会计程序和会计处理方法，在进行比较时可能失去可比性。

（1）存货的计价有不同的方法，可以使用后进先出法、先进先出法、个别计价法、加权平均法等，使存货和销售成本出现差异；

（2）不同的企业可能采用不同的折旧方法，有的用直线法，有的用各种加速折旧法；

（3）对外投资的收益可以使用成本法或收益法；

（4）所得税费用的确认可以使用应付税款法或所得税影响法，而后者又有递延法和债务法之分；

（5）即使以上会计处理方法相同，由于企业规模大小、产品或服务的差异性也会给企业之间的比较带来影响。

因此，企业财务管理人员、股东、债权人及其他人员在财务分析时要特别注意财务比率指标的可比性，必须结合其他分析方法并善于应用例外原则，具体情况具体分析，不能绝对化。

比较分析法还可以比较企业连续几期的财务报告或财务比率，来了解企业财务状况变动的趋势，并以此来预测企业的未来财务状况，判断企业的发展前景。

（二）因素分析法

因素分析法，是将某一综合性的经济指标分解为具有内在联系的各个原始因素，并用一定的计算方法，从数值上测定各因素对该经济指标的差异影响程度的一种方法。根据其繁简程度，分为连环替代法和差额计算法。

在运用因素分析法时，应注意以下几个问题。

1. 指标之间的内在联系

被分析的指标首先应分解为若干个有内在联系的小指标，而不是任意拼凑的。

2. 替代要注意顺序性

当有数量指标和质量指标时，首先应替代数量指标，然后替代质量指标；当有实物量指标和价值量指标时，首先应替代实物量指标，然后再替代价值量指标；当一个因素在变时，其他因素不变，替代后因素用报告期指标，尚未替代的因素用基期指标。

3. 替代要注意环比性

连环替代法顺次逐个地计算因素变动分别对指标的影响程度，当分析某一个因素时，需将其余因素当作不变的因素考虑。

杜邦分析法就是运用连环替代的原理，将净资产收益率分解成三个影响因素，分别是销售净利率、总资产周转率和权益系数。通过逐一替代找出影响净资产收益率的主要原因和次要因素，为财务报表使用者全面仔细地了解企业的经营和盈利状况提供方便，为企业提高经营效益、实现企业经营目标，提供科学合理的决策思路。

（三）综合分析法

综合分析法是将相互联系、相互补充的分析方法和分析程序得到的个别结论，通过一个简洁的指标体系予以综合并做出概括性的结论，以衡量企业生产经营活动的综合绩效和财务状况。例如沃尔评分法，其基本思路是选定若干财务指标，根据它们的重要性给定权重，再将该指标与标准指标值比较，得出每项指标的得分，最后进行加权计分算出综合评分值。

四、财务分析的程序

不同的财务报告使用者，由于财务分析的目的不同，财务分析的程序也可能不同。但是，归纳起来大致有以下几个基本步骤：

（一）明确范围，搜集资料

财务报告使用者在进行财务分析时首先要明确财务分析的范围。如债权人最关心企业的偿债能力，这样他就不必对企业经营活动的全过程进行分析，而企业的经营管理者则需要进行全面的财务分析。财务分析的范围决定了所要搜集的经济资料的数量，范围小，所需资料也少，全面的财务分析则需要搜集企业各方面的经济资料。

（二）分析对比，找出差异

在进行财务分析时，可以结合多种财务分析方法，以便进行对比，作出客观的、全面的评价。利用这些分析方法，比较分析企业的有关财务数据、财务指标，对企业的财务状况和经营成果做出评价。

（三）因素分析，查明原因

通过财务分析，可以找出影响企业经营活动和财务状况的各种因素。在诸多因素中，有的是有利因素，有的是不利因素；有的是外部因素，有的是内部因素。在因素分析时，必须查明影响企业生产经营活动财务状况的主要因素，然后才能有的放矢，提出相应的办法，做出正确的决策。

（四）综合评价，总结报告

财务分析的最终目的是为经济决策提供依据。通过因素分析，权衡各种方案的利弊得失，从中选出最佳方案，做出经济决策。同时，决策者通过财务分析可以总结经验，吸取教训，以改进工作。

第二节　财务报表结构分析

企业财务报告的使用者主要是以财务报告为基础展开财务分析的。财务报告是企业向政府部门、投资者、债权人等与企业有利害关系的组织或个人提供的，反映企业在一定时期内的财务状况、经营成果以及影响企业未来经营发展的重要经济事项的书面文件。提供财务报告的目的在于为报告使用者提供财务信息，为他们进行财务分析、经济决策提供充足的依据。

一、主要财务报表

企业的财务报告主要包括资产负债表、利润表、现金流量表、所有者权益变动表四张主表和一些附表、附注、财务情况说明书等。这里仅介绍资产负债表、利润表、现金流量表三张主表。

（一）资产负债表

对资产负债表进行分析，是以资产负债表为中心，分析企业资产的流动状况、负债水平、偿还债务能力、企业经营的风险等财务状况，简单的资产负债表如表15-1所示。

表15-1　资产负债表

编制单位：甲公司　　20××年12月31日　　单位：万元

资　产	年初数	年末数	负债及所有者权益	年初数	年末数
流动资产：			流动负债：		
货币资金	170	245	短期借款	200	210
交易性金融资产	15	40	应付票据及应付账款	280	300
应收票据及应收账款	330	350	预收账款	10	5
预付账款	25	10	应付职工薪酬	50	60
其他应收款	10	15	应交税费	120	130
存货	450	520	其他应付款		
一年内到期的非流动资产			一年内到期的长期负债		
其他流动资产			其他流动负债		
流动资产合计	1 000	1 180	流动负债合计	660	705
非流动资产：			非流动负债：		
可供出售金融资产	55	90	长期借款	250	280
持有至到期投资			应付债券	160	210

（续表）

资　产	年初数	年末数	负债及所有者权益	年初数	年末数
固定资产	1 200	1 450	长期应付款	50	50
在建工程			其他长期负债		
无形资产	75	75	非流动负债合计	460	540
长期待摊费用	10	15	负债合计	1 120	1 245
其他非流动资产			所有者权益：		
非流动资产合计	1 340	1 630	实收资本	1 000	1 000
			资本公积	50	60
			盈余公积	100	150
			未分配利润	70	355
			所有者权益合计	1 220	1 565
资产总计	2 340	2 810	负债及所有者权益总计	2 340	2 810

（二）利润表

对利润表的分析，是以利润表为对象分析企业的盈利状况、经营成果和偿债能力。另外，结合资产负债表可以分析企业的营运能力。利润表如表 15-2 所示。

表 15-2　利润表

编制单位：甲公司　　20××年度　　单位：万元

项　目	本年累计数	项　目	本年累计数
一、营业收入	4 360	资产减值损失	30
减：营业成本	2 800	加：投资收益	100
税金及附加	260	公允价值变动收益	20
销售费用	250	二、营业利润	410
管理费用	400	加：营业外收入	25
研发费用	200	减：营业外支出	15
财务费用	130	三、利润总额	420
其中：利息费用	180	减：所得税费用	105
利息收入	50	四、净利润	315

（三）现金流量表

现金流量表是以现金流量表为中心，分析企业的现金流动状况，可以了解企业在一定时期内，有多少现金流入，是从何而来的，又有多少现金流出，都流向何处。这种分析可以了解到企业财务状况变动的全貌，可以有效地评价企业的偿付能力。现金流量表如表 15-3 所示。

表 15-3 现金流量表

编制单位：甲公司 20××年度 单位：万元

项 目	金额
一、经营活动产生的现金流量：	
销售商品、提供劳务收到的现金	4 443
收到的税费返还	537
收到的其他与经营活动有关的现金	150
现金流入小计	5 130
购买商品、接受劳务支付的现金	3 310
支付给职工及为职工支付的现金	850
支付的各项税费	340
支付的其他与经营活动有关的现金	150
现金流出小计	4 650
经营活动产生的现金流量净额	480
二、投资活动产生的现金流量：	
收回投资所收到的现金	60
取得投资收益收到的现金	35
处置固定资产、无形资产和其他长期资产收回的现金净额	10
处置子公司及其他营业单位收回的现金净额	
收到的其他与投资活动有关的现金	
现金流入小计	105
购建固定资产、无形资产和其他长期资产所支付的现金	400
投资支付的现金	25
取得子公司及其他营业单位支付的现金净额	
支付的其他与投资活动有关的现金	
现金流出小计	530
投资活动产生的现金流量净额	－425
三、筹资活动产生的现金流量：	
吸收投资收到的现金	
取得借款收到的现金	150
收到的其他与筹资活动有关的现金	
现金流入小计	150
偿还债务支付的现金	300
分配股利、利润或偿付利息支付的现金	180

（续表）

项　　目	金额
支付的其他与筹资活动有关的现金	
现金流出小计	480
筹资活动产生的现金流量净额	−330
四、汇率变动对现金的影响	
五、现金及现金等价物净增加额	

除了表内的财务信息外，财务报告使用者还必须重视表外的财务信息的重要作用。有一些因素在财务报告资料中没有反映出来，但也会影响企业的短期偿债能力，甚至影响力相当大。比如，企业准备很快出售的长期资产、企业的偿债声誉一贯很好等，这些因素将增强企业的短期偿债能力；反之，未作记录的或有负债、担保责任引起的负债，可能成为企业的负债，增加偿债负担。企业财务管理人员应该非常了解企业的实际情况，在充分考虑表内和表外的财务信息后，有利于他们作出正确的判断。

二、结构百分比分析

结构百分比分析是将财务报表换算成结构百分比报表，然后，将不同年份的百分比报表逐项比较或与同行业平均数之间作比较，以此来判断企业的财务状况的合理性。同一报表中不同项目的结构百分比分析的计算公式为：

$$结构百分比=\frac{部分}{总体}\times 100\%$$

（一）资产负债表结构百分比分析

资产负债表结构百分比分析，是将常规形式的资产负债表换算成结构百分比形式的资产负债表，即分别以资产合计数和负债及所有者合计数为共同基数，列为100%，然后求出表中左右两方各项目相对于共同基数的百分比，进一步结合企业的规模、经营性质、销售状况以及行业风险等因素，分析企业在资产运用以及资金筹措等方面存在的问题。以表15-1资产负债表，计算出的结构百分比如下表15-4所示。

表15-4　资产负债表结构百分比

编制单位：甲公司　　　　20××年12月31日　　　　单位：%

资　产	年初数	年末数	负债及所有者权益	年初数	年末数
流动资产：			流动负债：		
货币资金	7.26	8.72	短期借款	8.55	7.47
交易性金融资产	0.64	1.42	应付票据及应付账款	11.97	10.68
应收票据及应收账款	14.10	12.46	预收账款	0.43	0.18
预付账款	1.07	0.36	应付职工薪酬	2.14	2.14

（续表）

资　产	年初数	年末数	负债及所有者权益	年初数	年末数
其他应收款	0.43	0.53	应交税费	5.13	4.63
存货	19.23	18.51	其他应付款		
一年内到期的非流动资产			一年内到期的长期负债		
其他流动资产			其他流动负债		
流动资产合计	42.74	41.99	流动负债合计	28.21	25.09
非流动资产：			非流动负债：		
可供出售金融资产	2.35	3.20	长期借款	10.68	9.96
持有至到期投资			应付债券	6.84	7.47
固定资产	51.28	51.60	长期应付款	2.14	1.78
在建工程	3.21	2.67	其他长期负债		
无形资产			非流动负债合计	19.66	19.22
长期待摊费用	0.43	0.53	负债合计	47.86	44.31
其他非流动资产			所有者权益：		
非流动资产合计	57.26	58.01	实收资本	42.74	35.59
			资本公积	2.14	2.14
			盈余公积	4.27	5.34
			未分配利润	2.99	12.63
			所有者权益合计	52.14	55.69
资产总计	100	100	负债及所有者权益总计	100	100

表 15-4 左边表示资财结构，通过资财结构分析，可以及时发现和揭示与企业经营性质、经营时期不相适应的资财结构比例，并及时加以调整；可以及时发现企业的长期资产、固定资产占用资金多现象以及帮助企业查找有问题资产，以减少资金沉淀，保持资产足够的流动性，加速资金周转，有效防止或消除资产经营风险。

表 15-4 右边表示理财结构，通过理财结构分析，可以及时了解企业资金的来源渠道，衡量财务风险，发现其中存在的某些不合理因素，并结合企业自身的盈利能力、发展机遇以及外部的市场经济环境，进一步优化理财结构，降低理财成本，规避财务风险。

（二）利润表结构百分比分析

利润表结构百分比分析是将常规形式的利润表换算成结构百分比形式的利润表，即以营业收入总额为共同基数，定为 100%，然后再求出表中各项目相对于共同基数的百分比，从而可以了解企业有关销售利润率以及各项费用率的情况，同时其他各个项目与关键项目之间的比例关系也会更加清晰地显示出来。以表 15-2 利润表计算出的结构百分比如下表 15-5 所示。

表 15-5　利润表结构百分比

编制单位:甲公司　　20××年度　　单位:%

项　目	本年累计数	项　目	本年累计数
一、营业收入	100	资产减值损失	0.69
减:营业成本	64.22	加:投资收益	2.29
税金及附加	5.96	公允价值变动收益	0.46
销售费用	5.73	二、营业利润	9.40
管理费用	9.17	加:营业外收入	0.57
研发费用	4.59	减:营业外支出	0.34
财务费用	2.98	三、利润总额	9.63
其中:利息费用	4.13	减:所得税费用	2.41
利息收入	1.15	四、净利润	7.22

利润表的结构百分比分析,一方面可以进行收支结构分析,揭示出企业的各项支出对于总收入的比重,从而可以判明企业盈利形成的收支成因,从整体上说明企业的收支水平,并可以查找制约企业盈利水平提高的主要支出项目。另一方面可以进行盈利结构分析,揭示企业的各个利润项目对于总收入的比重,即产生不同的销售利润率,从而可以判明企业不同业务的盈利水平和盈利能力,并进一步揭示出它们各自对企业总盈利水平的影响方向和影响程度。

(三) 现金流量表结构百分比分析

现金流量表结构百分比分析包括流入结构分析、流出结构分析、净流量结构分析和流入流出比分析。以表 15-3 现金流量表计算出的结构百分比如下表 15-6 所示。

表 15-6　现金流量表结构百分比

编制单位:甲公司　　20××年度　　单位:%

项　　目	现金流入结构	现金流出结构
一、经营活动产生的现金流量:		
销售商品、提供劳务收到的现金	82.51	
收到的税费返还	9.97	
收到的其他与经营活动有关的现金	2.78	
现金流入小计	95.26	
购买商品、接受劳务支付的现金		58.48
支付给职工及为职工支付的现金		15.02
支付的各项税费		6.01
支付的其他与经营活动有关的现金		2.65
现金流出小计		82.16

（续表）

项　　目	现金流入结构	现金流出结构
经营活动产生的现金流量净额		
二、投资活动产生的现金流量：		
收回投资所收到的现金	1.11	
取得投资收益收到的现金	0.65	
处置固定资产、无形资产和其他长期资产收回的现金净额	0.19	
处置子公司及其他营业单位收回的现金净额		
收到的其他与投资活动有关的现金		
现金流入小计	1.95	
购建固定资产、无形资产和其他长期资产所支付的现金		7.07
投资支付的现金		0.44
取得子公司及其他营业单位支付的现金净额		
支付的其他与投资活动有关的现金		
现金流出小计		9.36
投资活动产生的现金流量净额		
三、筹资活动产生的现金流量：		
吸收投资收到的现金		
取得借款收到的现金	2.79	
收到的其他与筹资活动有关的现金		
现金流入小计	2.79	
偿还债务支付的现金		5.30
分配股利、利润或偿付利息支付的现金		3.18
支付的其他与筹资活动有关的现金		
现金流出小计		8.48
筹资活动产生的现金流量净额		
四、汇率变动对现金的影响		
五、现金及现金等价物净增加额		

1. 现金流入结构分析

现金流入构成是反映企业的各项业务活动现金流入，即经营活动的现金流入、投资活动的现金流入和筹资活动的现金流入等在全部现金流入中的比重以及各项业务活动现金流入中具体项目的构成情况，明确企业的现金究竟来自何方，要增加现金流入主要应在哪些方面采取措施，等等。一般来说，经营活动现金流入占现金总流入量比重较大的企业，经营状况较好，财务风险较低，现金流入结构较为合理。

2. 现金支出结构分析

现金支出结构分析是指企业的各项现金支出占企业当期全部现金支出的百分比，它具体地反映企业的现金用于哪些业务活动。一般来说，在企业的正常经营活动中，经营活动的现金流出具有一定的稳定性，各期变化差异不是很大。但投资活动和筹资活动现金流出的稳定性较差，甚至带有偶然性，需要具体情况具体分析。

3. 现金净流量结构分析

现金净流量结构分析是指经营活动、投资活动和筹资活动以及汇率变动影响的现金收支净额占全部现金净流量的百分比，它反映企业的现金净流量是如何形成与分布的，可以说明企业现金收支是否平衡及其原因。以表 15-3 现金流量表计算出的净流量结构及流入流出比如下表 15-7 所示。

表 15-7 现金流量表结构百分比

编制单位:甲公司　　　　20××年度

<table>
<tr><th colspan="2">项　目</th><th>现金流量(万元)</th><th>净流量结构(%)</th><th>流入流出比</th></tr>
<tr><td rowspan="3">经营活动</td><td>现金流入</td><td>5 130</td><td></td><td rowspan="2">1.10</td></tr>
<tr><td>现金流出</td><td>4 650</td><td></td></tr>
<tr><td>现金净流量</td><td>480</td><td>174.54</td><td></td></tr>
<tr><td rowspan="3">投资活动</td><td>现金流入</td><td>105</td><td></td><td rowspan="2">0.20</td></tr>
<tr><td>现金流出</td><td>530</td><td></td></tr>
<tr><td>现金净流量</td><td>−425</td><td>−154.54</td><td></td></tr>
<tr><td rowspan="3">筹资活动</td><td>现金流入</td><td>150</td><td></td><td rowspan="2">0.31</td></tr>
<tr><td>现金流出</td><td>480</td><td></td></tr>
<tr><td>现金净流量</td><td>−330</td><td>−120</td><td></td></tr>
</table>

对于一个正常经营的企业而言，一般经营活动现金流量净额应该是大于零的，而投资活动现金流量净额可能大于零也可能小于零，若投资活动现金流量净额大于零，则考虑偿还贷款和利息，可能筹资活动现金流量净额小于零；若投资活动现金流量净额小于零，则经营活动现金流量净额用于投资活动所需，若不够则考虑筹资活动。因此，筹资活动现金流量净额的多少要视上述两类活动而定。

第三节 财务能力分析

一、偿债能力分析

(一) 短期偿债能力分析

短期偿债能力是指企业在某一时点上应付即将到期的债务的能力。企业在做财务分析时，首先考虑的是企业的资金流动性问题，即资产的变现性。资产的变现性越高，则偿债能力越强。

反映企业短期偿债能力的财务比率主要有流动比率、速动比率、现金比率、现金流量比率和到期本息偿付比率等。

1. 流动比率

流动比率是企业流动资产与流动负债的比率。其计算公式为：

$$流动比率=\frac{流动资产}{流动负债}$$

根据表15-1中的资料计算出甲公司20××年末流动比率：

$$流动比率=\frac{1\ 180}{705}=1.67$$

流动比率是衡量企业短期偿债能力的一个重要财务指标。这个指标值越高，说明企业偿还流动负债的能力越强。一般而言，生产企业合理的最低流动比率是2。这是因为存货在流动资产中约占一半，存货是变现能力最差的流动资产。因此，剔除存货后，剩下的变现能力较强的流动资产在数量上至少要等于流动负债，企业的短期偿债能力才会有保证。

对流动比率的分析，应注意以下几个方面。

(1) 不同的行业，流动比率可以不一样。如商业企业，其销售收入大部分是现金销售收入，流动比率略低于2时也是正常的；生产企业为了销售其产品，大量使用赊销的话，即使其流动比率大于2，也不能说明企业有较强的短期偿债能力。

(2) 以会计期末资料计算的流动比率不一定能代表企业一年的短期偿债能力。有时流动比率较高，但其短期偿债能力也未必很强，因为可能是存货积压或滞销的结果，而且，企业很容易伪造这个比率，以掩饰其偿债能力。例如，在会计期末偿还流动负债，下年初再重新借入，这样就可以人为地提高流动比率。

(3) 计算出的流动比率有必要与企业的不同时期的流动比率相比，以及与同行业平均水平相比，以判断企业的流动比率是高还是低。从而通过对应收账款和存货的详细分析找出企业流动比率异常的主要原因。

2. 速动比率

从前面的分析可以知道，在评价企业短期偿债能力时，流动比率存在一定的局限性。在流动资产中，短期有价证券、应收账款、应收票据的变现能力均比存货强。一般来说，流动资产扣除存货后的资产称为速动资产。速动资产与流动负债的比率称为速动比率，它反映企业真正的短期偿债能力。速动比率的计算公式为：

$$速动比率=\frac{流动资产-存货}{流动负债}=\frac{速动资产}{流动负债}$$

根据表15-1资料计算甲公司20××年末速动比率：

$$速动比率=\frac{1\ 180-520}{705}=0.94$$

用速动比率来判断企业短期偿债能力比用流动比率进了一步，因为它剔除了变现能力最差的存货。速动比率越高，说明企业的短期偿债能力越强。

一般认为，速动比率为1时比较合适。但在分析时，往往需要注意下面几个问题。

（1）不同的行业之间，速动比率存在差异。例如，小型的零售店一般采用现金销售而没有赊销，这些企业的速动比率略低于1时也有较强的短期偿债能力。

（2）速动资产的确认问题。我国的财务制度规定，速动资产等于流动资产扣除存货。但是，待摊费用、待处理流动资产损失、预付账款等资产，其变现能力也很差，如果这些资产在流动资产中占相当大的比重，在计算速动比率时理应扣除。这样，速动资产才能真实地反映流动性强、能快速变现的资产。

（3）应收账款、应收票据的变现能力。如果企业的应收账款中，有较大部分不易收回而可能成为坏账，那么速动比率就不能真实地反映企业的短期偿债能力。

3. 现金比率

现金比率是企业的现金类资产与流动负债的比率，该指标反映企业立即支付的能力，其计算公式为：

$$现金比率=\frac{现金+现金等价物}{流动负债}$$

根据表15-1资料，假定该公司短期投资均为现金等价物，则该公司20××年末现金比率为：

$$现金比率=\frac{245+40}{705}=0.40$$

现金比率反映了企业立即支付的能力，因为，企业的债务最终都需要用现金来清偿，如果企业缺乏现金，将不能应付业务开支甚至会面临财务危机。一般而言，现金比率越高，说明企业有较好的支付能力，资产的流动性越强，短期债权人的债务风险就越小。但是这个比率过高，也不是一件好事，可能反映了该企业不善于利用现有的现金资源，企业拥有过多的获利能力较低的现金及现金等价物。一般认为，分析者怀疑企业存货和应收账款的流动性时才会运用该指标分析企业的短期偿债能力的。

4. 现金流动负债比率

现金流动负债比率是企业经营活动产生的现金净流量与流动负债的比率，其计算公式为：

$$现金流动负债比率=\frac{经营活动产生的现金净流量}{年末流动负债}$$

这一比率反映企业本期经营活动产生的现金净流量是流动负债的多少倍，当这个倍数足够大时，说明企业经营活动产生的现金净流量足以抵付流动负债，能够保障企业按时偿还到期债务。这是因为，有利润的年份不一定有足够的现金来偿还债务，所以利用以收付实现制为基础的现金流动负债比率指标，能充分体现企业经营活动所产生的现金净流量可以在多大程度上保证当期流动负债的偿还，直观地反映出企业偿还流动负债的实际能力。运用该指标评价企业偿债能力更为谨慎。

但是，该指标值过高，表明企业的流动资金没有得到充分利用，收益能力不强。

根据表15-1和表15-3资料，计算甲公司20××年的现金流动负债比率：

$$现金流动负债比率=\frac{480}{705}=0.68$$

5. 到期债务本息偿付比率

到期债务本息偿付比率是经营活动产生的现金净流量与本期到期债务本息的比率，其计算公式为：

$$到期债务本息偿付比率=\frac{经营活动产生的现金净流量}{本期到期债务本金+现金利息支出}$$

到期债务本息偿付比率反映经营活动产生的现金净流量是本期到期债务本息的倍数。该指标值小于100%，表明企业经营活动产生的现金不足以偿付本期到期的债务本息。公式中的数据均可从现金流量表中得到，分母中的债务本金及利息支出来自现金流量表中筹资活动现金流量。

根据表15-3有关资料，计算甲公司20××年的到期债务本息偿付比率（假设甲公司没有股利分配）：

$$到期债务本息偿付比率=\frac{480}{300+180}=1$$

计算结果表明，20××年甲公司经营活动产生的现金流量恰好支付本年度到期的债务本息。

（二）影响短期偿债能力的其他因素

在进行财务报表分析时，除从财务报表中取得资料外，还需要分析财务报表资料中未充分披露出来的其他因素，以做出正确的判断。

1. 准备很快变现的长期资产

企业根据自身的经营战略往往在特定时期准备将一些长期资产变现，例如将一些机器设备清理出售，这显然可以增强企业未来的资产流动性。但是在具体分析时应谨慎处理，由于长期资产在短期内变现能力较弱，变现金额与资产净值相比可能会有较大的差异。还有些企业迫于偿债压力而采取饮鸩止渴的手段，出售企业有价值的长期资产，虽然从短期内看企业资产的流动性增强了，但从长远来看却可能导致企业最终走向衰败。

2. 良好的商业信用和偿债声誉

企业良好的商业信用表现为企业与债权人关系紧密，偿债声誉好，因此即使遇到暂时的资金困难，也可以通过借新还旧或债务展期得到解决，当然这种提高偿债能力的潜在因素具有高度的不确定性，易受整体资金环境的影响。此外，企业具备发行股票和债券的长期融资能力对提升短期偿债水平也会带来积极的作用。

3. 可动用的银行授信额度

通常商业银行对于与自己关系密切、信誉度好的优质客户都会给予一定规模的信用额度，在该额度内，企业可以随时向银行申请取得贷款，从而提高企业的现金支付能力。

4. 违约长期债务

企业因故违反了长期借款协议，导致贷款人可随时要求清偿负债，也会影响企业的短期偿债能力。这是因为在这种情况下，债务清偿的主动权并不在企业，企业只能被动地无条件归还贷款，此时企业的短期偿债压力会加大。

5. 企业的或有负债

企业的或有负债是指未来可能会给企业带来经济义务和责任、导致现金流出企业的一些事项，比如已贴现商业承兑汇票形成的或有负债、未决诉讼和仲裁形成的或有负债、为其他单位提供债务担保形成的或有负债等，一旦这些或有负债成为企业现实的债务，将会对企业的短期偿债能力带来负面的影响。

（三）长期偿债能力分析

企业的长期偿债能力是指偿还长期债务的能力。对于企业的长期债权人和投资者来说，不仅关心企业的短期偿债能力，而且更关心企业的长期偿债能力。他们通过分析企业的长期偿债能力，了解财务风险。企业的长期偿债能力大小取决于负债在总资产中的比重，比重越大，企业的经营风险转嫁给债权人越多，企业的长期偿债能力就越小。此外，从长期来看，企业的利润与长期偿债能力有着密切的关系，在分析长期偿债能力时不能不重视获利能力的分析。

反映企业长期偿债能力的指标有：资产负债率、产权比率、有形净值债务率、利息保障倍数、现金利息保障倍数、股东权益比率、权益乘数、偿债保障率，等等。

1. 资产负债率

资产负债率是企业的负债总额与资产总额的比率，也称为负债比率，其计算公式为：

$$资产负债率=\frac{负债总额}{资产总额}\times 100\%$$

根据表15-1资料，计算甲公司20××年末的资产负债率：

$$资产负债率=\frac{1\ 245}{2\ 810}\times 100\%=44.31\%$$

资产负债率是反映企业偿还长期债务的综合能力，它反映了企业的总资产中有多少是由负债形成的，也可以衡量企业在清算时保护债权人利益的程度。通常，这个比率越高，说明企业偿还债务的能力越差；反之，偿还债务的能力越强。但从企业的各个利害关系人的角度来看，则有所不同。

从债权人的角度来看，他们希望资产负债率越低越好，这样，他们的债权才有保障，风险更小。

从企业的股东来看，当企业的资产利润率大于负债利率时，他们希望资产负债率越高越好，以获得财务杠杆收益；反之，当企业的资产利润率小于负债利率时，希望降低资产负债率以减小损失。因为企业借入的资金与股东投入的资金在生产经营活动中可以发挥同样的作用，如果企业的资产利润率超过负债利率时，股东可以通过举债经营方式，以有限的资金取得企业的控制权，并且可以取得更多的投资收益。

从经营者的角度来看，如果资产负债率过大，企业的经营风险就会加大，企业想再借入资金的难度就会增大。如果资产负债率过低，说明企业比较保守，缺乏冒险精神，从而丧失负债经营给企业带来的额外收益。

企业的资产负债率为多少为合理，并没有一个固定的标准。一般而言，处于高速成长时期的企业，其资产负债率可能会高一些，这样所有者会得到更多的杠杆利益。但作为企业的财务管理人员应郑重权衡借入资本的比例，在收益与风险之间权衡利弊得失，然后才能作出正确的决策。

2. 产权比率

产权比率是指负债总额与所有者权益总额的比率，又称债务股权比率或负债股权比率，其计算公式为：

$$产权比率=\frac{负债总额}{所有者权益总额}\times 100\%$$

根据表15-1资料，计算甲公司20××年末的产权比率：

$$产权比率=\frac{1\ 245}{1\ 565}\times 100\%=79.55\%$$

产权比率反映了债权人所提供的资金与所有者提供的资金的对比关系，它是资产负债率的另一种表现形式。产权比率高是高风险、高收益的财务结构，反之是低风险、低收益的财务结构。此外，该比率还反映了债权人的资金受所有者权益保障的程度。

3. 有形净值债务率

有形净值债务率是指企业的负债总额与有形净值的比率，其计算公式为：

$$有形净值债务率=\frac{负债总额}{所有者权益总额-无形资产}\times 100\%$$

根据表15-1资料，计算甲公司20××年末的有形净值债务率：

$$有形净值债务率=\frac{1\ 245}{1\ 565-75}\times 100\%=83.56\%$$

一般认为，无形资产不宜用来偿还债务，故将其从产权比率公式的分母中扣除计算出有形净值。可见，有形净值债务率实际上是产权比率的延伸，比较保守地反映了企业在清偿时债权人投入的资金受到所有者权益的保护程度。该比率越低，说明企业的财务风险越小。

4. 利息保障倍数

利息保障倍数是指息税前利润(EBIT)与利息费用的比率，也叫已获利息倍数，用以衡量偿付借款利息的能力，其计算公式为：

$$利息保障倍数=\frac{息税前利润}{利息费用}=\frac{利润总额+利息费用}{利息费用}$$

公式中的利息费用不仅包括财务费用中的利息费用，还包括计入固定资产价值的资本化利息费用。该指标反映了利润表中企业的长期偿债能力，当指标值太低，企业无力偿还债务的可能性很大，这会引起债权人的担心。一般而言，企业的利息保障倍数公认标准为3，否则，就难以偿付债务及利息，如长此以往，甚至会导致企业破产倒闭。

根据表15-2资料，计算甲公司20××年的利息保障倍数为：

$$利息保障倍数=\frac{息税前利润}{利息费用}=\frac{420+180}{180}=3.33$$

此外，应把企业的利息保障倍数与其他企业，尤其是该行业平均水平以及本企业连续几年的指标水平进行比较，对于后者，从稳健性原则出发，以最低指标值年度的数据为标准较好，因为这样可保证该企业最低的偿债能力。

5. 现金利息保障倍数

由于利息保障倍数指标是根据权责发生制计算出来的，本期的利息费用不一定就是本期实际利息支出，而本期发生的实际利息支出也并非全部是本期的利息费用；同时，本期的息税前利润也并非本期的经营活动所获得的现金。因此，为了更明确地反映企业实际偿付利息支出的能力，可以计算现金利息保障倍数指标来分析。利息保障倍数的计算公式为：

$$现金利息保障倍数=\frac{经营活动现金净流量+现金利息支出}{现金利息支出}$$

现金利息保障倍数是企业一定时期经营活动所取得的现金是支付利息支出的倍数。这个指标究竟是多少，才说明企业偿付利息的能力强，这并没有一个确定的标准，通常要根据历年的经验和行业的特点来判断。

根据表 15-3 有关资料，计算甲公司 20××年的现金利息保障倍数(假设甲公司没有股利分配)：

$$现金利息保障倍数=\frac{480+180}{180}=3.67$$

6. 权益乘数

权益乘数是指资产总额是所有者权益的多少倍。该乘数越大，说明所有者投入的资金在总资产中所占比重越小，企业的偿债压力越大，其计算公式如下：

$$权益乘数=\frac{资产总额}{所有者权益总额}$$

根据表 15-1 资料，计算 20××年末的权益乘数：

$$权益乘数=\frac{2\ 810}{1\ 565}=1.80$$

也可以用平均权益乘数来表示企业的长期偿债能力，其计算公式为：

$$平均权益乘数=\frac{平均资产总额}{平均所有者权益总额}$$

$$20××年平均权益乘数=\frac{(2\ 340+2\ 810)/2}{(1\ 220+1\ 565)/2}=1.85$$

7. 现金债务总额比率

现金债务总额比率是指经营活动现金净流量与负债总额的比率，其计算公式为：

$$现金债务总额比率=\frac{经营活动现金净流量}{负债总额}\times 100\%$$

现金债务总额比率反映了企业经营活动产生的现金净流量对其全部债务偿还的满足程度。可以衡量企业通过经营活动所获得的现金偿还债务的能力。一般认为，该比率越高，企业偿还债务的能力越强。

根据表 15-1 和表 15-3 的有关资料，计算甲公司 20××年的偿债保障比率：

$$现金债务总额比率=\frac{480}{1\ 245}\times 100\%=38.55\%$$

（四）影响长期偿债能力的其他因素

1. 长期租赁

当企业急需某项资产（一般为设备）而又缺乏足够的购买资金时，可以通过租赁方式解决。财产租赁主要有两种形式：融资租赁和经营租赁。融资租赁资产已包含在固定资产中，相应的租赁费用作为长期负债处理了。如果企业发生长期的经营租赁业务，其租赁费用又不包含在长期负债中，应考虑这些租赁费用对长期偿债能力的影响。

2. 或有项目

或有项目是指在未来某事件发生或不发生的情况下，最终会带来收益、财产或损失、负债，但现在无法肯定的目前状况、条件或因素。在评价企业长期偿债能力时应考虑这些项目潜在的影响。

常见的或有项目有：有条件的捐赠资产、产品售后服务责任、应收账款抵借、未决诉讼等。

3. 担保责任

担保项目的时间长短不一，有的涉及短期负债，有的涉及长期负债。在分析企业的长期或短期偿债能力时，应充分考虑担保带来的潜在负债问题。

二、营运能力分析

企业的营运能力是指企业的资产周转效率。企业的资金周转状况与供、产、销各个环节密切相关，任何一个环节出现问题，都会影响到企业的资金正常周转。资金只有顺利地通过各个经营环节，才能完成一次循环。在供、产、销各个环节中，销售有着特殊的意义。因为产品只有销售出去，才能实现其价值，收回最初投入的资金，顺利地完成一次资金周转。这样，就可以通过产品销售情况与企业资金占用量来分析企业的资金周转状况，评价企业的营运能力。评价企业资金营运能力常用的财务比率有：应收账款周转率、存货周转率、营业周期、流动资金周转率、固定资产周转率、总资产周转率、不良资产比率、资产损失率。

（一）应收账款周转率

应收账款周转率是企业一定时期赊销收入净额与应收账款（包括应收票据）平均额的比率。它反映了企业应收账款的周转速度，其计算公式为：

$$应收账款周转率=\frac{年营业收入(赊销收入净额)}{应收票据及应收账款平均余额}$$

$$应收票据及应收账款平均余额=\frac{年初数+年末数}{2}$$

公式中赊销收入净额是指销售收入扣除了销货退回、销货折扣及折让以及现金销售收入后的赊销净额，其资料来自利润表，而应收账款来自资产负债表，两个指标时间不一致，故应收账款要计算平均值。

根据表 15-1 和表 15-2 资料，计算甲公司 20××年的应收账款周转率：

$$应收账款周转率=\frac{4\ 360}{(330+350)/2}=12.82(次)$$

该指标反映了企业一定时期内应收账款转变为现金的次数。应收账款周转次数越多，说明收账的速度越快，企业的支付能力也就越强，其管理应收账款的效率就越高。在计算该比率时，要注意季节性经营、大量使用现金销售以及大量使用分期付款结算方式对该指标的影响。

（二）存货周转率

存货周转率是衡量和评价企业购入存货、投入生产、销售收回等各环节管理状况的综合性指标。它是销售成本与存货的比率，也叫存货的周转次数，其计算公式为：

$$存货周转率=\frac{营业成本}{平均存货}$$

公式中的销售成本数据来自损益表，平均存货来自资产负债表中的"期初存货"与"期末存货"的平均值。存货周转率表示在一定时期内存货周转的次数。

根据表15-1和表15-2资料，计算20××年甲公司存货周转率为：

$$甲公司存货周转率=\frac{2\ 800}{(450+520)/2}=5.77(次)$$

在正常的情况下，存货的管理效率高低直接从周转速度中就可分析出：存货周转率越高，说明存货储备保证销售的可靠性就越高，实现的销售收入和盈利额就越多，而且，存货的储备量也较合理。在生产企业中，存货周转率是一个综合性的指标，还可以进一步分析材料、在产品等的周转率，以便找出存货周转速度快慢的原因。

（三）营业周期

营业周期是指企业在正常营业过程中，从支付原材料货款起到销售产成品收回资金为止所需的时间，其计算公式为：

$$\begin{aligned}营业周期&=存货周转天数+应收账款周转天数\\&=\frac{360}{存货周转率}+\frac{360}{应收账款周转率}\end{aligned}$$

根据表15-1和表15-2资料，计算甲公司20××年的营业周期：

$$营业周期=\frac{360}{12.82}+\frac{360}{5.77}=28.08+62.39=90.47(天)$$

企业营业周期的长短反映了资金周转速度的快慢，营业周期短，说明资金周转速度快，企业的短期偿债能力相应增强；反之，营业周期长，说明资金周转速度慢，短期偿债能力相应减弱。

（四）流动资产周转率

流动资产周转率是指营业收入与平均流动资产的比率，反映了企业流动资产的周转速度，其计算公式为：

$$流动资产周转率=\frac{营业收入}{平均流动资产}$$

根据表 15-1 和表 15-2 资料，计算甲公司 20××年的流动资产周转率：

$$流动资产周转率=\frac{4\ 360}{(1\ 000+1\ 180)/2}=4(次)$$

（五）固定资产周转率

固定资产周转率是指营业收入与平均固定资产的比率，反映出每一元固定资产能创造出多少销售收入，是衡量固定资产使用效率的一个重要指标，其计算公式为：

$$固定资产周转率=\frac{营业收入}{平均固定资产}$$

根据表 15-1 和表 15-2 资料，计算甲公司 20××年的固定资产周转率：

$$固定资产周转率=\frac{4\ 360}{(1\ 200+1\ 450)/2}=3.29(次)$$

（六）总资产周转率

总资产周转率是指营业收入与平均总资产的比率，它反映了企业在一个会计年度内总资产的运行效率，其计算公式为：

$$总资产周转率=\frac{营业收入}{平均资产总额}$$

根据表 15-1 和表 15-2 资料，计算甲公司 20××年的总资产周转率：

$$总资产周转率=\frac{4\ 360}{(2\ 340+2\ 810)/2}=1.69(次)$$

总资产周转速度快，表示企业全部资产运行效率高，从销货所产生的资金再投入生产，便可以扩大企业的获利能力。

（七）不良资产比率

不良资产比率是指企业年末不良资产总额占年末资产总额的比重，其计算公式为：

$$不良资产比率=\frac{年末不良资产总额}{年末资产总额}$$

公式中的年末不良资产总额是指企业资产中存在问题、难以参加正常生产经营运转的部分，主要包括三年以上应收账款、积压商品物资和不良投资等。该比率反映了企业资产的质量，揭示了企业在资产管理和使用上存在的问题，也有利于企业管理人员发现自身不足，改善管理，提高资产利用效率。

该指标值越高，表明企业沉积下来、不能正常参加经营运转的资金越多，资金利用率越差。该指标越小越好，0 是最优水平。

（八）资产减值损失比率

资产减值损失比率是指企业一定时期内资产减值损失额占资产总额的比重。资产减值损失率用以分析判断企业资产减值损失对资产营运状况的直接影响，其计算公式为：

$$资产减值损失比率=\frac{资产减值损失}{年末资产总额}\times 100\%$$

公式中的资产减值损失可从利润表取得，根据表 15-1 和 15.2 资料，计算甲公司 20××年的资产减值损失比率：

$$资产减值损失比率=\frac{30}{2\ 810}\times 100\%=1.07\%$$

资产减值损失比率指标是衡量企业资产营运管理水平的一项比较重要的指标。该指标表明企业资产减值损失的严重程度，从企业资产质量的角度，揭示了企业资产管理状况。

三、获利能力分析

获利能力是指企业赚取利润的能力。盈利是企业的重要经营目标，是企业生存和发展的物质基础，它不仅关系到企业所有者的利益，也是企业偿还债务的一个重要来源。因此，企业的债权人、所有者以及管理者都十分关心企业的获利能力。获利能力分析是企业财务分析的重要组成部分，也是评价企业经营管理水平的重要依据。

评价企业获利能力的指标有：总资产报酬率、净资产收益率、销售（净）利润率、销售毛利率、成本费用利润率等，对于股份有限公司，还应分析每股盈余、每股现金流量、每股股利、每股发放率、每股净资产、市盈率等。

（一）总资产报酬率

总资产报酬率（*ROA*）是指企业一定时期内获得的报酬总额与平均资产总额的比率。它表示企业的全部资产的总体获利能力，是评价企业资产营运效益的重要指标，其计算公式为：

$$总资产报酬率=\frac{利润总额+利息费用}{平均资产总额}\times 100\%$$

公式中的利息费用是指企业在生产经营过程中实际支出的借款利息、债券利息等；利润总额是指损益表中的利润总额；平均资产总额是指企业资产总额年初数与年末数的平均值。根据表 15-1 和 15-2 资料，甲公司 20××年总资产报酬率为：

$$总资产报酬率=\frac{420+180}{(2\ 340+2\ 810)\div 2}\times 100\%=23.30\%$$

该指标全面反映了企业的获利能力和投入产出的状况。指标值越高，说明企业投入产出的水平越高，企业的资产营运效率就越高。当该指标值大于市场利率时，则表明企业可以充分利用财务杠杆，进行负债经营，获取尽可能多的收益。

（二）净资产收益率

净资产收益率（*ROE*）是指企业一定时期内的净利润与平均净资产的比率，又称权益净利润率，其计算公式为：

$$净资产收益率=\frac{净利润}{平均净资产}\times 100\%$$

平均净资产是指企业年初所有者权益同年末所有者权益的平均值，企业的净资产包括实收资本、资本公积、盈余公积和未分配利润。

根据表 15-1 和表 15-2 资料，计算甲公司 20××年的净资产收益率：

$$净资产收益率=\frac{315}{(1\ 220+1\ 565)/2}=22.62\%$$

该指标充分体现了投资者投入企业的自有资本获取净收益的能力，突出反映了投资与报酬的关系，是评价企业资本经营效益的核心指标。一般认为，企业净资产收益率越高，企业自有资本获利能力越强，营运效益越好，对企业投资人、债权人的保证程度越高。

（三）销售毛利率

销售毛利率又称营业毛利率，它是指企业一定时期营业毛利润与营业收入的比率，其计算公式为：

$$销售毛利率=\frac{营业毛利润}{营业收入}\times 100\%$$

公式中的营业毛利润是指企业营业收入扣除营业成本后的利润，它是企业的起始利润。

根据表 15-2 资料，计算甲公司 20××年的销售毛利率：

$$销售毛利率=\frac{4\ 360-2\ 800}{4\ 360}\times 100\%=35.78\%$$

该指标反映企业经营业务的盈利能力，是对资本金收益率指标的进一步补充，体现了企业生产经营活动取得的利润对利润总额的贡献，以及对企业全部收益的影响程度。

该指标值越高，说明企业产品或商品定价科学，产品附加值高，营销策略得当，业务市场竞争力强，发展潜力大，获利水平高。

（四）销售净利率

销售净利率是指企业净利润与营业收入的比率，其计算公式为：

$$销售净利率=\frac{净利润}{营业收入}\times 100\%$$

销售净利率说明了企业净利润占营业收入的比例，表明企业每元销售收入可实现的净利润是多少。该比率越高，企业通过扩大销售获取收益的能力越强。

根据表 15-2 资料，计算甲公司 20××年的销售净利率：

$$销售净利率=\frac{315}{4\ 360}\times 100\%=7.22\%$$

（五）成本费用利润率

成本费用利润率是指企业一定时期的利润总额与企业成本费用总额的比率，它表示企业为获取利润而付出的代价，其计算公式为：

$$成本费用利润率=\frac{利润总额}{成本费用总额}\times 100\%$$

成本费用总额是指企业营业成本、税金及附加、销售费用、管理费用、财务费用和研发费用之和。该指标从企业的内部管理等方面，对资本收益状况的进一步说明，通过企业收益与支出直接比较，客观评价企业的获利能力，也有利于促进企业加强内部管理，节约开支，提高经济效益。

根据表15-2资料，计算甲公司20××年的成本费用利润率：

$$成本费用利润率=\frac{420}{2\,800+260+250+400+200+130}\times 100\%=10.40\%$$

一般认为，该指标值越高，表明企业为获取收益所付出的代价越小，企业成本费用控制得越好，企业的获利能力越强。

（六）每股盈余、每股净资产和每股现金流量

1. 每股盈余

每股盈余（*EPS*）是指税后净利润扣除优先股股利后的余额与发行在外的普通股平均股数的比率，其计算公式为：

$$每股盈余=\frac{净利润-优先股股利}{发行在外的普通股平均股数}$$

每股盈余反映了股份公司的获利能力的大小。每股盈余越高，说明股份公司获利能力越强。但是，它是一个绝对数，投资者不能片面地分析每股盈余，应该结合净资产收益率（股东权益报酬率）来分析公司的获利能力。

2. 每股净资产

每股净资产是指股东权益总额与发行在外的普通股平均股数的比率，也称每股账面价值，其计算公式为：

$$每股净资产=\frac{股东权益总额}{发行在外的普通股股数}$$

该指标没有固定的标准，投资者可以比较分析公司历年的每股净资产的变动趋势，来了解公司的发展趋势和获利能力。

3. 每股现金流量

每股现金流量是指经营活动产生的现金净流量扣除优先股股利后的余额，除以发行在外的普通股平均股数，其计算公式为：

$$每股现金流量=\frac{经营活动现金净流量-优先股股利}{发行在外的普通股平均股数}$$

公司每股盈余很高，并不能表示能支付现金股利。当公司缺乏现金时，投资者无法获取现金股利。因此，有必要分析公司的每股现金流量。一般认为，每股现金流量越高，说明公司越有能力支付现金股利。另外，该指标也反映公司的盈利质量。

（七）每股股利与股利发放率

1. 每股股利

每股股利是指股利总额与发行在外的普通股股份数的比率，其计算公式为：

$$每股股利=\frac{现金股利总额-优先股股利}{发行在外的普通股股数}$$

该指标反映了普通股每股获取现金股利的多少，它的高低不仅取决于公司获利能力高低，还取决于公司股利政策和现金是否充裕以及倾向于分派现金股利的投资者在公司中的地位高低。

2. 股利发放率

股利发放率也称股利支付率，是普通股每股股利与每股盈余的比率，其计算公式为：

$$股利发放率=\frac{每股股利}{每股盈余}$$

股利发放率主要取决于公司的股利政策，一般而言，如果一个公司的现金比较充裕，并且目前没有更好的投资机会，则可能会倾向于发放现金股利。如果公司有很好的投资机会，则可能会少发股利，而将资金用于投资。

（八）市盈率与市净率

1. 市盈率

市盈率是指普通股每股市价与每股盈余的比率，其计算公式为：

$$市盈率=\frac{每股市价}{每股盈余}$$

该比率是投资者作出投资决策的重要指标，也是反映公司获利能力的一个重要指标。一般而言，该指标值高，说明投资者对公司的评价良好，愿意出较高的价格购买该公司的股票。但是，市盈率过高也意味着公司的股票具有较高的风险。

2. 市净率

市净率是指普通股每股市价与每股净资产的比率，其计算公式为：

$$市净率=\frac{每股市价}{每股净资产}$$

市净率表明市场对公司权益资产质量的评价，反映公司资产的现在价值在市场交易的结果，可以用于对股票的投资分析。通常公司市净率小于1，表明企业权益资产质量差，没有发展前景；反之，市净率大于1，说明公司权益资产市价高于账面价值，资产的质量好，有发展前景。市净率越大，说明投资者普遍看好该企业，一般来说，市净率达到3，可以树立较好的公司形象。

四、发展能力分析

企业的发展能力也称企业的成长能力，它是企业通过自身的生产经营活动，不断扩大积累而形成的发展潜能。衡量发展能力的指标有资产、资本的增长和销售、利润的增长，以及现金流量的增长。

（一）总资产增长率

资产是企业用于取得收入的资源，也是企业偿还债务的保障。资产增长是企业发展的一个重要方面，发展性高的企业一般能保持资产的稳定增长。

$$总资产增长率=\frac{本年总资产增长额}{年初资产总额}\times 100\%$$

其中，　　　　本年总资产增长额=年末资产总额-年初资产总额

根据表 15-1 资料，计算甲公司 20××年的总资产增长率：

$$总资产增长率=\frac{2\ 810-2\ 340}{2\ 340}\times 100\%=20.09\%$$

总资产增长率越高，说明企业本年内资产规模扩张的速度越快，但应注意资产规模扩张的质与量之间的关系以及企业的后续发展能力，避免盲目扩张。三年平均资产增长率指标消除了资产短期波动的影响，反映了企业较长时期内的资产增长情况。

（二）固定资产成新率

它是企业当期平均固定资产净值同固定资产原值的比率，反映了企业所拥有的固定资产的新旧程度，体现了企业固定资产更新的快慢和持续发展的能力。其计算公式：

$$固定资产成新率=(平均固定资产净值\div 平均固定资产原值)\times 100\%$$

该指标高表明企业的固定资产比较新，可以为企业服务较长时间，对扩大再生产的准备比较充足，发展的可能性较大。

（三）资本积累率

较多的资本积累是企业发展强盛的标志，是企业扩大再生产的源泉，是评价企业发展潜力的重要指标。该指标是企业本年净资产增长额同年初净资产的比率，反映企业净资产当年的变动水平。

$$资本积累率=\frac{本年所有者权益增长额}{年初所有者权益}\times 100\%$$

根据表 15-1 资料，计算甲公司 20××年的资本积累率：

$$资本积累率=\frac{1\ 565-1\ 220}{1\ 220}\times 100\%=28.28\%$$

该指标体现了企业资本的保全和增长情况。该指标越高，表明企业资本积累越多，应付风险和持续发展的能力越强。

（四）销售增长率

销售增长率又称营业收入增长率，该指标反映的是当期企业营业收入增长额与上期营业收入相比，消除了企业规模的影响，更能反映企业的发展情况。

$$销售增长率=\frac{本年营业收入增长额}{上年营业收入}\times 100\%$$

利用该指标分析企业发展能力时应注意：①该指标是衡量企业经营状况和市场占有能力、预测企业经营业务拓展趋势的重要指标，也是衡量企业增长增量和存量资本的重要前

提。不断增加的销售收入，是企业生存的基础和发展的条件。②该指标大于0表示企业本年的销售收入有所增长，指标值越高，表明增长速度越快。③在实际分析时应结合企业历年的销售水平、企业市场占有情况、行业未来发展及其他影响企业发展的潜在因素进行潜在性预测；或结合企业前三年的销售收入增长率作出趋势性分析判断。④分析中可以其他类似企业、企业历史水平及行业平均水平作为比较标准。⑤指标值受增长基数影响，因此分析中还要使用增长额和三年销售收入平均增长率等指标进行综合判断。

（五）利润增长率

衡量利润的增长指标有：营业利润增长率、利润总额增长率和净利润增长率。它们都是用本期利润的增长额与上期利润额进行比较，利润增长率的计算公式为：

$$\text{利润增长率}=\frac{\text{本年利润总额增长额}}{\text{上年利润总额}}\times 100\%$$

一个企业如果收入增长，但利润没有增长，从长远看，它并没有创造经济价值。利润是企业积累和发展的基础，利润增长率反映企业盈利的增长状况，指标值越高，表明企业的盈利能力越强，成长潜力越大；反之，则说明企业发展停滞，业务扩张能力弱，经营状况较差。

（六）现金流量增长率

现金流量增长率是企业当年经营活动现金流量净额的增长额与上年经营活动现金流量净额的比率，其计算公式为：

$$\text{现金流量增长率}=\frac{\text{本年经营活动现金净流量增长额}}{\text{上年经营活动现金净流量}}\times 100\%$$

企业实现的营业收入能否及时有效地转化成现金流量，这是企业现金管理成功与否的重要标志，结合企业销售增长率、利润增长率来分析现金增长率，可以对企业的财务状况作出综合而合理的判断。

（七）股利增长率

股利增长率是反映上市公司发展能力的特殊指标，股利增长率就是本年度股利较上一年度股利增长的比率，其计算公式为：

$$\text{股利增长率}=\frac{\text{本年每股股利增长额}}{\text{上年每股股利}}\times 100\%$$

股利增长率与企业价值（股票价值）有很密切的关系。戈登模型（Gordon Model）认为，股票价值等于下一年的预期股利除以要求的股票收益率和预期股利增长率的差额所得的商，即

$$V=\frac{DPS}{r-g}$$

其中：DPS 表示下一年的预期股利，r 表示要求的股票收益率，g 表示股利增长率。从该模型的表达式可以看出，股利增长率越高，企业股票的价值越高。

第四节　财务综合分析

财务分析的最终目的是能全面了解企业的经营状况、财务状况以及现金流量状况，并以此对企业经营效益的优劣作出系统的、合理的评价。上一章提供的各种财务分析方法，都是从某一特定的角度对企业财务状况及经营成果进行分析，反映不出各种指标之间的内在联系，不足以全面评价企业的总体财务状况以及经营效果。因此，在进行财务分析时，除了进行各种指标的分析外，还应采用综合分析的方法。

一、杜邦分析法

杜邦分析法就是利用几种主要的财务比率之间的关系来综合地分析企业的财务状况。这种方法是由美国杜邦公司首先创造的，故称为杜邦分析法。杜邦分析法是以净资产收益率为核心，将其分解为若干财务指标，分析和评价各个指标变动对资产收益率的影响，以此来解释指标变动的原因和变动趋势，为采取措施指明方向。

（一）杜邦分析法的基本框架

杜邦分析法中各主要财务指标的关系式如下（如图 15-1 所示）：

$$\text{净资产收益率} = \text{总资产净利率} \times \text{权益乘数}$$
$$= \text{销售净利率} \times \text{总资产周转率} \times \text{权益乘数}$$

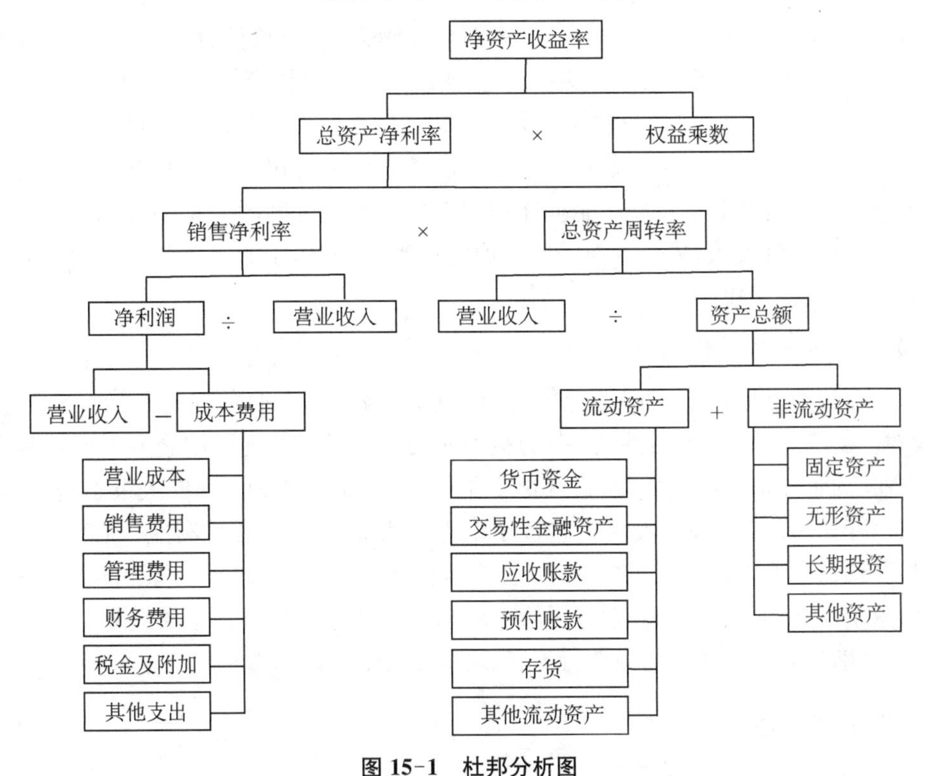

图 15-1　杜邦分析图

现以甲公司为例说明其分析过程。

$$净资产收益率=\frac{净利润}{平均所有者权益}=\frac{平均总资产}{平均所有者权益}\times\frac{营业收入}{平均总资产}\times\frac{净利润}{营业收入}$$

$$=权益乘数\times总资产周转率\times销售净利率$$

$$20××年净资产利润率=\frac{(2\ 340+2\ 810)\div 2}{(1\ 220+1\ 565)\div 2}\times\frac{4\ 360}{(2\ 340+1\ 810)\div 2}\times\frac{315}{4\ 360}$$

$$=1.849\ 2\times 1.693\ 2\times 0.072\ 2$$

$$=22.606\%$$

假设行业财务指标的均值分别为：权益乘数＝2，总资产周转率＝1.5，销售净利率＝10%，净资产收益率＝30%，与行业相比，甲公司净资产收益较低的因素分析如下（按权益乘数、总资产周转率和销售净利率顺序分析）：

（1）由于权益乘数变动影响：

$=(1.849\ 2-2)\times 1.5\times 10\%=-2.262\%$

（2）由于总资产周转率变动影响：

$=1.849\ 2\times(1.693\ 2-1.5)\times 10\%=3.572\%$

（3）由于销售净利率变动影响：

$=1.849\ 2\times 1.693\ 2\times(7.22\%-10\%)=-8.704\%$

以上分析可以得出，甲公司净资产收益率比行业均值下降了7.394%，其主要原因是权益乘数和销售净利率下降所致。其中，权益乘数下降0.150 8，使净资产收益率下降了2.262%。权益乘数表示企业的负债程度，权益乘数越大，企业负债程度越高，一方面给企业带来了较多的杠杆利益，另一方面也增大了企业的风险。总资产周转率增加了0.193 2次，使净资产收益率增加3.572%，反映企业利用总资产产生销售收入的能力增强。销售净利率下降2.78%，使净资产收益率下降了8.704%，这是导致甲公司净资产收益率低于行业均值的最主要原因。销售净利率反映了企业净利润与营业收入之间的关系，要提高销售净利率，必须一方面提高销售收入，另一方面降低各种成本费用，这样才能使净利润的增长高于销售收入的增长，从而使销售净利率得到提高。

（二）杜邦分析法的优缺点

杜邦分析法就是通过上述层层分析，条理清晰，揭示出企业各项财务指标间的相互关系，从而找出影响财务指标的主要原因，为报表使用者全面仔细地了解企业的经营和盈利状况提供方便，为企业提高经营效益、实现企业经营目标，提供科学合理的决策思路。但是，杜邦分析法也存在一定的缺陷，表现为它过于偏重考虑企业所有者的利益，而忽视了风险因素。只是看到在其他因素不变的情况下，资产负债率越高，净资产收益率就越高，而没有考虑到负债越多，相应的偿债压力、财务风险也就越大。而且杜邦分析法对短期财务结果过于重视，有可能助长公司管理层的短期行为，忽略企业长期价值创造。

二、沃尔评分法

财务比率反映了企业财务报告各项目之间的对比关系，以此来揭示企业财务状况。但是，一项财务比率只能反映企业某一方面的财务状况。为了进行综合的财务分析，可以编制财务比率汇总表，并进行比较分析。但这种分析只能进行定性分析，即定性地描述企业的财务状况，比如比行业平均水平略好、与同行业平均水平相当或略差，而不能用定量的方式来评价企业的财务状况究竟处于何种程度。因此，为了克服这个缺点，可以采用财务比率综合评分法。

财务比率综合评分法，是在20世纪初由亚历山大·沃尔首创的，故也称为沃尔评分法。这种方法是通过对选定的7项财务比率指标进行评分，然后计算出综合得分，并据此评价企业的综合财务状况。该方法的基本步骤如下。

(1) 选定评价企业财务状况的财务比率。在选定财务比率时，一要具有全面性，既能反映出企业的偿债能力，还能反映出企业的营运能力和盈利能力；二是要具有代表性，即要选择能够说明问题的财务比率指标；三要具有变化方向的一致性，即当财务比率增大时，表示财务状况的改善，反之，财务比率减少时，表示财务状况的恶化。

(2) 根据各项财务比率的重要程度，确定其标准的评分值，即重要性系数。各项财务比率的标准评分值之和应等于100分。对各项财务比率的重要程度，不同的分析者会有不同的看法，但可根据企业的经营活动的性质、市场形象和分析者的分析目的等因素来确定。

(3) 规定各项财务比率评分值的上限和下限，即最高评分值和最低评分值。这主要是为了避免个别财务比率的异常给总分造成不合理的影响。

(4) 确定各项财务比率的标准值。财务比率的标准值是指各项财务比率在本企业现时条件下最理想的数值，即最优值，它可以参照同行业的平均水平，并经过调整后确定。

(5) 计算企业在一定时期各项财务比率的实际值。

(6) 计算出各项财务比率实际值与标准值的比率，即关系比率。关系比率等于财务比率的实际值除以标准值。

(7) 计算出各项财务比率的实际得分。各项财务比率的实际得分是关系比率和标准值的乘积，每项得分都不得超过上限或下限，各项财务比率实际得分的合计数就是企业财务状况的综合得分。如果综合得分等于或接近于100分，说明企业的财务状况是良好的，达到了预期的目的；如果得分低于100分较多就说明企业的财务状况较差，应当采取适当的措施加以改善。

下面采用财务比率综合评分法，对ABC公司20××年的财务状况进行综合评价，如表15-8所示。

表15-8　ABC公司20××年财务比率综合评分表

财务比率	评分值	上/下限	标准值	实际值	关系比率	实际得分
	1	2	3	4	5=4/3	6=1×5
流动比率	10	20/5	2	2.27	1.135	11.35
速动比率	10	20/5	1	1.03	1.03	10.3
资产/负债	12	20/5	2	1.85	0.93	11.16
存货周转率	10	20/5	5	4.5	0.9	9

（续表）

财务比率	评分值	上/下限	标准值	实际值	关系比率	实际得分
	1	2	3	4	5=4/3	6=1×5
应收账款周转率	8	20/4	10	9	0.9	7.2
总资产周转率	10	20/5	1.5	1.41	0.94	9.4
资产报酬率	15	30/7	31%	34.15%	1.10	16.50
所有者权益利润率	15	30/7	52%	40.27%	0.77	11.55
销售净利率	10	20/5	15%	14.28%	0.95	9.5
合　计	100					95.96

根据表15-8的财务比率综合评分，ABC公司财务状况的综合得分为95.96分，非常接近100分，说明该公司的财务状况是良好的，与选定的标准基本是一致的。

思考题

1. 什么是财务分析？财务分析的方法有哪些？
2. 简述财务分析的程序及财务分析资料来源。
3. 简述财务评价指标体系。
4. 采用财务比率分析法有何局限性？
5. 反映偿债能力的指标有哪些？各个指标如何计算和运用？
6. 反映营运能力的指标有哪些？各个指标如何计算和运用？
7. 反映盈利能力的指标有哪些？各个指标如何计算和运用？
8. 采用因素分析法对所有者权益利润率进行分析的好处是什么？
9. 画出杜邦分析体系图。
10. 简述现金流量表分析的内容。

企业设立、变更与清算

第一节　企 业 设 立

企业设立即创办企业，是指组建企业并使之取得合法的生产经营资格。按民事法律地位的不同，企业可以分为法人企业和自然人企业。法人企业是具有民事权利能力和民事行为能力，能够依法享有民事权利和承担民事义务的企业，法人企业最一般的组织形式是有限责任公司和股份有限公司。非法人企业是指不具有法人资格的企业，最常见的组织形式是独资和合伙。本节就我国现行的法律、法规，对全民所有制企业、有限责任公司、股份有限公司及合伙企业的设立条件和设立程序等作简单介绍。

一、企业设立的条件

（一）企业设立的基本条件

设立企业须符合以下几个基本条件。

(1) 产品为社会所需要。企业提供的产品必须是符合国家质量标准要求的，不能提供伪劣残次品，给他人造成财产损失；同时对企业来说，生产的产品只有满足人们的需求，才能销售出去，企业提供的劳动价值才能实现，企业才有可能生存和发展。

(2) 有能源、原材料、交通运输的必要条件。这是工业企业从事生产经营活动所必不可少的条件，没有这些条件企业就无法从事生产经营活动。

(3) 有自己的名称和生产经营场所。名称是企业的标志，企业名称一是能标明企业的性质和面貌，二是能有利于保护企业的合法权益。企业从事生产经营活动必须在一定的空间进行，没有场所，企业的生产经营活动就无法进行。

(4) 有符合国家规定的资金。资金是企业赖以生存的必备条件。有符合国家规定的资金包括三层含义：一是企业必须有资金；二是这些资金的来源必须是合法的；三是设立企业所需的资金必须符合国家规定的最低限额。

(5) 有自己的组织机构。企业的组织机构是指企业的法人机关，法人机关对外代表企业承办各种事项，对内实施管理活动。没有组织机构，企业无法从事生产经营活动。

(6) 有明确的经营范围。经营范围是企业所要从事生产经营活动内容的界定。明确的经营范围也限定了企业生产经营活动的内容。国家将经营范围作为设立企业的必备条件，是国家管理的需要，也是明确企业权利义务，保障企业合法经营的需要。

(7) 法律、法规规定的其他条件。这主要是指一些特殊要求，如环保、城乡建设总体规划等。

（二）有限责任公司设立的条件

根据《公司法》的规定，设立有限责任公司，应当具备下列条件。

(1) 股东符合法定人数。设立有限责任公司的法定人数分两种情况：一是通常情况下，法定股东数须是 2 人以上 50 人以下。二是特殊情况下，国家授权投资的机构或国家授权的部门可以单独设立国有独资的有限责任公司。

(2) 有符合公司章程规定的全体股东认缴的出资额。法定资本是指公司向公司登记机关登记时，实缴的出资额，即经法定程序确认的资本。在我国，法定资本又称为注册资本，既是公司成为法人的基本特征之一，又是企业承担亏损风险的资本担保，同时也是股东权益划分的标准。

我国《公司法》根据行业的不同特点，规定了不同的法定资本最低限额：以生产经营为主的公司，人民币 50 万元；以商品批发为主的公司，人民币 50 万元；以商业零售为主的公司，人民币 30 万元；科技开发、咨询、服务性公司，人民币 10 万元。

关于出资方式，股东可以用货币出资，也可以用实物、工业产权、非专利技术、土地使用权作价出资。其中以工业产权、非专利技术作价出资的金额不得超过有限责任公司注册资本的 20%，但国家对采用高新技术成果有特别规定的除外。

(3) 股东共同制定章程。公司章程是关于公司组织及其活动的基本规章。制定公司章程既是公司内部管理的需要，也是便于外界监督管理和交往的需要。根据《公司法》的规定，公司章程应当载明的事项有：公司名称和住所、公司经营范围、公司注册资本、股东的姓名或名称、股东的出资方式、出资额和出资时间、公司的机构及其产生办法、职权议事规则、公司法定代表人、股东会会议认为需要规定的其他事项。

(4) 有公司名称，建立符合有限责任公司要求的组织机构。公司作为独立的企业法人，必须有自己的名称。公司设立名称时还必须符合法律、法规的规定。有限责任公司的组织机构是指股东会、董事会或执行董事、监事会或监事。

(5) 有公司住所。生产经营场所可以是公司的住所，也可以是其他经营地。生产经营条件是指与公司经营范围相适应的条件。它们都是公司从事经营活动的物质基础，是设立公司的起码要求。

（三）股份有限公司设立的条件

根据我国《公司法》的规定，设立股份有限公司，应当具备以下条件。

发起人符合法定人数。设立股份有限公司必须要有发起人，发起人既可以是自然人，也可以是法人。发起人应当在 5 人以上，其中须有过半数的发起人在中国境内有住所。

发起人认缴和社会公开募集的股本达到法定资本的最低限额。我国《公司法》明确规定：股份有限公司的注册资本应为在公司登记机关登记的实收股本。股本总额为公司股票面值与股份总数的乘积。同时还规定，公司注册资本的最低限额为人民币 1 000 万元，最低限额需要高于人民币 1 000 万元的，由法律、行政法规另行规定。

在发起设立的情况下，发起人应认购公司发行的全部股份；在募集设立的情况下，发起人认购的股份不得少于公司股份数的 35%。

股份发行、筹办事项符合法律规定。

发起人制定公司章程，并经创立大会通过。

有公司名称，建立符合股份有限公司要求的组织机构。股份有限公司的组织机构由股东大会、董事会、经理、监事会组成。股东大会是最高权力机构，股东出席股东大会，所持每一股份有一表决权。董事会是公司股东会的执行机构，由5—19人组成。经理负责公司的日常经营管理工作。

有固定的生产经营场所和必要的生产经营条件。

（四）合伙企业设立的条件

设立合伙企业应当具备下列条件。

合伙企业合伙人至少为2人，并且都是依法承担无限责任者，这是最低的限额。最高限额未作规定。与有限责任公司的股东不同，合伙企业中的合伙人承担的是无限责任，合伙企业不允许有承担有限责任的合伙人。

有书面合伙协议。合伙协议是由各合伙人通过协商，共同决定相互间的权利义务，达成的具有法律约束力的协议。合伙协议应当由全体合伙人协商一致，以书面形式订立。合伙协议经全体合伙人签名、盖章后生效。

有各合伙人实际缴付的出资。合伙人的出资可以用货币、实物、土地使用权、知识产权或其他财产权利缴纳出资。经全体合伙人协商一致，合伙人也可以用劳务出资。劳务出资的评估办法由全体合伙人协商确定。

有合伙企业名称。合伙人在成立合伙企业时，必须确定其合伙企业名称。该名称必须符合企业名称管理的有关规定。

有营业场所和从事合伙经营的必要条件。合伙企业要经常、持续地从事生产经营活动，就必须有一定的营业场所和从事合伙经营的必要条件。所谓必要条件，就是根据合伙企业的合伙目的和经营范围，如果欠缺则无法从事生产经营活动的物质条件。

二、企业设立的程序

（一）有限责任公司设立的程序

1. 订立公司章程

设立公司必须先订立章程，将要设立的公司的基本情况都通过章程反映出来，这样才便于有关部门审查、批准和登记。

2. 审批

按照我国《公司法》的规定，并不是所有设立公司都要经审批，只有国家法律、行政法规规定必须经有关部门审批的，才应当在公司登记前办理审批手续。

3. 法人登记

股东的全体出资经法定的验资机构验资后，由全体股东指定的代表或共同委托的代理人向公司登记机关申请设立登记。公司经核准登记，领取公司营业执照后，方告成立，并取得法人资格。

4. 分公司的设立

公司可以设立分公司，分公司只是总公司管理的一个分支机构，不具有法人资格。设立分公司也应当向公司登记机关申请登记，领取营业执照。

5. 出资证明书

出资证明书是证明股东缴纳出资额的文件，由公司在登记注册后签发。出资证明书必须由公司盖章。

（二）股份有限公司设立的程序

1. 发起人拟定公司章程

2. 发起人依法认购其应认购的股份或公开募集股本

以发起方式设立股份有限公司的，发起人在书面认足公司章程规定发行的股份后，应立即缴纳全部股款；以募集方式设立股份有限公司的，其股本除由发起人自己认购一部分外，还须向社会公开募集。公开募集的程序如下：

（1）须经有关部门批准。设立股份有限公司，必须经过国务院授权的部门或者省级人民政府批准。发起人向社会公开募集股份时，必须向国务院证券管理部门递交募股申请，并报送批准设立公司的文件、公司章程、经营估算书、发起人姓名或者名称、发起人认购的股份数、出资种类和验资证明、招股说明书、代收股款银行的名称及地址、承销机构名称及有关协议等文件。

（2）向社会公开有关信息。发起人在向社会募集股份时，必须向社会公告招股说明书，附公司章程，并制作认股书。

（3）由证券经营机构承销。发起人向社会公开募集股份，应当由依法设立的证券经营机构承销。发起人不能自己向社会公开募集股份，也不能任意找一个机构去募集。

3. 召开创立大会

股份有限公司的创立大会应在股款缴足，经法定的验资机构验资并出具证明后30日内召开。创立大会是公司成立的先决条件。创立大会确定了所创公司的基本重大的问题，这些决定是创立者们向国家申报的具有法律约束的文件。创立大会在法定期间召开后，认股人不能抽回其股本。

4. 进行法人登记，取得营业执照

股份有限公司必须依法登记后，才能成为独立的企业法人，受国家法律、行政法规的保护。公司登记以后取得营业执照，宣告公司成立。股份有限公司成立后，应当进行公告。

（三）合伙企业设立的程序

1. 向企业登记机关提交相关文件

所需提交的文件有：合伙申请书、合伙人的身份证明、合伙协议、出资权属证明、经营场所证明以及合伙人指定代理或共同委托的代理人的委托书等。

2. 登记机关批准

企业登记机关自收到申请登记文件之日起30日内作出是否登记的决定。对符合《合伙企业法》规定条件的予以登记，发给营业执照；对不符合规定条件的，不予登记，并应当给予书面答复，说明理由。合伙企业的营业执照签发日期，为合伙企业的成立日期。

合伙企业设立分支机构，应当向分支机构所在地企业登记机关申请登记，领取营业执照。

第二节　企 业 变 更

企业变更是指企业在其存续期间和经营活动过程中所发生的业务范围、经营宗旨、财产关系、组织结构的变化。这些变化通常都会导致企业法人登记事项的变更，因而要按有关法律、规章的规定，按合法程序履行有关手续，并作企业法人的变更登记。企业变更中，企业组织结构的变化，特别是其中的企业合并和企业分立对企业财务活动的影响较大，企业重组和整顿也影响企业的财务活动。

一、企业合并

企业合并是指两个或两个以上的企业在平等、协商、互利的基础上，按法定程序变为一个企业的行为。企业合并既是一种经济行为，也是一种法律行为，因此需要对有关的变更事项依法进行变更登记。在激烈的市场竞争中，企业合并可以扩大市场占有率，增强竞争实力，避免两败俱伤。20世纪90年代以来，企业合并的浪潮又起，风起云涌，许多著名的大企业相互合并，实现强强联合。

（一）企业合并的类型

1. 按行为的方式

企业合并分为吸收合并和新设合并。

（1）吸收合并。吸收合并是指由一个企业吸收一个或一个以上的企业加入本企业，吸收方存续，被吸收方解散并取消原法人资格的合并方式。存续企业应承担被吸收合并企业的所有财产、权利和义务。合并以后，存续企业应到工商行政管理部门办理变更登记手续，继续享有法人资格，被合并企业应当宣告终止，并到工商行政管理部门办理注销登记手续。

（2）新设合并。新设合并是指两个或两个以上的企业合并成一个新的企业，原合并各方解散，取消原法人资格的合并方式。新设合并以后，原合并企业都应当到工商行政管理部门办理注销登记手续，新设立的企业应到工商行政管理部门办理设立登记手续。

2. 按合并的范围

企业合并可以分为横向合并、纵向合并和混合合并。

（1）横向合并。横向合并是指两个或两个以上生产或经营同类产品的企业进行的合并。如奶粉罐头食品厂合并咖啡罐头食品厂，两厂的生产工艺相近，合并后可按合并企业的要求进行生产。横向合并的目的是消除竞争，扩大市场份额，确立或巩固企业在行业内的优势地位，形成规模经营，使企业在该行业市场领域里占有垄断地位。

（2）纵向合并。纵向合并是指对生产工艺或经营方式上有前后关联的企业进行的合并，是生产、销售的连续性过程中互为购买者或销售者的企业之间的合并。如加工制造企业合并原材料、运输或商品贸易的企业。纵向合并的目的是组织专业化生产和实现产销一体化。通过纵向合并可以扩大生产经营规模，节约通用设备，加强生产过程各个环节的配合，有利于协作化生产，缩短生产周期，节约费用。

(3) 混合合并。混合合并是指与本企业生产经营活动无直接关系的企业的合并。如钢铁企业合并石油企业。这种合并既不是与同行竞争对手的合并,又不是与前后关联企业的合并。采取这种合并方式可通过分散投资、多种经营降低企业风险,达到资源互补、优化组合、扩大市场活动范围的目的。

3. 按出资的方式

企业合并可以分为出资购买资产式合并、出资购买股票式合并、以股票换取资产式合并、以股票换取股票式合并。

(1) 出资购买资产式合并。这种合并是指某企业使用现金购买另一企业的全部资产进行的合并。这种合并属于吸收合并,被合并企业的原法人资格被取消,合并企业拥有被合并企业的全部资产和债务。

(2) 出资购买股票式合并。这种合并是指收购企业出资购买被收购企业的股票而进行的合并。这种合并方式要求被收购企业必须是上市公司,它可以通过二级市场来实现合并,比较简便易行。

(3) 以股票换取资产式合并。这种是指收购企业向被收购企业发行自己公司的股票来交换其资产而进行的合并。这种合并方式必须由双方签订协议,收购企业同意承担被收购企业的债务责任,被收购企业同意解散原企业,并将持有的收购公司的股票分配给原股东。

(4) 以股票换取股票式合并。这种合并是指收购企业直接向被收购企业的股东发行本公司的股票,以交换被收购企业的股票,达到控制被收购企业的目的。这种合并被收购企业或是成为收购企业的子公司,或是解散而并入收购企业。

这里需要说明的是,企业合并与企业兼并是有一定区别的。企业兼并是指一个企业购买其他企业的产权,使其他企业失去法人资格或改变法人实体的一种行为。企业兼并是通过购买其他企业的产权实现的,这种行为可以使被兼并方失去法人资格,也可以使被兼并方仍然具有法人资格,但改变了法人实体。使被兼并企业失去法人资格的兼并属于企业的吸收合并,而被兼并企业仍然保持原法人资格,只改变其实体的兼并不属于企业合并的范畴。

(二) 企业合并的动因

在市场经济环境下,企业作为独立的经济主体,其一切经济行为都受到利益动机的驱使,企业合并行为也是为了实现其财务目标——股东财富最大化。同时,企业合并的另一个动机来源于市场竞争的压力。这两大动机在现实生活中以不同的具体形态表现出来,即企业的合并并非仅仅出于某一个目的进行的,而是多种因素综合的结果,这些因素包括以下几个方面。

1. 取得规模经济效益

由于经济的互补性及规模经济,两个或两个以上的企业合并后可提高其生产经营活动的效率,从而取得规模经济的效益。这种规模经济效益体现在两个层次上:一是取得生产规模经济效益。企业通过合并可调整其资源配置使其达到最佳经济规模的要求,有效解决由专业化引起的生产流程的分离,从而获得稳定的原材料来源渠道,降低生产成本,扩大市场份额。二是取得企业规模经济效益。通过合并将多个工厂置于同一企业领导之下,可带来一定的规模经济,表现为节省管理费用、节约营销费用、集中研究费用、扩大企业规模、增强企业风险抵御能力等。

2. 提高财务活动能力

企业合并不仅可取得规模经济效益，而且在财务方面可为企业带来好处：

(1) 财务能力提高。一般情况下，合并后企业整体的偿债能力比合并前各单个企业的偿债能力强，而且还可以降低资金成本，并实现资本在各企业之间的低成本的有效再配置。

(2) 合理避税。有盈利的企业与有累计亏损的企业进行合并，可以在合并时处于有利的地位，可以得到比正常合并更多的好处。原亏损企业的亏损额可以在存续企业盈利中抵补，以达到合理避税。

(3) 产生合并效应。因合并使股票市场对企业股票评价发生改变，导致股价的波动，形成股票投机机会。投资者对投机利益的追求反过来又会刺激企业合并的发生。

3. 扩大市场占有率

在市场经济中，企业之间的竞争日益激烈。同行业的企业进行合并既可避免相互竞争的风险，又可扩大市场占有率，增强其竞争能力。

4. 分散经营风险

企业通过经营相关程度较低的不同行业，可以分散经营风险、稳定收入来源、增强企业资产的安全性。多元化经营可以通过内部积累和外部合并两种途径实现，通常情况下，合并途径更为有利。尤其是当企业面临变化了的环境而调整战略时，合并可以使企业低成本地迅速进入被合并企业所在的增长相对较快的行业，并在很大程度上保持被合并企业的市场份额以及现有的各种资源，从而保证企业持续不断的盈利能力。

5. 充分利用管理能力

当今社会，科学技术发展迅猛，企业人才发挥着越来越大的作用。如果某企业有一支高效率的管理队伍，其管理能力超出管理该企业的需要，但这批人才只能集体实现其效率，企业不能通过解聘释放能量，那么该企业就可以合并那些由于缺乏管理人才而效率低下的企业，利用这支管理队伍通过提高整体效率水平而获利。

6. 获得特殊资产

企图获取某项特殊资产往往是企业合并的另一重要动因。特殊资产可能是对企业发展至关重要的专门资产，如土地、专有技术、商标、品牌等资产。一些有实力、有前途的企业往往会由于狭小的空间难以扩展，或一些经营不善的企业却拥有优秀的品牌等。这些都可以通过合并发挥资源优势，取得更大效益。

(三) 企业合并的财务可行性分析

企业合并必须从技术、经济和管理等各方面进行论证，这里仅就经济上的可行性进行分析。企业的合并只有当合并后取得的收益超过合并所付出的代价时，在经济上才是可行的。合并后的收益主要是指合并后企业的利润或现金流量净额。合并的代价则包括为合并而支付的收购费用、合并的手续费用、合并后额外增加的债务以及合并前企业的收益。企业合并的财务可行性分析主要是通过对合并前后的现金流量的净现值进行比较分析。

1. 吸收合并的财务可行性分析

采用吸收合并方式，吸收方要向被吸收方支付经协商确定的购买价款，或者向被吸收方的所有者受让部分股权。收购价款或受让股权的市价构成了合并代价的主要部分。

【例 16-1】 A 公司拟吸收合并 B 公司,有关资料如下:

(1) 经会计师事务所的资产评估,B 公司的资产总额为 1 000 万元,负债总额为 600 万元,净资产为 400 万元。经双方协商,A 公司同意向 B 公司支付 600 万元合并价款,并且 B 公司的所有债务由 A 公司偿还。

(2) 合并过程中需支付各种手续费 10 万元。

(3) 市场平均基准收益率为 8%。

(4) 经预测,A 公司合并 B 公司前后的各年现金流量如表 16-1 所示。

表 16-1 A 公司合并前后的各年现金流量 单位:万元

	第 1 年	第 2 年	第 3 年	第 4 年	第 5 年	第 6—10 年
合并前	200	250	300	350	400	450
合并后	250	350	380	450	500	600

假设合并后公司章程规定的经营期限为 10 年;表 16-1 中的现金流量不包括合并时支付的合并价款和合并过程中支付的手续费。

根据上述资料,对合并事项进行财务上的可行性分析。

答:本例需计算 A 公司合并前后的净现值,再比较净现值的大小,作出判断。

A 公司合并前的净现值为:

$$
\begin{aligned}
NPV(1) &= 200 \times PVIF_{8\%,1} + 250 \times PVIF_{8\%,2} + 300 \times PVIF_{8\%,3} + 350 \times PVIF_{8\%,4} \\
&\quad + 400 \times PVIF_{8\%,5} + 450 \times PVIFA_{8\%,5} \times PVIF_{8\%,5} \\
&= 200 \times 0.926 + 250 \times 0.857 + 300 \times 0.794 + 350 \times 0.735 \\
&\quad + 400 \times 0.681 + 450 \times 3.993 \times 0.681 \\
&= 2\,390.95(\text{万元})
\end{aligned}
$$

A 公司合并后的净现值为:

$$
\begin{aligned}
NPV(2) &= 250 \times PVIF_{8\%,1} + 350 \times PVIF_{8\%,2} + 380 \times PVIF_{8\%,3} + 450 \times PVIF_{8\%,4} \\
&\quad + 500 \times PVIF_{8\%,5} + 600 \times PVIFA_{8\%,5} \times PVIF_{8\%,5} - 600 - 10 \\
&= 250 \times 0.926 + 350 \times 0.857 + 380 \times 0.794 + 450 \times 0.735 \\
&\quad + 500 \times 0.681 + 600 \times 3.993 \times 0.681 - 610 \\
&= 2\,525.96(\text{万元})
\end{aligned}
$$

因为 $NPV(2) > NPV(1)$,即合并后的净现值大于合并前的净现值,两者相差 135 万元,故合并方案是可行的。

2. 新设合并的财务可行性分析

新设合并各方都要解散,因此其财务可行性分析是站在合并各方所有者的立场上进行。只有合并各方都认为在财务上是可行的,合并才能顺利进行。合并是否可行主要取决于以下因素:

(1) 对被合并各方的资产是否公正估价,并以该公正估价为基础,合理确定被合并各方所有者在新设企业中的股份;

(2) 合并前的债务由新设企业归还,因资产估价时业已考虑债务问题,这些债务不构成合并代价,除非因合并而增加债务;

(3) 合并所需的手续费;

(4) 合并后所创造的净利润或现金净流量。

新设合并的财务可行性分析,需比较合并各方在合并前后各自的净现值有否增加,只有合并各方在合并后的净现值大于合并前的净现值时,合并方案才认为是可行的。

【例 16-2】 甲企业与乙企业拟合并成丙企业。经会计师事务所进行资产评估,甲企业的资产为1 500万元,乙企业的资产为2 500万元,合并后双方均以评估价值投入丙企业。经预测,若甲、乙企业不合并,未来经营年限内,各自的现金流量的净现值分别为:甲企业8 000万元,乙企业14 000万元。若甲、乙企业合并,则未来经营年限内丙企业的现金流量的净现值为24 000万元。

答:根据以上资料,甲、乙企业合并成丙企业后,各自得到的现金流量的净现值分别为:

$$甲企业=24\ 000\times(1\ 500/4\ 000)=9\ 000(万元)$$
$$乙企业=24\ 000\times(2\ 500/4\ 000)=15\ 000(万元)$$

由于甲、乙企业合并后得到的现金流量的净现值均大于合并前的净现值,因此该合并方案是可行的。

二、企业分立

(一) 企业分立的概念

企业分立是指一个企业依法分成两个或两个以上企业的经济行为。企业分立的形式有两种:新设分立和派生分立。

新设分立是企业将其全部财产分别归入两个或两个以上的新设企业,原企业解散。新设分立后的新企业应到工商行政管理部门办理登记手续,而原企业则应办理注销手续。派生分立是企业以其部分财产和业务另设一个新的企业,原企业存续。派生的新企业应到工商行政管理部门办理登记手续,取得法人资格。若原企业因派生新企业而减少注册资本的,应到工商行政管理部门办理变更注册资本手续。

同企业合并一样,企业分立也是企业发展战略的选择。不过企业合并属于扩张战略,而企业分立则属于收缩战略。企业通过分立可以使资产获得更有效的配置,提高资产的质量和资本的市场价值。

(二) 企业分立的原因

1. 调整经营战略

任何企业都是在动态的环境中经营。企业经营环境的变化,包括技术进步、产业发展趋势、国家有关法规和税收条例的变化、经济周期的改变等。这些变化可能使企业目前的安排成为低效率的配置。为适应环境的变化,企业要调整经营方向或改变经营目标,如改变经营重点、退出竞争过于激烈的市场等,分立正是实现这些改变的有效手段。因此,企业分立是适应其经济和政治环境中的持续变化所采取的战略的一部分。

2. 提高企业的运营效率

企业的生产经营达到一定规模时,才是最经济的。生产经营规模太大或太小,都不利于提高企业的经济效益。生产经营规模太大，往往会降低管理的效率，容易滋生官僚主义，管理机构的官僚化膨胀还抑制企业的创新精神，导致良好的表现得不到应有的回报，而不佳的表现未受到惩罚。企业进行适当的分立，能够创造出简洁、有效率、分权化的组织，使企业更能够适应经营环境的变化。

3. 发挥资源的利用效率

企业将部分或全部资产进行分立，这些被分立的资产在分立后，可能更有价值。因为企业之所以选择分立这些资产，一个很重要的原因是这些资产对原企业而言并没有特别的作用，分立它对原企业更有利。因此通过分立，一方面可以变现已经实现的收益，提高企业的市场价值；另一方面，可以筹集营运资金，获得发展其他机会所需的财务和管理资源。

4. 避免反垄断诉讼

当企业达到一定规模时，其销售额占同行业的比例过大，就有可能涉嫌垄断。企业分立就可以避免这种诉讼的发生。

（三）企业分立的财务可行性分析

企业分立是一种经济行为，它也是为了谋求经济利益的最大化，因此需要对企业分立进行财务可行性分析。企业分立的财务可行性分析，也是应用净现值法对分立前后的企业现金净流量进行比较分析。只有当分立后的企业现金净流量的现值大于分立前的现金净流量的现值，企业分立方案才是可行的。

【例 16-3】 甲企业为了提高企业的经营效率，经董事会提议，拟分立成乙企业和丙企业。经过预测，分立前及分立后的现金净流量如表 16-2 所示。假设未来企业的经营年限为 10 年，适用的贴现率为 8%，分立过程中发生分立费用 150 万元。就以上资料进行可行性分析。

表 16-2 企业分立前后现金净流量 单位：万元

企业	第 1 年	第 2 年	第 3 年	第 4 年	第 5 年	第 6—10 年
甲	1 100	1 000	900	850	800	800
乙	350	400	450	500	550	600
丙	500	520	600	650	680	700
乙丙合计	850	920	1 050	1 150	1 230	1 300

答：分立前甲企业的现金净流量的净现值为：

$$NPV(1)=1\,100\times PVIF_{8\%,1}+1\,000\times PVIF_{8\%,2}+900\times PVIF_{8\%,3}+850\times PVIF_{8\%,4}$$
$$+800\times PVIF_{8\%,5}+800\times PVIFA_{8\%,5}\times PVIF_{8\%,5}$$
$$=1\,100\times 0.926+1\,000\times 0.857+900\times 0.794+850\times 0.735$$
$$+800\times 0.681+800\times 3.993\times 0.681$$
$$=5\,935.14(\text{万元})$$

分立后乙丙企业合计现金净流量的净现值为：

$$NPV(2)=850\times PVIF_{8\%,1}+920\times PVIF_{8\%,2}+1\,050\times PVIF_{8\%,3}+1\,150\times PVIF_{8\%,4}$$
$$+1\,230\times PVIF_{8\%,5}+1\,300\times PVIFA_{8\%,5}\times PVIF_{8\%,5}-150$$

$$=850\times0.926+920\times0.857+1\ 050\times0.794+1\ 150\times0.735$$
$$+1\ 230\times0.681+1\ 300\times3.993\times0.681-150$$
$$=7\ 477.12(\text{万元})$$

因为分立后的现金净流量的净现值大于分立前现金净流量的净现值，故分立方案是可行的。

应该说明的是，企业分立的原因既有经济方面的，也有组织、经营方面的。实际上企业分立很少仅仅由单个原因引起，通常都会涉及相互关联的多个因素，因此企业分立决策时应综合考虑。

（四）企业分立的重大财务事项

企业分立涉及一系列重大的财务事项，这些事项直接影响到分立后各方的经济利益，因此在分立时有必要进行公正合理的处理。

1. 所有者权益的处理

企业分立后，由于资产的分割会引起企业所有者权益的变化，因此，需要对企业所有者权益进行妥善处理。采用新设分立方式进行分立的，由于原企业消亡，其所有者权益应在分立的各个企业之间进行分割。一般应按各分立方原所有者的持股比例对原企业的所有者权益进行分割。采用派生分立方式进行分立的，原企业因部分资产分离出去而减少注册资本，应向所有者出具变更后的出资证明或股权证、股票等。

2. 资产的分割和评估

企业在分立时，应由资产评估机构对原有企业的资产进行评估。评估后的资产要按分立协议在各分立方之间进行分割。采用新设分立方式的，原企业的资产全部在新设企业之间分割，新设企业间要签署协议，对资产分割情况做出明确规定。采用派生分立方式的，原企业将资产的一部分分割给新企业，新企业也要就资产分割情况签署协议。

3. 债务的负担和偿还

企业分立前的债务是分立时需要妥善处理的一个重要问题。一般应首先清偿债务，或者取得债权人的同意后，才能进行分立。采用新设分立方式的，原企业的债务应在各分立方之间分配负担，由各新设企业按原规定的偿债日期或同债权人达成的新的偿债协议还本付息。采用派生分立方式的，原企业的债务应当根据分立协议进行分配，可以由原企业独自承担，也可以分配一部分债务由派生出去的新企业承担。债务的负担和偿还必须在分立协议中明确载明，并通知债权人。

三、债务重组

企业在生产经营过程中，由于种种原因，可能出现无力偿还到期债务的困难和危机。一旦出现这种情况，企业可以采取多种不同的挽救措施，归纳起来大致分两类：一类是通过法律程序，如合并、和解整顿、破产清算等措施来清偿债务；另一类是非法律措施，通过与债权人协商，对债务企业进行整顿，使债务人减轻负担，渡过难关。债务重组是指对陷入财务危机，但仍有转机和重建价值的企业根据一定程序进行重新整顿或达成协议债权人作出让步，使债务企业得以维持和复兴的做法。

（一）债务重组的意义

债务重组对债权人、债务企业和整个社会经济都有积极的意义。

1. 减少债权人和股东的损失

不能清偿债务的企业一般都是资不抵债，企业破产清算后，债权人的债务往往得不到完全偿还，收回的数额也十分有限。对于所有者而言，其损失则更为严重，破产清算常常使所有者一无所有。如果经过重整和改组，企业能够改善内部经营管理并在一定时期内恢复生机，则债权人不仅可能如数收回债权，企业所有者也会从中获益。

2. 寻求重生机会

对已达到破产界限的企业来说，债务重组可给企业背水一战、争取生存的最后机会。在规范的市场经济条件下，没有什么能比求生存的欲望更能激发企业的内在活力了。当企业达到破产界限时，只要有一定的条件，有一线的希望，都将全力以赴，力争扭转局面。重组为企业提供了一种较为宽松的外部环境，企业可以根据同债权人达成的和解协议，获得宽限债务偿还的期限或减免部分债务。这样企业就有了重新站起来的可能性，余下来的事就需靠企业自身的努力了。

3. 避免社会财富的浪费

对整个社会而言，债务重组能尽量减少社会财富的损失和因破产而失业的人口的数量。达到破产界限的企业，往往都存在经营管理上的问题，如果任其继续下去，就会浪费社会资源。而宣告破产又是要花费代价的，不仅其原有的资产要廉价拍卖，破产企业的职工也面临着失业，从而给社会造成压力。如果经过债务重组使企业重新恢复生机，则既能制止经营失败带来的对社会财富的浪费，又能避免破产损失。从而使社会财富的损失减少到最小的程度，同时也减少因企业破产而失业的职工人数。

（二）债务重组的方式

企业债务重组的方式主要有以下几种。

1. 债务展期与债务和解

债务展期是指推迟到期债务要求付款的日期。而债务和解是指债权人自愿同意减少债务人的债务，包括同意减少债务人偿还的本金数额、降低利息率、减免应付未付利息等。在企业经营过程发生财务困难时，债务的延期或到期债务的减免都会为企业赢得时间，使其调整经营策略，避免破产发生。

债务展期和债务和解作为挽救企业经营失败的方法，都能使企业继续经营并避免法律费用。虽然由于债务展期或债务和解会使债权人暂时无法取得账款而发生一些损失，但一旦债务企业从困境中恢复过来，不仅债权人能如数收取账款，而且债务企业又获得新生，继续为社会创造财富。

2. 以资产清偿债务

它是指债权人和债务人达成协议或经法院裁定，由债务人用现金或非现金资产来清偿全部或部分债务。这种情况下，债权人通常要作出一定的让步，以缓解债务人的财务压力，有助于债务人摆脱困境。

3. 债务转为资本

它是指债务人与债权人协商将债权人的全部或部分债权转作对债务人的投资，即将债务转为企业的资本。这样实际上改变了企业的资本结构，减轻了企业的债务负担。不过这种债务重组对股份有限公司来说，通过发行新股来清偿债务或者债转股都要符合有关法律规定。

4. 破产前的和解协议

企业在正常的经营活动中，有时会由于企业自身的经营条件或者企业外部环境的各种原因无法如期偿还债务，而遭到债权人的起诉，这时企业可以通过与其债权人协商达成协议后，按法定的程序对企业进行重新整顿。这就是目前我国《企业破产法》中的和解与整顿制度。和解整顿制度是在债务企业已达到破产界限，被债权人申请破产，且案件已为法院受理后方可进行。在和解协议中，规定了清偿债务的财产来源、清偿债务的办法、清偿债务的期限等。若企业经过整顿达到了预定的目标，则按和解协议偿还债务，企业也可避免被宣告破产并得以继续经营。

（三）债务重组的条件

企业的债务重组是解决企业债务问题的一种重要方式。但是并非所有的债务问题都可以通过债务重组来解决，进行债务重组是有条件的。

1. 债务人长期不能支付债务

债务人因经营失败，而导致企业缺乏偿债能力，并长期不能支付债务，这时企业可通过破产或债务重组来解决债务问题。这是进行债务重组的首要条件。

2. 债权人和债务人都同意通过债务重组方式解决债务问题

无论是何种形式的债务重组，都必须是在债权人和债务人双方一致同意的情况下方可进行。双方达成的债务重组协议，一方面使债务人尽快摆脱财务困境，继续经营下去；另一方面避免进入破产程序，使债权人蒙受更大的损失。当然，只要有一方不同意进行债务重组或协议达不成一致意见，债务重组就不能进行，这时进入破产程序清偿债务。

3. 债务人必须有恢复正常经营的能力

债权人之所以选择债务重组，是相信债务人有能力恢复正常的生产经营活动，能够尽快地改善企业的财务状况，使其债权得以收回。如果债务人经营重大失策，根本无法扭转财务恶化状况；或债务人存在故意损害债权人合法利益的行为，则只能选择破产清算。

4. 社会经济环境有利于债务人经整顿后走出困境

进行债务重组的企业必须使其产业符合国家的产业政策，并有良好的发展前景。这类企业受国家政策的扶持，经过债务重组，可以尽快走出困境，摆脱财务危机，而且未来可能有更大的发展。

（四）债务重组的重大财务事项

1. 资产评估

企业进行债务重组时，须由资产评估机构进行资产评估。如果以非现金资产来清偿债务，资产评估对债务清偿就非常重要，它直接关系到债权债务双方的经济利益。

2. 调整资本结构

企业在采用将债务转化为资本的方式进行债务重组时，会涉及资本结构的变化。原来的负债转为企业的资本，从而使企业的负债总额减少，降低了企业的财务风险，同时也使原有的持股比例发生了变化。对于股份有限公司，在债转股时，应合理确定股票的价格。

3. 债务结构的确定

企业采用债务展期和债务和解方式进行债务重组时，应当合理安排未来一定时期内的债务偿还期限，避免债务结构的不合理而给企业造成新的财务困难。通常在确定债务的结构时，应当考虑到企业未来的经营情况，尤其是企业未来一定时期的现金流量。这样才能有计划地进行债务的清偿。

第三节 企业清算

企业清算是企业终止过程中的必经程序。企业终止是企业停止经营活动，清理财产，清偿债务，了结一切对内对外的经济关系，注销企业法人资格的法律行为。企业终止的原因有多种，因而企业清算的程序和方法也不一样。

一、企业终止的原因

（一）营业期限届满

当公司章程规定的营业期限届满或者公司章程规定的其他解散事由出现时，企业即进入清算程序。

企业在办理设立申请时就已向企业登记机关登记了营业期限，营业期限届满前企业可以申请延期，延期后企业可以继续经营。若期满前企业未申请延期，表明企业无意继续经营，则必然终止。此外，企业章程规定有解散事由的，当解散事由出现而企业又没有修订章程的，企业也得终止经营活动。

（二）企业最高权力机构作出终止决议

当企业在生产经营过程中，出现以下情况时，企业的股东会或董事会可以作出终止的决议，企业则终止经营。

（1）企业发生严重亏损，又无力继续经营；

（2）企业的某一方股东不履行合同、协议、章程规定的义务，致使企业无法继续经营；

（3）遇有严重自然灾害、战争等不可抗拒的因素，致使企业遭受巨大损失，无法继续经营；

（4）没有达到预期的经营目的，又无发展前途，不得不停止经营。

（三）企业合并或分立

当一个企业被另一个企业并购后，原企业的法人资格丧失，企业的经营活动应当终止。当一个企业将全部财产分立成多个企业后，原企业的法人资格也丧失，企业的经营活动也应终止。

（四）依法被责令终止

企业必须依照法律、法规的规定从事生产经营活动，如违反了法律、法规的规定，就可能受到行政处罚，直至被责令关闭。如企业违反工商行政管理的规定，搞非法经营活动；违反环保规定，造成极大的环境污染；偷税漏税等，都可能被责令关闭。

(五) 政府主管部门决定终止全民所有制企业

在我国,全民所有制企业的投资人是国家,国家对企业的所有权多由主管部门决定。因此,全民所有制企业的终止由政府主管部门决定。但主管部门也不能随心所欲地决定终止企业,而必须是依照法律、法规的规定来决定。法律、法规是人民或人民代表制定的,体现了全民意志。

(六) 依法被宣告破产

破产是指企业因经营管理不善造成严重亏损,不能清偿到期债务,由人民法院审理决定,强制将其全部财产公平清偿给债权人的一种法律制度。一经宣告破产,企业即告终止。

二、企业清算的概念及其分类

(一) 企业清算的概念

企业清算是企业在终止过程中,为终结企业现存的各种经济关系,对企业的财产进行清查、估价、变现,清理债权、债务,分配剩余财产的行为。

任何企业的终止,都必须进行清算工作。只有通过清算,才能对企业现存的各种财务关系予以了结。由于企业规模不同、经济关系的复杂程度不一样,清算有简单和复杂之分。简单的清算,如企业成立不久即告终止,只需将收到的资本金扣除开办费和清算费用,余额退还股东即可。尽管简单总还是有些清算事项需要进行。

清算是企业终止阶段的主要工作。企业的经济法律关系涉及方方面面,在企业终止时都要予以了结,清算就是其中的主要工作。因为大部分法律关系要涉及企业的经济方面,凡涉及经济方面的就要予以清算。终止阶段也有一部分工作不是或不全是清算工作,例如:清算企业要按《劳动法》和员工签订的劳动合同遣散职工,对企业终止承担法律责任的企业领导人依法追究其法律责任等,就不能称之为企业清算。

清算工作主要是指企业的财务问题。清算工作是企业终止阶段的一项法律程序,清算的许多事项甚至清算的工作程序都要由法律来规范。但是清算中资产的清查、债权的收回、债务的偿还、剩余财产的分配等,都是企业存续期间财务活动的延伸和继续。因此,企业的清算工作除要遵守国家的法律、行政法规和企业章程外,还要遵守国家有关财务工作的基本规定,符合财务活动的一般规律。

(二) 企业清算的分类

1. 按清算的意愿不同,企业清算分为自愿清算和强制清算

自愿清算是企业或其所有权人自愿终止企业而进行的清算,包括创办人自愿清算、股东自愿清算、企业自愿清算。当企业尚未正式营业,并尚未向社会发行股票,其创办人可随时决定解散并清算企业。股东认为需要解散企业时,经股东大会审议,并由 2/3 以上表决权表决通过,可以解散企业并进行清算。当企业章程规定的企业终止事由出现,或者企业已实现其经营宗旨或者根本无法实现其经营宗旨时,由企业董事会提出,并经股东会 2/3 以上表决权表决通过,企业可以解散并清算。

强制清算是指由法院或者政府主管机关以命令的形式,强制要求企业终止或宣告企业

终止而进行的清算。因此，企业破产而导致的清算属于强制清算。

2. 按清算的法律程序的不同，企业清算可以分为普通清算和特别清算

普通清算是指企业在清算时，清算事务主要由企业自行确定的清算人按法律规定的一般程序进行，法院和债权人不直接干预的清算。特别清算是指不能由企业自行组织，而由法院出面直接干预并进行监督的清算。如果企业不能清偿到期债务，企业的资产有不足以清偿到期债务的嫌疑，企业无力自行组织清算工作，企业董事会对清算事务达不成一致意见，或者由债权人、股东、董事会中的任何一方申请等情况发生，就应采取特别清算程序。我国企业的破产清算列为特别清算。

对普通清算与特别清算，企业并无选择实行的权利。企业终止后，应立即进行普通清算，在普通清算中，当清算遇到明显障碍或清算人一旦发现企业的清算资产不足清偿全部债务，清算人有责任立即向人民法院申请宣告企业破产，清算工作则由普通清算进入特别清算程序。

三、进行企业清算的清算组及其职权

（一）清算组的组成

企业终止时，应当依法进行清算。要进行清算必须成立清算组。清算组的成员组成因企业终止的原因不同而有所区别。

因企业章程规定的营业期限届满或者企业章程规定的其他终止事由出现时，或股东会决议终止企业的，应当在15日内成立清算组。有限责任公司的清算组由股东组成，股份有限公司的清算组由股东大会确定其人选。逾期不成立清算组进行清算的，债权人可以申请人民法院指定有关人员进行清算。企业违反法律、行政法规被依法责令关闭的，由有关主管机关组织股东、有关机关及有关专业人员成立清算组，进行清算。

破产企业应当自被宣告破产之日起15日内成立清算组，接管破产企业。在成立清算组以前，人民法院应在与同级人民政府协商后，从破产企业的主管部门、当地经贸委、财政厅、国有资产管理部门、中国人民银行或其他分支行等部门和有关专业人员中用公函指定清算组成员。清算组组长由人民法院指定，清算组可以聘请会计师事务所的注册会计师及其他必要的工作人员。

合伙企业终止时，清算人由全体合伙人担任；未能由全体合伙人担任清算人的，经全体合伙人过半数同意，可以自合伙企业解散后15日内指定一名或者数名合伙人，或者委托第三人担任清算人；15日内未确定清算人的，合伙企业或者其他利害关系人可以申请人民法院指定清算人。

（二）清算组的职权

清算组在企业清算期间代表企业进行一系列的民事活动，全权处理企业经济事务和民事诉讼活动，其地位是十分重要的。清算组在清算期间一般有以下职权：

(1) 清算企业财产，分别编制资产负债表和财产清单；

(2) 通知或者公告债权人；

(3) 处理与清算有关的企业未了结的业务；

(4) 清缴所欠税款；

(5) 清理债权、债务；

(6) 处理企业清偿债务后的剩余财产;

(7) 代表企业参与民事诉讼活动。

在特别清算程序中,清算人还可以:申请法院对企业及企业原负责人的财产进行保全处分;对清算事务进行调查并提出报告;列席债权人会议;提出签订或变更和解协议的建议;执行法院的决议。清算人有权请求报酬,其数额除由法院确定外,应由企业股东大会决定。清算人的报酬在清算财产中优先支付。

四、企业清算的一般程序

企业清算自清算组成立后,即可开展清算工作,清算工作程序如下。

1. 登记债权

清算组应当自成立之日起 10 日内通知债权人,并于 60 日内在报纸上至少公告 3 次。要求债权人向清算组申报其债权。债权人应当自接到通知书之日起 30 日内,未接到通知书的自第一次公告之日起 90 日内,向清算组申报其债权,并提供有关债权的证明材料,如债权形成的原因、时间、方式、金额等。清算组应当对债权人申报的债权进行审查,查明其真实性、合法性和具体金额,审查无误后再对债权进行登记。债权人未在规定期限内申报债权的,不列入清算之列,只能就未分配的剩余财产请求清偿。

2. 清理财产,制定清算方案

清算组应当对企业的财产进行清理,编制资产负债表和财产清单,制定清算方案。在财产的清理过程中,如果发现企业在公告清算前 6 个月内至公告清算之日,对企业财产有下列不正当处理的,清算组有权收回:

(1) 被隐匿私分或者无偿转让的财产;

(2) 非正常压价处理的财产;

(3) 对原来没有财产担保的债务提供财产担保的财产;

(4) 未到期的债务提前清偿的财产;

(5) 被放弃的债权等。

企业的所有者已认缴而未缴纳的出资,或在企业存续期间以各种名目非法抽回的出资,清算组有权令其缴回。采用分期出资方式成立的企业,在全部出资缴纳完毕前企业已告终止的,企业的出资人也应补足其出资额。

清算组制定的清算方案内容包括:清算的程序和步骤、财产定价方法和估价结果、债权收回和财产变卖的具体方案、债务的清偿顺序、剩余财产的分配以及对企业遗留问题的处理等等。清算方案应报经股东会或者有关主管机关确认。清算组在清理企业财产后,发现财产不足清偿债务的,应当立即向人民法院申请宣告破产。人民法院裁定宣告破产后,清算组应当将清算事务移交给人民法院。

3. 处理未了结业务

企业进入清算后,原则上应终止其正常的营业活动。但是清算前已经发生的业务,如已经签订而未履行的合同、正在进行的项目等,清算组可以决定解除或者继续履行。但清算组应当以是否对破产债权人有利为主要判断原则。清算组如认为继续执行不会给企业带来损失的，且在清算期间能够完成的，可以继续执行。清算组决定解除合同时，另一方当事人因合同解除受到的经济损失应作为破产债权。

4. 清结纳税，清偿债务

企业宣布终止前应缴未缴的税金，因清算期内有关业务而发生的按国家规定应当缴纳的税金，清算组应当查清。企业的财产应优先拨付清算费用，在拨付清算费用后，按下列顺序清偿：

(1) 支付企业所欠职工工资和劳动保险费用；

(2) 缴纳企业所欠税款；

(3) 清偿企业债务。

企业财产在支付清算费用、职工工资、劳动保险费和税金以后，用于清偿其他债务。不足全额清偿的，可按比例清偿。破产企业未能全额偿付的，破产终结后，不再清偿，未偿清债务的责任依法免除。

5. 处理企业剩余财产

企业的财产在支付清算费用、职工工资、劳动保险费、税款及全部债务后的余额为企业剩余财产。对剩余财产，有限责任公司除公司章程另有规定以外，按投资各方的出资比例进行分配；股份有限公司，按照优先股股份面值对优先股股东分配；优先股股东分配后的剩余部分，按照普通股股东的持股比例进行分配。剩余财产不足全额偿还优先股股本的，按优先股股东持股比例分配。

6. 提出清算报告，公告企业终止

清算结束后，清算组应提出清算报告并造具清算期内收支报表和各种财务账册。清算报告包括清算费用表、清算损益表、债务清偿表、剩余财产分配表以及必要的文字说明。清算报告需报送股东会或者有关主管机关确认，确认后，报送企业登记机关，申请注销登记，经核准后公告企业终止。

思考题

1. 试述全民所有制企业设立的条件和程序。
2. 试比较有限责任公司和股份有限公司设立的条件和程序。
3. 合伙企业设立的条件有哪些？与有限责任公司设立的条件有何不同？
4. 什么是企业合并？企业合并有哪几种形式？各有何特征？
5. 试述企业合并的动因。如何进行企业合并的财务可行性分析？
6. 试述企业分立的形式和原因。
7. 什么是债务重组？为什么要进行债务重组？
8. 试述债务重组的方式和条件。
9. 企业终止的原因有哪些？
10. 如何进行企业清算？企业清算中应注意哪些问题？

企业并购财务管理

第一节 企业并购概述

一、企业并购的概念

（一）兼并

兼并是指一家企业以现金、证券或其他形式购买取得其他企业的产权，使其他企业丧失法人资格或改变法人实体，并取得对这些企业决策控制权的经济行为。兼并又称为合并，我国《公司法》将合并分为吸收合并与新设合并。吸收合并（或吸收兼并）是指一个公司吸收其他公司而存续，被吸收公司解散。新设合并（或创立兼并）是指两个或两个以上公司合并成立一个新的公司，合并各方的法人实体地位都消失，新设合并又称为联合。

（二）收购

收购是指企业用现金、债券或股票等方式购买另一家企业的全部或部分股权或资产，以获得该企业控制权的经济行为。企业收购的对象可以是股权，即购买一家企业的股份；也可以是资产即仅仅是一般资产的买卖行为，在这种情况下，购买方不需要承担目标企业的债务。

（三）并购

兼并与收购两者的相似之处在于：①基本动因相似；②都以产权为交易对象。两者的不同之处在于：①在兼并中，被合并企业作为法人实体不复存在，而在收购中，被收购企业可仍以法人实体存在，其产权可以是部分转让；②兼并后，兼并企业成为被兼并企业新的所有者和债权债务承担者，而收购企业仅是被收购企业的新股东；③兼并多发生在被兼并企业财务状况不佳时，收购发生在正常的生产经营状态。

兼并与收购在本质上都是企业所有权或产权的有偿转让，在经营理念上都是通过外部扩张型战略谋求自身的发展，从经济角度考虑，兼并与收购的相似性远超过两者的区别，故将兼并与收购统称为并购或购并。

二、企业并购的类型

企业并购依据不同的划分标准有以下几种类型。

（一）按并购双方产品与产业的联系划分

1. 横向并购

横向并购是指并购方与被并购方处于同一行业、生产或经营同一产品，并购使资本在同一市场领域或部门集中。如两家航空公司的并购，横向并购可以扩大企业的生产经营规模，扩大企业的市场份额，增强垄断势力。

2. 纵向并购

纵向并购是指对生产工艺或经营方式上有前后关联的企业进行的并购，是生产、销售的连续性过程中互为购买者和销售者的企业之间的并购。纵向并购分为上游并购、下游并购和上下游并购三种方式。上游并购是对生产流程一阶段企业的并购，即并购供应商；下游并购是对生产原材料、零部件的企业并购加工、装配企业或生产商并购销售商，即并购使用商和客户；上下游并购则把与企业生产和经营互为上下游关系的企业同时并购进来。纵向并购主要在加工制造业及与此相关的原材料生产、运输、仓储以及贸易公司之间进行。

3. 混合并购

混合并购是指对处于不同产业领域、产品属于不同市场，且与其产业部门之间不存在特别的生产技术联系的企业进行并购，如钢铁企业并购石油企业等，混合并购通常与企业推行多元化经营战略有关，即通过生产经营范围的扩大以分散整体运行风险。

（二）按并购的实现方式划分

1. 承担债务式并购

承担债务式并购是并购方以承担被并购方全部或部分债务为条件，取得被并购方的资产所有权和经营权。这种并购在国内企业并购中较为常见。

2. 现金购买式并购

现金购买式并购是指并购方以现金购买目标企业的资产以获得其产权的行为。这种并购又分为以下两种形式：①并购方筹集足额的现金购买被并购方全部资产，被并购方消失；②并购方以现金通过市场、柜台或协商购买目标企业的股票或股权，来实现并购。

3. 股份交易式并购

股份交易式并购是指并购企业以自己的股权交换目标企业的资产或股权，这种并购有以下两种形式：①以股权换股权；②以股权换资产。以股权换股权若是对目标企业的股权全部收购，则目标企业的法人资格不复存在；若是部分收购，则其法人资格仍然存在，这种并购一般在上市公司之间进行，形成相互持股关系。以股权换资产是指被并购企业将其清产核资后的净资产作为股本投入并购方，取得并购企业的一部分股权，成为并购企业的一个股东，被并购企业作为法人主体不复存在，这种方式特别适用于控股母公司通过已上市的子公司“借壳上市”。

（三）按企业并购双方是否友好协商划分

1. 善意并购

善意并购是指并购企业事先与目标企业协商，征得其同意并通过谈判达成收购条件一致意见而完成的并购。善意并购有利于降低并购行为的风险与成本，使并购双方能够充分交流、沟通信息，目标企业主动向并购方提供必要的资料。

2. 敌意并购

敌意并购是指并购企业在收购目标企业股权时虽然遭到目标企业的抗拒，仍然强行收购，或不与目标企业协商，直接向目标企业发出收购要约进行并购。敌意并购的优点在于并购方完全处于主动地位，不用被动权衡各方利益，而且并购行动节奏快、时间短，可有效控制并购成本，但并购风险较大。

(四) 按并购是否通过证券交易所划分

1. 要约收购

要约收购是指并购通过向目标公司的管理当局和股东发出购买该公司股份的书面意见(要约收购报告)，并按法定公告的收购条件、收购价格、收购期限以及规定事项，收购目标公司股份的收购方式。要约收购是成熟的证券市场中收购上市公司股权的基本形式。

2. 协议收购

协议收购是指并购公司不通过证券交易所，直接与目标公司取得联系，股份的出让与受让双方通过面对面的谈判、协商达成共同协议。这种交易在证券交易所外进行，故也称为场外交易。协议收购易取得目标公司的理解与合作，有利于降低收购行为的风险与成本，协议收购一般都属于善意并购。

(五) 按其他方式划分

1. 杠杆收购

杠杆收购是指并购企业以目标企业的资产和将来的收益能力作抵押，通过大量的债务融资来实现并购的行为。杠杆收购是一种高度负债的收购方式，其主要目的不在于获得目标企业经营控制权，而在于通过收购控制，得以将企业的资产进行重新包装或剥离后再将企业卖出。

2. 管理层收购

管理层收购(MBO)指目标公司的管理层通过大举借债或与外界金融机构合作、收购他们所在的公司的行为。

3. 联合收购

联合收购是指两个或两个以上的收购人事先就各自取得目标企业的哪一部分以及收购时应承担的费用达成协议而进行的收购行为。联合收购有两个基本特点：一是收购人必须是两个或两个以上的公司或个人；二是目标企业不是整体卖给收购人，而是各收购人通过协议取得目标企业的不同部分。

三、企业并购的动因

企业并购的动因各式各样，但最基本的动因是协同效应，即“2＋2＝5”的效应。在大多数情况下企业并非仅仅出于某一个目的进行并购，而是将多种因素综合平衡，并购的主要动因包括以下几个方面。

(一) 经营协同效应

经营协同效应主要是指并购给企业的生产经营活动在效率方面带来的变化及效率的提

高所产生的效益。企业并购对企业效率的最明显作用表现为促使企业规模经济效益的取得,规模经济效益由工厂规模经济和企业规模经济组成。并购给工厂发展规模经济的好处在于:①企业可以通过并购对工厂的资产进行补充和调整,以达到最佳规模经济的要求,使工厂成本保持最低的生产成本;②并购能够使企业在保持整体产品结构的前提下,在各个工厂之中实现产品的专业化生产。

通过横向、纵向或混合并购,使经营规模达到规模经济的水平,从而提高经营效率,主要表现在:①节约管理费用;②采用共同的销售渠道,可以节约销售费用;③便于集中足够的经费用于研究、开发和设计产品,提高产品的竞争力;④多样化经营可以分散风险,稳定收入来源,同时对组织资本和声誉资本进行保护。

(二)财务协同效应

财务协同效应是指并购给企业在财务方面带来的各种效益,这种效益是由于税收差别的存在以及外部融资和证券交易等内在规定的作用而产生的,主要表现在:①财务能力的提高。一般情况下,并购后企业整体的偿债能力会明显增强,相应的融资能力也会增强,并且并购使企业从边际利润率较低的生产经营活动向边际利润率较高的生产经营活动转移,从而提高企业的经济效益。②合理节税。一些并购的出现可能就是出于税收最小化机会的考虑,如处于较高纳税等级的企业,可以通过并购纳税等级较低的高科技企业,将主营业务转移到高科技企业,从而享受高科技的税收优惠待遇。③预期效应。预期效应是指因并购使股票市场对企业股票评价发生改变而对股票价格的影响。由于预期效应的作用,企业并购往往伴随着强烈的股价波动,形成股票投资机会,增加股东的资本利得收益。④降低筹资成本和交易成本。通常资本筹集中的发行和交易成本与所筹资金的规模成反比,企业并购后规模的扩大有可能降低筹资成本和交易成本。

(三)管理协同效应

如果某企业有一支高效率的管理队伍,其管理能力超出管理该企业的需要,但这批人才只能通过集体实现其效率,企业不能通过解聘释放能量,那么该企业就可并购那些由于缺乏管理人才而效率低下的企业,利用这支管理队伍通过提高整体效率水平而获利。

(四)企业发展动机

企业的发展可以运用两种基本方式进行:一是通过对内投资新建方式扩大生产经营能力;二是通过对外投资即通过并购取得企业经营规模上的扩张。相比较而言,并购往往是效率比较高的扩张方式。其优势主要体现在:①并购有效地降低了进入新行业的壁垒;②并购大幅度降低了企业发展的风险和成本;③企业通过并购不仅获得了被并购企业的各种资产而且获得了其管理经验,可以提高企业的发展速度。

(五)谋求战略价值

企业战略包括战略防御和战略扩张两大类,战略防御性并购动因包括:企业通过经营相关程度较低的不同行业可以分散风险,避免企业遭受强相关产业周期性风险和单一产业的经营风险;实现从某一夕阳产业的战略转移;购买必需的专有技术、商标、品牌等无形资产;保护市场或原材料供应网络。战略扩张性并购动因包括:加速企业在产业、地域的扩张;合资经营购买有价值的品牌和优势技术；获取某项特殊资产。特殊资产可能是一些对企业发展至关重要的专门资产，包括土地、有效的管理队伍、优秀的科研人员以及专利技术、商标、品牌等无形资产。

四、企业并购的过程

一个完整的并购过程可以划分为四个阶段，具体步骤如表 17-1 所示。

表 17-1　企业并购的过程

第一阶段：并购前的调查研究	第三阶段：并购实施阶段
1. 确定并购策略	1. 确定支付方式
2. 搜寻、调查、确定目标企业	2. 并购企业融资
3. 并购的可行性分析	3. 执行并购协议
第二阶段：并购谈判阶段	第四阶段：并购整合阶段
1. 价值评估、确定支付价格	1. 制定整合策略
2. 并购双方协商谈判	2. 实施整合策略
3. 签订并购协议	

在企业并购的整个过程中，最主要的财务问题是：目标企业的价值评估、并购的支付方式、筹资方案的选择以及并购绩效评价等，本章将对前两个问题进行详细介绍和阐述。

第二节　目标企业的价值评估

一、价值评估对企业并购的意义

价值评估是指买卖双方对标的(资产或股权)购入或出售作出的价值判断，价值评估对并购的意义主要体现在以下三个方面：

(1) 从并购程序看，对目标企业的选择与价值评估是并购活动的首要环节，其中价值评估是并购谈判阶段的核心内容，也是决定并购是否可行的先决条件。

(2) 从并购动因看，并购一般是谋求协同效应，而对协同效应的经济评价必然与交易的价格相联系，理论上只要价格合理，交易总是可以达成的，因此，价值评估又是决定交易是否成交的价格基础。

(3) 从投资者角度看，无论是并购方的股东，还是目标企业的出资者，均希望交易价格对己有利。由于双方投资者的信息不对称，或主观认识上存在的偏差，或评估方法选用不当，其价值评估结果往往是不一致的，从而影响交易成功的概率。

由于价值评估的对象往往不是目标企业现在的价值，而是并购后目标企业能为并购企业带来的价值增值，即目标企业估值取决于并购企业对其未来收益的大小和时间的预期。而对并购企业未来收益的预测是一件比较困难的事情，常带有一定的主观判断，为评估准确起见，企业一般使用多种方法对目标企业估值。

二、目标企业价值评估的方法

（一）市盈率法

市盈率法是根据目标企业的收益和市盈率确定其价值的方法，又称为收益法。市盈率法对目标企业价值评估的步骤如下。

1. 检查、调整目标公司近期的利润业绩

市盈率法使用的收益指标在性质上是目标在被并购后持续经营可能取得的收益，因此应进行适当的调整：①并购企业必须仔细考虑目标企业所使用的会计政策；②剔除非常项目和特殊业务对净利润的影响；③调整由于不合理的关联交易造成的利润增减金额。

2. 选择、计算目标企业估价收益指标

一般来说，最简单的估价收益指标可采用目标企业最近一年的税后利润，但考虑到企业经营的波动性，尤其是被并购以后企业的收益状况，作为目标企业估价收益指标有三种方法确定：①目标企业近一年的税后利润；②目标企业近三年的税后利润平均值；③与并购方相同的资本收益率计算的税后利润。

3. 选择标准市盈率

标准市盈率的选择直接影响到评估的结果，通常可选择的标准市盈率有三种：①目标企业在并购时点的市盈率；②与目标企业具有可比性的企业市盈率；③目标企业所处行业的平均市盈率。

4. 计算目标企业的价值

市盈率法的计算公式为：

$$目标企业的价值=估计收益指标\times标准市盈率$$

采用市盈率法估算目标企业价值，该方法有以下特点：①以投资为出发点，着眼于未来经营收益；②简单易懂，使用便利，容易得到股东的支持；③尤其适用于通过证券二级市场进行的并购；④若标准市盈率选择不当，将对评估值产生重大影响。

（二）贴现现金流量法

贴现现金流量法的原理是假设任何资产的价值等于其预期未来现金流量的现值之和。在贴现现金流量法下，影响企业价值的因素有三个：预期的现金流量、贴现率和企业的存续期。

1. 预测自由现金流量

在贴现现金流量法下，按评估主体的不同，现金流量可分为股权自由现金流量和企业自由现金流量两种。

(1) 股权自由现金流量。它是指企业在履行了所有的财务责任(债务的还本付息)，并满足其本身再投资需要之后的剩余现金流量，体现了股权投资者对企业现金流量的剩余要求权。

股权自由现金流量的计算公式为：

$$\begin{aligned}股权自由现金流量=&净收益+折旧-债务本金偿还-营运资本追加额\\&-资本性支出-优先股股息+新发行债务\end{aligned}$$

式中，资本性支出是指厂房的新建、扩建、改建，设备的更新、购置以及新产品的试制等方面的支出。与折旧相比，对于一个高速成长的企业而言，当期资本支出可能超过同期折旧；而对于处于稳定发展期的企业而言，资本支出较少。营运资本追加额是指应收账款、存货等项目的净增加，它也与企业的发展阶段密切相关。处于迅速成长阶段时，应收账款和存货等增加较多，反之则相对较少。

股权自由现金流量可以为正数，也可以为负数；如果股权自由现金流量为正数，则表示公司可以有多余的现金派发给股东（现金股利）；如果股权自由现金流量为负数，则表示公司将不得不通过发行新股来筹集股权资本；以股权自由现金流量为基础计算的是股权的价值，在实务中，股权自由现金流量也是企业能否支付现金股利的一个重要指标。

(2) 企业自由现金流量。它是指企业在支付了经营费用和所得税之后，向企业权利要求者（普通股股东、企业债权人和优先股股东）支付现金之前的全部现金流量。企业自由现金流量的计算公式为：

企业自由现金流量＝股权自由现金流量＋债权现金流量＋优先股股权现金流量

企业自由现金流量＝息税前净收益×(1－税率)＋折旧－资本性支出－营运资本净增加

用企业自由现金流量是对整个企业估价而不是对股权估价，股权的价值可以用企业价值减去发行在外债务的市场价值得到。由于企业自由现金流量是债务偿还前的现金流量，所以用企业自由现金流量估价时就不需要明确考虑与债务相关的现金流量。

2. 估计贴现率或加权平均资本成本

估算现金流量的现值所采用的贴现率既可用筹资者的资本成本，也可用投资者所要求的最低报酬率。一般来说，贴现率的选择应与现金流量相匹配，即股权自由现金流量应按股权资本成本进行折现，企业自由现金流量应按加权平均资本成本折现。

(1) 股权资本成本。估算股权资本成本的方法有很多，最常用的有股利增长模型、资本资产定价模型和套利模型等。

① 股利增长模型。对于稳定增长的公司而言，可以用股利增长模型估算股权资本成本，因为稳定增长的公司股票价格可以表示为：

$$P_o = DPS_1/K_s - g \quad 则\ k_s = DPS_1/P_o + g$$

其中：P_o 为当前的股票价格；DPS_1 为下一年预计支付的股利；K_s 为股权资本成本；g 为股利的增长率。

虽然该模型计算简单，但是它是假设公司一直以一个不变的增长率增长并持续到永远，这在我国资本市场股利支付率较低的情况下是不适用的。

② 资本资产定价模型。该模型通过方差来度量不可分散风险，并将风险与预期收益联系起来。在该模型中任何资产不可分散的风险都可以用 β 值来描述，并相应地计算出预期收益率，其基本公式如下：

$$k_s = R_f + \beta \times (R_m - R_f)$$

其中：k_s 为投资者所要求的收益率；R_f 为无风险收益率；R_m 为市场预期收益率；β 为企业（资产组合）对整个市场风险的贡献。

（2）债务资本成本。债务资本成本是企业为并购项目融资时所借债务的成本。一般来说，债务资本成本由以下因素决定：①当前的利率水平。当市场利率上升时，债务资本成本也会随之上升；②企业的信用等级。企业的信用等级越低，企业违约的风险就越大，债务资本成本就越高；③债务的税收抵税。利息可以抵减税款，债务在税收抵减上的好处使得债务的税后成本下降，即税后债务成本＝税前债务成本×（1－税率）。

（3）加权平均资本成本。估计了个别资本成本之后，根据目标企业被并购后的资本结构，计算加权平均资本成本。计算公式如下：

$$K_w=\sum_{t=1}^{n}K_i\times W_i$$

其中：K_w 为加权平均资本成本；K_i 为个别资本成本；W_i 为各个别资本所占比重。

值得注意的是，在计算加权平均资本成本时，普通股和债券的比重应以市场价值为基础，而不是账面价值。这是因为衡量资本成本是为了确定融资时的证券成本，而它们都是按照市场价值发行的。

3. 预测企业存续期

企业并购作为一种特殊形式的资本投资，目标企业的价值等于预期未来现金流量的现值之和。但企业是一个持续经营的实体，其寿命一般是不可预知的。为了合理预测目标企业价值，一般将未来现金流量分为两部分：一是预测期内的现金流量；二是预测期后的现金流量。对于预测期内的现金流量要逐期预测，一般以5—10年作为预测期，而对于预测期后的现金流量，根据企业发展阶段及未来趋势作价值评估。

4. 计算现金流量的现值，作为目标企业的价值

根据目标企业未来创造的自由现金流量和贴现率，可计算目标企业的价值，计算公式如下：

$$TV=\sum_{t=1}^{n}\frac{FCF_t}{(1+K_w)^t}+\frac{V_n}{(1+K_w)^n}$$

其中：TV 为目标企业的价值；V_n 为目标企业在第 n 年的价值；K_w 为加权平均资本成本；FCF_t 为第 t 期目标企业的自由现金流量。

如果 n 期后，目标企业处于稳定增长状态，则目标企业第 n 期的价值可按固定增长模型计算，即：

$$V_n=\frac{FCF_{n+1}}{K_w-g_n}$$

其中：K_w 为固定增长时的加权平均资本成本；g_n 为固定增长率。

【例17-1】 ABC公司现准备以100万元收购目标企业甲，向你咨询方案是否可行。有关资料如下：上年甲企业销售额1 000万元，预计收购后有5年的自由现金流量；在收购后第1年销售额在上年基础上增长5%，第2、第3、第4年分别在上一年基础上增长10%，第5年与第4年相同；假设销售利润率为4%，所得税税率为25%；固定资本与营运资本追加额分别占销售增长额的10%和5%。市场无风险收益率、风险溢酬分别为5%和2%，ABC公司和甲企业的β系数分别为2和1.5。相关资料如表17-2所示。

要求:(1) 计算收购后企业各年的自由现金流量;

(2) 预测股本成本;

(3) 根据折现现金流量法评价应否收购甲企业。

答:(1) 收购后各年的自由现金流量

表 17-2　ABC 公司自由现金流量计算表　　单位:万元

项目	第 1 年	第 2 年	第 3 年	第 4 年	第 5 年
销售额	1 050	1 155	1 270.5	1 397.55	1 397.55
销售利润	42.00	46.20	50.82	55.90	55.90
所得税	10.5	11.55	12.71	13.98	13.98
固定资本增加	5	10.5	11.55	12.71	0
营运资本增加	2.5	5.25	5.78	6.35	0
自由现金流量	24	10.90	20.78	22.86	41.92

(2) 预期股本成本=5%+2%×1.5=8%

(3) 自由现金流量的现值=22.22+9.34+16.50+16.80+28.53=93.39(万元)

由于收购后甲企业各年自由现金流量的现值之和为 93.39 万元,小于 100 万元,即目标企业的价值小于收购价值,故根据贴现现金流量法不应收购甲企业。

(三) q 比率法

q 比率是公司股票的市场价值与代表这些股票的资产重置成本之间的比率,q 比率由诺贝尔经济学奖获得者托宾(James Tobin)于 1969 年提出。

$$q=\text{股票市值}/\text{对应资产的重置成本}$$

q 比率是反映证券市场上价格偏高或偏低的一个指标。其理论值是 1,但是实际上一般会大于或小于 1。如果一家公司的 q 比率在很长时间内都大于 1,说明该公司股票的价格偏高,反之,就偏低。在价值评估中,通过先估计公司的 q 比率,再计算其价值。一般 q 比率可用市净率近似代替。

$$\text{股票价值}=q\times\text{资产重置成本}$$

【例 17-2】　A 公司与同类 B 公司所在行业的平均 q 比率为 0.8,A 公司应采用直接投资方式还是收购 B 公司的方式进行投资?对于 q 比率为 0.8 的同类 B 公司,即使按 20%溢价收购,即收购价=0.8×(1+20%)=0.96,收购价仍比收购资产的当期重置成本低 4%,因此同类公司的 q 比率小于 1,通过收购比采用直接投资更有效。

(四) 其他价值评估方法

1. 未来股利现值法

未来股利现值法原理同贴现现金流量法,在这里未来的股利作为现金流量,其计算公式为:

$$企业价值 = \sum D_t/(1+i)^t$$

其中：D_t 为企业第 t 年的股利，i 为折现率。

未来股利现值法的特点是：

(1) 企业的价值取决于未来的盈利能力(股利水平)和贴现率的选择；

(2) 任何资产的内在价值是由拥有该资产的投资者在未来所取得的现金流量决定；

(3) 其本质是股票的价值。

2. 净资产账面价值调整法

净资产账面价值是以会计历史成本原则为计量依据确认的，它与企业的内在价值并不一致，因此对账面价值进行调整来确定并购价值，其计算公式为：

$$\begin{aligned}目标企业的价值 &= 目标企业净资产账面价值 \times (1 \pm 调整系数) \\ &\quad \times 拟收购股份占目标企业总股份比例\end{aligned}$$

这种估价方法的特点是：

(1) 净资产账面价值具有客观性，计算简单，容易取得；

(2) 账面价值以历史成本计价，受不同会计政策的影响；

(3) 账面价值与未来收益的能力之间相关性很小；

(4) 忽略了企业内在的一些价值驱动因素。

3. 可比公司分析法

可比公司分析法是以交易活跃的同类公司的股价与财务数据为依据，计算出一些主要的财务比率，然后用这些比率作为“市场/价格乘数”来推断非上市公司或交易不活跃公司的价值。其具体步骤如下：

(1) 选择参照公司；

(2) 选择及计算乘数；

(3) 运用选出的众多乘数计算被评估公司的多种价值；

(4) 对公司价值的各个估计数进行平均；

(5) 价格收益比分析；

$$目标企业评估价值 = 目标企业收益 \times 价格收益比$$

(6) 股利资本化率分析。

$$股利资本化比率 = 股利支付能力 \div 企业价值$$

$$目标企业价值 = 股利支付能力 \div 综合股利资本化比率$$

应用这一方法，首先要找到一组可比较的公司，并计算它们综合股利资本化比率；再确定目标企业的股利支付能力；最后确定目标企业的价值。

评估价值并不是决定并购价格的唯一因素，只是价格的参考。从某种意义上来说，经济学不认为价格可以计算出来，最终决定价格的是买卖双方的同意。一般来说，当并购的是一个继续运营的企业时，应采用贴现现金流量法，而当并购针对的是破产企业或企业部分资产时，应采用资产价值基础法。

第三节 并购支付方式的选择

一、现金支付方式

现金并购是一种单纯的并购行为，它是由并购方支付一定数量的现金而取得被并购企业的所有权。由于现金具有较强的流动性，因而对被并购方，特别是对那些因举债过多而被迫出售的企业而言，无疑是比较受欢迎的支付方式。

（一）现金并购的可行性分析

在现金支付方式下，如果并购引起的价值增值大于其并购成本，即并购后的净收益大于零，则这种并购是可行的。假设A公司拟并购B公司，其市场价值分别为V_A和V_B，两公司并购后的价值为V_{AB}，公司并购后的净收益为：

$$并购收益\ S = V_{AB} - V_A - V_B$$
$$并购净收益\ NS = S - P(并购溢价) - M(并购费用)$$

其中：并购收益$(V_{AB} - V_A - V_B)$代表并购的协同效应；$(P + M)$代表并购直接成本。

对并购方来说，当并购净收益大于零时，并购才是可行的。

【例17-3】 A公司的市场价值为4亿元，拟收购B公司，B公司的市场价值为0.8亿元。A公司估计合并后新公司的价值为5.4亿元。B公司股东要求以1.1亿元价格成交，并购交易费用为0.1亿。

$$并购收益\ S = 5.4 - (4 + 0.8) = 0.6(亿元)$$
$$并购完成成本 = 1.1 + 0.1 = 1.2(亿元)$$
$$并购溢价 = 1.1 - 0.8 = 0.3(亿元)$$

并购净收益$=0.6-0.3-0.1=0.2$(亿元)>0，则并购方案可行。

（二）现金支付方式应注意的问题

1. 并购企业的短期流动性

现金支付方式要求并购方在确定的日期支付大量的资金，支付后容易出现资金的紧张，从而影响并购企业正常的生产经营活动，因此，并购企业应事先做好统筹规划。

2. 并购企业的中长期流动性

现金支付方式可能导致某些企业在很长时间内都难以从大量的现金流出中恢复过来，因此，并购方还必须认真考虑未来现金流的回收情况。

3. 货币的性质

在跨国并购中，并购企业还必须考虑自己拥有的现金是否可以直接支付或可自由兑换，目标企业需要何种货币，这在谈判中就应考虑。

4. 目标企业所在地对资本收益的税法规定

不同地方对资本收益税负水平有差异，因此，选择现金支付方式，还要考虑目标企业股东的资本收益税负。

二、股票支付方式

（一）股票交换比率

通过交换股票方式实现并购是目前国际上通常采用的并购方式。在吸收合并方式下，并购公司通过向目标公司股东增发本公司股票，以换取目标公司股东合并前持有的本公司股票，目标公司宣告终止，进而实现对目标公司的合并。在新设合并方式下，新设公司通过向拟解散公司股东发行新设公司的股票，以换取解散公司股东合并前持有的各自公司的股票，拟解散公司宣告终止，从而实现新设合并。在换股过程中，股票如何交换、交换比率多少是合并双方能否完成合并的关键。

【例 17-4】 A 公司流通在外的普通股为 10 000 股，每股市价 100 元；B 公司流通在外的普通股为 8 000 股，每股市价 62.5 元，如果 B 公司股东愿意以 650 000 元出售公司，那么如何确定股票互换比率？

答：(1) 假设 A 公司发行 6 500 股本公司普通股交换 B 公司股东原来持有的 8 000 股股票，转换比率为 0.812 5 ∶ 1，假设此项并购会产生并购协同效应 250 000 元，其结果如表 17-3 所示。

表 17-3 并购公司普通股交换比率计算表 单位：元

	市场价值	股数	每股价格	并购支付价值	支付溢价
并购前 A 公司	1 000 000	10 000	100		
并购前 B 公司	500 000	8 000	62.5		
并购后 A 公司	1 750 000	16 500	106.06	689 390	189 390

(2) 转换比率为多少才能使得 B 公司股东仅得到 650 000 元的 A 公司股票？（和现金并购效果相同）（如表 17-4 所示）

$$1\ 750\ 000 \times a = 650\ 000 \quad 则:a = 0.371\ 4$$

$$应增发数量 = 0.371\ 4 \div 0.628\ 6 \times 10\ 000 = 5\ 908\ 股$$

表 17-4 转换比例计算 单位：元

	市场价值	股数	每股价格	并购支付价值	支付溢价
并购前 A 公司	1 000 000	10 000	100		
并购前 B 公司	500 000	8 000	62.5		
并购后 A 公司	1 750 000	15 908	110	650 000	150 000

（二）股票交换对企业盈余和市场价值影响的分析

1. 股票交换对企业盈余的影响

【例 17-5】 A、B 企业的有关资料如表 17-5 所示。

表 17-5　A、B 企业有关资料

项目	A 企业	B 企业
净利润	1 000 万元	250 万元
普通股股数	500 万股	200 万股
每股收益	2 元	1.25 元
每股市价	32 元	15 元
市盈率	16 倍	12 倍

若 B 企业同意以股票每股作价 16 元由 A 企业以其股票相交换，则股票交换比率为 16÷32=0.5，即 A 企业需发行 200×0.5=100 万股股票才能收购 B 企业所有股份，则：

并购后 A 企业的净利润=1 250 万元

并购后股本总数=600 万元

并购后每股收益=1 250÷600=2.083(元)

并购效果分析：A 企业每股收益提高了 0.083 元，而 B 企业股东的每股收益却降低(0.5×2.083=1.041 5<1.25)

(1) 若要保持 A 企业每股收益不变，则股票交换比率为多少？

设股票交换比率为 R，则：1 250/(500+200R)=2，解之：R=0.625

即 B 企业的每股作价为 32×0.625=20 元

(2) 若要保持 B 企业每股收益不变，则股票交换比率又为多少？

设股票交换比率为 K，则 1 250/(500+200K)×K=1.25，解之：K=0.625

2. 股票交换对股票市场价值的影响

在换股支付方式中，换股比率的高低将直接影响到参与并购各方股东在并购后主体中所拥有的股权份额，因此，股价交换比率通常是谈判的重点。

股价交换比率=对被并购企业每股作价÷被并购企业每股市价

=并购企业每股市价×股票交换比率÷被并购企业每股市价

若股价交换比率大于 1，表示并购对被并购企业有利，企业因被并购而获利；若股价交换比率小于 1，表示被并购企业因此而遭受损失。

【例 17-6】　甲企业每股股价为 30 元，乙企业每股股价为 12 元，若甲企业愿意以 0.5 股交换乙企业 1 股，则此时股价交换比率为：30×0.5÷12=1.25，表明两家企业的股票以市价 1.25∶1 的比例对换，这时，乙企业在并购中获益，甲企业在并购中受损。然而并购的目的是获取协同效应，即并购后公司的每股收益提高，股价也相应提高，这样并购双方都能从中获取利益。

(三) 股票支付方式应注意的问题

1. 并购企业的股权结构

由于股票支付方式的一个突出特点是它对并购企业的原有股权结构会产生重大影响，因此，并购企业必须事先确定原企业股东会接受多大程度的股权稀释。

2. 财务指标的变动

股票支付方式一般会带来每股收益、每股净资产等财务指标的变动，如果每股指标下降，则必然带来股票价格的下跌，这种对股票价格的不利影响，并购企业的原股东能否接受，这一点应事先考虑。

3. 当前的股价水平

当前的股价水平是并购企业决定采用现金支付还是股票支付的一个很重要影响因素。一般来说，在股票市场处于上升阶段时，股票的相对价格较高，这时以股票作为支付方式可能更有利于并购企业，增发新股实施并购比较有利，对目标企业也会有较强的吸引力。

第四节 企业并购的融资

企业并购的融资方式是多种多样的，根据资金的来源可分为内部融资和外部融资。并购中应用较多的是外部融资，外部融资包括：金融机构贷款、股权融资、债券融资、票据融资、可转换债券融资、优先股融资、认股权证融资以及卖方融资等。

一、内部融资

1. 自有资金

自有资金是指企业在发展过程中所积累的、经常持有的、按规定可以自行支配并不需要偿还的那部分资金。企业的自有资金是内部融资的最主要来源，它是企业最稳妥最有保障的资金来源。通常企业的自有资金包括：资本公积、盈余公积、未分配利润以及折旧等。

2. 未使用或未分配的专项基金

这些未使用或未分配的专项基金只是在未使用和分配前作为内部融资的一个来源，一旦需要使用或分配这些资金必须及时支付。从长期来看，这些专项基金可以成为企业的一项稳定的资金来源。它主要包括：企业提取的发展基金、设备的更新改造基金、维修基金以及新产品试制基金，等等。

二、外部融资

（一）权益融资

在企业并购中最常用的权益筹资方式就是股票融资，分为普通股融资和优先股融资。

1. 普通股融资

对于能发行股票的企业来说，发行普通股股票筹集资金来实现并购是最常见的形式。一般并购所需资金规模较大，发行普通股股票可以筹集大量资金，能满足并购对资金的需求。发行普通股股票后可能稀释公司每股收益，股价由此可能下跌；现有股东在收购后的持股比例下降；现有股东必须和新股东一起分享利润。

2. 优先股融资

2014 年 3 月 21 日证监会发布了《优先股试点管理办法》，为企业并购融资拓宽了融资渠道。优先股实际上是相对于普通股而言，主要指在利润分红及剩余财产分配的权利方面优先于普通股，不过相对于普通股而言，优先股股东没有选举及被选举权，一般来说对公司的经营没有参与权，优先股股东不能退股，只能通过优先股的赎回条款被公司赎回，但是能稳定分红。由于优先股有利于改善公司治理，保护投资者利益，方便大规模引入机构投资者，因此是企业并购中较好的融资渠道。

（二）债务融资

1. 银行贷款

在并购融资中主要是由商业银行等金融机构提供的并购贷款。银行贷款作为企业资金的重要来源，无疑也是企业获取并购资金的主要渠道。如果企业并购资金以债务资金为主的话，企业和银行都承担着较大的财务风险。因此，在并购中还需要考虑企业的资金结构、盈利能力和偿债能力等综合权衡。

2. 债券融资

对于有资格发行债券的企业来说，发行债券融资为企业实现并购提供了又一融资渠道。

（三）特殊融资

1. 卖方融资

企业并购中一般都是买方融资，但当买方没有条件从贷款机构获得抵押贷款或贷款市场利率太高时，买方不愿意按市场利率获得贷款，卖方为了出售资产，愿意以低于市场利率为买方提供所需资金。买方在完全付清贷款以后才得到该资产的全部产权，如果买方无力归还贷款，则卖方可以收回该资产。这种方式被称为“卖方融资”。比较常见的卖方融资即通过分期付款，以或有支付方式购买目标企业，或有支付所起到的效果同企业通过其他融资渠道获取资金进行并购是相同的。

采用这种方式融资，可以减少并购企业前期的资金压力。不过在现实中，这种融资方式为数很少，且只限于股权相对集中的股东所拥有的公司，若卖方股东分散，则难以用应付票据等方式来分期付款。

2. 杠杆收购融资

杠杆收购是指通过增加并购方企业的财务杠杆来完成并购交易的一种并购方式。这种并购方式的实质是并购方为筹集所需资金，大量向银行或金融机构借债，或发行高利率、高风险债券，这些债务的安全性以目标企业的资产或将来的现金流入作担保。由于杠杆收购中的债务融资可以高达交易成本的90%以上，因而能够帮助一些企业实现“小鱼吃大鱼”的并购目标。

杠杆收购融资有以下一些特征：

（1）收购公司用以收购的自有资金远远少于收购总资金，一般为20%—30%；

（2）收购公司的绝大部分资金系借债而来；

（3）收购公司用以偿付贷款的款项来自目标公司的资产或现金流量；

（4）收购公司除投资非常有限的资金外，不负担进一步的投资义务，即贷出收购资金的债权人只能向目标公司求偿。

杠杆收购于20世纪60年代出现于美国，随后风行于北美和西欧。最初的杠杆收购交易只在规模较小的公司间进行。20世纪80年代以后，随着银行、金融、保险公司、风险资本等各种金融机构的介入，带动了杠杆收购的发展。杠杆收购是一种高风险的并购行为，一般选择杠杆收购融资并购企业应满足以下条件：

（1）并购企业的管理层具有较高的管理技能；

（2）并购企业的经营状况比较稳定；

（3）并购后整合计划周全、合理；

（4）并购企业的负债比率不太高；

（5）并购企业的经营现金流量稳定；

（6）目标企业的资产变现能力较强。

一般而言，以技术为基础的知识、智力密集型企业进行整体杠杆收购会比较困难，因为企业主要拥有的是无形资产和智力财富，未来收益和现金流量等较难以预测，且这些资产难以变现，这样难以取得贷款。若仅仅收购某项业务或技术，问题就简单多了，京东方收购韩国现代 TFT-LCD 业务就是采用的杠杆收购融资。

第五节　企业并购后的财务整合

一项企业并购活动是否成功，不仅取决于企业是否按照计划取得了对目标企业的控制权，而且还在于企业是否成功地完成了对目标企业的整合。企业并购整合的内容涉及资产、财务、组织、管理、人力资源和企业文化等方面，是一个比较复杂的过程，本书仅对财务整合进行简单介绍。

一、并购后财务整合的意义

财务整合是对并购后企业的财务管理体系进行建立适应，对并购双方财务资源进行优化配置，把内外部的财务关系厘清，促使并购后企业的财务系统更有效地运作，以期获得更高的企业价值。并购后财务整合在企业并购中占有非常重要的地位。美国的统计表明，大约有 50％—80％的并购都出现了令人沮丧的财务状况，因此并购后进行财务整合有着十分重要的意义。

1. 统一的财务是企业战略有效实施的基础

完善的财务制度是企业战略有效实施的保证。在企业并购完成之后，新企业的经营发展战略是基于并购双方的经营情况来确定的。因此，新企业必须对并购双方的财务进行统一管理，使自己拥有统一的财务保证，对财务资源统一调配和使用。财务管理的统一性是对企业经营战略的统一性的支持。

2. 统一的财务是资源有效配置的保证

现代企业的内部资源配置都是根据一定的财务指标进行。新企业作为一个整体，必然需要统一的财务基准来保证财务活动的效率，从而最大程度地保证内部资源配置的效率。此外，由于企业内部的任何资源配置都必须在财务上有所反映，所以财务管理也是监督企业内部资源配置有效性的重要手段。为了发挥这种监督手段的作用，新企业必须使财务管理具有统一性和一致性，这样才能使财务对资源配置监督的效率性和可靠性体现出来。

3. 统一的财务可以获得财务协同效应

财务协同效应是指并购完成之后，由于税法、会计处理惯例以及证券交易等内在规定的作用而产生的一种纯金钱上的效益。这种效益不是通过合理安排企业内部资源配置，提高生产效率的方式实现的。例如，新企业利用税法中的亏损递延条款实现合理避税。这都是建立在统一的财务管理基础之上的。

4. 统一的财务是并购企业对被并购企业实施控制的重要途径

如何对被并购企业进行有效控制是并购企业面临的重要问题。虽然并购企业可以通过人事安排对被并购企业进行控制，但过多的人事干预有时会损害并购整合的有效进行。而通过掌握被并购企业的生产经营的财务信息，并购企业可以很好地控制被并购企业，这是单纯的人事控制所不能做到的。要准确了解被并购企业的财务信息，就必须有统一的财务管理。

二、并购后财务整合的内容

虽然不同企业、不同类型的并购，其财务整合的内容可能有所不同，但一般来说，财务整合的中心是企业价值最大化，其整合内容包括：财务管理目标导向的整合；财务管理制度体系的整合；会计核算体系的整合；资产和债务的整合；现金流转内部控制的整合；业绩评估考核体系的整合等几个方面。

1. 财务管理目标的整合

财务管理目标决定各种财务方案的选择和决策。企业财务管理的目标有利润最大化、股东价值最大化、企业价值最大化和相关者利益最大化等几种。虽然利润最大化受到普遍批评，但在现实中很多企业是以利润最大化为目标的。因此企业并购之后应该对财务管理目标进行整合，使得并购后的企业在统一的财务目标指引下进行生产经营。统一的财务目标有助于：财务运营的一体化；科学地进行财务决策；财务行为的高效和规范化；财会人员建立科学的理财观念。一个科学的财务目标应该具有确定性、可计量性、运营成本低、与企业战略目标一致以及可控制性。

2. 财务管理制度体系的整合

财务管理制度是企业自己主动选择实施的一系列有利于企业发展的财务政策和财务制度的集合。财务管理制度包括货币资金管理制度、请款报销制度、内部银行核算管理制度、结算资金管理制度、存货管理制度、固定资产管理制度、在建工程管理制度、对外投资管理制度、内部稽核制度，等等。并购前，并购双方是两个不同的主体，他们都是根据自身发展战略目标和现实情况选择制定财务管理制度。但是在实现并购交易后，并购双方由两个不同的主体合并为一个相同利益的主体。所以，企业在制定或选择财务管理制度时就不能只考虑单个企业的情况，而应该以并购后企业整体的战略目标为出发点来制定。

3. 会计核算体系的整合

会计核算体系整合是统一财务管理制度体系的具体保证，也是并购方及时、准确、全面地获取被并购方企业财务信息的有效手段，更是统一企业绩效评价口径的基础。因此，并购后需要对账本形式、凭证管理和会计科目、账务处理程序等进行统一规范，以便于生产经营活动的顺利进行。

4. 资产和债务的整合

资产整合是并购企业整合的核心内容之一。成功的资产整合能够提高并购企业的资产利用效率，优化企业的资源配置，从而实现资产价值最大化。资产整合主要包括流动资产、固定资产、长期投资和无形资产等的整合。一般来说，企业并购后资产整合的策略有两种：一是剥离不良资产；二是整合优质资产。不良资产有如下特点：阻碍企业的核心竞争力；耗费企业现金资源；耗费企业的管理资源；不产生净现金流；通常不盈利或少量盈利。对于这些不良资产可以通过出售、出租、承包经营等方式进行剥离。对于优质资产应根据不同情况分别予以处理。对于不属于企业核心业务但盈利能力较强的资产，可由原经营股东继续经营。对于符合企业发展战略、收益水平较高的资产，由并购方直接经营。对于和并购方有很强的关联性和互补性的资产，并购方可以进行资产置换。需要注意的是在对资产进行整合的过程中必须注重实现资源的优化配置和并购双方的共赢。

债务整合是并购企业获取并购成功的关键环节，也是实现并购后生产经营良好运转的重要整合内容。债务整合是指在整合阶段将企业的负债通过债务人责任转移和负债转为股权等调整工作的总称，是对这一过程中各项工作的组织和协调。债务整合没有从总体上减少或增加企业的资产总额，只是调整了财务结构，将资产负债率调整到一个合理水平，以利于企业的发展。债务整合主要有两种形式：一是被并购方企业债务全部由收购方承担，即承担债务式并购；二是负债转为股权。通过负债的整合，使并购后的企业资本结构处于一个最佳状态。资本结构是否合理直接关系到公司破产风险的大小、资本成本的高低和法人治理绩效的好坏。

5. 现金流转内部控制的整合

现金流转的速度和质量关系到企业资金运用及效益水平，因此必须予以有效控制。内部现金流转的控制是以预算为标准。预算是用数字标明的预期成果。财务预算则是企业在计划期内反映有关预计现金收支、经营成果和财务状况的预算。由于企业内外各种因素的影响，企业的实际现金流转情况不可能与预算完全相等。现金流转控制的职能就在于发现实际与预算的差异，找出产生差异的原因，并采取措施调整营业和财务上的安排，以防止损害企业财务系统正常运行的情况发生。由于不同企业对现金流转的控制程度不尽相同，因此企业并购后有必要对其进行整合，并购方应明确规定被并购方在何时汇报现金流转情况。所涉及的内容包括：现金收支日报、现金收支月报、公司预算执行情况的分析报告等。这样可以使并购方掌握企业现金流转情况，以便决定什么时候调整影响现金流转的营业活动和财务活动，以及调整程度的大小。

6. 业绩评估考核体系的整合

业绩评估考核体系的整合是指并购后企业对财务运营指标体系进行的重新优化和组合。并购方企业应针对被并购企业重新建立一整套业绩评价考核制度，其中包括定量指标考核和定性分析，既考核各自的经营指标，也考核他们对母公司的贡献，考核每半年或一年进行一次。这一评估考核体系是提高被并购企业经营绩效和运营能力的重要手段。并购后的企业由于各个方面都有可能与原企业不同，因此并购后的企业应根据企业自身的实际需要及国内外同行业的先进水平进行评估指标的调整和确定，将原先的考核体系加以整合来建立一套自己的业绩评估体系，以确认是否达到或超过预定目标，以保证并购后企业能具有不断增强的竞争能力和可持续发展的势头。

思考题

1. 什么是企业并购？企业并购有何特点？
2. 按并购双方产品与产业的联系划分企业并购分哪几种？各有何特点？
3. 企业并购的动因有哪些？
4. 目标企业价值评估的常用方法有哪几种？其适用范围如何？
5. 基本的企业并购支付方式有几种？各有何特点？
6. 什么是卖方融资？一般什么情况下会出现卖方融资？
7. 什么是杠杆收购？杠杆收购融资有何特征？
8. 什么是财务整合？企业并购后的财务整合主要内容有哪些？

附录一：一元复利终值系数表

一元复利终值系数表　　$(1+i)^n$

i \ n	1	2	3	4	5	6	7	8	9	10
1%	1. 010 00	1. 020 10	1. 030 30	1. 040 60	1. 051 01	1. 061 52	1. 072 14	1. 082 86	1. 093 69	1. 104 62
2%	1. 020 00	1. 040 40	1. 061 21	1. 082 43	1. 104 08	1. 126 16	1. 148 69	1. 171 66	1. 195 09	1. 218 99
3%	1. 030 00	1. 060 90	1. 092 73	1. 125 51	1. 159 27	1. 194 05	1. 229 87	1. 266 77	1. 304 77	1. 343 92
4%	1. 040 00	1. 081 60	1. 124 86	1. 169 86	1. 216 65	1. 265 32	1. 315 93	1. 368 57	1. 423 31	1. 480 24
5%	1. 050 00	1. 102 50	1. 157 63	1. 215 51	1. 276 28	1. 340 10	1. 407 10	1. 477 46	1. 551 33	1. 628 89
6%	1. 060 00	1. 123 60	1. 191 02	1. 262 48	1. 338 23	1. 418 52	1. 503 63	1. 593 85	1. 689 48	1. 790 85
7%	1. 070 00	1. 144 90	1. 225 04	1. 310 80	1. 402 55	1. 500 73	1. 605 78	1. 718 19	1. 838 46	1. 967 15
8%	1. 080 00	1. 166 40	1. 259 71	1. 360 49	1. 469 33	1. 586 87	1. 713 82	1. 850 93	1. 999 00	2. 158 92
9%	1. 090 00	1. 188 10	1. 295 03	1. 411 58	1. 538 62	1. 677 10	1. 828 04	1. 992 56	2. 171 89	2. 367 36
10%	1. 100 00	1. 210 00	1. 331 00	1. 464 10	1. 610 51	1. 771 56	1. 948 72	2. 143 59	2. 357 95	2. 593 74
12%	1. 120 00	1. 254 40	1. 404 93	1. 573 52	1. 762 34	1. 973 82	2. 210 68	2. 475 96	2. 773 08	3. 105 85
14%	1. 140 00	1. 299 60	1. 481 54	1. 688 96	1. 925 41	2. 194 97	2. 502 27	2. 852 59	3. 251 95	3. 707 22
16%	1. 160 00	1. 345 60	1. 560 90	1. 810 64	2. 100 34	2. 436 40	2. 826 22	3. 278 41	3. 802 96	4. 411 44
18%	1. 180 00	1. 392 40	1. 643 03	1. 938 78	2. 287 76	2. 699 55	3. 185 47	3. 758 86	4. 435 45	5. 233 84
20%	1. 200 00	1. 440 00	1. 728 00	2. 073 60	2. 488 32	2. 985 98	3. 583 18	4. 299 82	5. 159 78	6. 191 74
24%	1. 240 00	1. 537 60	1. 906 2	2. 364 21	2. 931 63	3. 635 22	4. 507 67	5. 589 51	6. 930 99	8. 594 43
28%	1. 280 00	1. 638 40	2. 091 5	2. 684 35	3. 435 97	4. 398 05	5. 629 50	7. 205 76	9. 223 37	11. 805 9
32%	1. 320 00	1. 742 40	2. 299 97	3. 035 96	4. 007 46	5. 289 85	6. 982 61	9. 217 04	12. 166 5	16. 059 8
36%	1. 360 00	1. 849 60	2. 515 46	3. 421 02	4. 652 59	6. 327 52	8. 605 43	11. 703 4	15. 916 6	21. 646 6
40%	1. 400 00	1. 960 00	2. 744 00	3. 841 60	5. 378 24	7. 529 54	10. 541 4	14. 757 9	20. 661 0	28. 925 5
50%	1. 500 00	2. 250 00	3. 375 00	5. 062 50	7. 593 75	11. 390 6	17. 085 9	25. 628 9	38. 443 4	57. 665 0

一元复利终值系数表(续)　　$(1+i)^n$

i \ n	11	12	13	14	15	16	17	18	19	20
1%	1.115 67	1.126 83	1.138 09	1.149 47	1.160 97	1.172 58	1.184 30	1.196 15	1.208 11	1.220 19
2%	1.243 37	1.268 24	1.293 61	1.319 48	1.345 87	1.372 79	1.400 24	1.428 25	1.456 81	1.485 95
3%	1.384 23	1.425 76	1.468 53	1.512 59	1.557 97	1.604 71	1.652 85	1.702 43	1.753 51	1.806 11
4%	1.539 45	1.601 03	1.665 07	1.731 68	1.800 94	1.872 98	1.947 90	2.025 82	2.106 85	2.191 12
5%	1.710 34	1.795 86	1.885 65	1.979 93	2.078 93	2.182 87	2.292 02	2.406 62	2.526 95	2.653 30
6%	1.898 30	2.012 20	2.132 93	2.260 90	2.396 56	2.540 35	2.692 77	2.854 34	3.025 60	3.207 14
7%	2.104 85	2.252 19	2.409 85	2.578 53	2.759 03	2.952 16	3.158 82	3.379 93	3.616 53	3.869 68
8%	2.331 64	2.518 17	2.719 62	2.937 19	3.172 17	3.425 94	3.700 02	3.996 02	4.315 70	4.660 96
9%	2.580 43	2.812 66	3.065 80	3.341 73	3.642 48	3.970 31	4.327 63	4.717 12	5.141 66	5.604 41
10%	2.853 12	3.138 43	3.452 27	3.797 50	4.177 25	4.594 97	5.054 47	5.559 92	6.115 91	6.727 50
12%	3.478 55	3.895 98	4.363 49	4.887 11	5.473 57	6.130 39	6.866 04	7.689 97	8.612 76	9.646 29
14%	4.226 23	4.817 90	5.492 41	6.261 35	7.137 94	8.137 25	9.276 46	10.575 2	12.055 7	13.743 5
16%	5.117 26	5.936 03	6.885 79	7.987 52	9.265 52	10.748 0	12.467 7	14.462 5	16.776 5	19.460 8
18%	6.175 93	7.287 59	8.599 36	10.147 2	11.973 7	14.129 0	16.672 2	19.673 3	23.214 4	27.393 0
20%	7.430 08	8.916 10	10.699 3	12.839 2	15.407 0	18.488 4	22.186 1	26.623 3	31.948 0	38.337 6
24%	10.657 1	13.214 8	16.386 3	20.319 1	25.195 6	31.242 6	38.740 8	48.038 6	59.567 9	73.864 1
28%	15.111 6	19.342 8	24.758 8	31.691 3	40.564 8	51.923 0	66.461 4	85.070 6	108.890	139.380
32%	21.198 9	27.982 5	36.937 0	48.756 8	64.359 0	84.953 8	112.139	148.024	195.391	257.916
36%	29.439 3	40.037 5	54.451 0	74.053 4	100.713	136.969	186.278	253.338	344.540	468.574
40%	40.495 7	56.693 9	79.371 5	111.120	155.568	217.795	304.913	426.879	597.630	836.683
50%	86.497 6	129.746	194.620	291.929	437.894	656.841	985.261	1 477.89	2 216.84	3 325.26

附录二：一元复利现值系数表

一元复利现值系数表 $(1+i)^{-n}$

i \ n	1	2	3	4	5	6	7	8	9	10
1%	0.990 10	0.980 30	0.970 59	0.960 98	0.951 47	0.942 05	0.932 72	0.923 48	0.914 34	0.905 29
2%	0.980 39	0.961 17	0.942 32	0.923 85	0.905 73	0.887 97	0.870 56	0.853 49	0.836 76	0.820 35
3%	0.970 87	0.942 60	0.915 14	0.888 49	0.862 61	0.837 48	0.813 09	0.789 41	0.766 42	0.744 09
4%	0.961 54	0.924 56	0.889 00	0.854 80	0.821 93	0.790 31	0.759 92	0.730 69	0.702 59	0.675 56
5%	0.952 38	0.907 03	0.863 84	0.822 70	0.783 53	0.746 22	0.710 68	0.676 84	0.644 61	0.613 91
6%	0.943 40	0.890 00	0.839 62	0.792 09	0.747 26	0.704 96	0.665 06	0.627 41	0.591 90	0.558 39
7%	0.934 58	0.873 44	0.816 30	0.762 90	0.712 99	0.666 34	0.622 75	0.582 01	0.543 93	0.508 35
8%	0.925 93	0.857 34	0.793 83	0.735 03	0.680 58	0.630 17	0.583 49	0.540 27	0.500 25	0.463 19
9%	0.917 43	0.841 68	0.772 18	0.708 43	0.649 93	0.596 27	0.547 03	0.501 87	0.460 43	0.422 41
10%	0.909 09	0.826 45	0.751 31	0.683 01	0.620 92	0.564 47	0.513 16	0.466 51	0.424 10	0.385 54
12%	0.892 86	0.797 19	0.711 78	0.635 52	0.567 43	0.506 63	0.452 35	0.403 88	0.360 61	0.321 97
14%	0.877 19	0.769 47	0.674 97	0.592 08	0.519 37	0.455 59	0.399 64	0.350 56	0.307 51	0.269 74
16%	0.862 07	0.743 16	0.640 66	0.552 29	0.476 11	0.410 44	0.353 83	0.305 03	0.262 95	0.226 68
18%	0.847 46	0.718 18	0.608 63	0.515 79	0.437 11	0.370 43	0.313 93	0.266 04	0.225 46	0.191 06
20%	0.833 33	0.694 44	0.578 70	0.482 25	0.401 88	0.334 90	0.279 08	0.232 57	0.193 81	0.161 51
22%	0.819 67	0.671 86	0.550 71	0.451 40	0.370 00	0.303 28	0.248 59	0.203 76	0.167 02	0.136 90
24%	0.806 45	0.650 36	0.524 49	0.422 97	0.341 11	0.275 09	0.221 84	0.178 91	0.144 28	0.116 35
26%	0.793 65	0.629 88	0.499 91	0.396 75	0.314 88	0.249 91	0.198 34	0.157 41	0.124 93	0.099 15
28%	0.781 25	0.610 35	0.476 84	0.372 53	0.291 04	0.227 37	0.177 64	0.138 78	0.108 42	0.084 70
30%	0.769 23	0.591 72	0.455 17	0.350 13	0.269 33	0.207 18	0.159 37	0.125 9	0.094 30	0.072 54
35%	0.740 74	0.548 70	0.406 44	0.301 07	0.223 01	0.165 20	0.122 37	0.090 64	0.067 14	0.049 74
40%	0.714 29	0.510 20	0.364 43	0.260 31	0.185 93	0.132 81	0.094 86	0.067 76	0.048 40	0.034 57
50%	0.666 67	0.444 44	0.296 30	0.197 53	0.131 69	0.087 79	0.058 53	0.039 02	0.026 01	0.017 34

一元复利现值系数表(续)　　$(1+i)^{-n}$

i \ n	11	12	13	14	15	16	17	18	19	20
1%	0.896 32	0.887 45	0.878 66	0.869 96	0.861 35	0.852 82	0.844 38	0.836 02	0.827 74	0.819 54
2%	0.804 26	0.788 49	0.773 03	0.757 88	0.743 01	0.728 45	0.714 16	0.700 16	0.686 43	0.672 97
3%	0.722 42	0.701 38	0.680 95	0.661 12	0.641 86	0.623 17	0.605 02	0.587 39	0.570 29	0.553 68
4%	0.649 58	0.624 60	0.600 57	0.577 48	0.555 26	0.533 91	0.513 37	0.493 63	0.474 64	0.456 39
5%	0.584 68	0.556 84	0.530 32	0.505 07	0.481 02	0.458 11	0.436 30	0.415 52	0.395 73	0.376 89
6%	0.526 79	0.496 97	0.468 84	0.442 30	0.417 27	0.393 65	0.371 36	0.350 34	0.330 51	0.311 80
7%	0.475 09	0.444 01	0.414 96	0.387 82	0.362 45	0.338 73	0.316 57	0.295 86	0.276 51	0.258 42
8%	0.428 88	0.397 11	0.367 70	0.340 46	0.315 24	0.291 89	0.270 27	0.250 25	0.231 71	0.214 55
9%	0.387 53	0.355 53	0.326 18	0.299 25	0.274 54	0.251 87	0.231 07	0.211 99	0.194 49	0.178 43
10%	0.350 49	0.318 63	0.289 66	0.263 33	0.239 39	0.217 63	0.197 84	0.179 86	0.163 51	0.148 64
12%	0.287 48	0.256 68	0.229 17	0.204 62	0.182 70	0.163 12	0.145 64	0.130 04	0.116 11	0.103 67
14%	0.236 62	0.207 56	0.182 07	0.159 71	0.140 10	0.122 89	0.107 80	0.094 56	0.082 95	0.072 76
16%	0.195 42	0.168 46	0.145 23	0.125 20	0.107 93	0.093 04	0.080 21	0.069 14	0.059 61	0.051 39
18%	0.161 92	0.137 22	0.116 29	0.098 55	0.083 52	0.070 78	0.059 98	0.050 83	0.043 08	0.036 51
20%	0.134 59	0.112 16	0.093 46	0.077 89	0.064 91	0.054 09	0.045 07	0.037 56	0.031 30	0.026 08
22%	0.112 21	0.091 98	0.075 39	0.061 80	0.050 65	0.041 52	0.034 03	0.027 89	0.022 86	0.018 74
24%	0.093 83	0.075 67	0.061 03	0.049 21	0.039 69	0.032 01	0.025 81	0.020 82	0.016 79	0.013 54
26%	0.078 69	0.062 45	0.049 57	0.039 34	0.031 22	0.024 78	0.019 67	0.015 61	0.012 39	0.009 83
28%	0.066 17	0.051 70	0.040 39	0.031 55	0.024 65	0.019 26	0.015 05	0.011 75	0.009 18	0.007 17
30%	0.055 80	0.042 92	0.033 02	0.025 40	0.019 54	0.015 03	0.011 56	0.008 89	0.006 84	0.005 26
35%	0.036 84	0.027 29	0.020 21	0.014 97	0.011 09	0.008 22	0.006 09	0.004 51	0.003 34	0.002 47
40%	0.024 69	0.017 64	0.012 60	0.009 00	0.006 43	0.004 59	0.003 28	0.002 34	0.001 67	0.001 20
50%	0.011 56	0.007 71	0.005 14	0.003 43	0.002 28	0.001 52	0.001 01	0.000 68	0.000 45	0.000 30

附录三：一元年金终值系数表

一元年金终值系数表 $\frac{(1+i)^n-1}{i}$

i \ n	1	2	3	4	5	6	7	8	9	10
1%	1.000 00	2.010 00	3.030 10	4.060 40	5.101 01	6.152 02	7.213 54	8.285 67	9.368 53	10.462 2
2%	1.000 00	2.020 00	3.060 40	4.121 61	5.204 04	6.308 12	7.434 28	8.582 97	9.754 63	10.949 7
3%	1.000 00	2.030 00	3.091 90	4.183 63	5.309 14	6.468 41	7.662 46	8.892 34	10.159 1	11.463 9
4%	1.000 00	2.040 00	3.121 60	4.246 46	5.416 32	6.632 98	7.898 29	9.214 23	10.582 8	12.006 1
5%	1.000 00	2.050 00	3.152 50	4.310 12	5.525 63	6.801 91	8.142 01	9.549 11	11.026 6	12.577 9
6%	1.000 00	2.060 00	3.183 60	4.374 62	5.637 09	6.975 32	8.393 84	9.897 47	11.491 3	13.180 8
7%	1.000 00	2.070 00	3.214 90	4.439 94	5.750 74	7.153 29	8.654 02	10.259 8	11.978 0	13.816 4
8%	1.000 00	2.080 00	3.246 40	4.506 11	5.866 60	7.335 93	8.922 80	10.636 6	12.487 6	14.486 6
9%	1.000 00	2.090 00	3.278 10	4.573 13	5.984 71	7.523 33	9.200 43	11.028 5	13.021 0	15.192 9
10%	1.000 00	2.100 00	3.310 00	4.641 00	6.105 10	7.715 61	9.487 17	11.435 9	13.579 5	15.937 4
12%	1.000 00	2.120 00	3.374 40	4.779 33	6.352 85	8.115 19	10.089 1	12.299 7	14.775 7	17.548 7
14%	1.000 00	2.140 00	3.439 60	4.921 14	6.610 10	8.535 52	10.730 5	13.212 8	16.085 3	19.337 3
16%	1.000 00	2.160 00	3.505 61	5.066 50	6.877 14	8.977 48	11.413 9	14.240 1	17.518 5	21.321 5
18%	1.000 00	2.180 00	3.572 40	5.215 43	7.154 21	9.441 97	12.141 5	15.327 0	19.085 9	23.521 3
20%	1.000 00	2.200 00	3.640 00	5.368 00	7.441 60	9.929 92	12.915 9	16.499 1	20.798 9	25.958 7
22%	1.000 00	2.220 00	3.708 40	5.524 25	7.739 58	10.442 3	13.739 6	17.762 3	22.670 0	28.657 4
24%	1.000 00	2.240 00	3.777 60	5.684 22	8.048 44	10.980 1	14.615 3	19.122 9	24.712 5	31.643 4
26%	1.000 00	2.260 00	3.847 61	5.847 98	8.368 45	11.544 2	15.545 8	20.587 6	26.940 4	34.944 9
28%	1.000 00	2.280 00	3.918 40	6.015 55	8.699 91	12.135 9	16.533 9	22.163 4	29.369 2	38.592 6
30%	1.000 00	2.300 00	3.990 00	6.187 00	9.043 10	12.756 0	17.582 8	23.857 7	32.015 0	42.619 5
35%	1.000 00	2.350 00	4.172 50	6.632 88	9.954 38	14.438 4	20.491 9	28.664 0	39.696 4	54.590 2
40%	1.000 00	2.400 00	4.360 00	7.104 00	10.945 6	16.323 8	23.853 4	34.394 7	49.152 6	69.813 7
50%	1.000 00	2.500 00	4.750 00	8.125 00	13.187 5	20.781 3	32.171 9	49.257 8	74.886 7	113.330

一元年金终值系数表(续) $\frac{(1+i)^n-1}{i}$

i \ n	11	12	13	14	15	16	17	18	19	20
1%	11.566 8	12.682 5	13.809 3	14.947 4	16.096 9	17.257 9	18.430 4	19.614 7	20.810 9	22.019 0
2%	12.168 7	13.412 1	14.680 3	15.973 9	17.293 4	18.639 3	20.012 1	21.412 3	22.840 6	24.297 4
3%	12.807 8	14.192 0	15.617 8	17.086 3	18.598 9	20.156 9	21.761 6	23.414 4	25.116 9	26.870 4
4%	13.486 4	15.025 8	16.626 8	18.291 9	20.023 6	21.824 5	23.697 5	25.645 4	27.671 2	29.778 1
5%	14.206 8	15.917 1	17.713 0	19.598 6	21.578 6	23.675 5	25.840 4	28.132 4	30.539 0	33.066 0
6%	14.971 6	16.869 9	18.882 1	21.015 1	23.276 0	25.672 5	28.212 9	30.905 7	33.760 0	36.785 6
7%	15.783 6	17.888 5	20.140 6	22.550 5	25.129 0	27.888 0	30.840 2	33.999 0	37.379 0	40.995 5
8%	16.645 5	18.977 1	21.495 3	24.214 9	27.152 1	30.324 3	33.750 2	37.450 2	41.446 3	45.762 0
9%	17.560 3	20.140 7	22.953 4	26.019 2	29.360 9	33.003 4	36.973 7	41.301 3	46.018 5	51.160 1
10%	18.531 2	21.384 3	24.522 7	27.975 0	31.772 5	35.949 7	40.544 7	45.599 2	51.159 1	57.275 0
12%	20.654 6	24.133 1	28.029 1	32.392 6	37.279 7	42.753 3	48.883 7	55.749 7	63.439 7	72.052 4
14%	23.044 5	27.270 7	32.088 7	37.581 1	43.842 4	50.980 4	59.117 6	68.394 1	78.969 2	91.024 9
16%	25.732 9	30.850 2	36.786 2	43.672 0	51.659 5	60.925 0	71.673 0	84.140 7	98.603 2	115.380
18%	28.755 1	34.931 1	42.218 7	50.818 0	60.695 3	72.939 0	87.068 0	103.740	123.414	146.628
20%	32.150 4	39.580 5	48.496 6	59.195 9	72.035 1	87.442 1	105.931	128.117	154.740	186.688
22%	35.962 0	44.873 7	55.745 9	69.010 0	85.192 2	104.935	129.020	158.405	194.254	237.989
24%	40.237 9	50.895 0	64.109 7	80.496 1	100.815	126.011	157.253	195.994	244.033	303.601
26%	45.030 6	57.738 6	73.750 6	93.925 8	119.347	151.377	191.735	242.585	306.658	387.389
28%	50.398 5	65.510 0	84.852 9	109.612	141.303	181.868	233.791	300.252	385.323	494.213
30%	56.405 3	74.327 0	97.625 0	127.913	167.286	218.472	285.014	371.518	483.973	630.165
35%	74.696 7	101.841	138.485	187.954	254.738	344.897	466.611	630.925	852.748	1 152.21
40%	98.739 1	139.235	195.929	275.300	386.420	541.988	759.784	1 064.70	1 491.58	2 089.21
50%	170.995	257.493	387.239	581.859	873.788	1 311.68	1 968.52	2 953.78	4 431.68	6 648.51

附录四：一元年金现值系数表

一元年金现值系数表 $\frac{1-(1+i)^{-n}}{i}$

i \ n	1	2	3	4	5	6	7	8	9	10
1%	0.990 10	1.970 40	2.940 99	3.901 97	4.853 43	5.795 48	6.728 19	7.651 68	8.566 02	9.471 30
2%	0.980 39	1.941 56	2.883 88	3.807 73	4.713 46	5.601 43	6.471 99	7.325 48	8.162 24	8.982 59
3%	0.970 87	1.913 47	2.828 61	3.717 10	4.579 71	5.417 19	6.230 28	7.019 69	7.786 11	8.530 20
4%	0.961 54	1.886 10	2.775 09	3.629 90	4.451 82	5.242 14	6.002 06	6.732 75	7.435 33	8.110 90
5%	0.952 38	1.859 41	2.723 25	3.545 95	4.329 48	5.075 69	5.786 37	6.463 21	7.107 82	7.721 73
6%	0.943 40	1.833 39	2.673 01	3.465 11	4.212 36	4.917 32	5.582 38	6.209 79	6.801 69	7.360 09
7%	0.934 58	1.808 02	2.624 32	3.387 21	4.100 20	4.766 54	5.389 29	5.971 30	6.515 23	7.023 58
8%	0.925 93	1.783 26	2.577 10	3.312 13	3.992 71	4.622 88	5.206 37	5.746 64	6.246 89	6.710 08
9%	0.917 43	1.759 11	2.531 30	3.239 72	3.889 65	4.485 92	5.032 95	5.534 82	5.995 25	6.417 66
10%	0.909 09	1.735 54	2.486 85	3.169 87	3.790 79	4.355 26	4.868 42	5.334 93	5.759 02	6.144 57
12%	0.892 86	1.690 05	2.401 83	3.037 35	360 478	4.111 41	4.563 76	4.967 64	5.328 25	5.650 22
14%	0.877 19	1.646 66	2.321 63	2.913 71	3.433 08	3.888 67	4.288 30	4.638 86	4.946 37	5.216 12
16%	0.862 07	1.605 23	2.245 89	2.798 18	3.274 29	3.684 74	4.038 57	4.343 59	4.606 54	4.833 23
18%	0.847 46	1.565 64	2.174 27	2.690 06	3.127 17	3.497 60	3.811 53	4.077 57	4.303 02	4.494 09
20%	0.833 33	1.527 78	2.106 48	2.588 73	2.990 61	3.325 51	3.604 59	3.837 16	4.030 97	4.192 47
22%	0.819 67	1.491 54	2.042 24	2.493 64	2.863 64	3.166 92	3.415 51	3.619 27	3.786 28	3.923 18
24%	0.806 45	1.456 82	1.981 30	2.404 28	2.745 38	3.020 47	3.242 32	3.421 22	3.565 50	3.681 86
26%	0.793 65	1.423 53	1.923 44	2.320 19	2.635 07	2.884 98	3.083 31	3.240 73	3.365 66	3.464 81
28%	0.781 25	1.391 60	1.868 44	2.240 97	2.532 01	2.759 38	2.937 02	3.075 79	3.184 21	3.268 92
30%	0.769 23	1.360 95	1.816 11	2.166 24	2.435 57	2.642 75	2.802 11	2.924 70	3.019 00	3.091 54
35%	0.740 74	1.289 44	1.695 88	1.996 95	2.219 96	2.385 16	2.507 52	2.598 17	2.665 31	2.715 04
40%	0.714 29	1.224 49	1.588 92	1.849 23	2.035 16	2.167 97	2.262 84	2.330 60	2.379 00	2.413 57
50%	0.666 67	1.111 11	1.407 41	1.604 94	1.736 63	1.824 42	1.882 94	1.921 96	1.947 98	1.965 32

一元年金现值系数表(续) $\frac{1-(1+i)^{-n}}{i}$

i \ n	11	12	13	14	15	16	17	18	19	20
1%	10.367 6	11.255 1	12.133 7	13.003 7	13.865 1	14.717 9	15.562 3	16.398 3	17.226 0	18.045 6
2%	9.786 85	10.575 3	11.348 4	12.106 2	12.849 3	13.577 8	14.291 9	14.992 0	15.678 5	16.351 4
3%	9.252 62	9.954 00	10.635 0	11.296 1	11.937 9	12.561 1	13.166 1	13.753 5	14.323 8	14.877 5
4%	8.760 48	9.385 07	9.985 65	10.563 1	11.118 4	11.652 3	12.165 7	12.659 3	13.133 9	13.590 3
5%	8.306 41	8.863 25	9.393 57	9.898 64	10.379 7	10.837 8	11.274 1	11.689 6	12.085 3	12.462 2
6%	7.886 87	8.383 84	8.852 68	9.294 98	9.712 25	10.105 9	10.477 3	10.827 6	11.158 1	11.469 9
7%	7.498 67	7.942 69	8.357 65	8.745 47	9.107 91	9.446 65	9.763 22	10.059 1	10.335 6	10.594 0
8%	7.138 96	7.536 08	7.903 78	8.244 24	8.559 48	8.851 37	9.121 64	9.371 89	9.603 60	9.818 15
9%	6.805 19	7.160 73	7.486 90	7.786 15	8.060 69	8.312 56	8.543 63	8.755 63	8.950 11	9.128 55
10%	6.495 06	6.813 69	7.103 36	7.366 69	7.606 08	7.823 71	8.021 55	8.201 41	8.364 92	8.513 56
12%	5.937 70	6.194 37	6.423 55	6.628 17	6.810 86	6.973 99	7.119 63	7.249 67	7.365 78	7.469 44
14%	5.452 73	5.660 29	5.842 36	6.002 17	6.142 17	6.265 06	6.372 86	6.467 42	6.550 37	6.623 13
16%	5.028 64	5.197 11	5.342 33	5.467 53	5.575 46	5.668 50	5.748 70	5.817 85	5.877 46	5.928 84
18%	4.656 01	4.793 22	4.909 51	5.008 06	5.091 58	5.162 35	5.222 33	5.273 16	5.316 24	5.352 75
20%	4.327 06	4.439 22	4.532 68	4.610 57	4.675 47	4.729 56	4.774 63	4.812 19	4.843 50	4.869 58
22%	4.035 40	4.127 37	4.202 77	4.264 56	4.315 22	4.356 73	4.390 77	4.418 66	4.441 52	4.460 27
24%	3.775 69	3.851 36	3.912 39	3.961 60	4.001 29	4.033 30	4.059 11	4.079 93	4.096 72	4.110 26
26%	3.543 50	3.605 95	3.655 52	3.694 85	3.726 07	3.750 85	3.770 52	3.786 13	3.798 51	3.808 34
28%	3.335 09	3.386 79	3.427 18	3.458 73	3.483 39	3.502 65	3.517 69	3.529 45	3.538 63	3.545 80
30%	3.147 34	3.190 26	3.223 28	3.248 67	3.268 21	3.283 24	3.294 80	3.303 69	3.310 53	3.315 79
35%	2.751 88	2.779 17	2.799 39	2.814 36	2.825 45	2.833 67	2.839 75	2.844 26	2.847 60	2.850 08
40%	2.438 26	2.455 90	2.468 50	2.477 50	2.483 93	2.488 52	2.491 80	2.494 14	2.495 82	2.497 01
50%	1.976 88	1.984 58	1.989 72	1.993 15	1.995 43	1.996 96	1.997 97	1.998 65	1.999 10	1.999 40

图书在版编目(CIP)数据

财务管理学/俞雪华,王雪珍,滕青编著. —上海: 复旦大学出版社, 2022.9
(通用财经系列)
ISBN 978-7-309-16356-8

Ⅰ.①财… Ⅱ.①俞… ②王… ③滕… Ⅲ.①财务管理-高等学校-教材 Ⅳ.①F275

中国版本图书馆 CIP 数据核字(2022)第 146300 号

财务管理学
CAIWU GUANLI XUE
俞雪华 王雪珍 滕 青 编著
责任编辑/戚雅斯

复旦大学出版社有限公司出版发行
上海市国权路 579 号 邮编: 200433
网址: fupnet@fudanpress.com http://www.fudanpress.com
门市零售: 86-21-65102580 团体订购: 86-21-65104505
出版部电话: 86-21-65642845
上海华业装潢印刷厂有限公司

开本 787×1092 1/16 印张 26.25 字数 606 千
2022 年 9 月第 1 版
2022 年 9 月第 1 版第 1 次印刷

ISBN 978-7-309-16356-8/F · 2908
定价: 58.00 元